Isabel Schayani

NACH DEUTSCHLAND

Isabel Schayani

NACH DEUTSCHLAND

Fünf Menschen. Fünf Wege. Ein Ziel

C.H.Beck

www.chbeck.de
Umschlaggestaltung: geviert.com, Christian Otto
Umschlagabbildung: Güterbahnhof Belgrad 2018. © B. Esmaili
Satz: Fotosatz Amann, Memmingen
Druck und Bindung: Pustet, Regensburg
Printed in Germany
ISBN 978 3 406 80631 5

myclimate
klimaneutral produziert
www.chbeck.de/nachhaltig

Inhalt

Den dreien, die mein Leben sind,
und den beiden, denen ich es verdanke.

Vorwort

Dieses Buch entstand über mehrere Jahre, in denen ich Menschen begegnete, die sich wie von einem Magneten angezogen in eine Richtung durch Europa bewegten: nach Deutschland. Als ich das anfangs in den Camps und Containern hörte, habe ich das nicht immer gleich verstanden. Ich fragte oft zweimal: Wo wollt ihr hin? Manche antworteten «Almaan», andere sagten überzeugt «Dschermäny». Nicht Großbritannien, Kanada oder USA. Der Magnet ist schwarz-rot-gold. Wir hier in Deutschland empfinden dieses Land als gar nicht so spannend, geschweige denn anziehend. Wir beschweren uns gern über das überlastete Gesundheitssystem, dreckige Schultoiletten oder vermeintlich radikale Demonstrierende. Auf der Weltkarte allerdings strahlt dieses Land. Denn in deutschen Krankenhäusern wird jeder behandelt, egal wie wenig Geld er hat, für Schulunterricht muss man nicht bezahlen, und wir genießen das Privileg, laut demonstrierend unsere Meinung sagen zu dürfen. Sogar mit Polizeischutz. Deutschland und der deutsche Pass haben bei Schutzsuchenden einen guten Ruf, besonders seit 2015. Natürlich freuen sich nicht alle hierzulande über die, die da anklopfen. Es gibt Sorgen vor Überfremdung, und die Erfahrungen von Überlastung sind real, die Bereitschaft, diesen Menschen zu helfen, aber auch. Wenn man verstehen will, warum sich ein Gesicht auf der Balkanroute augenblicklich aufhellt, sobald das Wort «Dschermäny» fällt, und wie sich Fluchtströme und «Grenzmanagement» in Richtung Deutschland und EU in den vergangenen Jahren entwickelt haben, führt der Weg mitten durch die Leben derer, die da flüchten, quer durch ihre Hoffnungen, Sehnsüchte und Ängste. Auch bei unserer Berichterstattung für *WDRforyou,* den WDR und die ARD sind wir ihnen immer wieder begegnet.

Dies ist der Versuch, die Geschichten von fünf Menschen zu erzählen, die sich mit *einem* Ziel auf den Weg gemacht haben: Deutschland.

Allesamt wahr bis ins Detail. Ich habe diese Menschen teils jahrelang begleitet, habe die Akten studiert. Ihre Leben sind – wie bei jedem, wenn man genauer hinschaut – widersprüchlich, manchmal heldenhaft und dann wieder gänzlich *crazy*. Um so genau wie möglich beschreiben zu können, was sie erlebt haben – auch sehr Persönliches, Privates, Peinliches –, und um sie zu schützen, habe ich die Namen verändert und manchmal Orte bewusst ausgelassen. Soweit es für das Verständnis nötig ist, erkläre ich politische und rechtliche Zusammenhänge. Wie funktionieren die Dublin-Regeln, wie lief der EU-Türkei-Deal, was ist die Überstellungsfrist oder ein «*Game*» – das wird zur Einordnung der Geschichten skizziert. Fünf Menschen auf fünf verschiedenen Wegen Richtung Deutschland. So viel kann ich verraten: Drei werden hier ankommen. Zwei nicht.

Ich habe diese fünf Menschen, um die es in diesem Buch vorrangig geht, unterschiedlich lange und unterschiedlich nah erlebt. Melika zum Beispiel lernte ich gleich am zweiten Tag nach ihrer Ankunft im Lager Moria kennen, war bis kurz vor der Abreise in ihrer Nähe und traf sie dann in ihrer neuen Heimat wieder. Ich habe die Chatverläufe mit allen fünf aufbewahrt und mich dann mit ihnen einzeln öfter getroffen und sie gebeten, mir noch einmal alles in Ruhe zu erzählen. Sagt sich so leicht, denn das war zum Teil sehr aufwühlend. Safi war danach tagelang durcheinander. Ich bekam Zweifel, ob es richtig war, ihnen so nahezutreten. Sie haben dann weiter mit mir gesprochen. Einmal, weil ein Band zwischen uns gewachsen ist, aber auch, weil sie vielleicht einen Sinn darin sehen zu erzählen, was sie erleben mussten, um nach Deutschland zu gelangen.

Ich bemühe mich, all das möglichst wenig moralinsauer zu erzählen. Auch so ein hehrer Vorsatz, denn man ist ja mit einem gewissen Stolz auf europäische Werte aufgewachsen. Menschenrechte, Rechtsstaatlichkeit, Humanität. Einiges, was diese fünf Menschen auf dem Weg hierher erlebt haben, hat nicht im Entferntesten etwas mit diesen Werten zu tun, könnte aber immer mehr zu einer neuen europäischen Wirklichkeit werden. Vieles, was die Menschen erzählen und ich selbst erlebt habe, lässt einen hilflos zurück. Manchmal fragte ich mich: Schreibst du dieses Buch vielleicht, um die Hilflosigkeit, die du angesichts dieser Erlebnisse empfindest, an das Papier weiterzugeben? Jein. Mein Motiv ist vor allem, andere an dem teilhaben zu lassen, was Menschen erleben müssen, ehe sie bei uns Pakete vor die Haustür legen oder den Döner im Schnellimbiss zubereiten dürfen. Und: Wie hart, ungesund und gefährlich sollen die Wege nach Deutschland sein, ehe man dann hier ein neues Leben beginnen darf?

Einen konstruktiven Blick nach vorne werfe ich am Ende. Die Fragen, wer künftig Schutz erhalten wird, wie man in die EU gelangen soll und wo man sich positive Beispiele abgucken kann, habe ich vier Fachleuten gestellt – und jenen fünf Menschen, die ich begleitet und porträtiert habe. Es ist der Versuch, nützliche Gedanken zu formulieren bei diesem Thema, das so oft eher Hoffnungslosigkeit ausstrahlt.

Anmerkung zum Gendern

Ich möchte gerne eine gerechte Sprache verwenden. Wenn es um Zuschreibungen von Gruppen geht, gendere ich in der Regel. Bei Interviews und Auszügen aus Gesprächen oder Nachrichten gebe ich den Originalton wieder, und wenn im Englischen oder Persischen nicht gegendert wird, lasse ich es in der deutschen Übersetzung auch.

Safi versucht es zu Fuß über die Balkanroute

Mit Uhrzeiten konnte er nie so richtig was anfangen. Jetzt war es anders. Safi hörte genau zu, als der Schlepper seine Gruppe motivierte und antrieb. «Bis zur türkischen Grenze ist es nicht mehr weit. Es sind nur zwei Stunden!» Er würde rasch verstehen, dass das mit den zwei Stunden glatt gelogen war. Genauso gut hätte der Schlepper behaupten können, diese karge lebensgefährliche Steinwüste, die sie gerade zu durchqueren versuchten, sei eigentlich eine Blumenwiese. Als wäre es nur ein kleiner Bergspaziergang. Dabei würden sie über schroffe Felsen balancieren, sich vor der türkischen Polizei verstecken, gefährlichen Tieren begegnen.

Information + eine beträchtliche Portion Fiktion + kleine sprachliche Ungenauigkeiten = Schlepper-Rhetorik! Safi wusste nicht so richtig, durch welches Gebirge er gerade lief, auch nicht, wie viel Tage er schon unterwegs war, er wusste nur, dass er den Iran hinter sich lassen und auf der besseren Seite des Lebens ankommen wollte.

«Nur noch kurz den Berg hoch und dann seid ihr da. Unten steht ein Auto, das fährt euch dann nach Istanbul.» Vermutlich hatten alle in der Gruppe jetzt dieses Heilsversprechen im Kopf, für das sie bezahlt und auf das sie Wochen gewartet und gehofft hatten. Safi war allein unterwegs und trug nur eine kleine Reisetasche. Die hatte er sich kurz vor dem Abschied von einem Freund geliehen, weil er keine besaß.

Statt sich um sich selbst Sorgen zu machen, taten ihm die anderen in seiner Gruppe leid. Vor allem die irakische Familie, die gleich hinter ihm lief. Lief ist natürlich übertrieben, denn man musste auf jeden Schritt genau achtgeben. Die Iraker hatten ein zwei Wochen altes Baby dabei. Und Safi sah, dass die Mutter nicht mal Schuhe trug, hier in dieser Landschaft, wo kein Westler ohne Bergsteigerschuhe einen Schritt machen würde. Wie sollte sie da auch noch ihre Tasche tragen? Also warf Safi die geliehene Tasche mit dem letzten, was er besaß, einfach weg, um das Gepäck der irakischen Mutter zu tragen. Schon im Iran hatte er gehört, dass nicht alle am Ziel angekommen würden. Der Bruder eines Freundes war unterwegs einfach verschwunden.

Von Weitem konnte er den türkischen Grenzzaun erahnen. Sie wurden von einem *rahbalad,* einem «Wegkenner», begleitet, eine Art Bergführer, den der Schlepper mitgeschickt hatte und der den Weg kannte. Seinen Befehlen folgten sie, auch als er plötzlich rief: «*Bodoid* – Lauft!» Und Safi lief.

Jeder in der Gruppe hatte alles auf diese eine Karte gesetzt. Nur eine ungenaue Bewegung, er würde stürzen und der türkischen Polizei in die Hände fallen, sie würden ihn in den Iran zurückbringen und dann nach Afghanistan abschieben. *Game over!* Er war ganz auf sich konzentriert. Er rannte jetzt, der Rhythmus seiner Beine wurde schneller, Blick auf die Steine, Blick auf die eigenen Füße. Auf der Schulter die fremde Tasche der Irakerin. Bloß nicht fallen. Die Hände schwangen abwechselnd nach hinten. Er rannte in seine Zukunft. Safi war wie im Tunnel, ganz vorne, ganz allein – das dachte er zumindest.

Ein Mädchen war dicht hinter ihm gelaufen und hatte plötzlich nach seiner Hand gegriffen. «Und dann hörte ich, wie das Mädchen, das gerade einfach meine Hand genommen hatte, zu mir sagte: ‹Kannst du auf mich aufpassen?› Niemand war in unserer Nähe. Ihre Eltern konnten uns nicht sehen. Ich hatte das Mädchen schon in den Tagen zuvor registriert. Ich war wie elektrisiert … Geh ich hier spazieren, oder was?» Jetzt trug er die Tasche der irakischen Mutter auf der Schulter und mit seiner Hand hielt er die des Mädchens. Dass ausgerechnet jetzt, in dieser Lebensgefahr, ausgerechnet hier, eine junge Frau, neunzehn Jahre alt, ausgerechnet seine Hand greifen würde … In türkischen Filmen passiert das, aber nicht in der Wirklichkeit. Sie rannten, und Safi traute sich kaum, sie anzusehen.

Sie erreichten das Tal auf der türkischen Seite. Das Wichtigste hatte er: «An der Grenze habe ich ihre Telefonnummer bekommen. Wenn ich irgendwohin gehen würde, könnte ich ihr schreiben.» Tatsächlich stand dort ein Transporter, wie vom Schlepper angekündigt. Etwa fünfzehn Personen passten hinein. Die Irakerin hatte es barfuß und mit dem Neugeborenen geschafft. Fünf Menschen aus Pakistan sah er, etliche andere – und das Mädchen! Sie und ihre Familie: den Vater, ihre Geschwister, ihre keuchende Mutter. Jetzt war Safi in dem Land, von dem er glaubte, es lohne sich, viel Geld zu zahlen, sich über die Berge hineinzuschleichen und dabei sein Leben aufs Spiel zu setzen, um hier zu leben.

Fast einen Tag lang fuhren sie in dem Kleinbus vom Osten der Türkei Richtung Westen. Einmal machten sie Pause, um die Handys aufzuladen, ein anderes Mal mussten sie anhalten, denn sie hatten einen Platten. Jeder Stopp war Safi äußerst willkommen, dann konnte er das Mädchen heimlich ansehen. Er war einundzwanzig. Noch nie hatte er ein Mädchen berührt, geschweige denn ihre Hand gehalten. Möglichst unauffällig schaute er zu ihr hinüber, damit die Eltern seine Blicke nicht mitbekamen, und hoffte heimlich, er würde bis Istanbul in der Nähe des Mädchens sitzen. Die Familie des Mädchens war nicht ganz arm. Safi hatte nur genug Geld, um in die Türkei zu gelangen. Sie waren viele, er war alleine. Sie wussten alles über Deutschland, weil sie dort Familie hatten, er wusste gerade mal, dass er in die Türkei wollte.

«Wir fuhren lange. Im Wagen schliefen alle. Zwischen uns saß ihre Schwester, sie schnarchte, so tief schlief sie. Wir haben dann heimlich miteinander geredet. Sie hat mir Mut zugesprochen: ‹Sei stark! Wir kommen an.› Dabei hatte sie selber sehr viel Angst. Sie hatte ja so was noch nie erlebt: dass du jetzt in einem fremden Land bist, die Sprache nicht verstehst. Und ich auch nicht. Für uns Afghanen im Iran war die Türkei immer ganz toll – so groß.

Sie hat mich gefragt: ‹Wo willst du hin nach Europa?›

Ich kannte nur ein paar Namen von Ländern. ‹Ich will hierbleiben.›

‹Bleib nicht hier! Bleib nicht in der Türkei!›, bat sie mich.»

Dann ging es ganz schnell. Safi musste aus dem Wagen aussteigen. Der Schlepper wollte mehr Geld, was er nicht hatte. Das Mädchen blieb mit der Familie drinnen. Sie verabschiedeten sich natürlich nicht voneinander, dann hätten die Eltern Verdacht geschöpft. Er hatte ja ihre Telefonnummer. Und diesen Satz im Kopf: Bleib nicht in der Türkei!

Klingt alles nach einer ausgedachten Geschichte? Was so eine Journalistin sich am Schreibtisch zusammendichtet – der *Bergdoktor* auf Persisch. Nein, das ist das Leben von Safiollah, kurz Safi. Ein eher traditioneller afghanischer Männername, im Deutschen wäre er vielleicht vergleichbar mit Vornamen wie Gotthilf, Gottlob, Friedbert oder Helfrich. Würde man hier seinen echten Namen lesen, dann könnte ich das, was er erlebt hat, nur grob andeuten. Scham, Schutz, ein anderer Name ist ihm lieber. «Es gibt Rafiollah, Shafiollah. Nimm doch Safiollah», schlägt er vor. Deshalb heißt er hier so. Und es passt auch, denn *saf* bedeutet auf Deutsch «rein, aufrichtig».

Ich kenne Safiollah seit fünf Jahren, bin ihm auf seinem Weg in die Europäische Union begegnet, wir sind seitdem im Kontakt. Ich habe seinen Weg beobachtet, habe ihn oft nach seinem Leben in Afghanistan und im Iran gefragt, habe gemerkt, dass er eher untertreibt, nie prahlt, habe gesehen, wie seine Bilder auf Instagram sich veränderten, wie er dort Tausende Follower sammelte und welches Leben er außerhalb des Handys lebt. Vermutlich hat er so viele Follower, weil er attraktiv ist und sich vor der Kamera bewegen kann. Fast wie ein Model. Foto in Lederjacke, Foto mit weißem Hemd, Foto mit gestylten Haaren. Das Outfit immer farblich abgestimmt. Er blickt in die Ferne oder konzentriert auf den Boden, mit so einem Cowboyblick. Sieht immer gut aus. Selbst als er auf der Straße lebte, postete er ein Foto, das aussieht wie das Cover von so einer Sonderedition «Grillen und BBQ» eines Männermagazins. Unter den Bildern stehen Sätze wie: «Mein Leben, meine Regeln.» Auf jeden Fall, denkt man, er ist einer, der sich im Sportwagen zum Beat von persischem Pop in die Kurve legt. So sieht sein Leben auf Instagram aus.

Außerhalb des Netzes hat er nicht überdurchschnittlich viel Selbstbewusstsein, im Auto würde man ihn eher auf dem Beifahrersitz sehen. Aber er kommt mit jedem schnell ins Gespräch, auf eine unaufdringliche Art. Als ich einmal einem deutschen Studenten, aufgeschlossen und interessiert, von Safis Leben erzählte, mochte er nicht glauben, dass ein Mensch Europa so anders erleben kann als er selbst, der mit Interrail über die Grenzen hinweg reisen darf, wohin er möchte. Als ich ihm dann Safis gestylte Fotos auf Instagram zeigte, passte das noch weniger zu dem, was ich ihm über dessen Leben erzählt hatte. Ich erkannte mich in den Worten des aufgeschlossenen und interessierten Studenten wieder: Die Vorstellung, dass man am Äußeren erkennt, was jemand wie Safi durchmacht, ehe er dann von ganz unten in die EU hineinkriecht, stimmt nicht. Uns ist diese andere Wirklichkeit so fremd, also stellt man sich Menschen, die sie erleben, auch entsprechend fremd vor, elendig und irgendwie abgeranzt. Auf jeden Fall nicht stylish. Aber das Gegenteil ist der Fall, Safi achtet darauf, in der Bahn, auf der Straße, im Park so auszusehen wie der coole und normale Typ von nebenan. Das war schon im Iran sein Weg, um durchzukommen.

Afghanen im Iran

Als Safi ein kleines Kind war, beschlossen seine Eltern, Afghanistan zu verlassen und in den Iran zu ziehen. «Wir gingen in den Süden des Iran. Dort brauchst du keine Jacke. Da sind 45 Grad normal. Erst hatten wir eine Lehmhütte. Es hat reingeregnet. Meine Eltern legten einen Teppich auf den Boden. Wir hatten keinen Strom, den haben wir selber gelegt.» So hatte ihr Leben im Iran begonnen. Ich stellte so viele Fragen: Warum gingen deine Eltern in den Iran, welche Pläne hatte dein Vater, welche Ausbildung, wovon wollten sie leben? (Hätte noch gefehlt, dass ich nach einer Hausratsversicherung fragte.) Darauf gab es keine Antworten, so dachte Safis Familie nicht. «In Afghanistan dachten damals alle, der Iran sei ein Paradies. Wir haben die gleiche Religion, die gleiche Sprache, die gleiche Kultur.» Also brachen sie auf ins Paradies und begannen ihr neues Leben. Ohne Plan, ohne alles. Der Vater reparierte Fahrräder. Die Mutter brachte ein weiteres Kind zur Welt.

«Ich hab als Kind als Maurer auf dem Bau gearbeitet und auf der Straße Brot verkauft. Meine Familie brauchte dringend dieses Geld. Es reichte gerade zum Essen. Mehr nicht.» Als Safi acht oder neun war, konnte er für ein Jahr die Schule besuchen.

Safi ist tadschikischer Afghane. «Das erkennt man an meinem Aussehen und an meinem Dialekt. Für die Iraner ist das wichtig, denn wenn du Tadschike bist, bist du Sunnit, nicht Schiit wie die meisten. Als Afghane hast du immer Angst, abgeschoben zu werden. Sie holen dich plötzlich bei der Arbeit oder beim Einkaufen ab. Die Polizei schaut dich an, sie sehen deine tadschikischen Augen und die Art, wie du die Kleidung trägst, und dann nehmen sie dich mit.» Woran erkennt die Polizei das? Tragen Afghanen ihre traditionelle Kleidung? «Guck mal», erklärt mir Safi und findet leicht anschauliche Beispiele: «Wenn man im Iran ein T-Shirt aus der Hose trägt, weil es cooler aussieht, dann kannst du sicher sein, dass ein Afghane das gleiche T-Shirt trägt, aber es tief in die Hose stopft und dann total uncool aussieht. Und jeder erkennt: Afghane! Die Polizei eben auch.» Deshalb hast du immer so auf deine Kleidung geachtet? «Ja. Immer sehr genau. So bin ich durchgekommen. Ich hatte immer Angst, abgeschoben zu werden. Und meine größte Sorge war, dass meine Mutter ohne *Sarparast* (‹Vormund›) sein würde.»

Safi verbrachte viele Jahre seiner Kindheit im Süden des Iran. Für kurze Zeit ging die Familie zurück nach Afghanistan, aber hauptsächlich wuchs er im Iran auf.

Safis Eltern hatten dieselbe Hoffnung, die auch Millionen anderer Afghaninnen und Afghanen hatten. Viele der Menschen, die später in Moria landeten oder in Deutschland um Asyl baten, kamen und kommen nicht direkt aus Afghanistan, sondern hatten bereits versucht, im Iran zu überleben. Iran und Pakistan sind die beiden Nachbarländer, in denen sich die meisten afghanischen Flüchtlinge weltweit aufhalten. Willkommen waren sie nur zu Beginn.

Ihre Flucht in den Iran begann mit dem Einmarsch sowjetischer Truppen nach Afghanistan Ende 1979. Damals flohen Millionen in die beiden Nachbarländer Iran und Pakistan. Im selben Jahr war im Iran die islamische Revolution ausgebrochen – solange es die Islamische Republik gibt, solange gibt es auch die Flucht von Afghanen in den Iran. Mit jedem weiteren Kapitel in der Kriegsgeschichte von Afghanistan, die nun schon weit über vierzig Jahre andauert, suchten Hunderttausende Schutz im Iran. Das statistische Zentrum der iranischen Regierung machte bis 2020 fünf Fluchtbewegungen aus: Die erste nach dem Einmarsch der Sowjets 1979, die nächste dann mit dem Beginn des Bürgerkriegs (1989), die dritte mit dem Erstarken der Taliban Mitte der Neunzigerjahre, die vierte nach dem Einmarsch der US-Truppen 2001, die fünfte nach dem Erstarken des IS im Land (2015 bis 2017). Es gibt mindestens eine weitere: 2021 mit der Machtübernahme der Taliban,[1] bei der offiziell mindestens eine halbe Million Menschen gekommen sein soll. Safis Familie suchte zweimal im Iran Sicherheit und ein neues Leben. Das erste Mal, als die Taliban erstarkten, Ende der Neunziger, und das zweite Mal, als der IS mächtiger wurde, es muss um 2015 gewesen sein.

An dieser Stelle ist es gut, einen Blick auf die ethnische Landkarte Afghanistans zu werfen, nur damit man mal die Namen der vier größten Gruppen gehört hat. Safi gehört zu den Tadschiken. In Afghanistan sind die Paschtunen und die Tadschiken zahlenmäßig am stärksten vertreten, auch wenn man sich hier auf keine Volkszählung stützen kann und das nur Schätzungen sind. Die Taliban sind vor allem Paschtunen (32 bis 42 Prozent) und sprechen Paschtu, die zweitgrößte Gruppe bilden die Tadschiken (etwa 27 Prozent). Dann folgen die Hazara, das Auswärtige Amt schätzt ihren Anteil in der afghanischen Gesamtbevölkerung auf 9 bis 20 Prozent. Und schließlich machen die Usbeken mit ihrer usbekischen Sprache einen Anteil von 9 Prozent aus.[2] Offizielle Landessprachen in Afghanistan sind Paschtu und Dari.

Nach Beginn der afghanischen Fluchtbewegung in den Iran 1979 bis zur Machtübernahme der Taliban im Sommer 2021 waren es vor allem afghanische Hazara und auch Tadschiken, die in den Iran migrierten. 2022 sollen Hazara etwa 40 Prozent der Gruppe ausgemacht haben, Tadschiken 36 Prozent.[3] Paschtunen flüchten eher nach Pakistan, das ihnen sprachlich, ethnisch und kulturell näher ist. Hazara sind mehrheitlich Schiiten und hoffen im Iran auf den Schutz der schiitischen Brüder und Schwestern. Tadschiken gehören zu den Sunniten. Entscheidend für beide ist sicherlich die gemeinsame Sprache: Hazara und Tadschiken sprechen Dari, was sich vom iranischen Farsi wie ein Dialekt vor allem im Wortschatz unterscheidet, aber linguistisch gesehen *eine* Sprache ist. Man könnte das Farsi der Iraner und das Dari der

Afghanen mit Hochdeutsch und Schweizerdeutsch vergleichen. Safi spricht wie ein Iraner, er hat sich sprachlich angepasst, um nicht aufzufallen. (Wenn ich dagegen den Mund aufmache, kommt nur iranisches Farsi heraus – mit deutschem Akzent.)

Anfangs zeigte sich die junge Islamische Republik gegenüber den damals etwa 2,5 Millionen geflüchteten Menschen offen hilfsbereit. Doch der politische Kurs veränderte sich immer wieder, konstant ist allerdings ab den Neunzigerjahren die Ausgrenzung und Diskriminierung von Millionen von Afghan:innen im Iran geblieben. Ganz gleich, wie lange sie schon im Land leben oder ob sie dort sogar geboren sind.[4] Mein Eindruck bleibt, dass der Iran keine neue Heimat für sie werden soll.

Laut UNHCR und iranischer Regierung leben mittlerweile etwa 3,5 Millionen Menschen aus Afghanistan im Iran.[5] Davon sind circa 780 000 registrierte und circa 2,1 Millionen nicht registrierte Flüchtlinge, circa 600 000 haben einen afghanischen Pass.[6] Der Staat versorgt den UNHCR mit Daten, aber wie glaubhaft diese sind, ist nicht zu beantworten. Auf jeden Fall ist der Teil der Afghan:innen, die sich legal im Land aufhalten, deutlich geringer als jener der illegalen. Ein zentrales Registrierungssystem gibt es nicht. Würden alle Afghan:innen registriert, die sich im Iran aufhalten, dann wäre der Iran nach der Türkei das zweitgrößte aufnehmende Land in der Welt.[7]

Legal dürfen afghanische Staatsbürger nur mit Visum in den Iran einreisen.[8] Wie in allen Ländern kontrolliert der Staat die Migration und mithin auch die Registrierung. Unserem BAMF, dem Bundesamt für Migration und Flüchtlinge, entspricht das iranische BAFIA,[9] es registriert und entscheidet über den Aufenthalt. Jedes Jahr muss das entsprechende Ausweisdokument *(Amayesh)* verlängert werden, es beinhaltet eine vorübergehende iranische Aufenthaltsgenehmigung, zeigt, wo im Land man sich aufhalten darf und wo nicht.[10]

Safi war im Iran nicht registriert und sein afghanischer Pass war abgelaufen. Damit hatte die Familie weder Zugang zum Gesundheitssystem, noch konnte er eine Schule besuchen, um lesen und schreiben zu lernen.[11] Seine Eltern konnten kein Bankkonto eröffnen, keinen Führerschein machen, bei einem Unfall existierten sie nicht und vor

Gericht folglich auch nicht. Und selbst eine SIM-Karte für das Handy konnte Safi sich nicht selbst kaufen. Er brauchte immer einen iranischen Strohmann, der sich beim Kauf ausweisen konnte. Safi war unsichtbar.

«Wenn ein Iraner 5 Euro für die Visite zahlt, dann zahlen die Afghanen 20, nur um den Arzt überhaupt zu sehen. Kein Afghane hat eine Bankkarte oder SIM-Karte. Du musst einen Iraner fragen, bitte, bitte, kannst du mir die SIM-Karte für 20 Euro kaufen, ich zahl dir auch 30. Du brauchst also iranische Freunde. Er kauft dir das dann. Ist ja für ihn kein Thema. Er fühlt sich dann als Held, dass er für einen Afghanen eine SIM-Karte gekauft hat. Stell dir die Gesellschaft da so vor: Es gibt die erste Klasse und die Mittelklasse, sie haben ein normales Leben. Dann kommen die Bettler und dann die Afghanen. Selbst wenn du Geld verdienst, kannst du kein Auto, keine Wohnung, kein Land kaufen. Immer auf einen anderen Namen.»

Wurdest du mit der Zeit empfindlicher?

«In Deutschland hast du eine AOK, und jeder wird gleichbehandelt. Im Iran passt du ständig auf, dass du nicht reingelegt wirst. Meine Mutter musste öfter ins Krankenhaus. Einmal hatte sie richtig starke Schmerzen. Der Arzt sagte: ‹Hier ist alles belegt. Nimm deine Mutter wieder mit.› Aber meine Mutter hatte Schmerzen. Die Krankenschwester hat sie dann aufgenommen. Und wie ein Hund musst du ihr danken. Wir haben immer ganz wenig Wasser verbraucht und wenig getrunken, um Geld zu sparen. Die anderen haben jeden Tag die Spülmaschine benutzt. Und trotzdem haben wir am Ende des Monats mehr bezahlt. Wenn ein Flüchtling hier Blut braucht, kann dann ein Deutscher spenden?» Er meint die Frage ernst.

Ob das geht? Ich nicke. Ja, klar!

«Im Iran geht das nicht. Ein Afghane kann einem Iraner zum Beispiel ein Organ geben. Aber ein Iraner kann seine Niere nicht an einen Afghanen verkaufen.»

Hätten die Kinder der afghanischen Flüchtlinge eine Zukunft, so war oft mein Eindruck, würden viele Familien im Iran bleiben. Deshalb hat das Land, wohl auch auf Druck der EU oder motiviert durch Geldversprechen, zwei Gesetze eingeführt, wonach ausländische Kinder, auch wenn sie nicht registriert sind (seit 2015) und nicht zahlen müssen (seit 2016), Schulen besuchen dürfen.[12]

Der UNHCR feiert das regelrecht, dieses «inklusive Schulsystem» sei «eines der fortschrittlichsten in der Welt». Kleiner Blick auf die Zahlen: 2019 durften 480 000 Kinder in die Schule gehen, davon waren 130 000 nicht registriert.[13] Hält man sich jedoch die Gesamtzahl von Afghan:innen vor Augen, die im Land sind, wird klar, es muss eine große Anzahl von Kindern geben, die nicht zur Schule gehen dürfen. Geld für die Beschulung von afghanischen Kindern kam übrigens auch von der EU mit einer Zusage von 12,5 Millionen Euro pro Jahr für Schulen und Gesundheitssystem. Das Motiv? «Es ist besser, wenn man nahe an seinem Zuhause ist und dann heimkehren kann, wenn die Lage besser wird», erklärte der damalige EU-Kommissar Stylianides.[14]

Die Annahme, dass die etwa 800 000 registrierten afghanischen Flüchtlinge im Iran eine Zukunft haben und integriert werden sollen, ist – so viel ist klar – nicht realitätsnah. So etwas wie «Integration» ist ein Gedanke aus einem anderen Universum. Nicht nur, dass die Aufenthaltsgenehmigungen jährlich verlängert werden müssen (oder es eben auch nicht werden). Die Menschen stehen immer auf der Kippe. Während der Proteste nach dem Tod von Jina Mahsa Amini am 16. September 2022 waren ein paar wenige afghanische Jugendliche unter den Opfern. Viele hielten sich ängstlich zurück. Denn wie schon vor den Protesten, Streiks und revolutionären Entwicklungen drohte ihnen natürlich ständig die Abschiebung.[15] Das gilt auch für Afghan:innen, die schon in der dritten oder vierten Generation im Iran leben. Iranische Medien berichten gerne, wie großzügig afghanische Kinder integriert werden. Und das wiederholen Iraner dann auch in Deutschland, wenn das Gespräch auf das Thema kommt. Doch dem Lagebericht des Auswärtigen Amtes, der nicht für Übertreibungen bekannt ist, entnimmt man die nüchterne Einschätzung: «Weitere Schritte zur Legalisierung (von Afghan:innen, I. S.) sind nicht zu erkennen.»[16]

Und dann gibt es da eine Lösung, um legal im Land bleiben zu können, die strahlt wie ein Heilsversprechen. Der Iran-Jackpot sozusagen. Safis Pass war abgelaufen, bei der afghanischen Botschaft hatten sie um Hilfe gebeten, damit die kranke Mutter Zugang zum Gesundheitssystem haben könnte (für das Iraner übrigens auch zahlen müssen). «Dieser Nachbar sprach mich an. Er war Iraner. Ich sollte mich doch bei den Revolutionsgarden melden und nach Syrien gehen, nur ein wenig hinter der Front helfen, für sechs Monate oder ein Jahr, und dann bekäme ich einen Aufenthalt, und meine kranke Mutter würde medizinische Hilfe bekommen und sogar Geld.» Und hast du das gemacht? «Ich bin ja nicht blöd. Ich hatte mitgekriegt, dass die, die gingen, zum Teil nicht mehr heimkehrten. Oder gar keinen Aufenthalt oder einen iranischen Pass bekamen. Ich wollte nicht in Syrien kämpfen.»

Der Iran nutzte die Not der Afghanen seit 2013 gezielt aus, indem er sogar eine eigene Brigade für Kampfeinsätze in Syrien schuf: die Fatemiyoun-Brigade. Aleppo, Idlib, Daraa. *You name it.* Die afghanischen Flüchtlinge kämpften für den Iran und wurden in harte Kampfeinsätze geschickt. In der Hoffnung, sich und ihrer Familie so eine Bleibeperspektive im Iran zu erkämpfen. Diese Kämpfer sollen – neben dem russischen Militär – an militärischen Siegen für Assad maßgeblich beteiligt gewesen sein. Über fünfzigtausend sollen allein in Syrien gekämpft haben, darunter vermutlich auch Minderjährige. Mehr als zweitausend wurden schätzungsweise in Syrien getötet, knapp achttausend verwundet.[17] Im Irak und im Jemen sollen auch afghanische Kämpfer eingesetzt werden, so dass andere Schätzungen auf fünftausend gefallene Männer kommen. Als Entlohnung sollen sie bis zu 1500 Dollar monatlich erhalten haben.[18] Die Fatemiyoun-Brigade ist das Integrationsangebot des Iran an männliche afghanische Schutzsuchende. Die Alternative heißt Abschiebung.

Nach der Machtübernahme der Taliban im Herbst 2021 bewegte sich die sechste Fluchtwelle aus Afghanistan auf die iranische Grenze zu. Im Westen sprach man von einer drohenden Hungerkatastrophe, Eltern verkauften in der Not ihre Kinder. Vier- bis fünftausend Menschen kamen am Tag. Wie viele wurden täglich abgeschoben? Drei- bis viertausend Menschen![19] Der Iran hatte in dieser Zeit genug eigene Probleme, Corona, Sanktionen. Das Land machte die Grenzen dicht. Natürlich ist die Grenze zu lang, um sie gänzlich zu kontrollieren und abzuriegeln.[20]

Vieles geschah in Safis Leben einfach so, ohne Ankündigung oder

Erklärung. Ein «Warum» gab es für Safi oft nicht. Dort, wo sie im Iran lebten, mussten sie zehn Minuten bis zur Toilette laufen, die Eltern hatten es auch nach den vielen Jahren nicht geschafft, der Familie ein besseres Leben aufzubauen. Eines Tages entschied sein Vater, dass sie nach Afghanistan zurückkehren würden. Da war er vielleicht zwölf Jahre alt. «Wir sind zurückgegangen, weil wir dachten, Afghanistan sei besser. Wir haben alles Geld, was wir hatten, gesammelt und sind unvorbereitet zurück. Mein Vater sagte zu uns: ‹Ich muss ja nur eine Arbeit finden.› Meine Eltern waren beide Analphabeten. Und dann zogen wir zur Grenze. Mein Vater dachte, es würde alles noch so sein wie vorher.»

In Afghanistan zogen sie bei Familienangehörigen ein. Der Vater versuchte sein Glück als Goldsucher. Auch Safi siebte im Flussbett. Oft lief er durch die Straßen und hatte Hunger. Man sah, dass er fremd war, er war anders gekleidet, hatte einen iranischen Akzent und kannte sich offenbar nicht aus. Da wurden ältere Männer auf ihn aufmerksam, sie warfen ein Auge auf ihn.

«Ein Verwandter sagte zu mir: ‹Ihr müsst gehen.› In der Familie hatte mein Vater Streit mit Verwandten.» Ich höre, was Safi sagt, aber verstehe es nicht: Wie, der sagt, ihr müsst gehen und dann müsst ihr plötzlich Afghanistan verlassen? Was war denn da los? «Es gab Streit mit meinem Vater um Land. Der Verwandte hatte mich bedroht. Wir hatten keine Wahl. Meine Mutter sagte dann zu meinem Vater, wir gehen wieder in den Iran. Der hat ihr gesagt, sie soll sich nicht einmischen. Sie sei nur eine Frau. ‹Wir sind schon einmal gegangen›, sagte mein Vater zu ihr, ‹und das hat nichts gebracht›. Und dann gingen wir ohne alles in den Iran.»

Es wurde nichts geplant. So wie sie nach Afghanistan zurückgekehrt waren – unvorbereitet, völlig mittellos –, so verließen sie das Land auch wieder. Aber dieses Mal ohne den Vater. Später würde seine Mutter wenig über seinen Vater sagen, Sätze wie: «Er hat mich nur geschlagen.» Erst da konnte man ahnen, warum die Mutter allein mit ihren beiden Söhnen wieder in den Iran ging.

Zurück im Iran arbeitete Safi auf dem Bau. Stabiler hatte ihn Afghanistan nicht gemacht, er war niedergeschlagen und empfindlicher. Einmal wurde er von einem Auto angefahren. Er wachte im Krankenhaus aus der Bewusstlosigkeit auf. Da hatte man seinen Finger schon benutzt, um mit seinem Fingerabdruck zu bestätigen, dass er dem Fahrer nichts vorzuwerfen hatte. Dabei hatte der ihn angefahren. Bei der Arbeit war es auch schwierig, er bekam seinen Lohn oft nicht. Das passierte vielen illegalen Afghanen. Als er sich zu Wort meldete, landete er im Gefängnis. Afghane eben!

«Wenn du in Afghanistan keine Chance hast, musst du gehen. Sie töten dich sonst mit einem Gewehr. Zack. Im Iran ist es, als würden sie dich als Afghanen ständig mit einem Messer stechen. Das musst du aushalten. Du hast kein Selbstvertrauen, deine Persönlichkeit geht verloren, viele bekommen eine Depression und dann haben sie keine Kraft mehr zurückzukehren, weil das Selbstwertgefühl immer weniger wird. (Er zitiert diese kleine Redewendung:) *Az tschahar dar miai, miafti tschare* – Du kommst aus dem einen kleinen Loch und fällst in ein noch tieferes.»

Man wartet in Safis Geschichte auf kleine Jugendabenteuer, er war ja gerade erst zwanzig. Auf Frauen, Geheimnisse, witzige Situationen. Sturm und Drang. Man wartet vergeblich. Er arbeitete, ging heim, schlief und arbeitete. So erzählt er es. Und oft bekam er keinen Lohn. «Ich hatte wieder meinen Lohn nicht bekommen. Also ging ich zu dem Mann in die Firma und sagte: ‹Ich möchte meinen Lohn.› Er sah mich, ich stand in seinem Innenhof, und sagte zu mir: ‹Du dreckiger Afghane, setz dich neben den Teppich, du bist dreckig.› Um mich herum waren Jugendliche. ‹*Nashin unja, ghali kasif mische!* – Setz dich daneben, sonst wird der Teppich schmutzig!› Ich war aber ganz sauber. Sie haben mich alle ausgelacht. Zehn Personen, alle haben mich angeguckt und gelacht. Ich dachte nur: Lieber Gott, bring mich auf der Stelle um. Die Jugendlichen waren genauso alt wie ich. Die anderen durften mit Schuhen auf den Teppich. Ich durfte nicht mal drauf sitzen. Statt 500 Toman hat der Mann mir nur 50 gegeben. An dem Tag habe ich die Schmerztabletten geschluckt. Ich war tagelang durcheinander. Da ist es in mir gekippt. Ich verlor den Respekt vor dem Islam. Ich verfluchte alles, kaufte das erste Mal in meinem Leben Zigaretten.»

Ich frage nach. Der Islam gibt dir keinen Halt? «Mit fünf Jahren haben sie mir beigebracht: Steh auf, faste, wenn du nicht betest, kommst du in die Hölle. Entweder beten oder arbeiten. Ich wurde nicht aufgeklärt, das Mädchen vom Nachbarn war tabu. Aber in der Moschee missbrauchte der Mullah Kinder sexuell.»

Safis Verzweiflung wuchs binnen weniger Tage stark. Viele Afghanen sprachen von der Türkei. Er hörte das immer öfter. «Ich wollte da weg. Je weiter weg, desto besser. Denn ich wusste: Wenn sie mich kriegen, würden sie mich nach Afghanistan bringen.»

Einer kennt einen, der einen kennt, und so kommt man an Infos und Schlepper. Türkei, Europa, das Thema tauchte immer wieder in Gesprächen auf. Safi rief einen Kollegen vom Bau an. Er wusste, dass der sich gut auskannte: «Einer seiner Brüder war an der Grenze umgekommen. Sie hatten sich verlaufen. Die Schlepper hatten ihnen den falschen Weg gezeigt, der Bruder ist in den Bergen erfroren. Zwei Monate später haben sie seine Leiche gefunden. Mein Kollege, der Bruder des Verstorbenen, ist trotzdem los. Wie ich hatte auch er im Iran gelitten, auch kein Geld bekommen. Er war schon in Istanbul, als ich mit ihm telefonierte und er sagte: ‹Es ist sehr gut hier. Wie ein Paradies, komm! Hier kann man gut leben.› Ich hatte zwar Angst. Aber für mich war nichts mehr wichtig. Ich dachte, wenn der eine Arbeit findet, finde ich auch eine. Mir war alles egal. Afghanistan war die Hölle, der Iran war die Hölle. Ich wollte nur weg. Ich dachte: Entweder ich komme an oder ich sterbe. Also bin ich eines Mittags einfach los und hatte nur eine Tasche dabei. Die gehörte mir nicht mal, hatte ich mir von einem Freund geliehen. Hatte eine Hose dabei, einen Pass hatte ich ja nicht, und 3 Millionen Toman (etwa 250 bis 300 Euro, I. S.), die hatte ich zur Seite gelegt und meine Mutter hatte mir geholfen. Kurz vorher hatte ich mich noch mit fünf Schmerztabletten abgeschossen, und als es mir besser ging, war ich fest entschlossen: Ich gehe! Zu meiner Mutter sagte ich: ‹Wenn du willst, dass ich bleibe, dann werde ich entweder drogensüchtig oder ich lande im Knast.› Sein Bruder hatte bereits Drogenprobleme. Da hat sie gesagt: ‹Dann geh! Wir haben kein Geld, probier es in die Türkei und schick uns Geld!› Die Telefonnummer vom Schlepper habe ich immer noch. Ihr hier in Deutschland, ihr kauft ein

Ticket bei der Deutschen Bahn. Aber dort rufst du jemanden an und zwei Tage später bringt er dich in die Türkei.»

An einem Platz wurde er eingesammelt von einem Transporter: drinnen keine Sitze, verdunkelte Scheiben, fremde Menschen, die alle gerade eingestiegen waren. «Ich hatte Angst, dass die Polizei uns kriegt. Afghanen dürfen sich ja nicht überall im Land aufhalten. Der Schlepper hat gesagt: ‹Keine Sorge, Bruder. Wir haben sie alle gekauft.› Die Schlepper waren kurdische Iraner, Afghanen, und Belutschen. Jeder Moment ist Stress. Im Auto sitzt du da und betest, dass du irgendwie ankommst. Man liest Koran, Hauptsache irgendwas.»

Die Schlepper brachten Safis Gruppe auf dem Land unter. Fünfzig Personen in zwei Zimmern, mit einer Toilette. Zwei Wochen warteten sie dort. Ganze Familien, Babys, junge Männer wie er, und unter all diesen Menschen, die da zusammenhockten, um in ein neues Leben zu flüchten, hatte er auch ein Mädchen wahrgenommen. Zierlich, klein, sie hatte ihn auch mal angeschaut, aber Safi blickte sofort weg. Wie es sich für einen anständigen, jungen Mann gehört. Jede Nacht sagten die Schlepper ihnen, heute geht es los. Bis sie nach vielen Tagen tatsächlich wieder in so einen Transporter stiegen und der Schlepper sie mit dem Satz verabschiedete: «Bis zur türkischen Grenze ist es nicht mehr weit. Es sind nur zwei Stunden!»

Türkei-Transit

«Ich dachte am Anfang, ich geh in die Türkei. Ich dachte, meine Mutter kommt nach. Ich kann da arbeiten. Ich dachte, ich finde eine türkische Freundin und vielleicht spiele ich in einem türkischen Film mit. Meine Mutter hatte so viele dieser türkischen Filme gesehen. Ich dachte, ich werde Schnee sehen. Und unterwegs habe ich an meine Mutter gedacht. Wenn mir was passiert, dachte ich, würde sie sterben. Das hat mich am Leben gehalten.»

Irgendwo an einer türkischen Landstraße stand er nun mit T-Shirt, Turnschuhen, Handy, etwas Geld in der Hose. Sonst nichts. Vier Tage schlief er am Busbahnhof und war wütend auf den Schlepper. Am

Telefon stritt er mit ihm, wie mies es war, ihn einfach im Nirgendwo aus dem Transporter zu werfen. Der Schlepper drohte ihm: Komm du nach Istanbul! Dann wirst du schon sehen!

Er fand die Unterkunft in Istanbul, wo der Schlepper die Menschen unterbrachte und wo er ihm die Meinung sagen wollte. Hier durfte er wie die anderen erst mal bleiben. «Ich war gespannt, was der Schlepper für ein Mann sein würde. Ich kannte ihn ja nur vom Telefon. Ich stellte ihn mir groß und älter vor. Nach kurzer Zeit kam ein junger Typ in den Raum, der hatte gerade mal Bartwuchs und fragte streng: Wer hat mich verflucht? Ich werde ihm das Ohr abschneiden.»

Safi lachte und meldete sich. Er hielt die Drohung «Ohr abschneiden» für einen Scherz. Später erst sah er ein Video, in dem genau dieser junge Schlepper zwei Iranern das Ohr abgeschnitten hatte, weil sie seine Mutter verflucht hatten, und er sah auch, wie er Afghanen an der Decke aufhängte und sie schlug. Weil Safi sich gleich gemeldet und keine Angst gezeigt hatte, ließ der Schlepper ihn in Ruhe. Jetzt war er also in dieser Schlepperherberge in Istanbul gelandet. In einer Etage schliefen die Ledigen, darüber die Familien. Und er war in dem Land, von dem er sich eine Zukunft erträumte. Dass Afghan:innen auch in der Türkei nicht sonderlich willkommen sind, wusste Safi nicht.

Man könnte sogar den Eindruck haben, die Türkei dränge die Afghanen weiter gen Europa. Der UNHCR stellte die Registrierung aller afghanischen Geflüchteten am 10. September 2018 ein.[21] Seitdem hat der Staat diese Aufgabe übernommen. Als erstes fällt mir auf: Die Zahl der Menschen aus Afghanistan, die in der Türkei ankommen, wird nicht kleiner. Dabei ist die Diskrepanz zwischen jenen, die um internationalen Schutz bitten und bleiben wollen, und jenen, die illegal oder nur registriert sind, hoch. Im Jahr 2020 waren es rund 35 000 Menschen, die um Asyl baten, allerdings waren den Behörden über 200 000 Afghanen in der Türkei bekannt.[22] Sind sie alle auf der Durchreise gen EU? Wissen die Menschen vielleicht nicht, wie man um Asyl bittet? Warum stellen so wenige Anträge?

Es sind eine Menge Hürden, die man überwinden muss, um überhaupt Zugang zu finden. Erstens die Registrierung: Afghaninnen und Afghanen dürfen sich nur in bestimmten Städten aufhalten, oft werden sie einfach weggeschickt, es gibt sprachliche Probleme, überall andere Formulare. Zweitens: Sollte eine Registrierung gelingen, ist unklar, ob und wann man einen Interviewtermin bekommt, Zugang zum Gesundheitssystem gibt es nur für ein Jahr und nur wenige NGOs, die helfen.[23] Die Türkei hat ein ein dreigeteiltes System geschaffen: Europäer erhielten Schutz gemäß der Genfer Konvention, Syrer:innen einen vorübergehenden, alle anderen «internationalen» Schutz.[24] Man könnte auch schlicht sagen, dass Menschen aus Syrien etliche Jahre mitgetragen wurden, die anderen am liebsten nicht.

Jemand wie Safi war nun nicht sonderlich willkommen am Bosporus. Die «Bleibeperspektive» beschäftigte ihn nach seiner Ankunft allerdings nicht so sehr wie sein Herzschlag. Denn wen traf er in der «Reisendenunterkunft» des jungen und unberechenbaren Schleppers? Wer sorgte dafür, dass Geld, Gefahr, Zukunft, seine Familie im Iran hinter einem Schleier der Bedeutungslosigkeit verschwanden? Da saß sie! Das Mädchen! Ihre ganze Familie war natürlich da. Im selben Haus!

«Abends saß ich bei der Familie. Ihr Vater erzählte, sein Sohn sei in Deutschland. Er hat da ein Auto. Er hat eine Wohnung. Und das Mädchen sagte zu mir: Komm doch auch nach Europa. Ich zögerte nicht lange und sagte einfach: ‹Ja gut, ich komme auch. Inschallah!› Ich war halt verliebt. Ich wollte da gar nicht weg.» Bis dahin hatte er nie über Deutschland nachgedacht.

Es gab allerdings ein Problem, und das hieß Geld. Wie viel man hat, entscheidet darüber, wie lange man für eine Reise braucht: eine Woche, einen Monat oder sogar ein Jahr. Vom Geld hängt auch ab, ob man läuft, fliegt oder mit dem Boot unterwegs ist. Safi wusste, dass es Europa nicht umsonst gibt. Und er hatte in Istanbul schnell mitbekommen, dass hier zahlreiche «Dienstleister» aktiv waren, die man für den Weg nach Europa brauchte. Er rief seine Tante im Iran an und bat sie um Hilfe. 500 Euro wollte sie ihm schicken. Dann, so nennt er es, «tyrannisierte» er seine Mutter, er wolle nach Europa, sie solle ihm helfen. Und all das, weil das Mädchen ihn angesehen und ihm diese drei Worte zugeflüstert hatte: «Komm nach Europa!»

Während Safi mir das erzählt, stelle ich mit meiner journalistischen Sicht fest, dass ich die persönlichen Gründe, das Herz, die Sehnsucht, bei einer Flucht unterschätzt hatte. Wenn wir unterwegs mit Menschen sprechen, in Bosnien, Serbien, Griechenland, an der Grenze zu Belarus oder in Calais und Paris, erfahren wir in der ersten, eher flüchtigen Begegnung natürlich nur von der oberflächlichsten Schicht ihres Lebens und ihrer Situation. Wir fragen danach und hören, was sie gerade unmittelbar erlebt haben. Wenn man sich wiedersieht, vertieft man das. Aber bis dahin können wir nicht so einfach nach Herzensangelegenheiten fragen. Das würde auch das Leid, das Schutzsuchende und Migranten erlebt haben, und die Fluchtursachen in ihrer Wahrnehmung relativieren. Wir nähern uns all dem ja gerade an.

Dass ich nach dem siebten oder achten persönlichen Gespräch mit Safi von einem Mädchen erfahre, macht seinen Fluchtgrund nicht unbedeutender, es macht das Bild vollständiger. Vielleicht auch einfach menschlicher. Es hat auch mit Vertrauen zu tun und mit der Angst vor Abschiebung. Aber wäre das hier eine Anhörung beim Bundesamt für Migration und Flüchtlinge, sie würden nur fragen: Leben bedroht oder nicht? Das ist die rechtliche Kategorie, die sie abfragen müssen. Kann der Fall sein. Oft ist es eine Mischung von Ereignissen, von Beweggründen, die dann dazu führen, dass jemand Afghanistan und/oder den Iran hinter sich lässt. Ein Motivbündel.

Anders zu Beginn des Angriffskrieges gegen die Ukraine. Am 24. Februar 2022 griff das russische Militär an, der Luftraum wurde geschlossen, wenige Stunden später kamen die ersten Menschen mit Rollkoffern über die ukrainisch-polnische Grenze. Das konnten sie, weil die Grenze nach Polen geöffnet war und sie in der EU sofort Schutz fanden. In Afghanistan ist die Lage oft so, dass man weglaufen sollte, aber man nicht in andere Länder hineinkommt, schon gar nicht ohne Visa. Die sind, gelinde gesagt, schwer zu bekommen. Nein, es geht schlicht nicht. Dann wird es unübersichtlich, und es entstehen so verworrene Biografien und Wege wie bei Safi.

Die Beweggründe, die Menschen auf die Balkanroute – der nähern wir uns mit großen Schritten – treiben, sind sehr verschieden. Safis Magnet, der ihn immer weiter gen Deutschland zog, saß jetzt in seiner Nähe und zwinkerte ihm zu. Nun musste er nur irgendwie an genug Geld kommen.

Wie man die Schlepper bezahlte, um nach Europa zu gelangen, hatte Safi schon verstanden: Man parkt den Betrag, sagen wir 3000 Euro, bei einem Treuhänder, einem *saráf* (wörtlich: Geldwechsler) in der Türkei oder Griechenland. Dieser «Reisebanker» bekommt ein paar Prozent von dem Betrag, und wenn man erfolgreich angekommen ist, dann bezahlt er den Schlepper mit diesem Geld. Safi hatte so einen «Zwischenfinanzier» in Istanbul gefunden. Da gab es eine Straße mit lauter Geschäften, die allesamt scheinbar nichts anboten, aber trotzdem existierten. Einen Laden hatte Safi ausgewählt, weil auf dem Schild draußen stand «Faisabad Business» – Faisabad war seine Stadt in Afghanistan. Er kannte den Mann zwar nicht, aber wenn der aus Faisabad war, dann musste er der Richtige sein. Im Laden gab es genau zwei Säcke Reis, zwei Flaschen Öl und einen Platz zum Beten. Sonst nichts. Der Besitzer von «Faisabad Business» war tatsächlich ein Afghane und verdiente sein Geld nur mit dem «business» der *mosáfer,* der «Reisenden». So nennt man Menschen wie Safi auf diesem Abschnitt ihres Weges. Sie nennen sich auch selbst so: Reisende. 1000 Euro musste Safi bei «Faisabad Business» für den Schlepper hinterlegen, damit sollte sein Weg nach Europa geöffnet sein. 1000 Euro bis nach Griechenland. Sollte er ankommen, dann würde der Treuhänder in Istanbul den Schlepper bezahlen. «Traust Du ihm?», fragte der Schlepper, als Safi ihm sagte, bei wem er das Geld deponieren wollte. «Ja, vollkommen.» Dann waren sie sich schon handelseinig.

Ich wundere mich, wie Safi diese «Transfer-Läden» und Orte in einer Megacity wie Istanbul finden konnte. «Das ist doch ganz einfach, Khanoom Schayani.» So spricht er mich höflich auf Persisch an. «Wenn Sie in einer bestimmten Gegend in einem Café auf der Straße sitzen, dann kommen die und bieten ihre Dienste an.» Wo ist denn diese bestimmte Gegend? «Die kennt doch jeder.» Komisch, ich nicht. «Das ist wie ein Reisebüro, sie sagen: ‹Du kannst den Landweg haben, das ist ganz nah, ganz einfach. Geht ganz schnell. Oder du nimmst das Flugzeug. Das ist natürlich sehr angenehm. Und etwas teurer.› Man sitzt da und sie kommen.» Safi hat recht. Als wir zusammen durch eine deutsche Fußgängerzone laufen, wird er von Menschen angesprochen, die ich gar nicht gesehen hätte. Junge Afghanen. Man kennt sich, man hilft sich. «Sehen Sie, Khanoom Schayani, man findet immer jemanden.»

500 Euro hatte er also von seiner Tante im Iran bekommen. Jetzt versuchte er, schnell Geld zu verdienen. Er fand Arbeit, er wusste, wie das geht, hatte er schließlich im Iran oft genug gemacht. Ein Schneider nahm ihn, auf dem Bau konnte er etwas verdienen und bei «Faisabad Business» selbst auch. Doch die Familie des Mädchens konnte jederzeit abfahren, sie hatten das Geld für den weiteren Teil der Route längst beisammen. Safi fühlte sich unter Zeitdruck. Je mehr er hinterherhängen würde, desto deutlicher wäre, dass er nicht viel besaß. Und welcher Vater will schon seine Tochter so jemandem anvertrauen.

Eines Abends kam der Bruder des Mädchens zu Safi, er solle sich sofort fertig machen, es geht los! Nach Griechenland! Safi war dreckig von der Arbeit, er hatte nichts Sauberes zum Anziehen. Da versorgten ihn die anderen «Ledigen», auch der Schlepper selbst, mit Kleidung, damit er mitfahren konnte. Solche Momente scheinen immer schnell und überraschend zu sein: Wieder ein Transporter, wieder etwa fünfzehn Personen, irgendwo öffneten die Schlepper die Autotür und warfen die Menschen raus. Gleiche Rhetorik, gleiche Versprechen, Tausendundeine Nacht.

«Die Schlepper sagten uns: ‹Auf diesem Weg seid ihr in einem Tag in Griechenland. Ungefährlich.› Die ganzen *rahbalads* (die Reisebegleiter des Schleppers, I. S.) sagten einem nie, was auf dem Weg passieren könnte, dann würde man ja nicht mitgehen. Sie sagten immer: ‹Ganz einfach!› und ‹Keine Polizei!› Sie haben auch nicht gesagt: ‹Da kommt ein Fluss oder ein See.› Nichts. Die legen die Leute rein und sagen: ‹Alles locker.› Unterwegs begreifst du dann, wie gefährlich der Weg ist. Wenn man dann seinen Schlepper anruft und sagt: ‹Das ist aber gefährlich›, dann sagt er: ‹Du kannst ja dein Geld zurückhaben. Der Weg ist halt gefährlich.›»

Sie marschierten los in Richtung griechische Grenze. Mindestens einen Tag lang. Bis zur Erschöpfung. «Irgendwann saßen wir alle auf dem Boden und kratzten uns. Der ganze Körper schien zerstochen und geschwollen. Selbst durch die Hose. Der Wald war voll von Mücken. Wir hingen da fest, weil wir zwei Nächte im Wald auf eine weitere Familie warten mussten. In unserer Gruppe war jetzt ein anderer junger Mann. Im Wald sah ich, wie er nach der Hand des Mädchens griff.

Ich war eifersüchtig, da bin ich auf den Typen losgegangen. Meine Uhr habe ich bei dem Streit verloren, sie war das einzige Geschenk, das meine Mutter mir mitgegeben hatte. Der *rahbalad* ermahnte uns: ‹Jetzt setzt euch endlich hin!› Genau in dem Moment kam die Polizei vorbei. Hätten nicht alle warten müssen, weil wir uns stritten, die Polizei hätte uns oben auf dem Berg festgenommen. Ich war am Ende. Denn sie hatte die Hand eines anderen gehalten. Sie kam dann zu mir: ‹Ich habe seine Hand nur genommen, weil mein Vater meinte, er würde sonst verloren gehen.› Ich konnte nur noch sagen: ‹Verschwinde.› In diesem Moment wollte ich erstens ankommen, zweitens ankommen und drittens wollte ich immer noch ein bisschen das Mädchen.»

Wer versucht, über die Türkei illegal in die Europäische Union zu gelangen, um dort um Schutz zu bitten, wählt meist den Weg über Griechenland oder Italien. Dann ist man direkt in der EU. Zumindest theoretisch. Griechenland erreicht man über die griechischen Inseln – Lesbos, Leros, Kos, Samos, Chios – oder über den Landweg. Die Menschen müssen dann den Fluss Evros überqueren, der die natürliche Grenze zwischen beiden Ländern bildet. Er ist rund 500 Kilometer lang, davon 185 Kilometer Grenzfluss und an manchen Stellen 50 bis 100 Meter breit. 2018, in dem Jahr, als Safi in die EU gelangte, kamen circa 50 500 Flüchtlinge und Migranten (davon 23 Prozent Frauen, 37 Prozent Kinder und 40 Prozent Männer) nach Griechenland. Die meisten (32 500) über die ägäischen Inseln, 18 000 über den sogenannten Landweg, das bedeutet, sie überquerten den Evros. Die größte Gruppe bildeten die Afghanen (28 Prozent).[25] Zu den Fakten gehört aber auch, dass nicht alle die andere Seite erreichten. Etliche Menschen ertranken.[26]

Als die Türkei zwei Jahre später viele Migrant:innen und Flüchtlinge an die Grenze bringen ließ, um Griechenland zu provozieren, kamen die meisten von ihnen ursprünglich aus Afghanistan. Der griechische Grenzschutz seinerseits ist bei seiner Kontrolle und Sicherung dieser Grenze – gelinde gesagt – ausgesprochen robust unterwegs. Seit 2012 gibt es Vorwürfe, Menschen würden in griechischen Gefängnissen verschwinden. Im Laufe der Jahre ist das Vorgehen nicht weniger brutal geworden. Wie weit die Behörden dabei gehen, fasst die

Menschenrechtsorganisation Human Rights Watch so zusammen: «Griechische Behörden – einschließlich der Handlanger, die sie benutzen – greifen afghanische Asylsuchende und Migranten an, rauben sie aus und ziehen sie aus, inklusive der Kinder, bevor sie sie dann sämtlich über den Evros in die Türkei zurückdrängen. Sie beschäftigen Männer, die wohl aus dem Nahen Osten sind oder südasiatisch, um dann nackte oder wenig bekleidete Menschen in kleine Boote zu zwingen, sie in die Mitte des Evros zu bringen, wo die Grenze zwischen Griechenland und der Türkei verläuft, und sie dann ins eisige Wasser zu treiben. Sie zwingen sie, durch das Flussufer zu waten auf die türkische Seite. Diese Männer tragen oft schwarze Gesichtsmasken (eine *Balaclava,* eine Art Sturmhaube, I. S.) und verbergen ihre Gesichter, sie tragen schwarze ‹commando-like› Kleidung.»[27]

Sechsundzwanzig Afghaninnen und Afghanen wurden von Human Rights Watch befragt. Sie sagten aus, es gebe keine Anhörungen, keine Fingerabdrücke, dafür aber kollektive Ausweisungen. Griechische Behörden wiesen diese Vorwürfe zurück. Die Polizei «manage» die Flüchtlinge weiterhin professionell, achte ihre Rechte und schütze die Menschen, die an der Grenze wohnen.[28] So lässt sich erklären, warum seit 2023 mehr und mehr Menschen tagelang in Booten ausharren, um Italien, um Europa auf diesem Weg illegal zu erreichen.

Safis Gruppe erreichte den Fluss. Die Familie des Mädchens wurde in ein kleines Boot gesetzt. Safi stand am Ufer und wusste, dass sein Geld nicht reichen würde für diese Art des Transportes. Er musste über den Evros schwimmen. «Ich konnte eigentlich schwimmen. Es war nachts um ein Uhr. Meine Kleider stopfte ich in einen Sack und den band ich mir um den Hals. Mein Handy gab ich dem Mädchen. Dann schwamm ich nur in Unterwäsche. Auf einmal waren meine Arme wie blockiert, ich konnte nicht mehr weiter. Wäre fast ertrunken. Ich betete zu Gott: ‹Bitte, rette mich!› Da habe ich zum ersten Mal den Tod gespürt. Vom Ufer aus warfen sie einen Ast nach mir. Das hat mir das Leben gerettet.»

Als Safi aus dem Fluss kletterte, stand das Mädchen da. Sie hielt ihm ein Handtuch hin und sein Handy. Die Eltern waren offenbar so erschöpft, dass es ihnen egal war, dass ihre Tochter so offen auf Safi zuging. Er hatte den Fluss überlebt. Es klingt verrückt, aber er war glücklich. Weil er wieder in ihrer Nähe war. «Ich hatte kein Geld, war komplett verloren, dreckig und schwitzig. Und durcheinander. Aber alle meine Wünsche wurden in diesem Augenblick erfüllt. Wir haben gestunken. Es war egal. Das Schönste auf der Welt saß bei mir.» Doch da kam sofort ihr Vater auf die beiden zu und mahnte Safi: «Kümmere dich um die Mutter.»

Alle wussten, dass man junge Frauen vor den Schleppern schützen musste. Denn die Reisebegleiter, die *rahbalads,* werfen in diesen Situationen ein scharfes und gieriges Auge auf sie. «Mehrere Frauen haben mir in Griechenland erzählt, wie die Schlepper es machen: Wenn eine Familie ein oder zwei Töchter hat, dann sagen sie zu den Mädchen: ‹Entweder du kommst mit mir oder wir töten deine Eltern.› Was soll das Mädchen machen?»

Stundenlang zogen, marschierten oder schleppten sie sich nun durch die Grenzregion auf griechischer Seite. Safi stützte die Mutter, bis sie einen Bahnhof erreichten. Der Vater fand nun mehr Gefallen an ihm und war dankbar, weil er seiner schwachen Frau geholfen hatte. Die gesamte Familie des Mädchens stieg in ein Taxi, Safi blieb stehen. Mit nichts. Nur dem Handy.

Doch schon wenig später landeten sie alle für ein paar Tage im selben griechischen Gefängnis. Die Familie und er. Sie waren alle arm dran. Eigentlich sind die Haftbedingungen mies, aber in Safis Erinnerung war hier noch alles in einen sanften Schleier gewickelt. Nach ein paar Tagen nahm man ihnen die Handschellen ab, die Familie des Mädchens wurde vom Schlepper zur nächsten Etappe gefahren, er blieb zurück.

Wohin schlug sich Safi durch? Natürlich in die Stadt, wo das Mädchen war. Da stand er vor der Tür der Familie, blieb eine Weile, aber konnte nicht bei ihnen unterkommen.

«Ich musste da weg. Und hatte keine Unterkunft. Ich verließ ihre Wohnung, ging in irgendein Haus, in das fremde Treppenhaus und oben auf das Dach, da hab ich mich dann hingelegt. Zwei Nächte habe ich da geschlafen. Bis ich plötzlich eine Nachricht von ihr erhielt:

‹Wo bist du?›

‹Bei Freunden›, tippte ich ihr. Dabei hatte ich ja gar keine Freunde.

‹Meine Eltern sind weg›, antwortete sie, ‹schick mir deinen Standort. Ich komme!›

Sie kam tatsächlich. Wir haben uns umarmt und waren eine halbe Stunde zusammen. Eine Woche lang haben wir das so gemacht. Immer wenn die Eltern schliefen. ‹Wo übernachtest du?›, wollte sie wissen. Ich habe ihr nicht verraten, dass ich auf diesem fremden Dach schlief. Wir trafen uns und träumten von unserer gemeinsamen Zukunft in Deutschland.

Ich sagte zu ihr: ‹Wir gehen nach Dschermäny, wir heiraten, ich kaufe ein Auto!›

Sie war sich sicher: ‹Ich will dahin, ich will Krankenschwester werden. Und du, Safi?›

‹Ich will arbeiten!›

Wir haben von Deutschland geträumt. Viele Stunden.»

Er hatte nun überhaupt kein Geld mehr, aber sagte ihr nichts davon. Vier Tage lang aß er so gut wie nichts, bis er etwas Geld von seiner Mutter aus dem Iran bekam. Von den fünf Euro, die er nun hatte, kaufte er drei Brote, vier Eier und Tomaten. Zwei Euro blieben übrig. Davon kaufte Safi dem Mädchen ein kleines Armband. Als sie kam, streckte er ihr seine Hand entgegen und als er sie wieder öffnete, sah sie das Geschenk. Seine Liebeserklärung war angekommen. Er sah ihre Freude.

Zwei Tage später rief sie ihn an. Sie würden nun aufbrechen und weiterziehen. Zu Fuß. «Jeder aus der Familie zahlte 4500 Euro pro Person an die Schlepper bis Italien. Sie hatten Geld aus Deutschland bekommen und alle haben zusammengelegt. Der Vater hatte ja im Iran ein teures Auto. Und ich? In der Türkei sagten alle: ‹Geh nach Griechenland.› In Griechenland sagten alle: ‹Geh weiter nach Bosnien.› Ich sah Menschen, die drogenabhängig waren. Die Leute sagten, wenn du hierbleibst, wirst du auch so enden. Ich hatte Angst. Dass ich das auch nicht schaffe. Ich hatte nicht das Geld wie die anderen.» Seine nächste Etappe würde «Balkanroute» heißen. Gemessen an dem, was vor ihm lag, hatte er noch nicht viel erlebt.

Die Balkanroute im Winter

Balkanroute klingt wie ein ausgeschilderter Weg: Bitte rechts abbiegen, dann sind es noch 1300 Kilometer bis zum Eiffelturm. Okay, blöder Gag. Balkanroute meint gemeinhin die möglichen Landwege und Transitrouten von Griechenland und Bulgarien über die Länder des Balkans hin zu den EU-Außengrenzen in Kroatien oder Ungarn. Dort ist man fast in Deutschland. Aber das funktioniert nur, wenn die Länder ihre Grenzen öffnen oder man diese illegal passieren kann.

Als 2015 die Grenzen für einige Monate weitgehend offen waren und die Menschen in großen Zahlen bis nach Deutschland, Österreich und Schweden gelangen konnten, hatte sich die Nachricht breit gemacht: *Marz-ha baazand!* – Die Grenzen sind auf! Tatsächlich schlossen dann ab März 2016 die Länder der sogenannten Balkanroute ihre Landesgrenzen, Ungarn hatte im Sommer 2015 mit dem Bau eines Zauns an seiner Grenze nach Serbien begonnen. Die Zahlen sanken und die politische Rhetorik lautete: «Die Balkanroute ist geschlossen. Da kommt keiner.» Frontex zählte allerdings 2016 über 130 000 irreguläre Grenzübertritte, 2017 waren es nur noch circa 12 000.[29] Ein Rückgang um rund 90 Prozent.

Aber schon im Herbst 2018 waren allein in Bosnien und Herzegowina über 20 000 Menschen wieder über eben diese vermeintlich geschlossene Balkanroute ins Land gekommen. Vor allem aus Pakistan, dem Iran und Syrien. Im Herbst zählte der UNHCR immer mehr afghanische Geflüchtete. Allein in Sarajevo, wo Safi auch hinwollte, kamen in dieser Zeit binnen einer Woche 1059 Menschen an. Das war ein deutlicher Anstieg im Vergleich zum Jahr davor. Kaum einer wollte in Bosnien bleiben, nur ein paar Prozent baten dort um Asyl.[30]

Safi war noch in Griechenland. Er fand schnell einen Schlepper, freundete sich mit einem anderen jungen Mann an, und dann zogen sie gemeinsam los gen Norden. Eine Landkarte hatten sie sich aufs Handy runtergeladen. «Den Zeitpunkt, wann man losgeht, bestimmt der Schlepper. Der sagt dann: ‹Heute musst du das *Game* machen. Sonst musst du wieder eine Woche warten.› Wir liefen erst mal zwei

Tage zu Fuß bis zur Grenze. Auf der anderen Seite stand ein Wagen. Wir redeten nicht und stiegen ein. Die gefährlichen Strecken geht man zu Fuß. In der Hauptstadt konnten wir in der Wohnung von dem Schlepper bleiben. Dann ging es wieder los. Wir schliefen nachts in den Bergen, es war sehr kalt. Es war so kalt, wir haben die Decken verbrannt, um etwas Wärme zu bekommen.»

Eine Woche dauerte der Weg bis zur serbischen Grenze. «Dort sind wir zusammen mit einer arabischen Familie losgelaufen, die hatten fünf kleine Kinder. Ein kleines Kind hatte den Fuß verletzt, der war aufgerissen, da habe ich das Kind getragen. Die Eltern liefen vorne, ich mit dem Kind auf dem Arm war hinter ihnen. Das Kind war so müde und erschöpft, es hat nichts gesagt. Als wir in Serbien ankamen, waren wir mittlerweile fünfzig Leute. Unterwegs konnten wir eine Nacht in einem Kuhstall schlafen. Dieser Kuhstall war ein Schloss. Ich habe da so gut geschlafen. Und dann kamen wir in Belgrad an. Da landeten wir in einer Bauruine.»

Die serbische Hauptstadt war einige Jahre lang ein wichtiges Drehkreuz auf der Balkanroute. Hier begegnete man jenen, die die Länder weitgehend zu Fuß durchquerten. Im Herbst 2018 war ich mit unserem Team auch in Belgrad. Ein verzweifelter Iraner suchte Kontakt zu uns Journalisten. Militärjacke, vielleicht Ende dreißig. Er war völlig durchgefroren, übernächtigt, hungrig und stand in einer Essenschlange von einer NGO. Der Mann verließ die Schlange und kam auf uns zu. Er sei völlig verzweifelt, ob er denn wohl von hier weiterkäme nach Deutschland? Ob das hier alles Sinn mache? Da stand ein sehr sympathischer, übernächtigter, freundlicher Mensch vor mir. Um zu verstehen, mit wem ich da sprach, fragte ich, welchen Beruf er denn im Iran ausgeübt habe. «Ich bin Kurde.» Ja, gut. Aber was war Ihre Arbeit? So wie andere Menschen sagen, ich bin Lkw-Fahrer, ich bin Security, ich bin Lehrer, mit dieser Selbstverständlichkeit sagte er: «Ich bin Schlepper.» Was sollte er mit dieser «Ausbildung» in Deutschland machen? Ich versuchte ihm zu erklären, dass Rückkehr auch eine Option sein könnte.

In diesem Sommer und Herbst waren dann noch Tausende andere Menschen aus dem Iran in Belgrad. Sie waren aber nicht wie Safi über die Balkanroute gekommen, sondern direkt von Teheran nach Belgrad geflogen. Im August 2017 hatte Serbien die Visumspflicht für Iraner aufgehoben. Sie durften visafrei dreißig Tage als Touristen einreisen. Serbien wolle so den Tourismus ankurbeln und potentiellen Investoren die Anreise erleichtern, war die offizielle Begründung. Andere vermuteten, dass dies wohl ein Dankeschön der serbischen Regierung, dafür war, dass der Iran das Kosovo nicht offiziell anerkannte.[31] Viele dieser Leute, die sich den Flug leisten konnten, blieben länger, beantragten Asyl oder nutzten Serbien als Tor in die EU (das nach einem Jahr wieder geschlossen wurde, wohl auf Druck der EU).[32] Sie stellten sich den Weg in die EU ähnlich leicht vor wie ihren Flug nach Belgrad. Bis hierhin waren sie an den «Fußgängern» vorbeigezogen.

Unter den Menschen, die zu Fuß über die Balkanroute liefen, waren viele Afghaninnen und Afghanen – teils auch aus dem Iran –, die keinen Pass hatten und die deshalb keine Fluggesellschaft mitgenommen hätte. Wie Safi. «Wir haben uns von Belgrad gleich nach Bosnien aufgemacht. Mit dem Bus sind wir zur Grenze. Und ich hatte ja nur eine Jacke, die hatte ich in Griechenland im Müll gefunden.» Das letzte Stück nach Sarajevo, wo es Unterkünfte, Hilfe von NGOs und Schleppern geben sollte, lief Safi zu Fuß. Es waren deutlich mehr Menschen da als im Jahr davor.

«Als ich in Sarajevo ankam, rief ich sofort den Schlepper an. Der erklärte mir, wo ich schlafen kann und sagte: ‹Zahl die 500 Euro! Beweg dich nicht weg von der Unterkunft!› Als ich dann da ankam – mitten in Sarajevo – begriff ich: Das ganze Haus war voll mit Schleppern. Und *rahbalads*. Die kriegen ja immer die Hälfte. Wenn du 1000 Euro für den Weg zahlen musst, dann kriegt der Schlepper 500 und der *rahbalad* 500. Ich machte mir Sorgen um das Mädchen. Die Familie hatte nämlich zwei- oder dreimal versucht, es nach Serbien zu schaffen, aber sie waren wohl erwischt worden. Von Griechenland in den Norden ist das Risiko hoch. Jetzt war ich schon da, sie aber noch nicht.»

In der Unterkunft in Sarajevo sprachen die «Reisenden» und die Schlepper den ganzen Tag miteinander, gingen alle Optionen und Routen durch, erzählten Gerüchte hin und her und am Ende wussten sie nicht mehr, dass das eine oder andere Gerücht von ihnen selbst stammte. In Bosnien, in Calais, in Moria, überall, wo man aufeinander hockt und alles ungewiss ist, kreisen diese Gedanken und Gerüchte. Wie ein Dschungel im Kopf!

«In Bosnien haben alle gesagt: ‹Du hast so viel hinter dir, bleib bloß nicht hier. Du musst weitergehen. Arbeite erst für uns! Aber zieh dann weiter!›

‹Was soll ich arbeiten›, habe ich gefragt.

‹Bleib hier in dem Haus, mach was zu essen, dann kriegst du 20 Euro am Tag.›»

Und dann kam die Nachricht: Das Mädchen war in Serbien! Und schon kurze Zeit später kam die Familie in Sarajevo an. Er machte sich sofort auf den Weg, fuhr schwarz Bus, suchte nach dem Haus, wo die Familie jetzt war. Die Eltern erlaubten, dass er die Familie traf. Schließlich hatte er an einer kritischen Stelle der Mutter geholfen. Safi saß höflich bei den Eltern, hoffte immer, dass das Mädchen dazukäme. Saß, redete, wartete, sie kam nicht. Ihr Vater sagte: «Junge, wir können dir helfen.» Sie hatten warme Altkleider von einer Hilfsorganisation bekommen, davon gaben sie ihm etwas. Es gehe ihr nicht gut, sagten die Eltern, sie sei in einem anderen Zimmer. Sie unterhielten sich weiter, erzählten, was auf der Route passiert war, wie die Familie erwischt worden war. Doch das Mädchen kam nicht dazu. Safi zog seinen Besuch in die Länge, immer hoffte er, sie würde kommen, sie hatte liebevoll geschrieben und ihm Mut gemacht. Sie kam nicht.

«Ich ging also wieder weg und suchte irgendwo nach Internet, um ihr zu schreiben: ‹Warum bist du nicht nach unten gekommen?› Sie schrieb mir: ‹Ich war krank. Ich durfte nicht. Meine Mutter hatte mitbekommen, dass ich mit dir eine Beziehung hatte.› Ich war traurig. Zwei Tage lang habe ich ihr nicht geantwortet. Sie war wie eine Droge oder eine Medizin für mich: Wenn ich sie sah, wenn sie anrief, wenn wir lachten, dann wirkte die Medizin. Ich war wie aufgeladen. Wir hatten Träume für Deutschland. Wir würden zusammen in einem Deutschkurs sitzen, wir würden zusammen in ein Fitnessstudio gehen. Und wir dachten, wir würden in einer Stadt leben. Immer wenn ich auf dem Weg keine Kraft mehr hatte, haben mich diese Träume weitergezogen. Und jetzt war sie nicht mal runtergekommen, um mich zu sehen.»

Kurze Zeit später brachen das Mädchen und ihre Familie nach Bihać auf, einer Stadt im Nordwesten Bosniens, etwa fünfzehn Kilometer von der kroatischen Grenze, von der EU-Außengrenze entfernt. Einer der Hotspots entlang der sogenannten Balkanroute. Sie wollten das *Game* spielen. Safi machte sich auch auf den Weg. Er hatte immer noch diese Idee, dass er schneller da sein wollte als sie, um nicht als der arme und mittellose Verehrer dazustehen. In Bihać fand er andere, und sie machten sich auf den Weg zur grünen Grenze nach Kroatien. Sie marschierten in den Wald, ein *rahbalad* war dabei. Fünf Tage waren sie unterwegs, der Akku vom Handy war noch nicht leer, da meldete sie sich. Sie war noch in Bosnien, in einem Ort gleich an der Grenze, Safi irgendwo im Wald.

«‹Ich bin in deiner Nähe. Bist du in Italien? Ich habe für dich gebetet, dass du anrufst. Hoffentlich sehen wir uns in Deutschland. Du bist mein Leben. Pass auf Dich auf!› Das hat mir total viel Kraft gegeben. Nur so habe ich die Tage ohne Essen und Trinken im Wald ausgehalten. Sie waren oft vor mir angekommen, weil sie mehr Geld hatten. Jetzt wollte ich vor ihr in Europa sein.»

Game: das Spiel

Wenn Safi erzählt, und nicht nur er, sondern fast alle Flüchtenden aus Afghanistan und dem Iran, verwendet er selbstverständlich den englischen Begriff: *Game*, das Spiel. Beim ersten Mal rutscht es dem Ohr fast durch, dann spult man kurz im Kopf zurück und fragt: Äh, Moment, was war das da gerade? Safi, was hast du gemacht? *Tscheh kar kardi?* «Ich habe das *Game* gespielt, *man game zadam*», sagte er. In dieser Formulierung öffnet sich für uns aus dem Westen eine andere Welt.

Als Safi versuchte, über den Evros zu gelangen, und als er die Grenze nach Nord-Mazedonien überquerte, hat er das *Game* gespielt: *«Man game zadam.»* Zuerst musste ich an den Film *The Hunger Games* (in der deutschen Fassung: *Tribute von Panem*) denken, als ich dieses Wort hörte: Arme kämpfen ums Überleben, reiche Bürger schauen sich das zur Unterhaltung als «Hungerspiele» im Fernsehen an. Spielen Safi, das Mädchen und Tausende andere dieser Menschen an Europas Außengrenzen das Grenz-*Game?* Und wir schauen uns das als Schauspiel in den Nachrichten an? Um besser zu verstehen, habe ich im Netz, bei Facebook und Instagram, auf Persisch herumgefragt: Was meint ihr, wenn ihr diesen Begriff verwendet? Kann man dieses *Game* auch verlieren? Und was für Regeln gibt es? Einhundertzwei Antworten erreichten mich insgesamt. Manche formulierten ganz nüchtern:

«Das bedeutet, dass man illegal über die Grenze gelangt. Das geht auf dem Land- und dem Luftweg. Manchmal klappt es, manchmal nicht. Vor allem Schmuggler verwenden das Wort.»

Das Wort tauchte erst 2017 auf, nach der sogenannten Schließung der Balkanroute. Ein Jahr später bereits verwendeten alle, die unterwegs waren, diesen Ausdruck, auch die Kinder. Auf Samos hörte man ihn, von Iranerinnen und Afghanen. Farsi-sprechende Menschen, die mit dem Flugzeug nach Deutschland gekommen waren, kannten den Begriff gar nicht und fragten im Netz, teils neugierig, teils entsetzt, was damit gemeint sei. Jemand schrieb, er habe den Begriff das erste Mal von Schleppern gehört, als er in der Türkei angekommen war. Als es für die Reisenden losging, da hätten sie gesagt: «*Jetzt* spielen wir das *Game.*» Die meisten antworteten mir offen und ungeschönt.

«Ein Mensch, der sein Leben in die Hand nimmt und das Land verlässt, aus dem er kommt.… 95 Prozent der Migranten haben nichts anderes als ihr Leben zu verlieren. Als ob jemand am Tisch Karten spielt. Er hat schon alles verloren und nur noch sein Leben ist übrig, mit dem er spielen kann. Und er kann das Leben verlieren. Er hat ja nichts anderes mehr. Die einzige Hoffnung ist, dass er das neue Land erreicht.…. Er ist bereit, alles zu tun. Der höchste Einsatz, den ein Mensch hat, ist sein Leben. Und damit spielen sie. Und wenn Sie es richtig übersetzen wollen, dann ist es das Spiel mit dem Tod. Wie eine Story von James Bond.»

«Das *Game* spielen bedeutet, sich heimlich bewegen. Wenn die Polizei dich kriegt, hast du verloren. Und dann musst du wieder von vorne anfangen. Ich habe das *Game* in acht Ländern gespielt. Und ich habe verloren. Ich musste wieder von vorne anfangen. Am Ende war ich erfolgreich. Ich habe das *Game* also bis ganz zum Ende gespielt. Sie müssen wissen, ich bin behindert. Nach Deutschland zu kommen, war sehr hart.»

«Wenn du verlierst, bist du *Game over.* Wenn du kannst, spielst du es noch mal von Anfang.»

«*Game zadam* bedeutet, mit dem eigenen Leben spielen. Entweder du schaffst es oder die Polizei der EU fängt dich, schlägt dich, nimmt dir alles ab. Nimmt dein Geld, macht deine Taschen leer. Es gibt drei Arten des *Game:* Luft, Land und Wald und Berge, und dann über das Meer. Nach der Abschiebung hast du kein Geld mehr, das wissen auch viele Länder, dann musst du für einen Euro pro Stunde arbeiten, um nicht zu verhungern. Am Ende ist nicht klar, was passiert. Viele sterben bei diesem Spiel. Sehr viele. Ihr Rücken bricht und sie landen im Rollstuhl. Es gibt schlimme psychische Folgen, die man über Jahre mit sich trägt.»

«Entweder Tod oder Sieg. Man probiert in diesem Spiel alles. Jemand, der ohne Schutz ist und dessen Tod niemanden interessiert, setzt auch das eigene Leben ein. Tod oder Ankommen! Die Worte bedeuten viel mehr, es sind so viele Kinder, Jugendliche, Väter und Mütter, die ihr Leben beim *Game* verloren haben. Wenn Sie es selber nicht erlebt haben, wie ein Kind vor Ihren Augen stirbt, dann verstehen Sie es nicht. Nur jemand, der nicht zurückkehren kann, weiß, was dieses Wort bedeutet. Wenn der Schlepper sagt, es geht los, dann beginnt das Spiel.»

Und ein User fragte mich: «Frau Elisabeth, steigen Sie in das Schlepper-Geschäft ein?» (Statt Isabel nennen Iranerinnen und Afghanen mich oft «Elisabeth».)

Alles kann man bei diesem *Game* unterwegs verlieren, die Tasche hatte Safi ja gleich zu Beginn weggeworfen, ohne Pass geht es auch irgendwie, nur das Handy darf man auf gar keinen Fall verlieren. Das war die Existenz, Landkarten, Nummern, Fotos, der Kontakt zu dem Mädchen – das Handy ist die Heimat. Hier im Wald zwischen Bosnien und Kroatien fiel Safi von einem Steinbruch herunter und verlor sein Handy. Jetzt war er alleine und hatte nichts mehr.

Kurze Zeit später erwischte die kroatische Polizei die kleine Gruppe. Die Männer hatten Schlagstöcke. Sie schlugen auf Safis Füße ein, damit er nicht weiterlaufen konnte. Safi trug nur diese aufgeweichten und durchgelaufenen Sommersneaker, seine Füße waren vor den Knüppeln nicht geschützt. «Ich fiel zu Boden. Sie hatten mir mein Geld abgenommen. Ich wusste in diesem Augenblick nicht mehr, ob ich tot bin oder lebe. Ich konnte nicht mehr laufen. Wenn sich meine Freunde irgendwelche Horrorfilme ansehen, dann denke ich oft: Mein Gott, was ich erlebt habe ...» *Game over.*

Er schleppte sich zurück in den bosnischen Grenzort. Dort hatte er von einer Fabrikhalle gehört, wo es trocken sein sollte. An dem Tag, als Safi sich vom Wald in diese Behausung schleppte, lernte ich ihn kennen. Wir waren nach Velika Kladuša gefahren, um zu sehen und zu hören, wie hoch der tatsächliche Migrationsdruck auf Europa war und was die Menschen auf dem Weg erlebten. Gleich am ersten Abend sahen wir, dass in der Dunkelheit viele Menschen auf den Straßen liefen, die erkennbar keine Einheimische waren. Die Bewohner des Ortes, die anfangs sehr hilfsbereit und gastfreundlich waren, sahen wir nicht. Hunderte Migranten und Flüchtlinge hatten wir auf einem Feld angetroffen, na ja, es war Matsch mit Grasresten. Sie schliefen in Zelten bei Temperaturen von nachts bis um die null Grad.

Wir hatten von dieser Fabrikhalle gehört und fuhren hin. Eine angespannte Situation. Wir durften nicht auf das Gelände, Wachleute kontrollierten das Eingangstor. Manche Iraner:innen kannten uns und kamen heraus, vor das Tor. Also taten wir so, als wären wir auch Flüchtling oder Migrant:in und liefen in Begleitung von einem «Hallenbewohner» an der Security vorbei. Frauen, Kinder, Männer. Familien, Alleinstehende. Hier waren Hunderte. Eben war ein Lkw mit Hilfslieferungen auf den Hof gefahren. Männer waren mit Eisenstangen aufeinander losgegangen, um irgendwas von den Hilfsgütern zu ergattern. Essen, Kleidung, egal. Um uns herum eine Traube von Menschen, die dachten, wir hätten die entscheidende Info, damit sie es in die EU schaffen und vor allem hier wegkommen. Die Fabrik war quasi das Basislager, von hier machten sie sich auf, einmal, zweimal, dreimal, um es durch den Wald und das Gebirge nach Kroatien zu schaffen. Sie lagen zwischen Tischplatten und Sägen auf dem Steinboden. Aber immerhin war es trocken – und um die null Grad. Einheimische hatten ihnen dieses Obdach gegeben, damit sie nicht auf der Straße oder dem offenen Feld schlafen mussten.

Ein Mann sagte zu meinem Kollegen Falah und mir: «Kommen Sie, ich zeig ihnen jemanden. Den müssen Sie sehen. Der ist heute Nacht vom *Game* aus dem Wald zurückgekommen.» Wir gingen in das obere Stockwerk der Halle. Ich dachte, da spielt sich jemand auf, aber wir folgten ihm. Elendsgeschichten interessieren die Flüchtlingsreporterin. Oben lagen in jeder Ecke Menschen auf dem Boden. Mal mit Schlafsack oder Isomatte, mal mit nichts. «Kommen Sie!» Und dann lag da in einer Ecke ein junger Mann auf dem Boden. Safi. Der Anorak war am Ärmel zerrissen. Die anderen hatten ihm eine Matratze gegeben. Sie saßen schweigend um ihn herum, wie Eltern bei ihrem kranken Kind. Wir knieten uns neben ihn, die Kamera lief. Was denn passiert sei? Jetzt richtete er sich langsam etwas auf und zeigte uns seine Füße. Sie waren geschwollen und notdürftig umwickelt.

«Die Polizei kam, wir haben nichts gemacht. Sie haben uns gesehen. Wir waren tagelang unterwegs. Wir haben nichts gemacht. Und dann hat er auf meine Füße geschlagen, damit ich nicht laufen kann. Da bin ich hingefallen. Ich habe nichts mehr. Kein Geld, kein Telefon. Ich weiß nicht, ob ich lebe oder tot bin. Ich kann nicht mehr laufen.»

Safi weinte. Er konnte nicht anders. Und die Männer wurden still und manche weinten mit ihm. Wir mussten jetzt dringend aus dieser verbotenen Halle raus, ich drückte Safi hilflos und gänzlich unpassend einen Marzipanriegel, den ich in der Tasche hatte, in die Hand und meine Telefonnummer. Vielleicht würde er sich melden, damit ich erfahren konnte, wie es ihm ging? Das war's. Safi blickte einfach weiter in die Richtung, wo ich gerade gesessen und mit ihm gesprochen hatte und wir gingen zügig zum Auto zurück, weil wir die Fabrikhalle verlassen wollten, ehe wir hier der bosnischen Polizei persönlich begegnen würden.

Kroatisches «Grenzmanagement»

War das, was Safi erlebt hatte, als er versuchte, illegal über die grüne Grenze in die EU zu gelangen, um in der EU um Schutz zu bitten, einfach Pech? In dieser Fabrikhalle zeigten uns etliche ihre Hämatome, ihre Striemen am Rücken und erzählten, wie ihnen alles abgenommen worden war. Erst dachte ich, na, vielleicht ist das etwas übertrieben. Was sie beschrieben, passte nicht zu meinen Erfahrungen in und mit Europa. Ich war mir eigentlich sicher: So was kann nicht in der EU passieren. Da vermischten sich vielleicht Enttäuschung und Erleben. Vielleicht hatten sie sich geprügelt oder waren gestürzt? Totale und völlig naive Fehleinschätzung.

Journalist:innen, Menschenrechtsorganisationen und der Europarat haben sich gründlich mit den Vorwürfen, Berichten und den Verletzungen der Migranten und Flüchtlinge beschäftigt. Frage: Prügeln kroatische Polizist:innen Menschen, die in der EU Asyl suchen, systematisch von der Grenze weg und nieder, nachdem sie sie bestohlen und ihre Papiere verbrannt haben, und lassen sie in Unterwäsche zurück durch den Wald nach Bosnien laufen? Antwort: Ja.

Neu-europäisch nennt man Grenzsicherung auch «Migrationsmanagement». Seit 2014 ist viel Geld von Brüssel nach Kroatien geflossen. Sicherlich war das Land ab 2014 mit seiner fast 1200 Kilometer langen EU-Außengrenze überfordert mit der Zahl jener, die Kroatien auf dem Weg nach Norden illegal passieren wollten. Das gehört auch zur Wahrheit. Dabei Gewalt anzuwenden, mit Plan, Systematik und Brutalität, lässt sich jedoch weder mit internationalem noch europäischem Recht vereinbaren.

Die Schläger sollen zur kroatischen Interventionspolizei gehören, einer Einheit mit zweitausend Sicherheitskräften. Sie standen zum Teil Spalier, zwangen die Menschen, da durchzulaufen, um dann mit Schlagstöcken auf sie einzuschlagen.[33] Ich erinnere mich an eine weitere Begegnung im Norden Bosniens, die mir jede Illusion nahm, es könne in Europa doch nicht wirklich so schlimm zugehen: Wir trafen Amir Labbaf im Januar 2021 in der Nähe von Bihać im Camp Sedra.

Er gehörte zu einem iranischen Derwisch-Orden, deren Mitglieder im Iran zum Teil verfolgt und gefoltert wurden. Auch, weil sie die Regierung kritisierten. Labbaf wurde nach eigenen Aussagen insgesamt achtmal inhaftiert. Sein Fall war international bekannt. Er floh über Griechenland, wollte über die Balkanroute in die EU gelangen und um Asyl bitten. In Bosnien angekommen, bat er dort um Schutz. Aber er fühlte sich im muslimischen Bosnien nicht sicher vor dem iranischen Regime. Also versuchte er, in die EU zu gelangen und das *Game* zu spielen. Als er es das erste Mal über die kroatische Grenze geschafft hatte und mit einer Gruppe von anderen Geflüchteten unterwegs war, stürzte er von einem Berg. Er fiel so unglücklich, dass er sich nicht mehr bewegen konnte. Der Gruppe sagte er, geht ruhig weiter, ich komme klar. Die kroatische Polizei fand ihn, brachte ihn ins Krankenhaus, er konnte sich immer noch nicht bewegen. Er lag eine Nacht in einer kroatischen Klinik, also in der EU, und bat um Asyl. Am nächsten Morgen hob man ihn aus dem Bett und setzte ihn in ein Polizeiauto. In einem Wald warfen sie ihn aus dem Auto. Er konnte immer noch nicht laufen. Irgendwie kroch er so lange auf dem Waldboden Richtung Grenze, bis Bosnier ihn fanden und wieder in ein Krankenhaus brachten. Dort stellte man fest, dass er querschnittgelähmt war. Mehrere Wirbel und das Becken waren bei dem Sturz gebrochen.

Ein Jahr lang erholte er sich, in Bosnien hatte er keine Antwort auf seinen Asylantrag erhalten. Dazu sollte man wissen, dass das Land fast nie Schutz erteilt. Dann probierte er es erneut. Schlepper nahmen ihn mit und setzten ihn samt Rollstuhl irgendwo im Wald ab. «Jetzt lauf!» Er sagte: «Ich kann nicht mehr laufen.» Es würde jemand kommen, versprachen sie und ließen ihn zurück. Einen Tag lang stand er in seinem Rollstuhl allein im Wald. Nichts hatte er dabei, nur Schmerzen und Schmerzmittel. Natürlich kam kein Schlepper, dafür aber die kroatische Polizei. Der Mann im Rollstuhl wurde wieder festgenommen, er bat wieder um Asyl in Kroatien. Und was machten die kroatischen Polizisten? Sie fuhren ihn zurück nach Bosnien, wieder in den Wald, diesmal aber ohne Rollstuhl. Wie ein Wunder überlebte er.

Amir Labbaf ist ein kräftiger, großgewachsener Mann mit buschigen Augenbrauen und einem starken Willen. Eine stattliche Erscheinung. Er ist studierter Landwirtschaftsingenieur und hätte von seiner Statur her auch Oberkommandeur der Luftwaffe sein können. Als mein Kollege Bamdad und ich ihn in Bosnien trafen und er uns seine Geschichte erzählte, weinte er wie ein verlorenes Kind. Nach dieser Schilderung zweifelte ich nicht mehr an den Hunderten von Augenzeugenberichten von der kroatischen Grenze. Sie glichen einander sehr.[34]

Auch der «Ausschuss zur Verhütung von Folter» des Europarats hat die Gewalt der kroatischen Polizei kritisiert. Man habe «schwere körperliche Misshandlungen und anderen Missbrauch durch die kroatische Polizei» festgestellt. Dazu zählten typische Blutergüsse auf dem Rücken in Form von «Bahngleisen», die von Schlagstöcken stammen. Asylgesuche würden oft nicht angenommen. Die Menschen würden in Unterwäsche zurück nach Bosnien geschickt. Beschwerdemechanismen gebe es nicht.[35]

Nach unserem ersten Besuch in Bihać dauerte es ein, zwei Wochen, dann meldete sich Safi bei mir. Nachts schlief er, wie Hunderte Menschen, zwischen Mauern, die mal zu einem Gebäude gehört hatten. Auf dem Foto, das er schickte, sah ich diese Mauern mit den großen Löchern, wo früher Fenster waren. Er beantwortete Fragen mit Sprachnachrichten und klang dabei, als würde er vor Kälte den Mund nicht gut öffnen können: «Ich bin hier in so einem kahlen Gebäude, es ist sehr kalt. Ich bin seit einer Woche krank. Die Medikamente wirken nicht. Nur etwas. Ich bräuchte Hilfe. Ich kann nicht richtig laufen. Ich habe keine Decke, nur so eine dünne, ich kann vor Kälte nicht schlafen. Ich habe kein Geld mehr. Für das Essen stehe ich in der Schlange an. Wenn man dann endlich dran ist, gibt es manchmal noch was und manchmal nicht.»

Ein paar Tage später fragte ich, ob sich die Situation verbessert habe. «Hier ist es so kalt. Ich weiß nicht, was ich machen soll. Soll ich zu Fuß das *Game* spielen? Bis wann soll ich hierbleiben? Ich habe Angst, dass ich wieder im Wald stürze und sterbe. Ich will in ein Land, in dem mein Leben eine Zukunft hat. Nach Deutschland. Da ist es doch besser, oder?!» Auf einem Bild, das er schickte, lag Schnee. Ich dachte nur an seine Sommerlatschen und den zerrissenen Anorak. Dann kam das hier: «Ich bin mit Schnee im Gesicht aufgewacht und wusste nicht, ob ich noch lebe oder nicht. Wenn man Hunger hat, wenn man friert, muss man irgendwas anziehen. Auf einen Berg haben sie Kleider gekippt. Ich hatte ja kein Geld, jetzt trage ich, was ich da gefunden habe. Habe nun Frauenkleider angezogen.» Was das für Safi bedeutete, begriff ich in dem Moment noch nicht. Ich dachte nur, gut, dass er was gefunden hat.

Safi war nun seit Tagen ohne Kontakt zu dem Mädchen. Weder wusste er, wo sie in Europa war, ob sie schon in Deutschland war, noch konnte er ihr sagen, dass die Männer ihm die Füße zerschlagen hatten, damit er nicht mehr laufen konnte. Jemand hatte ihm etwas Geld geschenkt, so konnte er sich ein billiges Handy kaufen. Sofort funkte er das Mädchen auf Instagram an. Einen Tag später reagierte sie.

«‹Ich bin in Deutschland. Wo bist du? Ich bin gestorben vor Sorge. Wir haben alle den Film über dich gesehen. Ich bin froh, dass du lebst.›

‹Ich bin noch in Bosnien›, habe ich ihr geschrieben und ich wusste: Jetzt war keiner mehr da, der mir Kraft für den Weg geben würde.

Ich sagte zwar: ‹Ich freue mich, dass du angekommen bist.› Aber ich habe mich gar nicht gefreut. Wenn sie nicht gewesen wäre, wäre ich in der Türkei geblieben. Ich hatte ja überhaupt nur Geld bis in die Türkei. Sie hat mich immer weitergezogen. Wir hatten so viele Träume. Sie hatte gesagt: ‹Du musst nach Deutschland kommen. Wir nehmen eine Wohnung, wir heiraten, wir lernen zusammen, gehen zum Fitness-Center. Frankreich, Italien, wir werden anerkannt. Du kaufst mir ein Auto. Du richtest eine große Hochzeit für mich aus.› Ein Teil ihrer Familie war schon in Deutschland – die konnten lernen. Genau das war ihr Traum. Sie wollte auch lernen. Im Iran konnte sie nicht zur Schule. Obwohl sie dort geboren war.»

Er meldete sich jetzt auch bei seiner Mutter im Iran. Sie hatte lange nichts von ihm gehört und war froh über dieses Lebenszeichen: «‹Du bist mein Leben, Du bist mein Sein. Wir haben alle den Fernsehbericht gesehen und geweint. Jetzt rufst du an, da haben wir wieder Hoffnung.› Ich bin traurig geworden. Ich dachte, ich bin es doch nicht wert, dass man wegen mir traurig wird.» Der Bericht, den wir über Safi gesendet hatten, kursierte also, obwohl er auf Deutsch war.

Safi war ein wenig, wie soll man sagen, aufgestiegen – von der Ruine in eine alte Fabrikhalle. Internationale Organisationen hatten darin Zelte und Container aufgebaut. Safi hing weiter in Bosnien fest. Derweil saß das Mädchen nun in einem Heim in Frankfurt und hatte Langeweile. Sie telefonierten stundenlang:

«Komm hierher! Hier ist alles toll.» Sie schickte ihm Fotos von Aldi, Rewe, von einer Tankstelle. «Guck mal, wie schön es hier ist! Ich habe Schuhe in Deutschland gekauft. Schau! Und ein Kleid.»

«Bei einem der Telefonate sagte sie: ‹Safi, ich will den Hijab ablegen.›

‹Das mag ich nicht. Ich mag dich mit dem Tuch, es steht dir gut.›

‹Ich will es ablegen.›

‹Das ist, als würde ich sagen, ich geh dann in kurzer Hose.›

‹Okay. Wenn du da bist, trage ich ihn. Sonst aber nicht.›»

Er war sich sicher, dass sie ein Kopftuch tragen sollte. Später fragte ich ihn, warum ihm das wichtig war. Er verstand meine Frage nicht so recht: Natürlich sollte sie sich die Haare bedecken. Beim Kopftuch hatte er genaue Vorstellungen.

Safis Bosnien war nasskalt, frostig, Temperaturen immer noch unter null. Jetzt unternahm er einen weiteren Anlauf, die Grenze nach Kroatien zu überqueren. Doch die Bosnier fingen ihn ab, und er landete wieder in der Fabrikhalle. Spiel verloren. Ein fremder Mann kam in diese Industrieszenerie, wo die Essensschlangen länger statt kürzer wurden und durch die man die internationalen Fernsehteams geführt hatte. Er fragte gezielt nach Safi, dem Jungen mit den kaputten Füßen. Denn auch er hatte den Bericht, den wir kurz nach unserer Begegnung für das Fernsehen produziert hatten, irgendwo gesehen. Er fragte sich durch und fand Safi.

«‹Ich will dir helfen›, sagte der Mann, als er mich gefunden hatte. ‹Aber ich habe doch gar kein Geld›, hab ich mich entschuldigt. ‹Egal, ich will dir doch helfen. Deine Situation ist so schlecht. Ich hol dich hier raus.› Ob Sie es glauben oder nicht, Khanoom Schayani, der Mann war ein Schlepper. Und er meinte es ernst und dann machte er mir jetzt ein günstiges Angebot. Ich sollte nur ein paar hundert Euro zahlen, statt sonst 3000 bis 4000 Euro pro Person für das *Game* bis nach Italien. Wir zogen dann mit einer kleinen Gruppe los.»

In seiner Erinnerung ist er dieses Mal fast reibungslos bis nach Italien gelangt. Keine kroatischen Grenzer, keine Prügel, lange Strecken zu Fuß. In Italien kam er mit 50 Euro an. Für 15 Euro kaufte er eine SIM-Karte und rief das Mädchen an. Bingo, er erreichte sie sofort:

«‹Wo bist du?›

‹Wenn ich es dir sage, machst du dir Sorgen.›

‹Bist du immer noch in Bosnien?›

‹Ich bin in Italien!›

Pause, Freude, dann: ‹Nicht, dass die Mädchen dich dort wegschnappen. Ich koche für dich. Ich hab den Reis schon fertig!›

Das ist also Europa. Ich konnte nicht glauben, dass es geklappt hatte. Ich hatte noch 10 Euro. Meine Klamotten waren sehr dreckig. Dann habe ich mir für 5 Euro ein T-Shirt gekauft und kein Essen. Wie Touristen sind wir einfach am Meer entlangspaziert.»

Das Paris-Prinzip

Ein Afghane, den er und ein Kumpel auf der Straße trafen, empfahl ihnen, einfach schwarz mit dem Zug nach Paris zu fahren. Sie sollten sich in eine Ecke setzen. Safi hatte Sorge, er könnte erwischt werden und dann das Mädchen niemals wiedersehen. Deshalb hatte er immer Tickets gekauft. Aber jetzt stieg er einfach in den Zug ein – ohne Pass, ohne Dokumente, ohne Geld. Aber mit dem neuen T-Shirt!

Und prompt kam der Kontrolleur auf sie zu. Eine Reihe vor ihm und seinem Reisekumpel saßen auch drei Afghanen. Der Schaffner fragte sofort, ob sie ein Ticket hätten. «No», hatten sie nicht. Zack! Sie mussten aussteigen. Safi dachte, das sei es nun gewesen, er würde auch gleich rausfliegen, festgenommen und abgeschoben werden. Jetzt stand der Schaffner vor ihnen, sah die relativ neue Plastiktüte, die er noch von dem T-Shirt-Kauf hatte, und vor allem sah er Safis sauberes T-Shirt. Die gleiche Frage: «Haben Sie ein Ticket?» «Yes!», sie sagten einfach «Yes». Der Kontrolleur ging weiter.

Eine ältere Dame, die bei ihnen saß, hatte sofort verstanden, was da ablief. Safi konnte sehen, dass sie Tränen in den Augen hatte. Dann bot sie ihnen einen Apfel an und ein «dreieckiges Brot» – sprich Sandwiches. Bald darauf kam der Kontrolleur zurück. Sie stellten sich schlafend. Und wieder die Frage: «Haben die beiden ein Ticket?» Die ältere Dame antwortete: Ja, ja, sie hätten Tickets, aber sie seien sehr müde. Der Kontrolleur ging weiter. Safi öffnete seine gänzlich wachen Augen. Da sah er, wie die Dame ihnen zuzwinkerte und den Daumen hochhielt. Sie hatte die beiden geschützt. Bis Paris.

«Als wir ankamen und ich durch Paris lief, fühlte ich mich die ganze Zeit wie in einem Traum. Vielleicht kann ich auch mal in eines dieser Autos steigen, dachte ich. Ich träumte, was ich alles erreichen würde: ein angenehmes und luxuriöses Leben. Wenn du unterwegs bist, denkst du, das ganze Leben spielt sich da bei denen ab. Wenn jemand aus Afghanistan in Europa angekommen ist, dann sagt die Familie: Wow, jetzt hat er Geld. Sie wissen nicht, dass es ein großer Schmerz ist und dass man Steuern zahlen muss. Ich hatte es mir hier ganz anders vorgestellt. Ich dachte, hier fällt das Geld vom Himmel. Und ich dachte, jedes Mädchen, das du ansprichst, wird deines.» In der Nähe des Eiffelturms nahm er ein kleines Video dieses europäischen Wahrzeichens auf, vor das sich alle stellen, die es bis hierhin geschafft haben. Das postete er sofort im Netz. An dieser Stelle fragt die aufmerksame Leserin möglicherweise, hat er denn nicht zuerst das Mädchen angerufen? Doch! Hat er.

Während ich das schreibe, flüstert meine innere Lektorin mir zu: Sag mal, du komponierst hier eine romantisierende Liebesgeschichte, die dann die eigentliche Motivation und die Härte von Safis Flucht verblassen lässt, weil sich darüber so ein hübscher rosa Schleier legt? Oder schreibst du das, weil es sich besser liest? Jein. Je länger und ausführlicher ich mit Menschen reden konnte, die ihre Heimat verlassen haben oder fliehen mussten, desto häufiger denke ich, menschliche Gefühle wie Liebe, Liebeskummer, Eifersucht, Streit, Ehrgeiz können bei dem Bündel an Gründen, die zu Flucht und Migration führen, eine größere Rolle spielen, als man annimmt. Übrigens auch bei der Rückkehr.

Als wir 2022 an der ukrainisch-polnischen Grenze drehten und

Tausende von Frauen mit den Kindern vor dem Angriffskrieg des russischen Militärs flüchteten, kam mir Safis Liebesgeschichte in den Sinn: Wie lange werden sie die Trennung von ihren Männern aushalten? Wann werden Sehnsucht, schlechtes Gewissen, Eifersucht und vor allem die Hoffnung sie zurückziehen – neben der Liebe zur Heimat?

Bevor Safi mir von seiner Liebe zu dem Mädchen erzählte, hatten wir schon ein paar Dinge zusammen erlebt. Ich wusste etwas über das dunkle Geheimnis seiner Jugend, kannte sein Asylverfahren, hatte die Krankenakte überflogen und ihm übersetzt. Da gab es genug Gründe für eine Flucht in ein sicheres Deutschland. Was ihn aber auf seinem Weg immer weiter gen Norden zog, das erzählte er mir erst später. Vielleicht hätte ich einfach mal früher fragen sollen, was der tätowierte lateinische Buchstabe auf seinem Arm bedeutete. Als wir viele Stunden zusammensaßen und er noch mal alles von Anfang an erzählte, hatten wir mehr Vertrauen zueinander, und es war ihm auch nicht mehr peinlich, dieser Journalistin, so alt wie seine Mutter, von seinem Liebeskummer zu erzählen. Ich habe oft erlebt, dass man unter Iranern und Afghanen nicht mal eben über eine Freundin spricht, wenn nicht fast schon klar ist, dass man die junge Frau heiratet.

Angekommen in Paris rief er sie natürlich an. Anders als er war das Mädchen nicht außer sich vor Freude, irgendwie zurückhaltend. Vielleicht würde sie sagen, er solle sich in den nächsten Zug nach Deutschland setzen. Aber sie sagte nur: «Bleib da! Alle haben gesagt, bleib da. Meine Mutter hat es auch gesagt.»

Er blieb nun zunächst in Paris. Nachts wurden es jetzt bis zu minus drei Grad. Tagsüber lagen die Temperaturen um den Gefrierpunkt. Er hatte die Türkei, Griechenland, Bosnien und den Wald nach Kroatien überlebt. Alles für Europa. Eigentlich konnte es nicht schlimmer werden.

Viele Flüchtlinge und Migrant:innen zieht es in die großen Städte, allen voran nach Paris. Der Name allein glitzert und strahlt in viele Kontinente. Die Wirklichkeit für jene, die mit nichts oder nur einer Plastiktüte – die hatte Safi noch – Paris erreichten, war ein tiefes Schwarz.

Die Metropole hat sich selbst den Ehrentitel «Zufluchtsort» gegeben. In Paris selbst gibt es jedoch kaum Erstaufnahmen. Deshalb schliefen Tausende wie Safi in diesem Winter auf Bürgersteigen, in Bushaltestellen, unter Brücken. Vor allem entlang der Stadtautobahn, nahe der Metro-Stationen Porte de la Chapelle und Porte d'Aubervilliers waren Ansammlungen von diesen Iglu-Zelten, die Helfer:innen den verfrorenen Menschen gaben. Drinnen so kalt wie draußen. Irgendwo in der Stadt gab es Orte, wo man duschen durfte und etwas zu essen bekam. Als Safi das erste Mal anrief, erzählte er gleich davon, dass alle um ihn herum Drogen nahmen, um das Leben im Winter auf der Straße auszuhalten. Auch sein Zeltnachbar.

Der französische Staat schaut zu. Es sind NGOs, die Zelte verteilen, und Anwohner, die den elenden Anblick nicht aushalten. Sie kochen und verteilen abends oder am Wochenende Essen. (Die Male, als ich da war, waren es meist Menschen, die selbst eingewandert waren.) Oder Bessergestellte kommen und verteilen die Reste ihrer Partys. Nach ein paar Wochen rückt stets ein großes Polizeiaufgebot an. Die Räumung als Routine. Die Polizei löst diese sogenannten illegalen Lager, die sich über Wochen gebildet haben, auf, diese Anhäufung von kleinen Zweimannzelten, in allen möglichen Nischen, Zwischenräumen von Autobahnbrücken. Sie nehmen den Menschen auch ihre Habe weg, zerstören Zelte, Schlafsäcke und Decken. Busse rollen an und bringen die Leute in Unterkünfte und damit zur Erstaufnahme. Das kann irgendwo weiter weg sein. Bloß reichen die Busse oft nicht. Das Paris-Prinzip heißt also: Du musst dich hochschlafen! Erst muss man auf der Straße ausharren, bis die Polizei kommt und man es in eine Erstaufnahme schafft. Öfter habe ich dort mit Menschen gesprochen, die sich nicht trauten, sich länger von den Zelten zu entfernen, weil sie auf die Räumung durch die Polizei warteten und hofften, auf diese Weise ein Bett zu ergattern. Nach Wochen auf der Straße. Die Politik der Räumung verfolgt die französische Politik bis heute.[36] In jenem Winter, als Safi dort ausharrte, reiste die UN-Sonderberichterstatterin Leilani Farha nach Frankreich, um sich die Situation der Obdachlosen anzusehen. Sie beschrieb sie so: «Menschen, die dort in Zelten leben, werden regelmäßig von der Polizei zwangsgeräumt, ihr Eigentum wird beschlagnahmt oder abtransportiert. Zwangsräumungen stellen eine schwerwiegende Verletzung des Rechts auf Wohnen nach internationalen Menschenrechtsgesetzen dar.»[37] Die einzige Erklärung für dieses nicht-existente französische Aufnahmesystem ist, dass die Regierung und die Behörden Menschen abschrecken wollen.[38]

Race to the bottom: Unterbietungswettbewerb in der EU

Während Safi unter der buchstäblichen Autobahnbrücke schlief und mir frierend Nachrichten schickte, durfte ich an einer Journalistenreise zum Thema «Flucht und Asyl» bei der Europäischen Kommission in Brüssel teilnehmen. Alle, die in diesem Bereich mitgestalteten und entschieden, sprachen mit uns. Allerdings nur im Hintergrund, sehr diskret. So nennt man es gemeinhin, wenn man nicht direkt zitieren darf, sondern Beamte der Presse die Zusammenhänge klarmachen, die man dann beispielsweise bei anderen Anlässen in die Berichterstattung einfließen lassen kann.

In einem Gespräch mit einer hohen Beamtin ging es darum, dass in Frankreich in diesem Jahr mehr Asylsuchende ankamen. Darunter viele aus Afghanistan, ihre Anerkennungschancen waren hoch. Etliche waren auch schon in einem anderen EU-Land gewesen. Ich beschrieb die Situation in Paris und fragte, warum es in Frankreich möglich sei, Menschen mitten im Winter auf der Straße schlafen zu lassen. Wochenlang. Ob das System habe, warum Frankreich dafür nicht kritisiert werde. Die Antwort eröffnete mir eine neue Perspektive: Die Aufnahmebedingungen für Migrant:innen und Asylbewerber seien in den Mitgliedsstaaten sehr verschieden. Es gebe eine Art Unterbietungswettlauf zwischen den Ländern, wer die übelsten Aufnahmebedingungen habe. Ein *race to the bottom* nannte sie das. Und ja, das gelte auch für Frankreich! Paris liege mit der Situation auf den Straßen bei diesem Unterbietungswettbewerb sogar recht weit vorne. Zusammen mit Bulgarien und Griechenland.

Die Kritik etlicher französischer NGOs traf hier voll zu. Sie warfen im Winter Anfang 2019 der Regierung vor, in Frankreich gebe es keine

«Migrationskrise, sondern eine Aufnahmekrise». Es sei politisches Versagen und Strategie zugleich, dass Tausende Menschen auf der Straße landeten. Manche Menschen in Paris öffneten in diesem Winter ihre Wohnungen, um zumindest nachts Schutzsuchenden ein Bett anzubieten. Abends verteilten NGOs die Menschen auf Privatwohnungen, morgens früh mussten sie wieder raus. Ich erinnere mich an eine Familie, die hoffte, in einer dieser kalten Nächte so ein Bett zu ergattern, denn eines der Kinder hatte hohes Fieber. Wir versuchten, einen Arzt zu Hilfe zu rufen. Vergebens, sie warteten draußen in der Kälte auf den Schlafplatz. Aber in dieser Nacht kamen sie nirgends unter. *Race to the bottom.*

Und mittendrin Safi. «Ich schlief mit einem Kumpel in so einem kleinen Zelt. Das hatten wir von einer Hilfsorganisation bekommen. Er hat im Zelt Marihuana geraucht, ich Zigaretten. Jeden zweiten Abend verteilte jemand Essen. Menschen bringen etwas. Manchmal sogar Kuchen. Morgens kam jemand mit Decken oder gab jedem ein kleines Fläschchen Shampoo. Wenn man eine Stunde lang durch die Stadt lief, konnte man irgendwo duschen.» Er rief mich damals an, nicht nur einmal. Es sei so kalt, sagte er und es klang, als könne er vor Kälte nicht richtig sprechen. Er halte es einfach nicht aus in Paris auf der Straße. Jede Nacht unter null Grad, in diesem kleinen Zelt zusammen mit einem anderen, und um ihn herum lauter Drogensüchtige und Kriminelle. Er wolle aber keine Drogen nehmen. Er wolle auch nicht kriminell werden. «Was soll ich tun?» Er würde sich vielleicht aufmachen nach Deutschland, deutete er an. Genau das tat er.

Mit dem Zug fuhr er jetzt direkt in die Stadt, wo das Mädchen war. «Jetzt wollte ich in ihrer Stadt ankommen und mit ihr ein neues Leben beginnen. Das ganze Leid, das ich in Frankreich ertragen hatte, so stellte ich mir das jedenfalls vor, wäre weg, nur weil ich in ihrer Nähe sein würde.» Mit dem Zug reiste er nun von Frankreich nach Deutschland ein. Als er in «ihrer» Stadt ankam, schickte er ihr sofort ein Foto vom Bahnhof. Sie reagierte:

«Wer hat dir das Foto geschickt?»

«Ich bin da!»

«Wer hat dir denn das Bild geschickt?»

«Ich bin jetzt in deiner Nähe!»

«Gut, dass du angekommen bist.»

«Vorher wollte sie, dass ich schnell in ihre Nähe kam. Jetzt war ich in ihrer Nähe, und sie wollte das gar nicht. Ich fragte sie: ‹Können wir uns sehen?› Die Familie hatte schon eine Wohnung. Sie sagte, sie müsse jetzt lernen, sie habe keine Zeit. Am Bahnhof sagte einer zu mir: ‹Geh zur Polizei, die helfen einem immer.› Das hab ich auch gemacht. Ich hab irgendwie gesagt, dass ich gerade aus Frankreich komme. Der Polizist sagte: ‹Ne, ne, ne, so geht das nicht!› Sie nahmen meine Fingerabdrücke, und ich wurde mit einem Bus weit weggefahren.»

Als er in der Landeserstaufnahmeeinrichtung ankam, wurde er vermessen, befragt – und ins Asylverfahren aufgenommen. Den Betreuer:innen fiel nach einigen Tagen sein psychischer Zustand auf – nachts im Schlaf rief er laut, die Haut auf seinen Armen hatte er bis oben geritzt, tagsüber war er nicht immer ansprechbar. Es dauerte nur ein paar Tage, da machte Safi sich wieder auf den Weg zu ihr. Das Camp durfte er zwar tagsüber verlassen, aber die Stadt nicht. Er fuhr trotzdem. Das Mädchen hatte kaum Zeit, mit ihm zu telefonieren. Sie war in ihrem neuen Leben angekommen, besuchte nun eine achte Klasse und musste lernen.

«Safi, was willst du denn hier machen?»

«Hast du nicht gesagt, wir machen das zusammen? Wir heiraten, damit wir zusammen sein können?»

«Ja, aber erst in zehn, zwanzig Jahren. Deutschland ist anders. Du brauchst erst einmal fünf, sechs Jahre, um dein Leben in Ordnung zu bringen. Vielleicht geben sie mich dir dann zur Frau.»

Sie wollte ihn nicht sehen. Safi wurde immer bedrückter.

Nach ein paar Wochen wurde er von der großen Sammelunterkunft in eine kommunale Unterkunft gebracht, sollte nun in «seiner» Stadt landen. Zumindest für drei Jahre. Alle, die monatelang in Parks oder unter Brücken schliefen, die bei Minusgraden im Wald von Deutschland träumten, werden bei dieser bürokratisch anmutenden Verteilung in ihren «Traumort» platziert, der heißt dann: Hünxe, Bünde, Velbert, Oer-Erkenschwick, Dorsten, Marl, Alsdorf, Oberhausen, Leverkusen oder Olpe. In so einer Stadt landete Safi. Das war sein Deutschland.

Etagenbetten, leere Bürgersteige, ein Bahnhof mit Menschen, die Drogenprobleme hatten.

Sofort rief er das Mädchen an, er würde jetzt sofort zu ihr kommen, sie könnten doch, wie sie es immer geträumt hatten, ins Restaurant gehen oder in die Shisha-Bar. Sie sagte nicht nein und er lief gleich zum Bahnhof. Es war sein dritter Versuch, sie zu sehen. Nachts um 23 Uhr fuhr er los. Um zwei Uhr war er an ihrem Bahnhof, das war die günstigste Verbindung. Allerdings hatten sie sich erst für elf Uhr vormittags verabredet. Neun Stunden Warten machte ihm nicht viel aus, denn er war vollgepumpt mit dem Glück, sie wiederzusehen. Stundenlang lief er im Bahnhof auf und ab, ab und auf. Dann war es endlich so weit.

«Sie kam die Treppe herunter. Als ich sie sah, war es wie ein 220 Volt-Schock. Ich wusste nicht, ob ich glücklich oder traurig sein sollte. Ich hatte so viele Erwartungen und Hoffnungen: ‹Ich habe dir doch gesagt, Europa ist gut.› ‹Ja, es ist sehr gut.› Dreißig Minuten lang habe ich sie einfach nur im Arm gehalten. Dann habe ich ihr zugeflüstert: ‹Ich hab ja niemanden in Europa. Du bist meine Familie!› Wir verbrachten einige Stunden zusammen und haben Fotos gemacht. Sie hat mir Kraft gegeben. Dann fuhr ich in die Stadt zurück, in die ich verteilt worden war. Ich war völlig durcheinander. Konnte nicht schlafen, war nicht müde, hatte keinen Hunger. Ich habe einfach immer nur an sie gedacht.» Doch schon in den nächsten Wochen sprach sie weniger mit ihm, und immer öfter hörte er Sätze wie: «Ich habe so viel zu lernen, kann nicht mehr abends mit dir texten. Ich muss lernen. Ich kann nur noch am Wochenende texten.»

Vielleicht war das Geheimnis seiner Liebe zu dem Mädchen, dass sie ihm das gab, wonach er sich sehnte: das Gefühl, etwas wert zu sein. Im Iran fühlte er sich als Afghane wertlos. Und in Afghanistan hatten ihm Männer sein Selbstwertgefühl ausgetrieben. So wie es wohl Millionen von Jungen in Afghanistan ergeht. Er trug dieses Geheimnis mit sich.

Ein fieses Männerspiel

Safi war vielleicht vierzehn oder fünfzehn. Er war fremd und neu in der afghanischen Stadt. Das war, als seine Eltern aus dem Iran heimgekehrt waren, völlig mittellos. Safi hatte Hunger, zu Hause gab es kein Essen. Im Stadtteil war eine Hochzeit und er schaute sich um. Ein Mann sprach ihn an, er solle doch mitgehen zu diesem Fest. Es würde Spaß machen. Dieser Mann, der ihn da großzügig einlud, hatte ein Motorrad, in dem eine Waffe lag. Zuerst war Safi misstrauisch und zögerte. Dann ging er mit. Er dachte, es sei vielleicht lustig auf der Hochzeit. Als er dann dort war, forderten der Mann und andere ihn auf, er solle doch tanzen. Vor all den Männern tanzte er alleine. Dafür gab der Mann mit dem Motorrad ihm für seine Familie und ihn selbst Essen mit. Als er damit zu Hause ankam, freuten die Eltern sich. Der Mann sprach ihn wieder an. Er sollte wieder mit zu einer Hochzeit. Doch diese Hochzeit war gar keine, nur Männer saßen dort. Der Mann gab ihm Frauenkleider. Safi sollte sie anziehen und damit tanzen. Für die Männer.

Als Safi von diesem Vorfall erzählt, begreife ich die Dimension nicht. Ich halte es zunächst für einen seltsamen Einzelfall. Aber mir fällt auf, dass ihm die Sätze schwerfallen, obwohl er auf Persisch sehr schön und klar formuliert. Wenn ich nach Details frage, antwortet er einsilbig oder wechselt rasch das Thema. Er erwähnt, dass der Mann, der ihn das erste Mal angesprochen hat, schon älter war und schon einen Bart trug. Safi war ja fast noch ein Kind, ein *bacha*. Ich beginne mich umzuhören.

Bacha bedeutet Kind, Junge und Knabe. *Bazi* heißt Spiel. Wenn man diese beiden harmlosen Begriffe zusammensetzt, ergibt das *Bacha Bazi* – am besten zu übersetzen mit «Knabenspiel». Ein fieses Männerspiel. Alles andere als harmlos. Man braucht einen Moment, bis man die Abgründe dieser Form von Männergewohnheit erahnen kann. In westlichen Forschungsstudien, in Arbeiten von Menschenrechtler:innen und internationalen Organisationen wird beschrieben, was *Bacha Bazi* bedeutet. In Afghanistan weiß man, dass es das «Knabenspiel» gibt. Aber man redet ungern drüber. Einige Afghanen sagten zu mir, hör doch auf, das kommt ganz selten vor. Ein Bekannter sagte gleich: Natürlich, das machen wir in Afghanistan!

Bacha Bazi umschreibt die sexuelle Beziehung von zumeist erwachsenen Männern, die über Geld oder Macht verfügen, mit einem Jungen oder Jugendlichen, etwa zwischen elf und sechzehn Jahren, der arm ist. Der Junge darf noch keinen Bartwuchs haben. Mit Bart gilt er nicht mehr als Junge, sondern als Mann, und der Kontakt gälte als Homosexualität, die strafbar ist. Solange der Junge aber ein *Bacha*, ein Kind ist, gilt diese Form von Kindesmissbrauch landläufig als legitime Form, wie Männer sich amüsieren und sexuell auf ihre Kosten kommen können. «Es wird als gesellschaftliche Norm empfunden», heißt es im Lagebericht des Auswärtigen Amtes. Dieser Brauch wird im deutschen Bericht als praktizierte Form der «Kinderprostitution» bezeichnet.[39]

Was passiert bei diesem Knabenspiel genau? Es gibt reine Männergesellschaften – das gemeinsame Treffen mit Frauen ist nicht üblich und zusammen tanzen dürfen sie nicht –, in denen die Jungen für die Männer tanzen. Sie müssen oft Frauenkleider und Schmuck tragen, wenn möglich opulent und auffällig, manchmal sind sie auch geschminkt. Man bringt ihnen bei, sich verführerisch und aufreizend zu bewegen, um die Herren zu unterhalten und zu erregen. Je hübscher die Jungen, desto aufregender für die Männer. Dann werden die Kinder von einem Männerschoß zum nächsten gereicht und im besten Fall nur betätschelt. Oft passiert dann deutlich mehr. Und diese Kinder und Jugendlichen werden unter Umständen immer wieder Opfer von sexuellem Missbrauch.[40] Im Internet findet man zahllose Videos von solchen Feiern.

Früher gab es diesen Brauch – von Kultur kann man hier wohl schlecht sprechen – vor allem im Norden des Landes. Mittlerweile soll er im ganzen Land verbreitet sein. Bei Paschtunen so wie bei Tadschiken oder Usbeken. Bei Warlords ebenso wie bei Taliban. Vor allem beim afghanischen Militär und den Sicherheitskräften, heißt es in einem Bericht des UN-Generalsekretärs von 2017.[41]

In einer Gesellschaft, in der die Geschlechter strikt voneinander getrennt sind, können Männer an und durch die kleinen Jungen ihre Gelüste ungehemmt ausleben. Frauen – so angeblich eine Redewendung im Volksmund – braucht man für die Fortpflanzung, Männer für die Liebe und den Genuss.[42]

Wie kommen Männer an diese Kinder heran? Die Jungen werden entweder entführt oder von Eltern, die arm sind, an wohlhabendere Männer verkauft, oder die Erwachsenen sprechen die Kinder auf der Straße an und locken sie mit Essen oder Geld.[43] Wie bei Safi. Was dann entsteht, kann man, ohne viel zu übertreiben, tatsächlich als Sklaverei oder Kinderprostitution bezeichnen. Die Kinder bekommen von den Männern zu essen, vielleicht auch Geld oder Geschenke. Je hübscher ein Junge, desto höher der Prestigegewinn des Mannes, der das Kind benutzt und auf die Feste mitbringt und ihn tanzen lässt. Diese Männer sind oft wohlhabend und können sich einen eigenen Jungen leisten, oder sie haben Macht, weil sie zum Beispiel bei der Polizei oder dem Militär arbeiten oder Warlords sind.[44] Damit ist auch schon angedeutet, dass es rechtlich völlig folgenlos ist, ein Kind zu benutzen.

Unter den Taliban war *Bacha Bazi* in der Zeit von 1996 bis 2001 verboten, darauf stand sogar die Todesstrafe.[45] Im Februar 2013 mahnte Human Rights Watch die afghanische Regierung, sexuell missbrauchte Kinder nicht auch noch strafrechtlich zu verfolgen.[46] Erst 2017 forderten die UN Afghanistan in einem Bericht auf, *Bacha Bazi* unter Strafe zu stellen.[47] In den Artikeln 427 bis 429 des Strafgesetzbuches war es nicht ausdrücklich benannt. 2018 wurde das Strafgesetzbuch entsprechend geändert.[48]

Was bedeutet die Rechtslage für die missbrauchenden Männer? Ein Beamter in Balkh wird in einer Studie aus dem Jahr 2017 so zitiert: «Mächtige Männer, die dieses Gesetz verletzen, werden nicht verfolgt und bestraft. Und weil die Justiz das Recht nicht anwenden kann, nehmen Päderastie und Sex mit kleinen Jungen in Afghanistan zu.»[49] *Bacha Bazi* ist für die erwachsenen Männer ungefährlich. Es kann passieren, dass eine Mutter mit ihrem Sohn zur Polizei geht und eine Vergewaltigung des Kindes durch einen Mann anzeigen will – die Polizei, so tatsächlich geschehen, verhöhnt beide. Sie sollten sich schämen, dass sie sich mit so etwas an die Polizei gewandt haben. Wenn man weiß, dass auch in Kreisen von Polizisten und Militärs *Bacha Bazi* sehr beliebt ist, verwundert das nicht. Unter Taliban-Kämpfern soll der

Missbrauch von Jungen übrigens auch heute noch verbreitet sein. Sie dürfen keinen Kontakt zu Frauen haben, der Anblick einer unverschleierten Frau ist bereits eine Sünde. Es gibt Schätzungen, wonach in bestimmten ländlichen Gegenden 50 Prozent der Männer sich einen «Jungen» halten und die Hälfte der Männer selbst als Kinder missbraucht wurde.[50] «Fast alle Jungen», stellt ein Psychiater aus Balkh nüchtern fest, «die mit dieser Sex-Arbeit zu tun haben, bekommen psychische Störungen wie Depressionen, Ängste, Alpträume, Paranoia und ähnliche Probleme.»[51]

Die afghanische Kultur, die ich durch viele Geflüchtete kennengelernt habe, ist für mich von einer Höflichkeit, Süße, Wärme und Herzlichkeit geprägt, die anziehend und ungemein sympathisch ist. Dass ich nun von der finsteren und fiesen Seite dieser Gesellschaft erfahre, missfällt mir. Es ist naiv zu denken, eine Kultur glänze nur, zumal eine, die in über vier Jahrzehnten Krieg so stark beschädigt wurde.

Die Entscheider

Safi war nun erst wenige Wochen in der neuen Stadt. Das Mädchen hatte er nicht noch einmal gesehen. Es ging ihm erkennbar so schlecht, dass er in die Psychiatrie eingewiesen wurde. Von seiner ersten Einweisung erfuhr ich erst später. In den Berichten der Ärzte kann man lesen, dass er ein netter und kooperativer Mensch sei, wenn man ihn anspreche. Sobald er jedoch allein sei, empfinde er das Leben als sinnlos, er weise psychotische Symptome auf, höre Stimmen, die ihm befählen, sich umzubringen. Er sei wahnhaft, ängstlich, komme nicht zur Ruhe. Safi wurde medikamentös eingestellt, heißt: Er sollte ab jetzt täglich Psychopharmaka einnehmen.

Wie soll eine kommunale Asylbewerberunterkunft mit Dutzenden von Bewohner:innen, die Unterstützung brauchen, jemanden wie Safi auffangen? Oft sind solche verlorenen Seelen wie er, wenn sie in Deutschland ankommen, am Ende ihrer Kräfte und ihrer Hoffnungen – durch das, was sie in der Heimat erlebt haben, und durch die brutale Realität der EU an den Außengrenzen. Und natürlich tragen sie dieselben menschliche Gefühle in sich wie jeder und jede von uns. In Safis Fall war es Liebeskummer. Und dann noch dieses vermutlich traumatisierende Erlebnis in Afghanistan. Jedes Asylsystem stößt hier an seine Grenzen. Wer könnte solche absehbaren Talfahrten zumindest etwas lindern? Familie und Freiwillige. In Safis Fall gab es das nicht. Der Akte ist zu entnehmen, dass man ihm riet, den Infopoint der Einrichtung aufzusuchen.

Vom Mädchen hörte er nur noch am Wochenende. Sie schlug ihm vor, einmal im Monat zu telefonieren, die gemeinsamen Fotos hatte sie alle gelöscht.

Er hatte in Deutschland um Schutz gebeten. Das juristische Prozedere, das sein Leben entscheidend beeinflusste, verstand er nicht. Nach seiner Anhörung hatte er rasch einen Bescheid vom Bundesamt für Migration und Flüchtlinge, vom BAMF, erhalten. Viele Seiten mit Buchstaben, die ihm fremd waren, und Wörtern aus einer anderen Galaxie. Mehrere Stunden hatte Safis Anhörung gedauert, inklusive Übersetzung. Er war nach der Familiengeschichte und dem Familienstreit gefragt worden. Dem Protokoll entnimmt man, dass er durcheinander klang. Unsortiert, wie ein Mensch, der nicht so recht zwischen Fakten und Fiktion unterscheiden kann. In dem Moment, als Safi erwähnte, dass er in Afghanistan zur Polizei gegangen war, um eine Vergewaltigung zur Anzeige zu bringen, ihm aber Hilfe verweigert wurde, sagte der Entscheider zu ihm: «Ich habe keine weiteren Fragen.» Die Anhörung beendete der BAMF-Mitarbeiter an dem Punkt, an dem Safi zu reden begann.

Manche Menschen können in diesen Anhörungen klar darlegen, was ihr Fluchtgrund ist. Andere denken sich einen aus oder lassen ihn sich von Dritten ausdenken. Und dann gibt es die Safis. Völlig überfordert mit der Situation, die Kräfte am Ende, das Herz weich wie Watte. Wie soll eine Sachbearbeiterin, die von Lageberichten des Auswärtigen Amtes lebt und natürlich von dem Erfahrungsschatz der Anhörungen, begreifen und immer mitkriegen, wenn der oder die Schutzsuchende eine kleine Tür öffnet, die bei entsprechender Nachfrage zu der tatsächlichen Geschichte führen kann und zu dem Grund, Schutz zu gewähren? Nach Gesetzeslage soll das BAMF den «Sachverhalt» klären.[52]

Dass Beratungsstellen den Schutzsuchenden in den Vorbereitungen für die Anhörungen erklären, dass sie von sich aus erzählen und nicht auf Fragen warten sollen, zeigt, dass Safi kein Einzelfall ist. Dass ein Entscheider bei ausdrücklicher Erwähnung einer Vergewaltigung die Anhörung beendet, kann man nur als Versagen bezeichnen.

Kleine Randnotiz. Ablehnungen bedeuten für das BAMF in der Regel mehr Arbeit als Anerkennungen, weil man eine individuelle Begründung formulieren muss. Anerkennungen dagegen, erklärte mir ein Entscheider, kosten nicht so viel Arbeitszeit. Nach wenigen Wochen erhielt Safi eine Ablehnung seines Asylantrags. Da hatte jemand die Arbeit nicht gescheut: «Flüchtlingseigenschaft wird nicht zuerkannt.»

In der Antwort des BAMF steht: «Der subsidiäre Schutz wird nicht zuerkannt. Abschiebeverbote liegen nicht vor.» Standard. Das ist für den Menschen, der das schreibt, ein Textbaustein. Für den, der dieses Schreiben bekommt, bricht eine Welt zusammen.

Viele Seiten Begründung, eine Mischung aus Copy-and-Paste und Passagen, in denen es konkret um Safi geht. Bei einer Rückkehr würde ihm keine Gefahr drohen, er sei nicht von dem innerstaatlichen Konflikt betroffen. Schließlich seien im Vorjahr 7 Prozent weniger Menschen bei Vorfällen in Afghanistan ums Leben gekommen als davor. Durch Gelegenheitsarbeiten würde Safi sich im Land über Wasser halten können und dann integrieren. Wenn er psychische Probleme habe, müsste dies medizinisch attestiert werden.[53] Er solle binnen dreißig Tagen ausreisen, außer er erhebe Klage.

Obwohl er in seinem Leben kaum in Afghanistan gelebt hatte, würde Safi als afghanischer Staatsbürger dorthin abgeschoben. Also das Ende des Traums und das Ende seiner Flucht? Es gibt einen politischen Kontext, der auch den Einzelnen am Ende der Kette trifft.

Die Anerkennungsquote von Afghaninnen und Afghanen in Deutschland konnte man nicht vom Einsatz der Bundeswehr am Hindukusch loslösen. Bis zur Machtübernahme der Taliban im August 2021, so hatte man den Eindruck, galt das ungeschriebene Gesetz: Die Anerkennungsquote sollte nicht über 50 Prozent gehen, geschweige denn ähnlich hoch wie die von Frauen, Männern und Kindern aus Syrien sein. Ganz gleich, wie sich die Situation im Land zuspitzte. Denn der Widerspruch, dass einerseits deutsche Soldaten in Afghanistan im Rahmen des NATO-Einsatzes Resolute Support dafür sorgen sollten, dass afghanische Soldaten die Taliban in Schach halten konnten, dass aber andererseits immer mehr Menschen genau vor denen und der Unsicherheit im Land davonliefen, ließ sich nach Meinung der damaligen Bundesregierung in Deutschland nicht vermitteln. Nach der Machtübernahme der Taliban, dem Abzug der Bundeswehr, aufgrund der bedrohlichen Lage für Frauen und jeden, der mit dem Westen kooperiert hatte, sich für Menschenrechte einsetzte oder überhaupt nicht mit den Taliban einverstanden war, begann eine neue Zeitrechnung. Die Anerkennungsquote in Deutschland sollte nun steigen, sogar mit Ansage von Bundesinnenministerin Faeser: «Wer aus Afghanistan geflohen ist und bei uns in Deutschland Schutz sucht, wird absehbar nicht dorthin zurückkehren können. Stattdessen erfordert es die derzeitige Lage, dass wir Woche für Woche Menschen aus Afghanistan evakuieren. Die Öffnung der Integrationskurse, auch vor abschließender Entscheidung im Asylverfahren, ist ein längst überfälliger Schritt für eine schnelle und gute Integration.»[54] Wenn Anerkennungsquoten zum politischen Instrument werden, fragt man sich durchaus, ob eine solche Politik sich eher der Willkür nähert und nicht der faktischen Bedrohungslage.

Safi hatte auch einen *Wakil,* einen deutschen Anwalt, den ihm irgendjemand im Heim genannt hatte. Der reichte die Klage gegen den Bescheid ein. Mehr aber auch nicht. Auf meine Nachfrage nach seinem Mandanten konnte er sich nicht mal an den Namen erinnern, geschweige denn an den Fall. Seit 2015 sind etliche Rechtsanwälte plötzlich Experten für Asylrecht geworden. Sie verdienen nicht viel Geld mit solchen Mandaten und die Anzahl von unfähigen oder uninteressierten Anwält:innen ist erstaunlich hoch. Woher sollte Safi wissen, was ein guter Anwalt ist? Mit der Klage gegen den BAMF-Bescheid hatte Safi aber Zeit gewonnen. Denn so ein Verfahren kann Jahre dauern, weil so viele Schutzsuchende gegen die BAMF-Entscheidungen klagen.[55]

Verwaltungsgerichte – frei von politischen Vorgaben – haben in 75 Prozent der Fälle die Entscheidungen des BAMF korrigiert und Afghan:innen Schutz erteilt.[56] Das zeigt mit einer beachtlichen Eindeutigkeit, wie fehlerhaft Entscheide vom BAMF sein können und dass sie offenbar immer auch in einem politischen Zusammenhang stehen. Bis dann allerdings die Gerichte entscheiden – was rechtsstaatlich notwendig ist –, kann es Jahre dauern. Jahre der Ungewissheit. Die Robusten kommen wieder auf die Beine, aber wer zu viel Last mit sich trägt, kann krank werden. Eine Ursache – das zeigt nicht nur der Fall von Safi – sind die zum Teil auch schlechten und falschen Entscheidungen des BAMF. Die Klage vor dem Verwaltungsgericht wurde zur Routine. Wie kann ein Entscheider das Gespräch in dem Moment beenden, da der Asylsuchende das Wort «Vergewaltigung» erwähnt?

Kurz nach seiner Ablehnung sahen Safi und ich uns das erste Mal in Deutschland. Er kam mit einer Rose auf mich zu gelaufen. Ganz Gentleman. «Khanoom Schayani, die ist für sie.» Beim nächsten Mal kam er mit einer ganzen Blumenkiste, hübsch mit Geschenkband dekoriert. «Nur eine Kleinigkeit für Sie.» Jedes Mal, wenn wir telefonierten oder Sprachnachrichten austauschten, sagte er: «Passen Sie bitte auf sich auf.» Immer rief er wieder an: «Sind Sie gut angekommen?» Über andere Afghanen hatte er einen Job als Lagerist gefunden. Er konnte seiner Mutter nun endlich Geld in den Iran schicken. Auch ein berufliches Ziel in Deutschland hatte er. Als wir an einem Sicherheitsmann vorbeiliefen, sagte er strahlend: «Ich möchte Security-Mann werden. Man sitzt da, schaut die Leute an und ist freundlich zu ihnen. Das wäre mein Traum.»

2019, das erste Jahr Deutschland, verstrich. Ich dachte – hoffte –, Safi käme bestimmt zurecht. Zu einer kleinen Feier unserer Redaktion reiste er extra mit dem Zug an. Er war mit allen nett im Gespräch, er war geschmackvoll gekleidet, die Haare frisiert. Am Telefon bügelte er jede bewölkte Frage ab mit Sätzen wie: «Danke, Khanoom Schayani, mir geht es gut. Machen Sie sich bitte keine Sorgen!»

Safi tanzte nun in einer afghanischen Folklore-Gruppe. Er schickte mir Bilder, auf denen er posierte. Das Mädchen hatte er nicht vergessen. Wie auch. Eines Tages überkam ihn die Sehnsucht. «Ich rief sie an und eine Männerstimme ging dran.

Ich sagte nur: ‹Oh, entschuldigen Sie, da habe ich mich wohl verwählt.›

‹Wie verwählt? Wer bist du denn? Das ist die Nummer von meiner Freundin!›»

Er trug von nun an die Erinnerung an sie mit sich. Als sie seine Hand einfach gegriffen hatte, als sie sich heimlich auf dem Dach in Griechenland trafen, als sie sich am Bahnhof wiedersahen und er sie einfach nicht mehr loslassen wollte.

Der Schmerz nistete sich ein. Aber nicht nur der. Er hatte mehr erlebt, als er verarbeiten konnte. Die «Hochzeit» in Afghanistan, auf der er tanzen musste, und was dann kam, der Weg nach Deutschland, den er etliche Male verloren glaubte und aufgeben wollte. Und nun war er in diesem Land und hatte eine Antwort bekommen: kein Asyl, kein Schutz, Land verlassen, Anwalt nehmen, klagen.

Eine Freundin und ein junger Lehrer – beide ursprünglich aus dem Iran – waren mit ihm in Kontakt und versuchten ihn aufzubauen. Safi ist einfach ein Typ, den man gerne in seiner Nähe hat, er hat diese zurückhaltende Höflichkeit, weiß genau, wann es dem anderen zu viel wird, möchte sein Gegenüber nicht spüren lassen, wenn es ihm schwer ums Herz ist. Es wurde schwerer, nicht leichter, dabei war er doch am Ziel angekommen. Eigentlich kam der deutsche Frühling 2020 mild und frisch daher, aber Corona sorgte dafür, dass direkte menschliche Kontakte reduziert werden sollten. Safi telefonierte mit der Freundin und vertraute sich ihr an. Es gehe ihm nicht gut. Sie versuchte ihn zu beruhigen. «Warum habe ich immer Pech? Ich möchte auch glücklich sein.» Sie redete auf ihn ein. Sprach Gebete ins Telefon. Dann verabschiedeten sie sich. Safi hatte sich selbst schon öfter Schmerz zugefügt und seine Haut aufgeritzt. Kurz nach dem Telefonat versuchte er sich das Leben zu nehmen. Sein Zimmernachbar fand ihn.

Im Krankenhaus wusste niemand, was Safi hinter sich hatte. Wie auch, er sprach kaum ihre Sprache. Er lag jetzt einfach nur da, in dieser Psychiatrie. Die Freundin hatte mich informiert. Am Telefon skizzierte ich dem Stationsarzt, welchen Weg Safi hinter sich hatte, um nach Europa zu gelangen. Er wurde zunächst mit Medikamenten ruhiggestellt. Zwei Tage später besuche ich ihn. Aufschließen, «Bleiben Sie bitte hier stehen», Safi wird gerufen, ich warte und stehe verloren auf diesem Flur, irgendwann kommt hinten im Gang ein blasser Safi auf mich zu. Ich sehe, er kann wieder laufen, er entdeckt mich, wir freuen uns beide, dass er am Leben ist.

«Mir ist damals etwas passiert und deshalb bin ich schon lange depressiv. Das ist immer schlimmer geworden.» Mit «damals», nehme ich an, meint er Afghanistan. Viel mehr reden geht nicht. Safi ist blass, sein Handgelenk ist verbunden, er schaut sich um, wer noch so auf dieser Station ist. So viele Deutsche hat er vermutlich noch nie um sich herum gehabt. Ich versuche, irgendwie zu erklären, dass auch Menschen in Deutschland psychisch krank werden. Öfter als man denkt.

Als ich der Stationsschwester sage, sie möchte mir doch bitte die Tür aufschließen, ich möchte gehen, schaut sie mich zweifelnd an. Ihre Hände versinken in ihrem Kittel. «Wer sagt mir, dass Sie gehen dürfen? Vielleicht sind Sie auch eine Patientin, die abhauen will.» Dann kommt ein Kollege dazu: «Die kann gehen!» Safi steht neben mir. Zum Abschied sagt er wieder fürsorglich und freundlich:

«*Be khodetun moazeb bashid.* Passen Sie auf sich auf.» Dabei muss er auf sich aufpassen.

«Ich komme dich noch mal besuchen.»

«Ich wünsche es mir von Herzen, aber bitte nehmen Sie keine Mühen auf sich.»

Zwei Tage später war er immer noch wortkarg und etwas verwirrt. Dann wurde er entlassen. Es war zu laut auf dieser Station. Zu viele schreiende, kranke Menschen.

Das Verwaltungsgericht sah Safis Fall anders als das BAMF und erkannte ihm Schutz zu. Weil er attestiert und erkennbar psychisch krank war. Mit einer paranoiden Schizophrenie. Er durfte in Deutschland bleiben. Keine Abschiebung, nicht weiterziehen. Er war sehr erleichtert und fragte immer wieder: «Kann ich wirklich bleiben, Khanoom Schayani? Kann ich wirklich bleiben?» Ich dachte, jetzt muss es doch bergauf gehen. Nach dem Sieg der Taliban erzählte er, sein Onkel sei von den Taliban getötet worden. «Hier weißt du, morgens macht der Aldi auf oder du hast einen Termin. Aber da weißt du nicht, ob du am nächsten Tag noch lebst.»

Es gab zahlreiche junge Afghaninnen, die ihm im Netz schöne Augen machten. Safi hatte eine neue Freundin gefunden, die mit ihrer

Familie in Deutschland war. Nach kurzer Zeit verlor sie das Interesse an ihm. «Du bist voll peinlich. Wir schämen uns wegen dir. Du besitzt ja nix!» Dann verließ sie Safi. Von «dem» Mädchen hatte er gehört, dass sie sich vor kurzem verlobt hatte. «Ich sage wohl nachts im Schlaf oft ihren Namen. Einer in meinem Zimmer im Heim hat mich gefragt, wer ist dieser Name, den du nachts immer rufst?»

Dort, in der Asylbewerberunterkunft, teilt er sich das Zimmer mit drei anderen. Bis nachts diskutieren sie, ob die Welt aus den Fugen gerät, ob sie hier sicher sind, ob es Krieg geben könnte. Tagsüber fallen ihm oft die Augen zu, die Psychopharmaka machen ihn ohnehin müde. Er hat sein altes Zimmer räumen müssen für Frauen und Kinder aus der Ukraine «Ich wollte ihnen gerne helfen. Sie tun mir so leid.» Deshalb hat er kein Zimmer mehr für sich allein. «Wenn es in Deutschland Krieg gibt, dann kämpfe ich für Deutschland. Ich lass euch nicht hängen und renne dann einfach weg.»

Ein paar Monate lang ist es gut für Safi gelaufen, denn er hatte über eine Zeitarbeitsfirma in einer Fabrik Arbeit gefunden. Polieren am Ende der Produktionskette. Kürzlich fragte ich, wie es so läuft. «Sie haben mich rausgeworfen. Da war ein Türke, der hatte mich ständig auf dem Kieker. Ich musste immer Papiere ausfüllen, aber ich kann ja nicht schreiben. Der musste meine Arbeit kontrollieren und dann war er sauer: ‹Wir müssen doppelt so viel Zeit in dich investieren.› Der hat mir Stress gemacht. Dann haben sie mich einfach rausgeschmissen. Die Leihfirma wollte, dass ich Müll sortiere. Aber ich wollte das nicht. Ich bin zum Jobcenter gegangen. Und habe gesagt: ‹Ich muss Geld verdienen für mich und meine Familie.› ‹Wenn du kein Deutsch kannst, werden sie dich immer wieder nach ein bis zwei Monaten rauswerfen.›»

Es bleibt mir ein Rätsel, wie ein Mensch diesen langen Weg quer durch die Türkei und Europa überhaupt findet und überlebt, ohne lesen und schreiben zu können. In Bosnien stand über seinem Instagram-Account: «Ein Vogel, der sich vor einer Vogelscheuche fürchtet, stirbt.» Bei seiner Anhörung im Bundesamt für Migration und Flüchtlinge war er nach seiner Schulbildung gefragt worden:

«Welche Schule/Universität haben Sie besucht?»

«Ich habe ein Jahr die Schule besucht.»

«Was war das für eine Schule?»

«Dort habe ich nur das Alphabet und die Zahlen gelernt. Ich konnte am Ende meinen Namen schreiben.»

«Haben Sie noch mehr gelernt?»

«Ich kann meinen Namen, den meiner Mutter und Zahlen schreiben.»

Den Buchstaben, den er sich hatte auf den Arm tätowieren lassen, wird er immer lesen können. Es ist der erste Buchstabe ihres Namens. Es ist ein «V».

Ruhi fliegt von Teheran nach Italien

«Bist du sicher, dass in Deutschland nicht gefoltert wird?», fragte er.

Ich nickte.

Er fragte wieder.

«Ganz sicher? Das kann doch nicht sein.»

Dann setzte er nach: «Aber wenn ich den Kanzler kritisiere, dann kommt doch bestimmt die deutsche Geheimpolizei und nimmt mich mit, oder?» Ich schüttelte mit dem Kopf. Er überlegte, jetzt fragt er bestimmt noch mal, dachte ich. Stattdessen sagte er:

«Was für ein tolles Land!»

Ruhi ist ein unauffälliger Typ. Zierliche Gestalt, Anfang dreißig, Schultern etwas zu weit nach vorne. Optisch der große, schon erwachsene Bruder vom kleinen Nick. Er könnte im Bus oder der Bahn neben einem sitzen, man würde denken, der arbeitet bei der Fahrplanauskunft und hat gerade Schichtende. Dann würde er aufstehen, um auszusteigen, und sich für die Unannehmlichkeiten, die durch seine Bewegung entstanden sind, leise entschuldigen. Man würde es vielleicht überhören. Wenn man gefragt würde: Wer saß denn da gerade nochmal, würde man antworten: «Ach, stimmt. Da saß ja jemand.» So einer ist Ruhi.

Tatsächlich ist er anfangs in Deutschland oft Bus gefahren, auch weil er hoffte, dort mit echten Deutschen, von denen es im Heim keine gab, in Kontakt zu kommen und so irgendwie Deutsch zu lernen. Er grüßte andere Mitreisende und sagte: «Guten Tag.» Einfach so. Meistens erntete er ein Schweigen, manchmal grüßte ihn jemand zurück. Einmal landete er einen Treffer. Es war ein Fahrgast mit Rollator, der seine Kontaktaufnahme erwiderte und mit Ruhi sprach. Doch der verstand nicht, was der ältere Herr sagte. Weil er aber nicht unhöflich sein wollte und froh war, dass endlich jemand mit ihm sprach, lächelte er ihn freundlich an, so als würde er alles verstehen, hörte aufmerksam zu, legte den Kopf ganz leicht zur Seite, um dann das so ziemlich einzige Wort, das er kannte, zu formulieren: «Wirklisch?» Jetzt kam der Mitreisende richtig in Schwung, und nach ein paar weiteren Sätzen wiederholte Ruhi sein Zauberwort. Er lächelte, legte den Kopf wieder schräg und intonierte «Wirklisch?» Der Bus rollte weiter und das Gespräch auch. Der freundliche Gesprächspartner schien keinen Verdacht geschöpft zu haben, dass Ruhi womöglich kaum ein Wort verstanden hatte.

So einer ist Ruhi, höflich bis zur Selbstverleugnung, und er liebt den Kontakt zu Menschen. Um den anderen nicht zu beunruhigen, gibt er immer vor, es gehe ihm gut. Egal, ob Corona oder Krankenhaus, Hauptsache, sein Gegenüber macht sich keine Sorgen, denn das wäre zutiefst unhöflich. Zu seiner iranischen Höflichkeit gehört auch, sich in einer Begegnung verbal klein zu machen. Ganz klein. Eichhörnchengroß. Haselnussgroß. «Ich bin der Schnürsenkel an deinem Schuh, nein, ich bin das Preisschild auf deiner Schuhsohle.» Will sagen: Ich bin ein Nichts im Vergleich zu dir. Wäre er nicht so höflich, würde er nicht so bedingungslos freundlich und bemerkenswert naiv auf jeden Menschen zugehen, dann wäre sein Leben vielleicht anders verlaufen.

Ruhi kommt aus einer mittelgroßen Stadt im Iran mit wenigen hunderttausend Einwohnern. «Da kennt man sich. In unserer Straße wusste jeder alles über jeden. Teheran ist dagegen groß und anonym.»

Wenn er von der Schule erzählt, drängt sich der Eindruck auf: Er muss ein sehr guter Schüler gewesen sein, eine Urkunde zeichnete ihn als hochbegabt aus. Er studierte Mathematik. Seit er achtzehn war, beschäftigte ihn dann eine für sein Leben weitreichende Entscheidung: Eine seiner Tanten und die Nachbarn waren keine Muslime, sondern Bahá'í. Die junge Religion und ihre Gemeinschaft zogen ihn an. Er mochte die Art, wie Bahá'í auf die Welt schauen, und wollte daran mitarbeiten. Sein Leben kam ihm nicht mehr sinnlos vor, und seine Mutter war stolz auf ihn. Mit einundzwanzig entschied er sich, den Islam zu verlassen und Bahá'í zu werden.

Auch wenn es kein Ritual, keine Taufe oder eine formale Prozedur der Aufnahme gibt: Das Bekenntnis zum anderen Glauben ist der bewusste Schritt in die Gefahrenzone der Islamischen Republik. Denn Bahá'í werden im Iran verfolgt. Während schiitische Muslime ihren Glauben gemäß Doktrin verleugnen dürfen, falls sie in Gefahr geraten *(taghiyyeh)*,[1] fühlen sich die Bahá'í der Wahrheit und ihrem Bekenntnis in der Regel verpflichtet. Etliche würden leben oder wieder frei sein, wenn sie im Gefängnis ihren Glauben geleugnet oder ihm abgeschworen hätten.

Ruhi wusste, dass Menschen, die wie er vom Islam «abfallen» und eine neue Religion annehmen, vom Regime besonders hart bestraft werden können. Dass Bahá'í im Iran als unrein gelten und er somit fortan auch. Der Tabubruch war ihm klar. Er kannte bereits einige Menschen, die Berufsverbote hatten, deren Besitz konfisziert worden war, deren Kinder von der Schule geflogen waren, nicht an der Uni studieren durften oder im Gefängnis gelandet waren. Er hatte gesehen, dass Geschäfte von Bahá'í auf einmal von den Behörden geschlossen wurden. Jeder, der im Iran diese Religion annimmt, muss wissen, dass er einen hohen Preis dafür zahlen wird. Ruhi spricht leise, aber klar, wenn er sich erinnert, und dabei schimmert diese persische poetische Art durch, wenn er Dinge des Herzens umschreibt: «Wenn du glaubst, dann glaubst du. Dazwischen gibt es nichts. Da ist kein Grau. Entweder etwas ist wahr oder nicht.»

Ein paar Freunde rieten ihm dringend davon ab, die Religion zu wechseln. Er würde Ärger kriegen und seine Eltern gleich mit. Aber seine Mutter war stolz auf ihn, das erwähnt Ruhi oft. «Sie brachte mich gleich von Anfang an auf Kurs: ‹Dein Glaube ist ja kein Kleidungsstück, das du irgendwann ablegst, wenn es dir nicht mehr gefällt. Wenn man einen Weg geht, muss man auch bereit sein, den Preis zu zahlen. Wenn du etwas wählst, steh ich hinter dir. Aber wehe, wenn du dann wackelst und zauderst. Dann will ich nichts mehr von dir wissen.›» Und seine Mutter stand hinter ihm, ohne zu zögern. Als es sich herumgesprochen hatte, dass Ruhi vom Glauben abgefallen war, stellte eine Nachbarin sie direkt zur Rede: «Warum ist dein Sohn Bahá'í geworden?» Die Mutter entgegnete: «Ja, findest du es besser, wenn er drogenabhängig wird, so wie dein Sohn?» Seine Religion würde eine entscheidende Rolle für seine Zukunft im Iran spielen.

An der Uni machte Ruhi die Bekanntschaft einer Kommilitonin, oder sagen wir, eine Kommilitonin machte die Bekanntschaft mit ihm. Ruhi ist nicht einer, der fern von Selbstzweifeln das andere Geschlecht im Handumdrehen erobert, im Gegenteil. Aber sie kamen ins Gespräch und sich näher. Eines Tages setzte sie ihn von ihrem Wunsch in Kenntnis, dass er ihre Eltern kennenlernen sollte. Er war etwas verwundert, vor allem über das Tempo. Natürlich hatte er über das Elternhaus schon nachgedacht. Denn anders als die anderen Studierenden wurde sie täglich zur Hochschule chauffiert. Und es war kein herkömmliches Auto, in dem sie da saß, man konnte auf dem Nummernschild erkennen, dass es ein Dienstwagen, ein Regimewagen war. Weit oben im System angesiedelt.

Bis zu dem Zeitpunkt, da sie dieses Treffen mit den Eltern plante, hatte er seine Religionszugehörigkeit nicht angesprochen. Das bedeutete ja auch immer ein Risiko. Und sie war offenbar jemand, die als Muslimin ihren Glauben praktizierte und ihn ernst nahm. Was ihm gefiel. Er grübelte, zögerte und wagte es, sich zu öffnen, trotz Nummernschild, trotz ihrer erkennbar regimetreuen Haltung. Ruhi gestand tatsächlich der Tochter eines hohen Funktionärs:

«Ich bin Bahá'í!» Sie reagierte prompt.

«Wie blöd bist du eigentlich?» Es knallte und sie verpasste Ruhi eine Ohrfeige. Ende des Kontakts.

«Das hat mich sehr getroffen. Ich wollte ihr gerne verzeihen, ich wollte sie nicht einfach blöd finde, bestimmt von Vorurteilen. Ich habe ihr sogar noch einen Blumenstrauß gekauft.» Aber da war nichts mehr zu machen. Später, in der Haft, fragte er sich manchmal, ob sie ihn mit ihren verletzten Gefühlen an das Regime ausgeliefert hatte.

In seiner Stadt wurde der Kurs gegen die Bahá'í wieder spürbar und sichtbar robuster. Im ganzen Land kam es, fast wie jedes Jahr, zu weiteren Festnahmen. Er hörte, dass ganze Gruppen von Bahá'í im Gefängnis landeten.

Ruhi promovierte derweil in Teheran, denn er war dort an der Uni zugelassen worden. Man hatte ihn nicht nach seiner Religionszugehörigkeit gefragt.

Sein Handy klingelte immer öfter. Und immer waren es diese Anrufe mit unterdrückter Nummer. So fängt es häufig an. Auch andere erhielten diese Anrufe. Ruhi ging nicht dran. Er hatte Angst.

Eines Abends lief er durch seine Heimatstadt. Es war warm, die Straßen waren leer, die meisten Anwohner unterwegs. «Ich spazierte durch eine der Straßen in der Innenstadt und war auf dem Weg zu meiner Tante. Da stand dieser Peugeot. Das dreckige Spiel fing an. Einer stieg aus, er war vielleicht so alt wie ich und er rief mich laut mit meinem Nachnamen. Ich hatte sofort Angst. Was ist das für ein Land, in dem die Polizei dich ruft und du hast sofort Angst? Ich dachte: Schlägt er dich, was passiert jetzt? Da packte er mich an der Hand, mir wurde kalt. Ich musste in den Peugeot einsteigen.» Ruhi saß nun auf dem Rücksitz, in der Mitte zwischen zwei Männern. Sie drückten seinen Kopf mit Gewalt runter. Er fragte, wer sie seien. Sie fuhren los, Ruhis Zeitgefühl war zu diesem Zeitpunkt fast so exakt wie eine Uhr. Zwanzig Minuten waren sie etwa unterwegs, als der Wagen hielt, sie waren nun im Wald. Die Männer warfen ihn aus dem Auto und schlugen auf ihn ein. «Ich habe sie gefragt, warum sie mich schlagen. Ihre Antwort lautete: ‹Warum hast du unsere Anrufe nicht beantwortet?› Und sie sagten, sie gehörten zum Geheimdienst und ich dürfe die Stadt nicht mehr verlassen. Dann musste ich wieder einsteigen, und in der Stadt haben sie mich freigelassen. Da habe ich mich erst mal auf irgendeine Bank gesetzt, um wieder zu mir zu kommen.»

Wenn Ruhi erzählt, was er erlebt hat, ist es, als setze er sich auf eine Rutsche: Erst beginnt er langsam zu erzählen. Er schaut starr in eine Richtung, als könne er dort diese vergangene Zeit wiedererkennen. Manchmal spricht er dann zusehends schneller, schwitzt, es kann sein, dass er weint, ist seelisch nicht mehr in Deutschland, sondern wieder dort, in dem Wald, in dem Peugeot. Ich wechsele dann das Thema. Mal gelingt es und er findet in die Gegenwart zurück, oft ist die Vergangenheit zu stark und zu schwarz. Wie ein Sack wirft sie sich auf ihn und er verschwindet. Und ich fühle mich schlecht, wenn ich für dieses Buch nach Details frage, um alles möglichst richtig aufzuschreiben, denn es ist, als setze ich ihn da oben auf die Rutsche und er rast allein in den schwarzen Sack.

Die Männer vom Geheimdienst fuhren ihn an diesem Abend zurück in die Stadt und ließen ihn laufen. Seinen Eltern erzählte er an diesem Abend nichts, um sie nicht zu beunruhigen. Nach einigen Tagen erhielt er wieder Anrufe mit unterdrückter Nummer. Er wusste sofort, dass es der Geheimdienst war. Was sollte er machen? Sie hatten ihn geschlagen, weil er bislang nicht abgehoben hatte. Wenn er jetzt antwortete, würde er in das dreckige Spiel einsteigen. Er hob ab.

Bahá'í im Iran

Welcher Religion schloss sich Ruhi da an? Ein paar Fakten, die für das weitere Verständnis hilfreich sein können und auch zeigen, was ihn erwarten würde. Die Religion der Bahá'í ist ihrem Selbstverständnis nach die jüngste Weltreligion. Bahá'í sehen sich als Weltbürger, sind gewaltlos und zitieren gerne gleich zu Beginn von Gesprächen: «Die Erde ist nur ein Land und alle Menschen sind seine Bürger.»[2] Sie haben die Überzeugung, dass man neben der Ausübung religiöser Pflichten auch sozial aktiv sein sollte. Zentrale Lehre ist, dass es nur einen Gott gibt und ein Leben nach dem Tod und dass ein tugendhaftes Verhalten zur Besserung der Welt und zur persönlichen Entwicklung der Menschen beiträgt. Sollte Religion zu Streit führen, heißt es, wäre es besser, keine zu haben.[3] Sie haben eigene heilige Schriften, in denen beispielsweise zu lesen ist, dass Mann und Frau gleichwertig sind und es keinen Klerus gibt. Aus Sicht der schiitischen Orthodoxie sind Bahá'í vom Islam abgefallen. Denn immerhin erkennen sie ja Muhammad als Gottesgesandten an. Aber eben nicht als den letzten, ihm folgt Bahāʾullāh. Und wer den Islam verlässt, wird der Apostasie bezichtigt. Die meisten sunnitischen Rechtsschulen und schiitischen Rechtsgelehrten sehen für Apostasie die Hinrichtung als angemessene Strafe vor.[4]

Begründet wurde die Religion von Bahāʾullāh (ein Ehrentitel, arab. «Herrlichkeit Gottes», 1817–1892), seine Anhänger werden als Bahá'í bezeichnet. Wegen seiner Überzeugungen wurde der Religionsstifter inhaftiert und bald danach aus dem Land verbannt. In Palästina, das zum Osmanischen Reich gehörte, wurde er in der damaligen Gefängnisstadt Akka (Akko) festgesetzt und musste bis zu seinem Lebensende dortbleiben. Da den Bahá'í über einhundert Jahre später vom schiitischen Klerus und der iranischen Justiz immer wieder vorgeworfen wird, sie seien Spione Israels, ist es wichtig zu wissen: Bahā'ullāh lebte von 1868 bis zu seinem Tode 1892 in Palästina und wurde dort begraben. Der Staat Israel wurde erst viel später, 1948, gegründet. Doch iranische Gerichte und Kleriker interessiert nicht im Geringsten, dass die Bahá'í wegen der Politik des Osmanischen Reiches mit Israel verbunden sind.

Aus Sicht des iranischen Staates – also der Orthodoxie, Geheimdienste und Justiz – stellen die Bahá'í in mehrerlei Hinsicht eine Provokation dar. Erstens: Gemäß der Staatsdoktrin der Islamischen Republik herrscht die Geistlichkeit stellvertretend für den Mahdi, den erwarteten zwölften Imam, das heißt quasi Mullahs statt Messias. Die Bahá'í indes glauben, dieser Mahdi sei längst erschienen. Zweitens: Der Abfall vom Islam trifft Menschen wie Ruhi doppelt hart, weil sie als Muslime geboren wurden und sich dann einem anderen Glauben zuwenden. Drittens: Das religiös-historische und administrative Zentrum befindet sich in Israel. Viertens: Ihre kosmopolitische Grundhaltung gilt dem Regime als uniranisch.[5] Fünftens: Die Bahá'í haben keine Priester, keinen Klerus. Gäbe es mehr Bahá'í im Iran, wären die Mullahs womöglich ihren Job los.

In den ersten Jahren der islamischen Revolution 1979 wurden etwa zweihundert Bahá'í hingerichtet, Hunderte inhaftiert. Das führte zu internationaler Kritik. Danach verfolgte das Regime die Bahá'í weniger sichtbar, eher leise, aber systematisch. In Artikel 13 der iranischen Verfassung werden sie nicht als anerkannte religiöse Minderheit, wie Christen, Juden oder Zoroastrier, erwähnt und geschützt. In die Wirklichkeit übersetzt bedeutet das: Kinder fliegen von der Schule und dürfen nicht in Sportvereine, weil sie als unrein gelten. Jugendliche werden nicht zum Studium zugelassen. Land wird konfisziert, Besitz enteignet. Friedhöfe und Gräber werden geschändet. Viele Berufe sind für die Bahá'í tabu. Und vor Gericht sind sie oft schutzlos, wer einen Bahá'í tötet, geht in der Regel straffrei aus. Weil Bahá'í nicht studieren dürfen, haben sie eine Art Fernuniversität in den Wohnzimmern organisiert. Auch das gilt als strafbar. Gruppenweise landen sie in Gefängnissen, darunter oft junge Leute.[6] Die Vorwürfe lauten: Spionage für Israel und auch «Beeinträchtigung der nationalen Sicherheit». Auch bei den Protesten im Sommer und Herbst 2022 kam es innerhalb der ersten Wochen prompt zu Beschlagnahmungen, Hausdurchsuchungen und zu dreihundert Inhaftierungen, Menschen verschwanden einfach.[7] Das Auswärtige Amt beschreibt die Situation der Bahá'í im Iran in seinem Lagebericht 2020: «Etwa 300 000 Bahá'í sind wirtschaftlicher, politischer und gesellschaftlicher Diskriminierung ausgesetzt. Damit stellen sie derzeit die am stärksten in ihren Rechten eingeschränkte Minderheit im Iran dar.»[8]

Es wäre allerdings ein unvollständiges Bild, wenn man nicht erwähnte, dass es auch viel Sympathie aus der Bevölkerung gibt. Schließlich beobachtet diese seit Jahrzehnten, welche Ungerechtigkeit die andersgläubigen Mitmenschen gleich nebenan erleben, obwohl sie gewaltfrei sind und die Regierung nicht attackieren. Das Regime indes leugnet das mit stoischer Hartnäckigkeit. Ende September 2014 konnte ich das selbst erfahren. Am Rande der UN-Generalversammlung in New York fand die jährliche Pressekonferenz des iranischen Präsidenten statt. Ich hatte mich angemeldet, musste vorher aufschreiben, was ich fragen wollte. Etwa achtzig bis hundert Journalist:innen waren im Raum. *New York Times,* CNN, BBC, die Augen und Ohren der Weltöffentlichkeit. Präsident Hassan Rohani betrat den Saal, etwa zwei Dutzend Kameraleute drückten auf «Record», und kurz danach rief der Pressesprecher mich auf: «Isabel Schayani, German Television, your question, please!» Ich las die Frage vom Zettel ab, um keinen Fehler zu machen, und war sehr nervös: «Herr Präsident, Sie haben bei Ihrer Rede vor der UN-Generalversammlung den Fortschritt und die Offenheit ihrer Gesellschaft dargestellt. Wie passt es da zusammen, dass Sie Gruppen wie die Bahá'í diskriminieren und inhaftieren?» In gewähltem Persisch antwortete der Präsident, wie ich denn darauf komme, das stimme gar nicht! Würde ich in den Iran kommen, könnte ich mich davon überzeugen, dass alles in bester Ordnung sei. Antworten dieser Art erhalten Politiker und Journalist:innen häufig, wenn sie iranische Diplomaten oder Regierungsvertreter auf diverse Menschenrechtsverletzungen im Iran ansprechen. Die Berichte von UN-Sonderberichterstattern und Menschenrechtsorganisationen stellen eine andere Wirklichkeit dar. Der Iran vollstreckt nach China weltweit die meisten Todesurteile.[9] Doch leugnen, lügen, tricksen und täuschen gehören zum Standardrepertoire hoher Vertreter der Islamischen Republik Iran.

Oft fragte ich mich, selbst Bahá'í und Journalistin, warum Iran-Korrespondent:innen so gut wie nie über die systematische Verfolgung der Bahá'í aus dem Land berichteten. Welche Art von Tabubruch dies bedeutet, wurde mir im Gespräch mit mehreren Iran-Korrespondent:innen klar. Die Bahá'í seien eine rote Linie, antworteten mir mehrere. Wer über sie berichte, überschreite sie. Man bringe nicht nur sich, sondern auch Mitarbeiterinnen und Mitarbeiter in große Gefahr.

Ethnische Minderheiten, Menschen, die politisch anders denken, demonstrieren, zu Hause vor der Kamera tanzen oder einfach nur das Kopftuch in der Öffentlichkeit ablegen, verschwinden seit Langem zu Tausenden in Gefängnissen. Doch dann wurde Jina Mahsa Amini getötet. Die sogenannte Sittenpolizei nahm die junge Frau am 13. September 2022 in Teheran mit. Ihr Kopftuch saß angeblich nicht so, wie es die staatlichen Vorschriften vorschreiben. Sie wurde erwiesenermaßen so schwer geschlagen, dass sie drei Tage später an den Folgen starb. Sofort brachen Proteste aus. Erst in Teheran und ihrer kurdischen Heimat, später im ganzen Land. Der Iran war nicht mehr derselbe. Wie fast alle Menschen im Iran zog auch Ruhi in sein Handy um.

In den folgenden dramatischen Monaten wurde sehr deutlich: Man kann den Umgang der iranischen Regierung mit den Bahá'í nicht losgelöst davon sehen, wie sie mit anderen Minderheiten oder mit Menschen umgeht, die es wagen, Kritik an der Regierung zu äußern, und sei es nur, wenn sie einen Post im Netz teilen. Das System hat längst ausgedient. 81 Prozent der Iraner:innen sagen «Nein» zum Regime, ist das Ergebnis einer großen Umfrage, die von in den Niederlanden lebenden Iraner:innen geführt worden war.[10] Die Werkzeuge der Macht waren und sind dieselben. Hier regiert ein Revolutionsführer mit einem Macht-

und Unterdrückungsapparat, der im Zweifel Härte und rohe Gewalt einsetzt in menschenverachtenden Formen, wenn es darum geht, die eigene Macht zu sichern. Für Ruhi nichts Neues. Für Iranerinnen und Iraner auch nicht. Aber die Weltöffentlichkeit konnte es im Herbst 2022 sehen. Menschen im Iran schickten Handyvideos in die Welt, Bilder von ungeschönter Wahrheit. Und das, obwohl das Netz stark runtergefahren war. Black Box Iran. So wie jedem, der festgenommen wird, die Augen verbunden werden – auch Ruhi –, so fuhr die Regierung das Netz runter, damit die Menschen sich nicht zu Protesten organisieren und keine Bilder in die Welt schicken konnten. Der Protest ging quer durch die Gesellschaft und ihre Minderheiten: Schülerinnen und Studierende, Journalist:innen, Kunstschaffende, Balutschen, Kurden, Sunniten und Bahá'í. Sie waren in ihrer Kritik an diesem Regime vereint. Einen Vorgeschmack von dem, wie sie mit den Demonstrierenden in den überfüllten Gefängnissen umgingen, sollte Ruhi erleben.

Er hatte abgehoben und hörte eine Stimme. «Ich sollte jetzt zu ihnen kommen und mich melden, wenn ich da bin. Ich hab auf die Uhr geschaut. Es war halb sieben am Abend. Bald wurde es dunkel. Ich bin sofort losgegangen.» Etwa ein Jahr später gab Ruhi bei der Anhörung beim Bundesamt für Migration und Flüchtlinge, der zentralen deutschen Asylbehörde, die er für vertrauensvoll hielt, so genau er konnte zu Protokoll, was nach dem Anruf passierte. Diese Anhörung gilt als die Beweisgrundlage, ob ein Mensch Schutz bekommt oder nicht. Eine Art Wahrheitskommission.

«Ich bin dort hin und habe mich gemeldet. Als ich hineingehen wollte, kam mir ein Mann entgegen und nannte meinen Namen. Wir sind dann in ein Auto gestiegen, ich saß in der Mitte. Ich sollte meine Brille absetzen. Dann hat man mir die Augen verbunden und den Kopf nach unten gedrückt. Mit einem Kabelbinder haben sie mir die Hände gefesselt, dann sind wir losgefahren. Ich habe das Öffnen eines Tores gehört. Ich wurde in ein Gebäude geführt und man hat meine Hände wieder frei gemacht. Ich sollte meine Jacke ausziehen und die haben meine Hemdknöpfe aufgemacht. Sie haben mir meinen Gürtel ausgezogen. Ich sollte meine Taschen leeren. Sie haben mich durchsucht, ich sollte meine Schuhe und meine Socken ausziehen. Ich wurde in einen Keller gebracht. Der Boden war nass. Sie haben mich eingesperrt, und obwohl meine Hände frei waren, hatte ich Angst, die Binde von meinen Augen zu entfernen.»

Was er dann hinter den Mauern erlebt hat, erzählt er in Bruchstücken. Manche Situationen erzählt er immer und immer wieder. Andere gar nicht. Auch für mich ist es nicht ganz leicht, das anzuhören, und vermutlich kostet auch das Lesen Kraft. Deshalb werde ich das, was Ruhi erlebt und überlebt hat, dosiert aufschreiben. Manche Dinge kann ich nicht nachfragen, weil ihn das auf die Rutsche setzt.

Schnitt.

Ein paar Wochen später. Ein Auto fuhr in den Wald in der Gegend von Ruhis Stadt, hielt an, die Wagentür öffnete sich, Männer warfen einen Menschen aus dem Wagen. Wie Sperrmüll. Dieser Mensch war Ruhi. «Ich dachte, ich würde sterben. Sie haben mich einfach irgendwo hingeworfen. Ich wusste nicht mehr, wer ich war.» Wie sollte er das wissen – sie hatten versucht zu zerstören, was man Persönlichkeit nennt. Es klingt beinahe surreal, wenn man solche Beschreibungen als westliches, in Deutschland sozialisiertes Kind des Friedens und des Rechtsstaates liest, und so real, wenn man Iranerinnen und Iranern zuhört, die den Betriebskeller einer Autokratie erleben mussten.

Wörter wie «Folter», «Vergewaltigung», «erzwungene Geständnisse» und «Willkür» liest und hört man hierzulande in Rundmails von Menschenrechtsorganisationen, in der Zeitung oder von Menschen, die auf Demonstrationen Worte rufen, deren Wirklichkeit sie unter Umständen gar nicht kennen. Für Ruhi sind sie Teil seines Lebens geworden. Jetzt lag er da im Wald. Seine Kraft langte, um sich aufzurichten und diesen Ort im Nirgendwo zu verlassen. Bis er es schaffte, einen kleinen Laden zu erreichen, einen Tante-Emma- oder Onkel-Hassan-Laden – das war sein erster Kontakt zu Menschen außerhalb der Haft. Er traute sich hineinzugehen, und wollte Zigaretten kaufen, etwas Vertrautes. Der Ladenbesitzer blickte ihn an. Richtig sicher, ob das nun Traum oder Wirklichkeit war, war Ruhi nicht. Und dann hörte er sich verwundert den Ladenbesitzer diese Frage stellen: «‹Wer bin ich?› Ich habe den Mann nicht gefragt: ‹Wo bin ich?› Ich habe ihn gefragt: ‹Wer bin ich?› Verstehst du? Das ist systematische Folter. Du bist kein Mensch mehr.»

Der Orientierungssinn funktionierte nicht mehr, er konnte nicht erkennen, wo er war. Wie auch, den Inhaftierten verbinden sie immer die Augen. Dabei war er hier aufgewachsen, natürlich kannte er die Gegend. Doch so sehr er sich anstrengte und konzentrierte, er konnte nichts Bekanntes ausmachen. Die Häuser, die Straßen – alles sah fremd aus.

Seine Eltern hatten wochenlang überall nach ihm gesucht. Schließlich stand ihr Sohn, dieser große, erwachsene, kleine Nick, Brillenträger, leicht nach vorne gebeugt, wieder vor ihnen. Was er erlebt hatte, schluckte er runter und blieb stumm. Statt zu sprechen wurde er «krank», wie er es umschreibt. Ein paar Tage blieb er bei den Eltern, ehe er irgendwie versuchte, wieder in das Leben zurückzufinden. Sonst hätte das System gewonnen. Also fuhr er nach Hause, um an seiner Doktorarbeit weiterzuschreiben. Er versuchte so zu tun, als sei nichts passiert. Manchen gelang es nach der Haft, durch die kleine Tür zurück in den Alltag zu treten. Aber viele können diese Tür nicht mehr öffnen.

Einen Zahn hatten sie ihm ausgeschlagen und er hatte Verletzungen. Aber was war das für eine Krankheit, die seinen Kopf so zersetzte, dass er nicht mehr wusste, wer er war? Er brauchte Hilfe. Eines Tages verließ er seine kleine Wohnung und ging zum Arzt. Der Geheimdienst musste ihn weiter observiert haben. Denn kaum in der Praxis angekommen, rief ihn ein Freund an: «Sie sind in deine Wohnung eingebrochen, gleich mehrere Personen, haben sie durchsucht und deinen Laptop und Bücher mitgenommen. Und sie haben eine Nachricht hinterlassen: Du sollst dich beim Geheimdienst melden.»

Im Stall von Agha Jakubi

Seit sie Ruhi inhaftiert hatten, war die panische Angst, sie könnten ihn wieder festnehmen, sein engster Begleiter geworden. Nach der Hausdurchsuchung wusste er, dass die Angst begründet war. So schnell wie möglich musste er sich verstecken, damit sie ihn nicht finden konnten. Er musste weg. An das Ausland, geschweige denn an Deutschland, dachte Ruhi da noch nicht.

Jemand kannte jemanden, der kannte Agha Jakubi. Er lebte auf dem Land und war bereit, Ruhi für eine Zeit zu verstecken, bis klar sein würde, was mit ihm passierte. Er wusste auch, dass Ruhi Bahá'í war, und Ruhi hatte verstanden, dass Herr Jakubi kein Bahá'í war. Trotzdem riskierte dieser fremde Familienvater alles, um den Doktoranden in einer Hütte zu verstecken, die er sonst für seine Landwirtschaft brauchte, wo er Tierfutter lagerte, auch manche seiner Tiere unterbrachte. In einer Ecke des Verschlags hockte, saß, lag und schlief nun Ruhi.

Einmal am Tag schaute Herr Jakubi vorbei und brachte Ruhi etwas zu essen. Sie sprachen kein Wort miteinander. Ruhi hörte auf sich zu waschen, geschweige denn, das Geschirr oder die Teetasse zu reinigen, aus der er trank. Er lag meist einfach in der Ecke dieser Hütte und starrte nach oben. Draußen wurde es hell, es wurde dunkel, die Tage vergingen, er starrte an die Decke. In seinem Gesicht wuchs ein struppiger Bart. Ruhi wusste, in welche Gefahr sich Agha Jakubi begab, um ihn zu beschützen. Aber jedes Mal, wenn er sich bei ihm bedanken wollte, kam kein einziges Wort aus ihm heraus. Nichts. Stattdessen flossen Tränen aus seinen Augen. An einem Tag brachte Herr Jakubi einen Rasierapparat mit.

«Er begann meinen Bart zu rasieren. Selbst das hat er für mich gemacht. Er hat mir nicht nur Essen und Trinken gebracht, er hat mich auch noch gepflegt. Während er den Apparat an meinen Bart hielt, war ich so tief gerührt, dass ich nur weinte. Ich war ihm so dankbar, dass er sich um mich kümmerte. Herr Jakubi rasierte mich weiter und ich sah, dass auch er weinte. Er rasierte meinen Bart, und wir weinten beide.»

Wochen vergingen. Agha Jakubi, der Muslim, versteckte Ruhi, den Bahá'í. Es gibt sie, die Solidarität und Unterstützung von muslimischen Iranern für diese Mitbürger, die einen anderen Glauben haben. Manche sagen sogar, der Respekt vor diesen Andersgläubigen sei über die Jahre gewachsen.

Während Ruhi in der Hütte abgetaucht war, entschied seine Familie, dass er aus dem Land fliehen müsse. Er selbst war gar nicht in der Lage, irgendwelche Entscheidungen zu treffen. Bis dahin war ihm nicht in den Sinn gekommen, seine Heimat zu verlassen: Weder hatte er extra eine fremde Sprache gelernt noch Kontakte aufgebaut, geschweige denn Geld gespart. Immer wieder hörte er von anderen Bahá'í, die die Haft hinter sich hatten, enteignet worden waren, um ihre Kinder fürchteten, weggehen wollten. Die Optionen «Almaan» oder «Inglestan» (Großbritannien) oder «Kanada» schwirrten wie das Versprechen eines sicheren und fairen Lebens immer mit. Und dann auf einmal brachen sie auf. Manche schafften es vor ihrer Flucht noch, ihre Möbel, die Waschmaschine und die Spülmaschine zu verkaufen. Und dann waren sie weg.

Ruhis Platz war der Iran! Nirgends sonst in der Welt wollte er sein. Er liebte die spontanen Ausflüge und die Nähe zu seinen Eltern. Er beherrschte die Höflichkeitsrituale besser als seine Erfinder und kam im Handumdrehen mit jedem ins Gespräch. Außerdem saß er an seiner Promotion. Was, bitte schön, sollte er im Ausland?

Kleine Visakunde

Doch dann ging alles ganz schnell. Die Familie hatte für ihn entschieden und organisiert. Er hatte gar nicht die Kraft dazu. Am Flughafen sah er seinen Vater ein letztes Mal. Zwei Gepäckstücke drückte er seinem Sohn für das neue Leben in die Hand, mit Kleidung und etwas Geld. Die Eltern hatten, während Ruhi sich in der Hütte versteckt hatte, in kürzester Zeit alles in Bewegung gesetzt, um ihn in die EU zu schicken. Je schneller er das Land verlassen würde, desto besser. Er hatte die Eintrittskarte für das freie, gerechte Europa in der Tasche, ein Schengen-Visum für Italien. Seine Familie wollte, dass er in Deutschland Schutz fände.

Jetzt müsste eigentlich eine detaillierte Schilderung folgen, von welchem Himmel dieses Schengen-Visum auf einmal heruntergeflattert war. Wir als Europäer tippen «Visum» bei Google ein, «USA», «Indien», «Südafrika», organisieren es selbst oder lassen es von einem Visa-Dienstleister regeln, etwas PayPal, Datenfragerei und Generve, aber normalerweise bekommt man am Ende sein Visum. Für eine Reise in eine exotische Welt oder einen längeren Auslandsaufenthalt. Meist mit Rückkehr.

Andersherum stellt sich diese Reise- und Bewegungsfreiheit komplizierter dar. Denn da bitten Menschen um Einreise, die nicht einfach zurückreisen können, die für mehrere Jahre, für immer bleiben wollen. Natürlich ging es im Fall von Ruhi um ein Asylgesuch. Aber das kann man nur in Deutschland stellen, und da muss man erst mal hingelangen. Legale Einreise bedeutet: Visum. Jede und jeder, der schon mal mit Visa (Besuchsvisa, Familienzusammenführung, Studierendenvisa) für Menschen aus Ländern wie dem Iran, Afghanistan, Libanon etc. zu tun hatte, weiß, dass man da nicht mal eben einen Termin bei der deutschen Botschaft erhält, um dann vorzutragen: Ich werde verfolgt, war im Gefängnis, werde weiter bedroht, gehöre zu einer Minderheit, ich erfülle die Kriterien der Genfer Flüchtlingskonvention, könnten Sie mir bitte ein humanitäres Visum ausstellen, damit ich mir ein Flugticket kaufen und legal in die Bundesrepublik Deutschland einreisen kann? Dort würde ich gerne sofort um Asyl bitten.

So läuft es aber nicht. Alles das geht nur auf deutschem Boden.

Oft hört man: Warum kommen die denn illegal? Sollen sie doch legal einreisen. Was würde in diesem Fall «legal» bedeuten? Ein kleiner Blick auf die Aufenthaltszwecke, für die nach dem deutschen Aufenthaltsgesetz ein Visum ausgestellt werden kann: Ausbildung, Erwerbstätigkeit, völkerrechtliche, humanitäre oder politische Gründe, familiäre Gründe beziehungsweise Familienzusammenführung, besondere Aufenthaltsrechte.[11]

«Humanitäre Gründe» wäre die Kategorie, die bei Ruhi in Frage kommt. Realistisch? Nein! Iranische Staatsbürger wurden 2019 und 2020 genau null Mal aus humanitären Gründen aufgenommen. *Zero.*[12]

Ruhi und seine Familie standen unter Zeitdruck, denn der Geheimdienst hatte ihn erneut in Teheran gesucht. Er selbst war gar nicht in der Lage zu handeln. Also nahmen die Angehörigen Kontakt zu Schleppern auf, die sich im Iran gerne als «Reisebegleiter» bezeichnen. Klingt eleganter. Wenn man sie anruft, sagt man, von wem man die Nummer hat. Sollte es Probleme geben, bekommt dieser Gewährsmann Ärger. Da Ruhis Umfeld immer noch im Iran lebt und seine Schlepper es vermutlich wenig erfreulich fänden, dass er Infos über sie weitergegeben hat, die dann in diesem Buch zugänglich sind, kann ich nicht genauer schildern, wie er an die Papiere kam. Nicht dass die Schlepper im Iran dann mal «vorbeischauen». Ruhi bekam jedenfalls ein touristisches Schengen-Visum für die EU.

An dieser Stelle ist der richtige Zeitpunkt, Ruhi zu fragen: Was wusste er über dieses Land? Warum Deutschland? War ihm klar, dass er hier um Asyl bitten würde, hatte er irgendetwas über das Asylverfahren gehört und warum flog er erst in ein anderes Schengen-Land? War der Begriff «Dublin-Regeln» nie gefallen?

Kopfschütteln. Verwunderung. Nachdenken. Kopfschütteln.

«Ich wollte nie kommen. Bis zum letzten Tag nicht. Ich hatte die Kraft nicht, eine Entscheidung zu treffen. Ich wusste, ich muss weit weg, um das alles vergessen zu können. Ein Freund sagte: ‹Ich sehe, wie schlecht es dir geht. Entweder du gehst oder du bringst dich um.› Er bat mich zu gehen und schlug dann Deutschland vor. Er sagte zu mir: ‹Ich kenne jemandem, der jemanden kennt und den habe ich dort schon angerufen. Bei dem kannst du dich melden, wenn du da angekommen bist.› Meine Cousine in Kanada hatte mir noch das Argument ans Herz gelegt: Deutschland sei gut, denn sie würden mich sicherlich nicht an den Iran ausliefern. Das war meine größte Angst: Ich komme irgendwo an, und dann schicken sie mich zurück in den Iran und übergeben mich direkt dem Geheimdienst. Ich flog los mit dem Ziel Deutschland. Und ich wusste nichts. Meine erste Station in der EU war der Transit-Bereich eines italienischen Flughafens. Dort habe ich schnurstracks das Gate gesucht, um möglichst schnell aus Italien wieder wegzukommen. Ich sah sofort: Diese Italiener sind wie die Iraner! Geordnetes Schlangestehen kennen sie nicht. Sie drängeln dich zur Seite und sagen: ‹Ej, Giorgio, mein Cousin muss hier noch stehen, geh mal zur Seite!›

Ich dachte die ganze Zeit nur: ‹Wie komm ich am schnellsten in den Flieger? Denn die Italiener werden dich ruck, zuck in den Iran abschieben.› Ich wollte da sofort wieder weg. Als ich dann in Deutschland ankam – es war ein Wochenende – merkte ich gleich: Deutschland ist ganz anders! Deutschland ist nicht mehr Iran. Alles war ordentlich. Ich hatte den Eindruck, dass alle Bier getrunken hatten und gut drauf waren. Sie waren so nett und gesprächig.»

Wenn er ab jetzt von Deutschland schwärmt, klingt es beinahe, als würde er ein Gedicht über seine Liebste vortragen. Statt vom Wunder der Liebe ist er beseelt vom Wunder, dass er am Leben ist.

«Deutschland hat Dinge, die gibt es sonst nirgends. Wenn sie dich nicht mögen, sagen sie es dir direkt ins Gesicht. Sie sagen nicht wie die Iraner ‹mein Liebster› und ‹mein Herzchen›, wenn sie es gar nicht so meinen. Du wachst in diesem Deutschland morgens auf, gehst raus und denkst, es ist ein Paradies. Alles ist so herrlich grün und großzügig. Wenn einer dich herabsetzt und ruft: ‹Ausländer!›, dann kannst du sicher sein, dass die anderen ihm keinen Beifall klatschen. Dieses Deutschland! Dieses Deutschland ist nicht ganz das Paradies, aber ziemlich dicht dran.»

Ruhi trug den großen Rucksack auf dem Rücken, den anderen hielt er fest, und so tat er die ersten Schritte durch eine deutsche Großstadt, in der jemand leben sollte, der jemanden kannte, der seinen Freund im Iran kannte. Für den deutschen Winter war er vorbereitet, im Rucksack waren warme Sachen, ein Pulli, Mütze und Handschuhe und zwei Jacken (eine würde er im Lager kurze Zeit später direkt jemandem schenken, der keine hatte). Während er zum ersten Mal in seinem Leben durch dieses Deutschland lief, hielt er Ausschau nach einem Polizisten, schließlich wollte er um Asyl bitten. Ein paarmal hielt er an und fragte Passanten in persischem Englisch: «Where is police?» Doch keine deutschen Sicherheitskräfte waren zu sehen.

Die Straßen waren fremd und neu, und schnell wusste er nicht mehr so richtig, wo er war. Die Dunkelheit machte es ihm nicht leichter. Von Weitem konnte er eine Schlägerei erkennen, und in deren Nähe standen Polizisten. Die Beamten waren zwar beschäftigt, aber Ruhi ging erleichtert auf sie zu und fasste seine wesentliche Botschaft in drei Worten zusammen: «I am refugee.» Der eine Polizist antwortete und das Wort «Asyl» fiel. Ruhi verstand zwar nicht, was der Beamte gesagt hatte, nahm aber an, es würde schon richtig sein. Also reagierte er mit einem freundlichen: «Yes, yes!»

Sie nahmen ihn gleich mit auf die Wache, und er wurde erkennungsdienstlich behandelt: Foto, Fingerabdrücke, Größe, Gewicht, Augenfarbe. Ruhis Daten wurden ins System eingepflegt und wahrscheinlich auch in die EURODAC-Datei, in der die Fingerabdruckdaten von Asylbewerbern in der EU gesammelt werden sollen. Dann führte ihn ein großgewachsener deutscher Polizist in einen anderen Raum. Sie sperrten ihn in eine Zelle.

Eine Mischung aus Sorge und Panik ergriff ihn da. Warum hatten ihn diese deutschen Menschen eingesperrt? Vor Haft und Verfolgung war er doch geflohen. Es ratterte in seinem Kopf. Wie komme ich hier wieder raus? Dann hatte er einen verwegenen, man könnte auch sagen, einen originellen Plan, um diese Form der Unfreiheit zu beenden. Kategorie: Der kleine Nick schlägt zurück. Er klopfte gegen die Zellentür. Der große Polizist erschien. In der Erinnerung schätzt Ruhi, dass dieser Mann ungefähr doppelt so groß war wie er. Also etwa drei Meter zwanzig. Ruhi hatte den festen Plan, dem Riesen etwas auf Deutsch zu sagen. Den einzigen deutschen Satz, den er kannte. Auch wenn er nicht genau wusste, was er bedeutete und auslöste. Egal, dachte er, ich setze alles auf eine Karte.

Ruhi schaute zu ihm hoch und sprach dann schnell, aber vollständig den deutschen Satz: «Isch liebe disch.» Der große deutsche Polizist schaute nach unten zu dem kleinen Refugee. Er hatte den Satz genau gehört. Seine Reaktion war eine deutliche Anweisung: «Noch mal!» «Dann holte er mich aus meiner Zelle heraus und brachte mich in den großen Aufenthaltsraum, wo sich seine anderen Kollegen aufhielten. ‹Noch mal!›, befahl er mir. Ich saß umringt von Polizisten, die guckten mich an und alle warteten auf meinen Satz, dann habe ich ihn eben immer wieder gesagt: ‹Isch liebe disch›. Der große Polizist konnte sich nicht mehr halten. Der fiel vor lauter Lachen fast vom Stuhl. Und immer wieder fing er an zu lachen. Ich finde die deutschen Polizisten sehr lieb.»

Aus der Zelle war er jedenfalls raus. Langsam, ganz sanft, empfand er so etwas wie Erleichterung, dass er nicht mehr im Iran war. Kurze Zeit später saß er im Bus und wurde zu einem Erstaufnahmelager gebracht. Als er den anderen Autofahrern offen ins Gesicht blicken konnte und ihm dabei bewusst wurde, dass er keine Augenbinde mehr tragen musste wie im iranischen Gefängnis, streckte er seinen Daumen nach oben. *Thumbs up.*

Nun sollte Ruhi Deutschland kennenlernen, denn wie alle Personen, die in Deutschland um Asyl bitten, wurde er verteilt.

Verteilung von Asylsuchenden

Grob kann man den Verteilmechanismus so skizzieren: Es ist völlig egal, wo man ankommt, die Wahrscheinlichkeit, dass man dort bleiben darf, ist gering. Man kann sich das Bundesland nicht aussuchen, in dem man während des Asylverfahrens lebt. Sonst würden vermutlich viele gerne nach Nordrhein-Westfalen kommen, denn es hat den Ruf, dass viele Migranten in dem Bundesland leben und man schneller Fuß fassen kann. Viele würden auch zuerst die Hauptstadt Berlin anpeilen: ist berühmt, ist groß, klingt wichtig. Berlin wäre dann natürlich komplett überbelegt. Ganz gleich also, wo man um Asyl bittet, man wird im ganzen Bundesgebiet verteilt. Und dort muss man dann bleiben, selbst wenn Angehörige mit Platz zum Wohnen in einem anderen Bundesland leben.

Diese Verteilung hängt von zwei Kriterien ab, dem EASY-System und dem Königsteiner Schlüssel.

EASY steht für «Erstverteilung von Asylbegehrenden». Die Außenstellen des Bundesamtes für Migration und Flüchtlinge, die das Asylverfahren durchführen und darüber entscheiden, haben Länderschwerpunkte. Über die Asylgesuche von Menschen aus dem Iran entscheiden unter anderem diese BAMF-Außenstellen: Bamberg, Berlin, Bochum, Bramsche, Bremen, Chemnitz, Dresden, Eisenhüttenstadt, Gießen, Hamburg, Karlsruhe, Lebach (Saarland), Nostorf Horst (Mecklenburg-Vorpommern), Speyer, Trier. Afghan:innen werden fast in allen Außenstellen geprüft, Äthiopier:innen dagegen, eine kleinere Gruppe, eine Zeit lang nur in Regensburg, Leipzig und Gießen, indes gar nicht in NRW oder Baden-Württemberg. Alles sortiert und geplant.[13] EASY ist also die fachliche Zuständigkeit.

Der zweite Faktor ist der Königsteiner Schlüssel. Bei einem Hotel würde man sagen: die Zimmerauslastung. Rein technokratisch betrachtet, ist das ein Schema, das Lasten zwischen Bund und Ländern gerecht verteilt. Er gilt für einige Bereiche und eben auch für die Verteilung von Asylsuchenden. Entscheidende Kriterien des Königsteiner Schlüssels bilden dabei die Einwohnerzahl und das Steueraufkommen. Jährlich berechnet das Büro der Gemeinsamen Wissenschaftskonferenz, welches Land welchen Prozentsatz von Asylsuchenden aufnehmen muss. Den höchsten Anteil hat Nordrhein-Westfalen (etwa 21 Prozent), weil es die meisten Einwohner hat, den geringsten die Freie und Hansestadt Bremen (0,9 Prozent).

Was überaus nüchtern klingt, entscheidet am Ende auch über den Verlauf von Biografien fremder Menschen, die um Asyl bitten. Natürlich macht es einen Unterschied, ob man nach Köln oder Wutha-Farnroda geschickt wird.[14]

Ruhi wohnte nun in einer Stadt, die er nicht kannte, in einem Zimmer mit fünf anderen Männern. Alles Iraner. Ihm gegenüber schlief der Friseur, der irgendwo schwarzarbeiten ging und einmal in der Woche im Heim vorbeischaute. Über dem Friseur hatte ein anderer, den er nie sah, seinen Schlafplatz, angeblich war er längst weggelaufen. In einem anderen Etagenbett unten lag dieser etwas ältere Teppichhändler. Dann war da noch der Iraner aus dem Süden. Dem gefiel es gar nicht in Deutschland, er kehrte gleich wieder um. Schließlich der Kollege, der beim Bruder schlief und vortäuschen musste, hier zu sein, sonst wäre er raus gewesen aus dem Asylverfahren.

Fast wie in der Hütte von Herrn Jakubi lag Ruhi die meiste Zeit in seinem Etagenbett. Das heißt, sein Körper lag zwar da, aber sein Herz und seine Seele waren 5000 Kilometer weiter östlich im Iran. Er starrte zur Decke und weinte. «Ich genoss nichts in Deutschland, auch die Freiheit nicht. Ich war nur in meiner eigenen Welt. Ich stand nur auf, um zur Toilette zu gehen, und mittags ging ich zum Essen. Die anderen aus meinem Zimmer sahen meinen Zustand und brachten mir manchmal Abendessen.»

Er hatte der Polizei bei der Aufnahme bereits detailliert zu Protokoll gegeben, wie er nach Deutschland gekommen war. Zuweilen sagen Menschen, ein Schlepper habe sie im Wald oder auf der Autobahn ausgesetzt, keine Ahnung, wie sie hierher gelangt seien, um so nicht von der Dublin-Regel betroffen zu sein. Wenn der Weg nicht ohnehin aufgrund des Ortes und des Zeitfensters klar ist. Wie zum Beispiel bei jenen Menschen aus dem Irak, Jemen und Syrien, die im Herbst 2021 über Belarus und Polen in Frankfurt an der Oder ankamen und dann alle in der Erstaufnahme Eisenhüttenstadt landeten. Ihr Weg war sonnenklar. Da konnten sie nicht sagen, sie seien ausgesetzt worden.

Ruhi, der sich alles hätte ausdenken können, gab dem BAMF seinen Reiseweg so korrekt und präzise wie eine Stechuhr zu Protokoll. Jeden Zwischenstopp erwähnte er, denn er wollte den deutschen Behörden die Wahrheit sagen. Dazu fühlte er sich als Bahá'í verpflichtet. Ein Lügner wollte er unter keinen Umständen sein. Dann hätte die Lüge über die Wahrheit gesiegt, dann hätten seine Unterdrücker im Gefängnis gesiegt. Er gab an, dass er ein echtes Schengen-Visum besaß und dass er seinen iranischen Pass nicht dabeihatte, denn den hatten die Schlepper ihm nach der Ankunft abgenommen. Was gänzlich stimmte. Und was die Beamten bei ihrer Standardabfrage im Computer hätten sehen können.[15] Wie ein Asylverfahren in Deutschland läuft und was ein Dublin-Fall ist, davon hatte Ruhi keine Ahnung. Dabei war die Dublin-III-Verordnung für ihn entscheidend.

Dublin-III-Verfahren

Das Wort klingt natürlich alles andere als interessant, so dass man an dieser Stelle geneigt ist, mal eben bei Instagram oder Twitter zu schauen, was sonst so los ist in der Welt, statt weiterzulesen. Aber das Dublin-III-Verfahren spielt in der Wirklichkeit des BAMF, von Verwaltungsgerichten, Bundespolizei, Frontex und auch der EU-Politik noch eine wichtige Rolle. In menschliche Wirklichkeit übersetzt ist die EU-Verordnung, die diesem Verfahren zugrunde liegt, ein entscheidender Grund, warum in Griechenland Zehntausende Menschen in Lagern landeten, warum in Calais und auf den Straßen von Paris ständig Hunderte, zuweilen Tausende Menschen irrlichtern, warum Schutzsuchende ihre Fingerkuppen zerstören. Unter afghanischen und iranischen Asylsuchenden, die von «Dublin» betroffen sind, hat sich der Begriff schon ins Persische eingefügt: «*Dublini shodi?* Bist du ein Dublin-Fall?»

Dublin-III, in der Form, wie es seit dem 1. Januar 2014 gilt, soll regeln, welcher Staat innerhalb der EU das Asylgesuch eines Menschen prüft. Vereinfacht dargestellt ist immer nur ein Staat zuständig, und zwar der erste EU-Staat, den man irregulär oder mit Visum betritt.[16] Nachprüfen lässt sich das oft zum Beispiel über die EURODAC-Datei, bei der die Fingerabdrücke und damit die Identität eines Menschen hinterlegt sind. Heißt: Wo ich zuerst meinen Fingerabdruck hinterlasse, dort soll das Asylverfahren durchgeführt werden. Ruhi hatte in Italien zum ersten Mal EU-Boden betreten.

Eines der Ziele des Dublin-Verfahrens ist, dass Asylsuchende sich nicht ihren Staat aussuchen können, bei dem sie um Schutz bitten, dass sie nicht in der EU herumreisen und dass man nur einmal einen Asylantrag stellen kann. Ruhi hätte nicht in Italien einen Antrag stellen und im Fall einer Ablehnung nach Deutschland weiterziehen können. Also kein Länderhopping. Theoretisch. Außerdem wird vorausgesetzt, dass ganz gleich, ob Italien oder Deutschland, stets rechtsstaatliche Verfahren durchgeführt werden und ein Land sich nicht davor drücken kann, einen Asylantrag zu prüfen. Theoretisch. Der Idee nach soll das Asylrecht insgesamt europarechtlich einheitlich sein, so dass für alle die gleichen Rechtsstandards für Verfahren, Aufnahmebedingungen und Kriterien gelten. Dafür gibt es dann die entsprechenden Richtlinien. Das Gesetz geht davon aus, dass es für die Asylsuchenden keinen Unterschied macht, in welchem Land ihr Asylverfahren läuft. Soweit der theoretische Überbau.

Ruhi hatte ein italienisches Visum. Als er damit dann in Deutschland einreiste, wurde er zum Dublin-Fall. Das BAMF prüft als Erstes, ob ein anderes Land zuständig ist, ehe es sich mit dem Fall inhaltlich beschäftigt. Eine feste Reihenfolge. Sollte wie bei Ruhi Italien zuständig sein, stellt Deutschland dort ein Aufnahmegesuch. Platt ausgedrückt sagt Deutschland: «Hallo, Italien, hier haben wir Ruhi, den müsst ihr bitte wieder zurücknehmen, dem habt ihr ein Visum ausgestellt.»

Die Überstellung muss binnen sechs Monaten ab Zustimmung Italiens über das Aufnahmegesuch erfolgen. Ab jetzt läuft die Uhr. Das BAMF lehnte Ruhis Asylantrag mit Textbausteinen ab, copy – paste – fertig:

«Der Antrag wird als unzulässig abgelehnt.

Die Überstellung nach Italien wird angeordnet.»

Nun muss die Ausländerbehörde die Überstellung organisieren und den Menschen ausfliegen oder auf andere Weise rausschaffen. Wenn das nicht klappt und die Überstellungsfrist abläuft, dann geht die Zuständigkeit für den Fall an Deutschland über.[17] Und Ruhi könnte bleiben.

Der (oder die, selbstverständlich) Asylsuchende kann versuchen, durch Klage und einen Eilantrag die Überstellung zu stoppen. Dafür müssen aber Gründe vorliegen: Er muss beweisen, dass er reiseunfähig ist, eng bei seiner Familie hier lebt oder dass Deutschland zuständig sein muss. So ein wichtiger Grund kann auch sein, dass ein anderer Dublin-Staat «systematische Schwachstellen» aufweist, dass etwa die Gefahr einer unmenschlichen oder erniedrigenden Behandlung im Sinne von Artikel 4 der EU-Grundrechtecharta beziehungsweise von Artikel 3 der Europäischen Menschenrechtskonvention droht.[18] Dann ist Deutschland für das Asylgesuch zuständig. (Die gleichen Gründe haben deutsche Gerichte auch akzeptiert, wenn in der EU anerkannte Flüchtlinge nach Deutschland weiterziehen.) Ein Grund, nicht innerhalb der EU zurückgeschoben zu werden, kann wie im Fall von Griechenland sein, dass es an «Bett, Brot, Seife» fehlt.[19]

Beleg dein Leben: die BAMF-Anhörung

In der Erstaufnahme hatte Ruhi Papiere, Faltblätter und Informationen bekommen. Auf Persisch wurde ihm schriftlich mitgeteilt, in welches Büro er gehen musste, um freiwillig in die Heimat zurückzukehren. Da wollte er aber nicht hin. In der Anhörung vor dem BAMF musste er nun darlegen, warum sein Leben in Gefahr war.

Seine Hauptanhörung begann morgens um halb acht. Er hatte zuvor zu Protokoll gegeben, dass er bereits im Iran in psychologischer Behandlung war. Als er in der Grundschule war, wurde der Vater vor seinen Augen von Uniformierten geschlagen und mitgenommen. Sein Vater hatte für den Schah gearbeitet. Seit diesem Vorfall litt Ruhi unter Ängsten und Schuldgefühlen, denn er hatte die Tür geöffnet und die Männer reingelassen. Und nun saß er da.

«Ich hatte in diesem Moment nur zwei Gedanken: Werfen sie mich aus Deutschland wieder raus? Und: werden sie mich auslachen, wenn sie erfahren, was ich im Iran erlebt hatte? Anfangs weißt du nicht, ob du wach bist oder schläfst. Du weißt nicht, ist es gut oder schlecht, was du erlebst. Dann kommt die Anhörung. Dann kommt alles hoch. Du rutschst in die Depression, weil du alles erzählst.»

Da saßen der Entscheider des BAMF und der «Sprachmittler». Er übersetzte alles auf Persisch, und es wurde protokolliert:[20]

«Haben Sie einen Pass?

Wo haben Sie zuletzt gewohnt?

Welche wichtigen Gebäude waren in der Nähe des Hauses?

Wie haben Sie Ihre Heimat verlassen?

Was machen Ihre Eltern beruflich?

Wie oft sind Sie mit Ihren Eltern in Kontakt?

Wie heißt Ihr Großvater?

Welchen Beruf haben Sie gelernt?

Wovon haben Sie gelebt?

Waren Sie beim Militär?

Welchen Rang hatten Sie?»

Dies waren einige der Fragen, die ihm gestellt wurden.

Routinegemäß folgte der – klingt groß, war auch groß – für sein Leben entscheidende Teil: «Dem Antragsteller wird erklärt, dass er nun zu seinem Verfolgungsschicksal und den Gründen für seinen Asylantrag angehört wird. Er wird aufgefordert, die Tatsachen vorzutragen, die seine Furcht vor Verfolgung oder die Gefahr eines ihm drohenden ernsthaften Schadens begründen.»[21]

Also setzte Ruhi sich auf diese Rutsche, die ihn in den schwarzen Sack führte, und gab zu Protokoll:

«Die Islamische Republik hat mir drei Vorwürfe gemacht: Der erste Vorwurf, den sie mir gemacht haben, ist, ich sei Spion für Israel. Der zweite Vorwurf, ich missioniere für die Religion Bahá'í. Der dritte Vorwurf ist, ich sei konvertiert und Heide.»

In der Regel werden die Anhörungen nicht unterbrochen. Diese allerdings schon. Ruhi hatte versucht zu berichten, was er im Gefängnis erlebt hatte. Zwischendurch muss er zusammengebrochen sein, denn im Protokoll steht: «Die Anhörung wird für eine Pause unterbrochen 10:25 Uhr–10:35 Uhr.» Irgendwann hatte er es geschafft. Der Entscheider stellte seine abschließenden Fragen:

«Hat es einen Haftbefehl oder eine Gerichtverhandlung gegen Sie gegeben?

Antwort: Nein.

Frage: Haben Sie das Gerichtsurteil, das gegen Sie verhängt wurde, gesehen?

Antwort: Meine Augen waren verbunden und die haben nur gesprochen.

Frage: Welche Gefahren befürchten Sie bei einer eventuellen Rückkehr in ihr Heimatland?

Antwort: Ich habe Angst, hingerichtet zu werden.»

Die Anhörung dauerte mehrere Stunden, er kehrte aufgewühlt und – vermutlich würde ein Psychologe es so nennen – retraumatisiert in sein Etagenbett im Heim zurück. Aber er konnte den Ausgang aus dem dunklen Sack nicht mehr finden. Jetzt war er wieder in dieser finsteren, nassen Zelle im Iran, nicht in der Unterkunft in Deutschland. Oder, wie er es nennt, jetzt ließen die Würmer in seinem Kopf ihm keine Ruhe.[22]

Hatte das, was er geschildert hatte, gereicht, um den Entscheider zu überzeugen? War er glaubwürdig genug, um hier Schutz zu bekommen? Ich kenne Ruhi nun seit einiger Zeit und weiß aus den langen Gesprächen mit ihm, dass das Erlebte manchmal aus ihm herausbricht, sich fast verselbständigt und nicht aufhören will. Es kam aber auch vor, dass er gar nicht in der Lage war, das Geschehene in Worte zu fassen, und es deshalb weiträumig sprachlich umging.

Fluchtgründe

In den Jahren vor dem Tod von Jina Mahsa Amini im September 2022 begegnete ich sehr vielen Menschen, die aus dem Iran flohen. Es gibt sehr bittere, brutale und willkürliche Erfahrungen von Andersdenkenden, von Jugendlichen, die etwas «Unislamisches» posteten, von Frauen, die ihr Kopftuch abnahmen, von Gewerkschafter:innen, die sich für andere Inhaftiere einsetzten. Ihren Mut und ihre Opferbereitschaft kann man nur mit dem Wort «heldenhaft» umschreiben. Sie haben die Haft überlebt, und man wunderte sich, dass sie noch aufrecht gehen konnten.

Allerdings ist es nicht immer ganz einfach zu sagen, welche Geschichten stimmen, wie bei Menschen aus anderen Ländern auch. Ende 2017 kam es im Iran erneut zu Demonstrationen – Auslöser war die wirtschaftliche Not. Wir begegneten 2018 in Bosnien einem pfiffigen Iraner aus Isfahan. Er erzählte uns, er habe bei diesen Protesten mehrere Tage demonstriert und sei dann festgenommen worden. Was er im Gefängnis erlebt hatte, schilderte er detailreich. Wie er verhört worden war mit verbundenen Augen, wie sie ihn misshandelten. Mein Kollege Bamdad zweifelte an dem, was der Mann uns im Interview erzählt hatte. Ich dagegen fand seine Beschreibung so detail- und kenntnisreich, dass ich ihm glaubte, sie deckten sich mit dem, was andere, die in Haft waren, beschrieben hatten. Fast schon empörten mich Bamdads Zweifel. Etwas später bat der Mann, das Interview, das er uns gegeben hatte, noch mal anzuhören, damit er wisse, welche Geschichte er dann bei seiner Anhörung erzählen müsse. So könne er es sich besser merken. Er hatte sich das ausgedacht. In Deutschland hatte ich jahrelang mit einer Studentin Kontakt, die hier Schutz erhielt. Sie hatte mir aus der Haft erzählt, wie man ihr heißes Wasser auf die Füße gegossen habe. Erst viele Jahre später erfuhr ich: Sie war nie in Haft.

Oft habe ich Antworten erhalten, die mich zweifeln ließen. Es gibt eine Art Standardantwort: «Ich hatte keine wirtschaftlichen Probleme. Ich hatte eine gute Arbeit. Sie denken, ich bin ein Wirtschaftsflüchtling? (Auf Persisch ist Flucht und Auswanderung dasselbe Wort:

Mohajerat, I. S.) *Majbur budam* – Ich war gezwungen zu gehen. Man hat doch das Recht, dort zu leben, wo es einem gut geht und man glücklich ist!?» Wenn ich entgegne: «Darf denn im Iran jede und jeder, die oder der gerne möchte, in euer Land einwandern und sich dort niederlassen?», dann nimmt das Gespräch schnell eine andere Wendung. Oft habe ich auch gehört: «Ich hatte wirklich Probleme. Ich kann aber nicht darüber sprechen.» Bis zum Herbst 2022 übersetzte ich das für mich in: Die Person hatte Probleme, aber vermutlich keine, die in Deutschland asylrelevant wären. Wenn man tiefer in die Beweggründe eintaucht und Psychotherapeuten zuhört, die Menschen viele Jahre nach ihrer Flucht behandeln, findet man unter diesen Fällen auch Frauen, die geflohen sind, weil sie auf der Arbeitsstelle vergewaltigt wurden und niemandem etwas sagen konnten, Mütter, die ihre Kinder aufgrund der iranischen Rechtsprechung dem Vater überlassen und den Hass der Kinder und der Familie ertragen mussten.

Doch nach dem Tod von Jina Mahsa Amini veränderte sich die Lage im Iran. Im ganzen Land begannen Teenies, Mädchen, junge Frauen und ältere Damen ihre Kopftücher öffentlich abzulegen und auf die Straßen zu ziehen. Das Kopftuch war Sinnbild der DNA dieser Islamischen Republik. Ebenso riefen Männer, vor allem junge, Arbeiterinnen und Arbeiter sowie Studierende in großen und kleinen Städten in Kurdistan und Belutschistan: «*Zan, Zendegi, Azadi* – Frau, Leben, Freiheit!» In der Hoffnung und Überzeugung, dass dieses Regime über kurz oder lang verschwinden würde, sprachen viele von einer Revolution. Die Wut, die über Jahre größer und größer geworden war, entlud sich. Die Demonstrierenden wünschten Revolutionsführer Khamenei, seinen Revolutionswächtern, Schlägertruppen und dem ganzen System den Tod. Ein deutlich größerer Teil zeigte im Netz Widerstand. Es gab also eine physische Protestbewegung und eine digitale. Die Regierung antwortete beiden mit Drohungen, exzessiver Gewalt, Giftgasanschlägen auf Schülerinnen und mit Hinrichtungen.

Seitdem hat das Regime sicherlich für viele Zehntausende einen «Fluchtgrund» geliefert, wenn sie ihr Leben retten und nicht für die Freiheit ihres Landes opfern wollen – falls sie überhaupt gegen Kaution aus der Haft freigelassen werden, die Keller und Folterverhöre überleben. Es breitete sich tiefe Enttäuschung und Depression aus bei denen, die so sehr auf einen Wandel gehofft und viel riskiert hatten. Man saß beisammen und besprach, welches Land in Frage käme. Nach Deutschland? Ein Leben dort in Freiheit würde vor allem sicherer sein. Und die Busse, so erzählten sich junge Iraner:innen, seien bestimmt nicht so voll wie die im Iran. Sie machten sich gegenseitig Mut, den Schritt zur Flucht tatsächlich zu wagen. Wer weiß, wie lange diese Herrscher sich noch an der Macht halten werden? Viele wollen ihr Land und ihr Zuhause aber gar nicht verlassen. Genau wie Ruhi, der bis zum letzten Moment blieb.

Ich sollte auch nicht vergessen zu erwähnen, dass die Angehörigen der Inhaftierten oder Ermordeten natürlich bedroht und dadurch in Gefahr und in Mitleidenschaft gezogen werden. Auch das hatten sie mit Ruhis Familie gemacht, als er längst im Ausland war.

Bereits wenige Wochen nach Beginn der Proteste und revolutionären Entwicklungen im Herbst 2022 stieg die Zahl der iranischen Asylsuchenden in Deutschland leicht an. «Für besonders gefährdete Personen aus den Bereichen Kultur, Wissenschaft, Medien und Zivilgesellschaft stellen wir Plätze in speziellen Schutzprogrammen bereit»,[23] hatte Außenministerin Annalena Baerbock öffentlich zugesagt. Als ich das Auswärtige Amt zwei Monate und Dutzende Todesurteile später fragte, wie viele Visa denn bislang für gefährdete Iraner:innen ausgestellt worden seien, lautete die Antwort: Die Anfragen nach humanitären Visa aus dem Iran steigen. Man bemühe sich um vereinfachte Verfahren, «in ersten Fällen läuft derzeit die Visaerteilung». Keine Zahlen! Auf erneute Nachfrage räumte das Ministerium ein: «Derzeit ist eine niedrig zweistellige Zahl an entsprechenden Anträgen in Bearbeitung. Seit 19. September bis 22. Dezember 2022 wurden noch keine Visa auf Grundlage von § 22 Satz 2 Aufenthaltsgesetz für iranische Staatsbürger ausgestellt.»[24] Heißt übersetzt: In dem zitierten Paragraph geht es um Visa aus humanitären und völkerrechtlichen Gründen – und kein einziges wurde bis zum Zeitpunkt der Antwort ausgestellt. Das gibt einen schwachen Eindruck davon, wie schwierig es ist, in einer Notlage, einer aktuellen Gefährdung tatsächlich zeitnah ein Visum zu erhalten und somit legal in die Bundesrepublik einreisen zu können. Politische Rhetorik ist das eine, die tatsächliche Umsetzung etwas gänzlich anderes.

In meinen «Warum musstest du fliehen?»-Gesprächen stellt sich mir auch oft die Frage: Bin ich das BAMF, soll ich weiterbohren, welches Recht habe ich dazu? Habe ich jemals in einem Unrechtsregime gelebt und eine Flucht auf mich genommen? Als Journalistin ist mir wichtig, den Wahrheitsgehalt einer Aussage einschätzen zu können, denn ich berichte ja gegebenenfalls darüber und will zumindest ahnen, wie viel Vertrauen ich der Person schenken kann. Das ist in solchen Begegnungen ein sehr sensibler Punkt. Wenn man zu viel fragt, entsteht Misstrauen. Dann ist auch nicht mehr klar, wer ich eigentlich bin. «Isabel, you police?», fragte ein Äthiopier einmal, als ich zu viel bohrte. Wenn man bei Iraner:innen, die in Deutschland angekommen sind, nachhakt, folgt oft ein zweiter Teil der Antwort: «Wissen Sie, was ich erlebt habe, um es hierher zu schaffen? Ich bin zweimal fast gestorben. Ich musste in Wäldern schlafen, wir hatten nichts zu essen, ich habe viele sehr gefährliche Situationen erlebt. Die Polizei hat uns geschlagen und schlecht behandelt. So etwas nimmt man nicht einfach so auf sich. Es sind der Druck und die Not in unserem Land, die uns hierhergetrieben haben.» An dieser Darstellung zu zweifeln, ist unnötig, denn der Weg in die EU ist häufig hart, bitter und jenseits der Rechtsstaatlichkeit.

Was aber in den Köpfen entsteht, ist diese Mischung aus Hoffnung, Selbstlegitimation und der Tatsache, dass man alles hinter sich gelassen hat, dass es nur noch eine Richtung im Leben gibt – in die EU –, diese Mischung entwickelt auf Dauer eine schwierige Eigendynamik. Und so treffen Wirklichkeiten aufeinander, die sich nicht decken: die gegenwärtige asyl- und aufenthaltsrechtliche Wirklichkeit in der EU und die Vorstellung, dass man doch spätestens durch die Härte und das erlittene Unrecht während der Flucht die Legitimation für Asyl erworben haben muss. So viel Leid und Angst, so gefährlich und ungerecht wie der eigentliche Fluchtgrund in der Heimat, können doch nicht sinnlos gewesen sein? Wie soll ein Mensch, der das alles mit dem eigenen Körper und der eigenen Seele erlebt hat, in Kategorien denken: Gefängnis im Heimatland zählt, Gefängnis in Griechenland oder Polen aber nicht?

Die Annahme, dass es in Europa Freiheit und Rechte gibt und dass man in dem Moment, da man den Fuß auf EU-Boden setzt, auch Anspruch darauf hat, so wie EU-Bürger:innen behandelt zu werden, führt in die Irre. Da zwinkert der «European Dream» Menschen zu, und besonders empfänglich sind diejenigen, die vorher nie in Europa waren und es sich schönträumen. Schließlich steht Europa vor allem für Menschen aus Autokratien und Diktaturen für Freiheit und Menschenrechte. Das trichtern ihnen sicherlich auch die Schlepper ein. Und jene, die es nach Deutschland geschafft haben: Was sie dabei erleben mussten, davon berichten sie eher selten. Denn sie stehen unter dem Druck, dass ihr Weg viel Geld gekostet hat und sich lohnen soll – und dass sie andere nachholen müssen. Wie das Asylrecht funktioniert, welcher individuellen Bedrohung ein Mensch in seiner Heimat ausgesetzt gewesen sein muss, und zwar glaubhaft und nachweisbar, das erfahren viele erst im Laufe ihres Aufenthalts in Deutschland. Unterwegs sind sie mit Überleben beschäftigt.

Öfter habe ich Ruhi gefragt, ob er zurück in den Iran gehen würde, wenn er könnte. Einfach, weil es sein Zuhause war. Dass er seine Familie vermisst, erahnt man leicht. «Wenn jemand im Iran Unrecht erlebt hat, hier Schutz bekommt und dann sagt: ‹Wenn ich einen roten (= deutschen, I. S.) Pass habe, fahr ich in den Iran.› Das kann ich einfach nicht verstehen. Er hatte doch dort ein Problem! Ich kann da nie mehr hinfahren. Auch wenn es das beste Land der Welt wäre. Ich gehe nie wieder zurück. Selbst wenn es keine Islamische Republik mehr wäre. Dort haben sie etwas mit mir gemacht. Ich bin nie wieder die Person geworden, die ich vorher war. Ich will da nicht hin. Sie könnten mir Geld anbieten, sie könnten sagen, du schläfst dein Leben lang in Deutschland im Lager. Ich würde mich für Deutschland entscheiden. Ich bleibe hier. Hier habe ich wenigstens ein paar Mal ruhig geschlafen.»

Runtergefallen

Ruhi hatte die Anhörung hinter sich und war in eine neue Unterkunft verlegt worden. Jetzt wartete er auf den Bescheid des BAMF, auf Deutschlands Antwort. Durfte er bleiben oder würden sie ihn abschieben? Er lag viel im Bett, und diese Asyl-oder-Abschiebungs-Angst verselbständigte sich in seinem Kopf. Sie vermischte sich dazu mit den Horrorbildern und Sätzen aus dem Gefängnis. Das führte dazu, dass er auch darüber nachdachte, wie er diesen Druck loswerden könnte, wie er dieses Leben loswerden könnte. Dabei wusste er als gläubiger Bahá'í, dass er sich nicht umbringen sollte.

An dem neuen Ort kümmerte sich eine etwas ältere deutsche Freiwillige um ihn. «Die Dame hatte mich beobachtet und sagte dann zu mir: ‹Du willst dich umbringen. Ich sehe das in deinen Augen.› Da habe ich gelernt, was das deutsche Wort ‹umbringen› bedeutet. Sie sagte: ‹Du musst ins Krankenhaus.› Und sofort rief sie einen Arzt an. Sie wusste, wie das geht.»

Keine drei Monate nach seiner Ankunft in Deutschland wurde Ruhi nun zum ersten Mal in die geschlossene Abteilung der Psychiatrie eingewiesen, weil er als suizidgefährdet eingeschätzt wurde: Gürtel abgeben, Nagelschere auch, Fenster gingen nur auf Kipp auf. Hier machte der höfliche Ruhi seine erste intensive Bekanntschaft mit einem Deutschen. Sein Zimmernachbar war ein junger großgewachsener Mann. Er hieß Benny und war neunundzwanzig Jahre alt.

Wie hieß denn der Benny mit Nachnamen, wollte ich von Ruhi wissen. Er kann sich immer alles merken.

«Er hieß Benny Nordrhein-Westfalen.» Natürlich lachten wir, als er diesen Namen präsentierte.

«Weißt du, ich hatte ihn irgendwas gefragt. Seine Antwort war: ‹Nordrhein-Westfalen›. Das war das einzige Wort, das ich verstand. Also nannte ich ihn Benny Nordrhein-Westfalen. Wir haben einfach zusammen geraucht. Er fragte mich: ‹Rauchen?› Und dann sagte ich: ‹Komm, komm!› Und wir gingen rauchen. Benny hatte Angst vor dem Alleinsein, glaube ich. Benny war mein erster deutscher Freund.

Abends weinte er immer. Er hatte diese schwere Depression. Er hatte Angst vor dem Alleinsein. Beim Zigarettenrauchen wurden wir Freunde. Einmal weinte er. Als er im Speisesaal sein Essen holte, es auf dem Tablett trug und plötzlich auf den Boden warf. Da wurden wir noch engere Freunde. Benny brachte mir die ersten deutschen Worte bei, ‹runtergefallen›, ‹rauchen›, ‹Tabak›, ‹Papier›, ‹Feuerzeug›, ‹Arschloch›, ‹Krankenschwester›, ‹Kartoffel›, ‹Guten Appetit› und, da verstand ich, dass Benny dieser Satz wichtig war: ‹Ich möchte nicht.› Wenn ich Tabletten schlucken sollte, sagte ich Bennys Satz: ‹Ich möchte nicht.›»

Das Zimmer von Ruhi und Benny Nordrhein-Westfalen befand sich in der ersten Etage. Benny hatte bereits festgestellt, dass die Fenster sich nicht öffnen ließen, nur kippen. Das zeigte er Ruhi und brachte ihm das entscheidende Wort dazu bei: «runtergefallen». Beide wussten, was damit gemeint war. Weil beide viel übers «Runtergefallen» nachdachten, wurden sie den Gedanken gar nicht mehr los. Sie wollten gerne «runtergefallen» sein und dann Ruhe haben. Also gingen sie in ihrem Gebäude, der geschlossenen Abteilung, so hoch, wie es ging. Das Haus hatte nur drei Stockwerke. Sie wollten «runtergefallen» machen.

Benny sagte erst «runtergefallen» und dann warf er seine Arme nach rechts und links, machte laut das Geräusch nach, das er sich unter «runtergefallen» vorstellte: «Bumm!» Aber die Tür im dritten Stock war zu, und kein Fenster ließ sich öffnen.

«Ich habe dann auf Persisch zu Benny gesagt: ‹Die Fenster sind zu, wir können uns nicht umbringen. Wir müssen die Nummer abblasen, wir brauchen drei Schlüssel, die haben wir nicht.› Benny verstand mich nicht, dann fasste ich das auf Deutsch zusammen. Und ich sagte zu ihm: ‹Runtergefallen. Puff!› Auf Persisch führte ich aus: ‹Wir machen nur ‹puff›, nicht ‹bumm›, wenn wir auf dem Boden landen und wir werden nicht zu Tomatensauce.› Benny verstand mich genau und hielt dagegen. Noch lauter sagte er jetzt: ‹Bummmm!!› Aber ich zeigte ihm, dass der Aufprall nur ‹puff› machen würde. Höchstens ein Beinbruch, mehr nicht. Wir waren ja nicht hoch genug.»

Um Benny dann endgültig vom «Puff» zu überzeugen, nahm Ruhi sein Feuerzeug, warf es durch den Schlitz des gekippten Fensters und stellte schlicht und überzeugend fest: «Runtergefallen, puff!» Er zeigte Benny, selbst wenn sie einen Körper runterfallen lassen könnten, es wäre nur «puff».

«Wir standen lange da, er machte das laute, fette ‹Bumm!›, ich hielt dagegen: ‹Puff!› – ‹bumm›, ‹puff› – ‹bummmm», ‹puffff›. ‹Runtergefallen› klappte nicht.»

Unter den Bahá'í hatte sich herumgesprochen, wer da neu in Deutschland angekommen war, und sie hatten eine leise Ahnung, was Ruhi im Iran erlebt hatte. In der Klinik bekam er nun öfter Besuch, vor allem von einer Iranerin, die den Ernst seiner Lage erkannt hatte. Er nannte sie «Löwenfrau» *(shir-e zan)*. Anfang siebzig, ziemlich furchtlos, wenn es darum ging, Beamte oder Ärztinnen anzusprechen und charmant zuzutexten. Sie selbst hatte durch die Ehe mit einem deutschen Mann einen urdeutschen Nachnamen, das ließ sie salonfähig und glaubwürdiger erscheinen. Es adelte sie regelrecht.

«Die Löwenfrau hat erst mal dafür gesorgt, dass ich auf die offene Station kam. Sie brachte mir Süßigkeiten mit. Sie sorgte sich um mich, und das war ein gutes Gefühl. Das Wichtigste war, sie sprach mich mit ‹mein Sohn› *(pesaram)* an. Einmal bin ich fast erstickt, weil sie mir in der Klinik ein falsches Medikament gegeben hatten.» Die Löwenfrau sprach mit ihnen. «Er kann nicht atmen», hatte sie zu dem Personal gesagt. Erst da merkten sie: «Oh, der erstickt ja fast. Da war das Medikament wohl falsch.» Die Löwenfrau sollte von nun an seine Begleiterin und auch seine Lebensretterin werden.

Drei Tage nach seiner Einweisung in die Psychiatrie muss das BAMF den Asyl-Bescheid ausgestellt und an seine Heimadresse geschickt haben. Das klingt jetzt nach einem langweiligen Detail, es entwickelte sich aber zu einem ausgewachsenen Problem. Denn Ruhi musste ja zwei Monate in der Klinik bleiben, weil man ihn für suizidgefährdet hielt. Die Post vom BAMF kam nie bei ihm an, niemand konnte sie finden, sie war verschwunden. Also wusste Ruhi nicht, dass sein Asylgesuch abgelehnt worden war, dass Italien für seinen Fall zuständig war, dass er dorthin abgeschoben werden sollte. Er wusste nicht, dass das BAMF seine Suizidgedanken registriert hatte, aber eine Tagesklinik zitierte, die bescheinigt hatte, er müsse nur medikamentös richtig eingestellt werden, dann werde sein Leiden «gelindert». Er wusste auch nicht, dass er Klage erheben konnte, aber nur binnen einer Woche nach Erhalt des Bescheids. Dazu gibt es gesetzlich streng geregelte «Zustellungsvorschriften», mit knapp bemessenen Fristen.[25] Aber nun waren alle Fristen verstrichen.

Nach seiner Entlassung aus der Klinik waren es noch vier Monate bis zur Überstellung nach Italien. Die Zeit verstrich, die Abschiebungsmaschine rollte. Im Heim hatte er den Namen eines Anwalts erhalten, der angeblich spezialisiert war auf diese Fälle und ihn nun vertrat.[26] Dieser hatte beim BAMF um Akteneinsicht gebeten. Nichts passierte. Der Anwalt unternahm nichts weiter.

Dann erhielt Ruhi Post von der Ausländerbehörde. Mittlerweile hatte er nicht mal mehr den schwächsten Aufenthaltsstatus, eine Duldung, dann wäre sein Aufenthalt zumindest nicht strafbar. Was er hatte, war nur noch ein «Antrag auf Erteilung einer Duldung».[27] So etwas gibt es eigentlich nicht, war vermutlich eine Erfindung dieser Ausländerbehörde. Alle drei bis vier Wochen wurde er zur Verlängerung einbestellt. Mittlerweile hatte er den Ernst der Lage gänzlich verstanden, er war im inneren Ausnahmezustand.

«Die anderen hatten eine Karte oder einen Pass, aber ich hatte nur ein DIN-A4-Papier. Im Heim sagte ein anderer Flüchtling: ‹Das geht nicht. Du musst was anderes bekommen.› Ich habe mir große Sorgen gemacht. Ich dachte unentwegt, sie schicken mich zurück in den Iran, und ich muss wieder hinter diesem Tisch im Gefängnis sitzen. Mit Augenbinde und mit den beiden Vernehmern. Ich sagte das niemandem, aber ich wollte mich vor einen Zug werfen und wusste auch schon, vor welchen. Vor den ICE. Immer, wenn ich Zeit hatte, guckte ich mir diesen ICE an. Ich dachte dann: Ich bin stärker als diese Islamische Republik. Ich werfe mich einfach davor. Dann können sie mich nicht mehr kriegen.»

Ruhi lief ohnehin schon leicht nach vorne gebeugt. Aber wenn er zur Ausländerbehörde gehen musste und sein Wartemärkchen zog, um den «Antrag auf Erstellung einer Duldung» zu verlängern, konnte man seinen Kopf, der zwischen den Schultern versank, nur noch erahnen, so tief hatte er ihn eingezogen. Die Löwenfrau kümmerte sich, holte sich Verstärkung. Dieses Mal wurde er von einer weiteren Baháʼí begleitet, sonst hätte er nicht genau verstanden, was man ihm dort mitteilte. Ruhi sagte immer höflich und leise: «Ja, ja», ohne zu wissen, wozu er eigentlich «ja» gesagt hatte. Der Beamte erklärte ihm jetzt, er müsse in drei Wochen um 3:30 Uhr morgens mit einem Koffer, der nicht mehr als 20 Kilo wiegen dürfe, vor seiner Unterkunft stehen. Dann werde er nach Italien abgeschoben. «Ja, ja», erwiderte Ruhi freundlich. Seine Begleiterin übersetzte ihm, was der Mann gesagt hatte. Da antwortete er nicht mehr «ja, ja», er starrte ins Leere, an dem Beamten vorbei. Für ihn stand fest: Er würde von Italien aus sofort in den Iran geflogen werden.

Die Ausländerbehörde hatte bis zum letzten Moment gewartet: Genau drei Tage nach dieser geplanten Abschiebung wäre die Überstellungsfrist abgelaufen und Deutschland für den Fall zuständig gewesen. Der Beamte in der Ausländerbehörde überflog die ärztlichen Atteste aus der Psychiatrie. Die Begleiterin erklärte ihm, dass Ruhi den BAMF-Bescheid nie bekommen hatte. Dass er bei der Anhörung schon zusammengeklappt sein musste, dass er suizidgefährdet sei. Ruhi saß daneben. Zwei Schultern, ein kleiner Kopf. Seine Resthoffnung, mit der er den Raum betreten hatte, war gewichen und hatte der Panik Platz gemacht.

«Ich kann da natürlich nichts machen», begann der Beamte sich zu erklären. «Das ist die Entscheidung des BAMF. Aber man könnte ja bei ihm das Selbsteintrittsrecht anwenden.»[28] Die Begleiterin verstand nicht, Ruhi erst recht nicht. Diese Regel gibt es tatsächlich, jeder EU-Staat kann entscheiden, ob er selbst zuständig ist für den Fall und ihn prüfen möchte. Freies Ermessen, sagen die Juristen dazu. Würde Deutschland sagen, wir lassen Ruhi rein, dann wäre das Dublin-Verfahren einfach beendet und sein weiteres Asylverfahren liefe in Deutschland. Sie verließen die Ausländerbehörde, es waren nur noch wenige Wochen, bis sie ihn holen würden.

Ruhis Panik vor Italien war groß. War sie begründet? Erwachsene waren von Deutschland – außer während der Pandemie – seit Jahren nach Italien überstellt worden. Allerdings nicht Familien mit Kleinkindern, denn sie könnten auf der Straße landen und obdachlos werden.[29] Im selben Frühsommer reiste ich nach Mailand und Bozen, um über die Situation von Menschen zu berichten, die von Deutschland nach Italien als Dublin-Fälle überstellt worden waren. Auf dem Vorplatz des Mailänder Bahnhofs traf ich auf einen Iraner, der sogar von derselben Ausländerbehörde in Deutschland wie Ruhi abgeschoben worden sein sollte. Er hatte sich lieber selbständig nach Italien begeben und den Winter auf der Straße und in Unterführungen vor dem Bahnhof verbracht. Einen Tag begleitete er uns bei den Dreharbeiten, so konnte er etwas im Auto sitzen. Mein Eindruck war: Wer stabil ist, kann in Italien klarkommen, die Anerkennungsquote von Iraner:innen war höher als in Deutschland, viele jobbten als Kuriere.[30] Hart, aber machbar. Und für jemanden, der zwei Monate Psychiatrie hinter sich hatte, für eine fragile, ängstliche Person wie Ruhi? Für ihn konnte so ein Ortswechsel keine Stabilisierung der Lage bedeuten.

Die Unabhängige Republik Heidenau

In diesen Tagen war Ruhi auch in eine neue Unterkunft umgezogen worden, an die er sich gewöhnen musste und deren Bewohner er nun kennenlernte. Dieses Mal war es eine alte Gaststätte, die kurz vor dem Abriss stand. Zum nächsten Ort musste man schon ein paar Kilometer laufen. Aber Ruhi gefiel es irgendwie in der «Unabhängigen Republik Heidenau», wie er das Haus und den Parkplatz nannte. Die Republik Heidenau wollte unabhängig von Deutschland werden und dann eine eigene Asylpolitik einführen. Die Bewohner seien das Staatsvolk. «Wir haben ein Staatsgebiet, und wenn die Bundeskanzlerin um Asyl bittet, müssen wir erst mal prüfen, ob wir ihr das gewähren», so sollte es laufen. Dann könnte er selbst auch nicht abgeschoben werden, denn die Beamten hätten dann leider keinen Zutritt zur Republik Heidenau. Weil Ruhi nachts schrie und weinte, bekam er ein Einzelzimmer. Sein Zimmer qualmte er voll, so als könnte er mit dem Zigarettenrauch die dunklen Gedanken vernebeln.

Im neuen Heim wollte er nicht so schwach dastehen, wie er sich fühlte. Auf keinen Fall wollte er aber einsam wirken. Also erzählte er, ein älterer deutscher Herr, mit dem er tatsächlich manchmal Deutsch lernte, sei sein Großvater. Dann fiel den anderen aber auf, dass das nicht sein konnte: «Ein Iraner mit deutschem Großvater?» Neuer Versuch: Diesmal begann er zu verbreiten, dass die Iranerin, die sich um ihn kümmerte, aus seiner Familie sei. Er fühlte sich dann für einen Moment weniger allein und nicht so wertlos.

«Wenn man ankommt, ist man total leer. Du hast eine ganze Welt mit dir gebracht und du bist voll von Angst. Erst denkst du, hier ist kein Gefängnis mehr. Dann wunderst du dich: ‹Warum kann ich die Sprache nicht. Wer bin ich? Ich bin so allein.› Erst war ich nur kurz allein, dann spürte ich die Fremde im Camp. Dann brauchst du eine Familie.» Natürlich hatte er in Deutschland keine Familie. Nichts, niemanden. Anfangs nur jemanden, der jemanden kannte. Vielleicht stellen sich Wunsch und Wirklichkeit, Vergangenes und Gegenwart anders dar, wenn man auf «Reset» drücken und in der Fremde wieder bei null anfangen muss. Und dann in der Unabhängigen Republik Heidenau umgeben ist von Menschen, die sich alle neu (er)finden müssen. Vielleicht ist das Empfinden über das bisschen Mensch, was man dann noch ist, dieses verschwundene Selbstwertgefühl leichter zu ertragen, wenn man eine Familie, ein Drumherum erfindet. Vielleicht dauert es auch, bis man sich, abgetrennt von allem Vertrautem, was man dachte, was einen ausmachte, selbst wieder erkennt. Wenn man sich denn wiederfindet. Vielleicht fühlt sich dann wenigstens der Moment, in dem man das so erzählt, etwas besser an. Hannah Arendt beschrieb 1943 in ihrem Essay *Wir Flüchtlinge* ihre neue Lebenswirklichkeit – ihr Text entstand natürlich in einer anderen historischen Situation. Sie öffnet den Menschen, die das nicht erleben mussten, einen Spaltbreit das sprachliche Fenster auf das, was mit einem Menschen passiert, wenn er fliehen muss: «Wir haben unser Zuhause und damit die Vertrautheit des Alltags verloren. Wir haben unseren Beruf verloren und damit das Vertrauen eingebüßt, in dieser Welt irgendwie von Nutzen zu sein. Wir haben unsere Sprache verloren und mit ihr die Natürlichkeit unserer Reaktionen, die Einfachheit unserer Gebärden und den ungezwungenen Ausdruck unserer Gefühle. Wir haben unsere Verwandten in den polnischen Ghettos zurückgelassen, unsere besten Freunde sind in den

Konzentrationslagern umgebracht worden, und das bedeutet den Zusammenbruch unserer privaten Welt.»[31]

Im Erdgeschoss war die ehemalige Küche der Gaststätte. Die Kacheln mussten einmal richtig weiß gewesen sein, der Geruch deutscher Gastlichkeit war noch nicht ganz gewichen. Hier bereiteten sich die Bewohner des Heims ihr Essen zu. Sie hinterließen die Küche unterschiedlich sauber. Aber in der Unabhängigen Republik Heidenau gab es ein kleines Wunder: Es war klein und kompakt, hatte meist die gräulichen Haare zusammengebunden und wenn das Wunder lachte, konnte man sehen, dass das Geld für eine Prothese nicht reichte. Dieses Wunder wohnte selbst im Heim und putzte jeden, wirklich jeden Tag die gesamte Küche. Für alle. Selbstredend war es nicht seine Aufgabe. Es putzte für alle die Herde, den Boden und die Arbeitsfläche. Und das Wunder kochte auch noch für alle. «Immer irgendwas mit Mehl. Außerdem hatte sie einen Staubsauger und den verlieh sie an andere Mitbewohner. Das war sehr wichtig und großzügig von ihr.» Das Wunder war Putzerin, Verleiherin, gute Seele, Raucherin und sprach ausschließlich Serbisch. Das Wunder redete gerne. Es war zwischen fünfzig und achtzig oder vierzig und siebzig oder sechzig und neunzig, das ließ sich nicht so genau sagen. Der Ehemann lag oben auf dem Zimmer und konnte das Bett nicht mehr verlassen. Sein Zustand verschlechterte sich zusehends, denn sein Körper kämpfte mit Krebs.

Mit dem Wunder aus der Küche konnte Ruhi kaum ein Wort wechseln. Aber die beiden mochten sich. Er musste nicht lange suchen, um in seinem noch übersichtlichen deutschen Wortschatz eine passende Bezeichnung zu finden. Er nannte das Wunder und den kranken Ehemann «Oma und Opa».

«Ich war so glücklich, dass ich Oma und Opa im Heim gefunden hatte. Oma sprach Serbisch und ich sprach Persisch. Ich hab kein Wort verstanden von dem, was sie auf Serbisch sagte. Nur zwischendurch begriff ich mal ein paar deutsche Worte wie ‹Käse›, ‹Butter›, ‹ich liebe dich› und ich sagte zu ihr: ‹Du bist meine Mutter.› Sie hat das verstanden und dann hat sie mich gestreichelt und gesagt: ‹Sohn, Sohn›. Wenn sie das sagte, ging es mir ein paar Stunden gut. Ein super Gefühl, als hätten sie mich in die Zentralbank gebracht und gesagt: ‹Nimm dir, was du willst.› Abends saßen Oma und ich draußen und rauchten zusammen. Stundenlang.»

Woher hattet ihr die Zigaretten?

«Ich habe für alle Tabak gekauft und ihr die Zigaretten gedreht. Dann lernte ich den Opa kennen. Ich kenne ihre richtigen Namen gar nicht, ich habe sie immer nur Oma und Opa genannt. Ich weiß auch nicht, wo sie genau herkamen. Aber der Opa durfte nicht rauchen, weil er so krank war. Nur die Oma durfte rauchen. Als die Oma es nicht sah, bin ich heimlich in sein Zimmer hoch und hab ihm einen Zug von meiner Zigarette gegeben. Da konnte der Opa noch den Kopf etwas bewegen. Aber es ging ihm sehr schlecht. Die Oma hat es mitgekriegt. Sie hat nicht mit mir geschimpft. Ganz gleich, was ich sagte, sie antwortete immer nur: ‹Sehr gut.› Abends saßen wir stundenlang zusammen vor dem Haus und rauchten eine nach der anderen. Sie rauchte und ich rauchte. Sie sagte etwas auf Serbisch, ich auf Persisch.»

Vielleicht dachte sie an Serbien und den kranken Ehemann, und oft verschwand Ruhi in den Gedanken, die an ihm zerrten, als wären sie einer fremden Macht hörig. Körperlich saß er neben der Oma, aber gedanklich war er wieder auf der Rutsche. Im Gefängnis.

Der Bazju

Die erste Festnahme, die zweite Festnahme, er hatte sich versteckt, war geflohen. Die zweite Festnahme, die quälte ihn. Sie hatten ihn in den Keller geführt. Ohne Jacke, Gürtel, mit leeren Hosentaschen, keine Schuhe, keine Strümpfe. Der Boden war nass. Es war kalt und roch moderig. Eine Decke lag da. Er sah nichts, denn er musste die Augenbinde tragen. So hörte er nur Stimmen von einigen Menschen, später würde er die Gesichter der Vernehmer, Folterer oder Wärter nicht wiedererkennen, wenn er sie auf der Straße mit ihren Kindern zum Einkaufen gehen sähe. Obwohl er nun in der Zelle war und seine Hände nicht mehr mit dem Kabelbinder zusammengebunden waren, wagte er es nicht, die Augenbinde abzunehmen. Er hörte keine Regung von einem anderen Menschen in diesem Keller. Also war er allein hier? Den permanenten Durchzug spürte er. Wo kam der her?

«In der Zelle war das Licht immer an. Der Boden war nass. Immer kam diese Luft. Ich hatte eine Decke, die lag unter mir. Ich wickelte die Decke um mich, aber von unten war es nass. Du willst schlafen, aber es geht nicht. Dann schlug dieser Irre von außen mit der Keule gegen die Tür. So ist es, wenn sie dich holen. Erst schlagen sie gegen die Tür. Du musst dich sofort hinstellen, zur Wand schauen. Hände nach hinten. Dann hat er meine Hände festgebunden. Die Füße auch zum Teil. Einmal hatte ich nur einen Schuh an. Dann geht man raus hinter dem Wärter her ins Verhörzimmer. Du siehst nichts. Das ist Psychokrieg. Du sitzt da am Tisch und weißt nicht, sitzt der da schon oder kommt er. Die Augen sind verbunden. Plötzlich stehen sie hinter dir. Sie wollen dich vernehmen. Einer ist immer nett und einer hart. Der Nette sagt dann: ‹Ich will mit dir ein Problem lösen, ich bin doch auch nur ein Mensch.›»

Es waren immer dieselben beiden Männer, die ihn Tag für Tag im selben Raum am selben Tisch verhörten. «Ich saß an dem Tisch, etwa 80 Zentimeter waren es bis zum Tischende. So weit ist es von der Wahrheit bis zur Lüge. So weit oder so dicht. Sie wollen, dass du deine Freunde verkaufst. Die glücklichen Momente mit deiner Mutter wollen sie, und dann drohen sie und sagen: ‹Wie lange wird sie wohl noch atmen?› Verkaufst du dann auch deine Mutter?»

Die beiden Vernehmer, die *Bazju,* kannten sich mit den Bahá'í aus, im Bereich von Verhör und Folter gibt es regelrechte Sachgebiete und Experten, die genau mit den Strukturen, dem Alltag und der Lebensweise ihrer Opfer vertraut sind. Einer der beiden muss in Ruhis Alter gewesen sein, er kam aus derselben Stadt wie er. Ob er ihn kannte? «Er betrachtete seine Vernehmungen und seine Folter als Kunsthandwerk, ständig überlegte er, wie er seine Kunst verfeinern und mich mit neuen Methoden fertigmachen konnte.» Die beiden *Bazju* probierten ihr ganzes Repertoire an Foltertechniken an Ruhi aus. Ihr Ziel war, dass er seiner Religion abschwor. Sie wollten ihn brechen.

Saßen oder standen sie? Jetzt sagten sie seinen Namen. Die Stimmen hielten ihm als Erstes vor, sie wüssten, welche Bücher er gelesen habe. Sie wüssten viel über ihn. Und dann fragten sie ihn: «Soll es einfach werden oder schwer?» Eine Stimme forderte, er sollte doch selber sagen, was er eigentlich gemacht habe. Ruhi war noch bei sich, er antwortete, dass er jeden Tag zur Arbeit gehe und dann heimkehre.

Dann befahl ihm eine der beiden Stimmen, er solle aufstehen. Er sollte sein Unterhemd ausziehen. Er sollte seine Hose ausziehen. Er sollte seine Unterhose ausziehen. Er stand völlig nackt vor ihnen. Sah nichts.

Sie schlugen ihm ins Gesicht. Derart fest, dass er auf den Boden fiel. Er sollte die Schuhe des Mannes, der ihn anbrüllte, küssen. Die Stimme beleidigte ihn. Er sollte die Beleidigungen wiederholen. Mittlerweile saß er wieder er auf einem Stuhl. Immer noch nackt. Irgendwann durfte er sich anziehen und wurde zurück in die Zelle gebracht. Am nächsten Tag holten sie ihn wieder. Da zwangen sie ihn, vor laufender Kamera seiner Religion abzuschwören und zu sagen, er sei ein Spion Israels. Sie drohten ihm mit dem Tod und würgten seinen Hals: «Zwanzig Minuten dauert es, dann bist du tot.»

«Sie haben immer gelacht. Ich hörte ihr Lachen. Mittendrin, wenn du redest, sagen sie plötzlich: ‹Stopp, sag was anderes!› Sie schlugen dich ohne Grund. Sie fragten mich was, ich konnte nicht antworten. Dann haben sie mich einfach nur geschlagen. Oder sie haben keine Frage gestellt und nur geschlagen. Nur Schläge zu bekommen war am besten. Nur Schläge mit der Hand oder dem Kabel. Irgendwann dachte ich, ich werde taub.» Er konnte sich nicht an den Schmerz gewöhnen. «Jeder Schlag tut weh, du denkst, du gewöhnst dich, aber der Schmerz bleibt.» Ruhi begann sich die Gesichter zu den Stimmen auszumalen. Dachte: «Egal was sie gleich sagen, ich sag ‹ja›, damit es aufhört. Noch fünf Minuten. Ich habe diese fünf Minuten immer weiter hinausgezögert.»

Während einer Vernehmung bat Ruhi um etwas Wasser, er hatte Durst. Sie stellten einen Becher vor ihn hin. Er sollte hineinurinieren. Dann sollte er das trinken. Er musste einen Schluck nehmen. Den Rest kippten sie über seinen Kopf.

Alles, was man als Kind der Freiheit und des Rechtsstaates einen

Menschen wie Ruhi fragt, klingt banal. Daneben. Manchmal frage ich ihn, manchmal nicht.

Was war das Ziel, was wollten sie von dir?

«Sie wollen die Bahá'í nicht töten. Das hätten sie ganz einfach machen können. Sie wollen uns einschüchtern, ersticken. Das Töten macht zu viel Ärger. Wenn du dann rauskommst, ist es fast schlimmer als im Gefängnis: Du denkst immer, sie holen dich wieder. Du guckst auf alle Nummernschilder. Könnte die Autotür sich öffnen, könnte jemand herausspringen und dich schnappen? Dieses Misstrauen – sitzt dir jemand im Rücken? Draußen wird es schlimmer, danach bist du nicht mehr du selbst. Und vor allem verstand ich nicht, warum sie mich plötzlich wieder rausgelassen haben. Ohne Kaution.»

Etwas Ähnliches hatte die Menschenrechtsanwältin Nasrin Sotudeh, Jahrgang 1963, in dem bekannten Kinofilm *Taxi Teheran* gesagt. Sie ist ein Symbol des zivilen Widerstands. Sotudeh verteidigte Frauen, die ihr Kopftuch abnahmen, zum Tode verurteilte Jugendliche und hatte sich öffentlich solidarisch mit Bahá'í gezeigt. Und wie ihre Mandantinnen war sie selbst jahrelang in Haft, musste stets damit rechnen, wieder festgenommen zu werden. In *Taxi Teheran,* der 2014 gedreht wurde, saß sie auf dem Beifahrersitz neben Jafar Panahi, dem Regisseur, der mit diesem Film den Goldenen Bären gewann. Auch er wurde mehrfach inhaftiert, zuletzt im Sommer 2022. Sieben Monate später wurde er auf Kaution freigelassen. Beide hätten vermutlich das Land verlassen können, wie viele ihrer Kolleg:innen. Beide waren geblieben. Sotudeh saß also in diesem Filmtaxi, wirkte unspektakulär, aber dann sagte sie ganz ruhig und konzentriert etwas unerhört Mutiges:

«Sie machen Dinge, damit wir wissen, dass wir ständig unter ihrer Beobachtung stehen, dass sie uns im Blick haben. Es ist klar, was sie vorhaben: Erst konstruieren sie einen politischen Fall: Man ist Spion des Mossad, des israelischen Geheimdienstes. Dann machen sie dein Leben zum Gefängnis. Wenn du aus dem Gefängnis entlassen bist, wird es draußen zu einem noch größeren Gefängnis.

Deine besten Freunde machen sie zu deinen schlimmsten Feinden. Dann denkst du: ‹Ich muss dieses Land verlassen.› Oder du betest hundert Mal am Tag, dass du wieder da reindarfst.»

Kurze Zeit nach diesem Auftritt wurde Sotudeh inhaftiert und zu fünf Jahren Haft verurteilt. Sie hatte beispielsweise die junge Narges Hosseini vertreten, die in der Öffentlichkeit den Schleier abgenommen und damit gegen den Kopftuchzwang protestiert hatte. Ihr Einsatz für Frauenrechte, Menschenrechte und Kritik an der Todesstrafe waren die Gründe für ihre erneute Inhaftierung. 2019 wurde Sotudeh zu 33 Jahren und 148 Peitschenhieben verurteilt. Sie sitzt weiter im Gefängnis. 2020 erhielt sie den alternativen Nobelpreis.

Eine Situation taucht ständig wieder in Ruhi auf. Sie ist das innere Gefängnis, das Nasrin Sotudeh beschrieben hatte:

«Einmal waren die beiden *Bazju* und ich fertig. Der eine hatte mich so viel geschlagen, er war verschwitzt und erschöpft vom vielen Prügeln. Sie nehmen alles: Keule, Holz. Ich hatte meinen Kopf gegen die Wand geschlagen, auf den Tisch, das half. Das Blut lief über mein Gesicht. Einer der beiden ging raus. Ich lag auf dem Boden. Der andere hob mich auf und setzte mich auf den Stuhl. Mein Kopf war geschwollen, ich stützte ihn auf die Hände. Da legte der eine mir eine Zigarette in die Hand. Ich nahm die Zigarette an. Verstehst du, ich nahm die Zigarette an. Ich verkaufte meine Freiheit für eine Zigarette. Als hätte ich ihm verziehen. Vielleicht haben sie das auch noch gedreht? Wir legten eine kurze Folterpause sein. Er begann, jetzt, da wir sozusagen unter uns waren, auf das Regime zu fluchen, in dessen Namen er mich misshandelte und quälte. Wir hatten aufgeraucht und gingen wieder in den Raum zurück. Dann misshandelte er mich weiter.»

Deutschland. Die Unabhängige Republik Heidenau. Ruhi hockte auf den Stufen, neben der «Oma». Er erlebte das erste Mal einen Frühsommer in diesem neuen Land. Es roch anders, selbst durch den Qualm. Die Oma war leicht nach vorne gebeugt und sprach. Ruhig, mit einer verrauchten Stimme. Allein, dass sie neben ihm saß, gab ihm, der sich im freien Fall fühlte, Ruhe und Halt. Besonders mochte er es, wenn sie ihn wie eine echte Oma ermahnte, er solle auf sein Äußeres achten:

«Eigentlich wusste sie gar nichts über mich. Aber sie sagte oft zu mir ‹chaaasieren›. Ich sollte mich rasieren. Ich wusste ja auch nicht, wer sie eigentlich war.» Im Laufe der Wochen war es unerheblich geworden, dass sie keine gemeinsame Sprache hatten. Die Oma, das Wunder

der Unabhängigen Republik Heidenau, war für eine kurze Zeit das, was Ruhi so dringend brauchte. Durch sie fand er manchmal den Ausgang aus dem schwarzen Sack. Einen Moment lang war er dann nicht im Gefängnis. Er mochte die Oma sehr, würde heute viel dafür geben, sie wiederzusehen. Eines Tages ging es dem Opa schlecht. Die Oma nahm Ruhi mit aufs Zimmer. Er wollte die beiden beruhigen und sang ein persisches Gebet. Die Oma weinte. Zwei Tage später wurde der Opa mit dem Krankenwagen abgeholt. Er starb bald darauf im Krankenhaus.

Ruhi vertraute diesem Deutschland, hier war er freundlichen und hilfsbereiten Menschen begegnet: der Helferin, die ihn in die Psychiatrie einweisen ließ, Benny Nordrhein-Westfalen, der Oma, dem älteren Herrn, der mit ihm Deutsch lernte, und natürlich der Löwenfrau. Immer lächelte er alle freundlich und sehr höflich an. Aber sobald er allein war, lag er wieder ausgestreckt in seinem Etagenbett und starrte zur Decke. Sein Zimmer war voll von seinem Zigarettenqualm, sein Kopf quoll über mit Gedanken und Ängsten. Würden sie ihn nach Italien abschieben? Und von da gleich in den Iran? In das Gefängnis? Zurück an den Tisch und in die nasse Zelle?

Seine Erfahrung im autokratischen Iran war: Nichts gilt, alles kann jederzeit zusammenbrechen. Recht kann Unrecht sein. Noch hatte er seinen inneren Kompass: seine Religion. Noch hielt sie ihn davon ab, «runtergefallen» zu machen. Je näher der Tag rückte, an dem sie ihn um 3:30 Uhr vor dem Haus abholen würden, desto häufiger dachte er darüber nach, sein Leben zu beenden.

Die Löwenfrau hatte eine kleine «Bahá'í-Eingreiftruppe» mobilisiert und einen neuen Anwalt gefunden. Der hatte sich in den Fall eingearbeitet, das Protokoll der BAMF-Anhörung tatsächlich gelesen und sich auch mit dem Verhalten der deutschen Behörden befasst (keine Selbstverständlichkeit!). Er wusste um die Situation der Bahá'í im Iran und glaubte seinem neuen Mandanten.

Gerichtlich ließ sich die Überstellung nach Italien nicht mehr stoppen. Die Fristen waren verstrichen. Die Logik des Gesetzes war: Brief (dem Heim) zugestellt, erhalten, Frist läuft. Auch wenn Ruhi zu diesem Zeitpunkt gar nicht im Heim, sondern in der Klinik war. Ein Facharzt attestierte, dass Ruhi zwar reisefähig war, aber seine medizinische Versorgung nicht gesichert wäre und vor allem der Abbruch der Therapie schädlich sein könnte.

Der Anwalt, ein angesehener und bekannter Asylrechtsexperte, griff auch das BAMF an. Er suchte nach Belegen, die zeigten, dass das Amt mit seinem Fall von Anfang an falsch umgegangen war. Er sei bereits «schwerwiegend erkrankt» eingereist und «erkennbar behandlungsbedürftig gewesen». Wie war es möglich, dass die Anhörung unterbrochen werden musste, weil Ruhi offenbar nicht mehr konnte, das BAMF aber so tat, als sei nichts vorgefallen? Und wieso ließ es überhaupt nicht in die Bewertung des Falles einfließen, dass Ruhi so lange in der geschlossenen Abteilung der Psychiatrie bleiben musste? Der Anwalt schrieb an die Spitze des Bundesamtes und legte dar, welches Recht verletzt worden war.[32] Er forderte, dass Deutschland vom Selbsteintrittsrecht Gebrauch machte, also sich für den Ruhi zuständig erklärte.

Für ihn war Ruhi ein lupenreiner Fall: Das BAMF hätte «Dublin» beiseitelassen und diesen Kranken direkt aufnehmen sollen. Wie kaputt muss ein Mensch sein, bis die Entscheider der Behörde aufhorchen? Einstweilige Anordnung, Antrag auf «vorbeugenden Vollstreckungsschutz» – nichts half. Die Überstellung rückte näher, jetzt waren es nur noch zwei Tage, bis die Ausländerbehörde Ruhi abholen würde.

«Ihr Asylantrag ist unzulässig. Sie werden daher nach Italien zurückgeführt. Bitte halten Sie sich am 29. Mai um 3:30 Uhr vor Ihrer Unterkunft bereit. Sie werden vom Außendienst abgeholt und zum Flughafen verbracht.» So hatte es in dem Brief der Ausländerbehörde gestanden.

Alle hofften auf ein Wunder, aber es geschah einfach keins. Keine Mail, kein Anruf, kein Brief. Ruhi blieb höflich, sein Kopf zwischen den Schultern versunken und beim erstbesten Moment fragte er die Löwenfrau, die wusste, wie Deutschland funktioniert: «Meinst du, ich kann bleiben? Das kann die Frau Merkel doch nicht mit mir machen.» Er sagte es lustig, lachte, aber er meinte es sehr ernst. Seitdem man Ruhi aus der Psychiatrie entlassen hatte, war er in psychotherapeutischer Behandlung. Als der Arzt begriff, was Ruhi nun bevorstand, war er sehr besorgt. Die Gefahr eines Suizids in seinem Zustand sei immer noch nicht gebannt. Schlafen konnte Ruhi nur noch mit Schlaftabletten. Als die Löwenfrau, die fast täglich zu ihm fuhr, ihn fragte, wie es ihm ging, antwortete er: «Ich habe viele Schlaftabletten geschluckt. Weißt du, ich war so erschöpft, konnte einfach nicht mehr kämpfen. Ich dachte, sie holen mich aus dem Krankenhaus. Gestern Abend dachte ich, sie holen mich. Ich dachte immer, von Italien schicken sie mich in den Iran.»

Die Löwenfrau verstand sofort. Ein paar Stunden später saß Ruhi wieder bei der Anmeldung im Eingangsbereich eines Landeskrankenhauses. Seine Begleiterin, eine andere Bahá'í, die zum ersten Mal eine psychiatrische Klinik betreten hatte, beobachtete die Menschen. Jeder Patient hatte eine Begleitung. Wie Ruhi. «Ich erkenne sofort, wer krank ist und wer jemanden begleitet», flüsterte er ihr zu. Aha. Sie konnte nichts erkennen. Dann stand einer der Wartenden auf und trat vor die dort sitzende Gruppe. Wie auf einer Bühne begann er persönliche Dinge aus seinem Leben zu erzählen. Er bewegte sich mit theatralischen Bewegungen. Ruhi beobachtete ihn genau, dann beugte er sich zu der Begleiterin:

«Der ist bestimmt gefoltert worden.»

«Wie?»

«Der ist bestimmt gefoltert worden.»

«Aber in Deutschland wird nicht gefoltert.»

«Bist du sicher?»

«Ja. Ganz sicher!»

Ruhi war überrascht. Wie konnte ein Land nicht foltern? Einen Moment war er still, dann beugte er sich noch mal zu seiner Begleiterin: «Das ist ja toll.»

Er wurde wieder in die geschlossene Abteilung der Psychiatrie eingewiesen. Die Löwenfrau und der Anwalt waren erschrocken, aber zugleich auch etwas erleichtert: Damit, dass er einen Haufen Schlaftabletten auf einmal einnehmen würde, hatten sie nicht gerechnet. Hätten sie ahnen müssen, dass Ruhi für immer gehen wollte, ehe sie ihn nach Italien bringen würden? Nun hofften sie, dass die Leute von der Ausländerbehörde nicht in die geschlossene Station kommen würden, um ihn abzuholen. Denn das war auch schon vorgekommen.

Ruhi sprach nicht sehr viel mit den anderen Patienten, obwohl er es sich gewünscht hätte. Aber er war schüchtern, weil er noch nicht gut Deutsch sprechen konnte. Er verkroch sich eher. Im Fernsehzimmer entdeckte er Kindertrickfilme. Diese heile Welt beruhigte ihn etwas, hier würde sicher nichts Bedrohliches kommen. Öfter saß er mit einer älteren Dame im Essensraum. Ruhi verstand sie nicht, seine wenigen Deutschkenntnisse schützten ihn vor ihren Wortsalven. Am nächsten Vormittag schrie die Dame wieder herum. Sie schimpfte, sie fluchte, brüllte üble Beleidigungen. Ruhi saß ihn ihrer Nähe und hörte ihr aufmerksam zu. Während alle anderen den Raum zügig verließen, blieb Ruhi bei ihr. Mehrere Stunden.

Als mittags eine Bahá'í zu Besuch kam, erzählte er ihr:

«Ich habe mich mit der älteren Dame unterhalten. Ich habe ihr zugehört, aber nicht verstanden, was sie gesagt hat.»

«Und was hast du gesagt?»

«Ich habe immer gesagt: ‹Wirklisch?› Dann hat sie weiter gebrüllt.»

«Wie lange ging das?»

«Von neun bis elf. Danach war sie völlig kaputt vom vielen Schreien und musste sich schlafen legen. Es hat ihr gutgetan, dass ich ihr zugehört hab.»

Sein Anwalt, erfahren und renommiert, hatte sich für Ruhi stark gemacht, als er ein letztes Mal an das BAMF schrieb: «Ich habe in meiner nahezu vierzigjährigen Anwaltstätigkeit noch nie einen derartigen Fall mit derart schwerwiegenden Verfahrensfehlern erlebt.» Genau neunzehn Stunden, bevor die Ausländerbehörde ihn morgens um 3:30 Uhr abholen sollte, erreichte den Anwalt eine Nachricht des BAMF. Sofort schrieb der Jurist der Löwenfrau diese Mail: «BAMF übernimmt!»

In der WhatsApp-Gruppe des kleinen Eingreifteams stand kurz danach: «1. Keine Abschiebung. 2. Die Überstellungsfrist läuft am 1. Juni ab. 3. Sobald es Ruhi besser geht, soll er zur Ausländerbehörde, dort bekommt er entweder eine Aufenthaltsgestattung oder eine Duldung. Es bestünde keine Eile.»

«Du bleibst in Deutschland. *Mimuni, pesaram!* Keine Abschiebung!», rief die Löwenfrau ins Handy.

Ruhi war durch die Medikamente leicht sediert, aber dann fand er wieder Worte, erst leise, hatte Tränen in der Stimme: «*Rast migi? Be choda! Rast migi?* – Wirklich? Bei Gott! Wirklich?» Natürlich konnte er es nicht glauben und fragte vor lauter Glück immer wieder nach, ob das denn stimmen könne.

«Was ist denn passiert, dass sie mich nicht abschieben?»

«Sie können ja sagen, dass Deutschland deinen Fall übernimmt. Das hat das BAMF jetzt gemacht.»

Deutschland prüfte seinen Asylantrag. Die Anhörung hatte ja bereits stattgefunden. Ein Jahr später wurde ihm vom BAMF der Flüchtlingsschutz zugesprochen.

Oft habe ich mich gefragt, was aus Ruhi geworden wäre, wenn es keine Löwenfrau, keinen Anwalt und keine unterstützenden Helferinnen gegeben hätte. In Calais und in Paris habe ich mit geflüchteten Menschen, die auf der Straße gelandet waren, gesprochen und immer wieder die Frage gestellt: «Warum bist du hier?» Viele haben erzählt: «Ich bin ein Dublin-Fall. Ich soll nach Bulgarien oder Italien gebracht werden. Das will ich aber nicht. Jetzt versuche ich, über den Ärmelkanal nach Großbritannien zu gelangen.»

Insgesamt waren es Dutzende Dublin-Fälle, mit denen ich im Laufe der Zeit sprechen konnte. Bis auf eine Ausnahme hatten jene, die in Deutschland gelebt hatten, keine Kontakte, keine Freunde, keine Löwenfrau an ihrer Seite. Irgendwann wurde es ihnen zu kompliziert, sie verstanden die Abläufe ohnehin nicht. Auf dem Papier vom BAMF stand «Überstellung», der Anwalt war vielleicht am Ende mit seinem Latein oder hatte sich nie richtig gekümmert. Und dann bekamen sie Angst, tauchten ab – so, wie sie zuvor einfach in Deutschland aufgetaucht waren. Allerdings waren ihre Fingerabdrücke nun höchstwahrscheinlich im EURODAC-System. Manche machten Dinge, die ihr Leben noch schwieriger machten.

Ruhi hatte medizinische Hilfe, die Bahá'í an seiner Seite, seine serbische Oma und am Ende einen guten Anwalt.

Er nimmt weiterhin Psychopharmaka und braucht therapeutische Behandlung. Vergangenes Jahr wurde er wieder für ein paar Wochen in die Psychiatrie eingewiesen, weil die Depression ihn nicht loslässt und der Arzt Sorge hatte, er könnte sich etwas antun. Die Löwenfrau ist unerschrocken an Ruhis Seite. Sie hat ein Zimmer für ihn gefunden. Ruhi lernt Deutsch. Vielleicht gelingt es ihm, eine Ausbildung zu machen – zum Beispiel als Altenpfleger. Vielleicht. Die Löwenfrau und ihr Mann werden älter. Dann könnte Ruhi eines Tages ihr helfen. Vielleicht.

Als ich Ruhi kürzlich besuchte, schlug ich ihm vor: Lass uns zusammen in die Autowaschstraße fahren. «Das ist eine großartige Idee», sagte der große, kleine Nick. Er war schon voller Vorfreude, ehe wir überhaupt ins Auto stiegen. Und dann konnte ich ihn vor lauter Begeisterung kaum im Auto halten. «Deutschland ist wunderbar, so eine tolle Autowaschanlage habe ich noch nie gesehen.» Dann saugten wir von rechts und von links den Innenraum des Wagens. Er war beschäftigt, er war glücklich. Ich auch.

Mal geht es Ruhi besser, mal rutscht wieder er in die Welt des Gefängnisses hinab. In letzter Zeit passiert das oft, denn seine Familie wird im Iran vom Geheimdienst bedroht. Man hat ihnen bereits Eigentum abgenommen. An einem Tag wurden sie aufgefordert, sie sollten zum Verhör erscheinen. Sie hatten aber nicht die Kraft hinzugehen, weil beide krank sind. Am selben Tag wurde ein Bruder von einem Auto angefahren. Die Familie ist sich sicher, dass das kein Unfall war. Der Vater schaut nur noch an die Wand.

«Meine Eltern sind glücklich, dass ich raus bin. Ich gehe hier zur Schule, um Deutsch zu lernen. Nachmittags starre ich zu Hause zwei, drei Stunden auf die Arbeitsblätter. Ich lerne vielleicht fünf Worte. Mehr geht nicht. Dabei möchte ich ja lernen. Ich bin so froh, dass ich hier bin. Das ist ein Paradies hier. Keiner zwingt dich, nur weil du in Deutschland bist, Christ zu sein. Du musst auch nicht vor der Polizei zittern. Du kannst hier zur Toilette gehen, wann du willst. Musst nicht wie im Gefängnis rufen und um Erlaubnis bitten. Das erste Mal, dass ich rausgegangen bin, einkaufen, wieder zurückkam und dachte, es ist alles so einfach. Ich muss einfach nur ein Mensch sein. Das war in Deutschland.

Es gab eine Nacht, als ich schlafen konnte, das war hier.

Das erste Mal, als ich wieder gelacht habe, das war hier.»

Er rutscht weiter auf dieser Rutsche. Keine Nacht ohne Alpträume.

Im Iran und anfangs in Deutschland war er vor lauter Bedrohung wie betäubt. Jetzt in der Sicherheit melden sich die Wunden seiner Seele. Aber wenn man Ruhi fragt, wie geht es dir, dann sagt er: «Sehr gut. Bestens. Ich bin der Schnürsenkel an deinem Schuh.»

Omid will im Schlauchboot über den Ärmelkanal

«Mindestens 27 Flüchtlinge sind bei der Überfahrt über den Ärmelkanal gestorben. Ihr Schiff war zuvor gekentert. … Das Unglück ereignete sich vor der Küste von Calais. Unter den Opfern befanden sich fünf Frauen und ein kleines Mädchen, teilte Frankreichs Innenminister Gérald Darmanin in Calais mit. Vier Schleuser, die möglicherweise an der gescheiterten Überfahrt beteiligt waren, seien festgenommen worden, sagte Darmanin. ‹Das ist das größte Drama, das wir bisher erlebt haben.›»[1]

Am Morgen dieses 24. November hatten an die zwanzig Schlauchboote von der französischen Küste abgelegt. Wobei die Bezeichnung Schlauchboot irreführend sei, erklärte der französische Innenminister später. Sie ähnelten eher einem aufblasbaren Swimmingpool für den Garten.[2] An diesem Morgen gegen vier Uhr, es war stockduster, hockten auch Omid und seine dreijährige Tochter Nika in einem dieser schwimmenden Plastikerzeugnisse. Ganz vorne. Nika durfte als einzige ihren Anorak anbehalten. Wassertemperatur etwa 13 Grad Celsius. Nur ein paar Wochen zuvor hatte ich sie in Calais getroffen, in Vertretung meines Kollegen Bamdad Esmaili, der schon lange mit ihnen in Kontakt war. Und jetzt hieß es in den Morgennachrichten: Mindestens siebenundzwanzig Tote und darunter auch ein kleines Mädchen! Wir wussten, dass Omid mit seiner kleinen Tochter genau an diesem finsteren Morgen das *Game* machen wollte. Wir waren uns sicher.

Zuletzt hatten wir die beiden sieben Wochen vorher in Calais getroffen. Von Köln aus ist Calais gut zu erreichen, vier Stunden dauert die Fahrt mit dem Auto. Das Wetter in vertrautem Grau. Omid hatte uns einen Standort geschickt und erklärt, sie seien in Calais. Der Ort, den das Navi uns zeigte, war allerdings etwa siebzig Kilometer von Calais entfernt. Gemessen an den Entfernungen, die die beiden in Europa schon hinter sich gebracht hatten, war dieser Ort für Omid wohl trotzdem irgendwie Calais. Dort waren sie für ein paar Tage in einer französischen Notunterkunft untergebracht.

Auf dem Weg hatte ich länger auf Omids Profilbild geschaut. Sah aus wie ein Vorstadt-Papa, der seine kleine Tochter im Arm hält. Im Hintergrund verschwommen ein Auto, es könnte seines sein. Nika strahlt in die Kamera. Wenn man das Bild zwischen Daumen und Zeigefinger etwas größer zog, dann konnte man erkennen, dass die Zähne des Mädchens im Kindergartenalter wohl jede Zahnärztin interessiert hätten, sie waren in keinem allzu guten Zustand. Omid, stellte ich mir vor, während ich weiter auf das Bild schaute, könnte Eventmanager sein, und sie hätten bestimmt einen Hund. Um so ein Vorstadtglück zu leben, mit solch einem Auto, einem Job, wie es sein Profilbild erzählen sollte, waren die beiden zu diesem Zeitpunkt seit über vier Jahren unterwegs.

Wenn man diese Nachrichten hörte – Menschen sind ertrunken, haben die Überfahrt nicht überlebt oder sind einfach verschwunden –, dann hatte ich nicht solche Menschen vor meinen westlichen Augen, mit T-Shirts und Sneakers, die so aussahen wie ich. Diese verschiedenen Wirklichkeiten passten nicht in meinen Kopf. Erst recht nicht, dass das nur ein paar hundert Kilometer entfernt von meiner täglichen Lebenswirklichkeit geschah, auf dem Weg zur Fähre nach Großbritannien, wo das Wetter so wie zu Hause war.

Vor der Unterkunft kommen sie uns entgegen: Omid in lockeren Jeans und T-Shirt, er trägt diese Hotel-Einweglatschen, die für lange Flure mit federnder Auslegeware gemacht sind. Nikas Anorak ist ihr zu klein, die nackten Ärmchen gucken etwas zu weit aus den Ärmeln heraus. Omid friert. Sofort gibt mein Kamerakollege Norbert Nienstedt ihm seinen Fleece-Pullover. Omid nimmt ihn umgehend an, ohne einen Anflug von persischer Höflichkeit: «Ich habe nur das, was ich hier trage. Sonst nichts.» Mein Blick fällt wieder auf die Einweglatschen, und ich frage, wie er damit bis nach Großbritannien kommen wolle. Omid lacht, eher etwas flach.

«Wir kommen an, wir haben schon anderes hinter uns. Wenn du

nicht in deinem Land leben kannst, musst du alles versuchen», erzählt er, mit Nika auf dem Arm. Sie ist fremde Menschen gewohnt und interessiert sich für uns. «Wir haben auf diesem Weg alles verloren. Unsere Familie. Alles ist weg. Ich habe jetzt nur noch dieses Kind. Ich habe sie bis hierher geschleppt.» Während des Interviews nehme ich Nika auf dem Arm, sie fremdelt kein bisschen. Irgendwann hören wir ein ganz leises Kinderschnarchen, fast wie ein zufriedenes Kätzchen. Da frage ich Omid, was er denn Nika erzähle, warum sie ständig unterwegs sind, wo die nicht enden wollende Reise hingeht?

«Ich sage ihr: ‹Wir gehen nach Hause. Den ganzen Weg sind wir schon gekommen, ist doch nur noch das Wasser›, sage ich ihr. ‹Das halten wir aus! Das ist die letzte Etappe. Dann sind wir zu Hause.›»

Omid und Nikas Weg zu Fuß nach Calais war nicht nur über 2700 Kilometer weit, hatte nicht nur verdammt lang gedauert. Omid war drei Jahre in Athen gewesen. Wer wie die beiden in Calais landet, der will entweder unbedingt nach Großbritannien oder ist überall anders in Europa gescheitert. Sonst kommt man nicht an diesen für Migrant:innen und Schutzsuchende vermaledeiten Ort. Omid war schon etliche Male gescheitert, zuletzt kurz bevor er sich mit Nika von Griechenland aus zu Fuß auf den Weg machte. Da wollte er es einmal noch mit dem Flugzeug versuchen. In Athen hatte er beobachtet, wie die Touristen in Athen gekleidet waren, wie sie sich bewegten und wie wenig die Polizei sich für sie interessierte. Er musste auch wie ein Tourist aussehen. Mit Nika machte er sich auf den Weg zur Urlaubsinsel Korfu. Von dort wollte er mit ihr nach Paris fliegen. Es war Hochsaison auf der Insel, der Flughafen pickepacke voll. Er hatte Nika und sich schick gekleidet, damit sie so aussahen wie die anderen Urlauber.

«Mit dem Ticket und dem Pass in der Hand ging ich zum Gate. Der Flug ging nach Paris. Dann habe ich mich da neben die Tür gesetzt. Die Tür, durch die man geht, um in den Bus zu steigen. Es war noch eine Stunde bis zu unserem Abflug. 40 Minuten saß ich da, dann kam so ein Mann auf mich zu und sagte:

‹Darf ich mal ihre Papiere sehen?›

Ich habe ihm alles gegeben.

Er sagte: ‹Kommen Sie mal mit mir mit!› Dann hat er uns in sein

Büro mitgenommen und immer wieder gesagt, das sei ja eine Fälschung.

Ich sagte: ‹Nein, das sind die Originale.› Habe immer wieder gesagt: ‹Original, Original!›

Er hat die Papiere in so ein Gerät gesteckt und mir gesagt: ‹Die sind gefälscht!›

Ich hab ihn angefleht: ‹Bitte lassen Sie mich gehen, ich bin total schwach und fertig.›

Er antwortete nur: ‹Nein, Sie können nicht fliegen!›»

Das war nicht das erste Mal, dass er am Flughafen mit gefälschten Papieren aufgeflogen war. Zweimal hatte er es schon nach Österreich versucht, mit einem rumänischen Pass. Aber Nika hatte im falschen Moment geschrien, und da flog alles auf. Dieses Mal hatte er nicht nur das Geld für das Ticket verloren, die neuen Kleider umsonst gekauft, vor allem hatte sich die Hoffnung verflüchtigt, es irgendwie aus diesem Griechenland herauszuschaffen. Seine Verzweiflung trieb ihn, mit Nika an der Hand, zur Tankstelle, gleich in der Nähe des Flughafens. Dort kaufte er einen Kanister mit Benzin. Dann setzte er Nika in der Flughafenhalle auf einen Stuhl:

«Mitten im Flughafen habe ich Benzin über meinen Kopf geschüttet. Von oben auf mich drauf. Ich weiß nicht, ob du den Flughafen Korfu kennst, der ist klein. Ich sagte, ich zünde mich jetzt an. Da packten mich zwei Polizisten von hinten. Sie nahmen mich mit in einen Raum, so vielleicht dreißig oder vierzig Minuten, und dann warfen sie mich aus dem Flughafen raus. Ich hatte kein Geld mehr, um nach Athen zu kommen. Wir haben zwei Tage im Flughafen geschlafen. Dann habe ich einen Freund angerufen. Er hat mir zwei Online-Tickets gekauft, und wir sind nach Athen zurückgeflogen.»

Man würde jetzt erwarten, dass dieser Mann mit seiner kleinen Tochter in Athen gänzlich erschöpft und frustriert war. Omid aber war im Überlebensmodus, konnte nicht aufgeben. Er hatte immer noch sein Ziel vor Augen, und das hieß Deutschland. Die Hoffnung kroch wieder aus ihrem Versteck, da war noch kein Monat vergangen. Sie wirkt mehr als jede Pille. Er hatte ja schon viele Niederlagen hinter sich.

Als er in Europa angekommen war, hatte er von den Niederlanden geträumt. «Ich bin Christ und ich hatte noch andere Probleme nach der Präsidentenwahl 2009. Im Netz hatte ich meine Frau kennengelernt. Damals im Iran war ich Schweißer. Wir haben zusammen entschieden, das Land zu verlassen. Dann bin ich zuerst raus. Meine Frau und das Baby wollte ich nachholen. Wir wollten nach Europa und hatten gehört, dass sie sich in den Niederlanden viel um einen kümmern. Du hast da im Vergleich zu anderen Ländern mehr Sicherheit.» «Wer hat denn das erzählt? Woher hattest du die Informationen?», fragte mein Kollege Bamdad ihn. «Von Freunden, die ich in Europa hatte. Ich dachte, es ist ganz einfach. Der Schlepper hatte mir das auf den Tag genau ausgerechnet. Er sagte, du bist innerhalb von siebenundzwanzig Tagen in Holland! Ich dachte, ich steige einfach ins Flugzeug ein und komme leicht an mein Ziel. Der Schlepper sagte: ‹Du kommst nach Griechenland und ich bringe dich über den Luftweg in die Niederlande.› Ich hatte eine völlig andere Vorstellung gehabt.»

Im Gepäck trug er eine traurige Kindheit: die Scheidung seiner Eltern, die danach seine Geschwister und ihn nicht mehr haben wollten. Ein Vater, der auf der Straße landete – Omid lebte als Kind auch für ein Jahr dort. Als er selber Vater wurde, wollte er, dass sein Kind ein besseres Leben haben sollte. Im Iran fühlte er sich zum Christentum hingezogen. Tatsächlich würde er sich später in Athen auch taufen lassen. Omid wollte weg aus dem Iran.

Seine Odyssee hatte 2018 mit einem Flug vom Iran nach Serbien begonnen. 7500 Euro hatte er dem Schlepper bezahlt. Damals, zwischen August 2017 und Oktober 2018, brauchten Iraner:innen kein Visum für Serbien.[3] Etwa ein Jahr lang wurde das Land zum Tor nach Europa für Menschen aus dem Iran. Wir trafen Hunderte auf der Balkanroute, unter anderem Safi, von dem ich im ersten Kapitel erzählt habe. Omid kam durch dieses Tor. Der Schlepper hatte ihn aber nach Athen geschleust und erst mal dort untergebracht. Allerdings brannte er mit seinem Geld durch. So landete Omid auf der Straße, einige Monate lebte, schlief, aß er dort. Fast ein Jahr später kamen seine Frau und die kleine Nika mit dem Schlauchboot von der Türkei auf Lesbos an. Im Lager blieben sie nicht lange und schafften es illegal nach Athen.

«Ich hab da gleich gearbeitet. Hatte einen Job gefunden in einem Restaurant, und wir konnten dort auch unterkommen.»

Omid hatte sich noch nicht in Griechenland als Flüchtling registriert, weil er Angst hatte, dass sie seine Fingerabdrücke nehmen würden. «Ich bin dann hin und habe einen Anhörungstermin bekommen. Aber der sollte erst in dreieinhalb Jahren sein. So lange wollte ich nicht warten.» Die Wartezeiten für Anhörungen konnten in Griechenland kurz oder ewig lang sein. Drei Jahre waren nicht unüblich. Sieben Monate warteten sie zu dritt in Athen.

«Dann haben wir uns zusammengesetzt und überlegt, was machen wir jetzt. Wir konnten nur den Schlepper für einen von uns bezahlen. Das Geld reichte nicht. Dann haben wir entschieden, sie soll gehen. Über Madrid und Belgien hat der Schlepper sie in die Niederlande gebracht.»

Omid blieb mit dem Kind in Athen zurück. Man darf annehmen, dass seinem langen einsamen Weg durch Europa eine traurige Beziehungsgeschichte zugrunde liegt. Kurz nachdem seine Frau in den Niederlanden angekommen war, brach der Kontakt ganz ab. Seinen Fixpunkt Niederlande löschte er und richtete seinen inneren Kompass nach Deutschland aus. Orientierte sich an Halbwissen, Gerüchten und natürlich der emotionalen Landkarte nach der Trennung. Omid schlug sich von nun an mit dem Kleinkind auf der Straße in Athen durch, mal mit Almosen, mal mit Jobs. Er half als Ordner bei einer Suppenküche für Migranten und Flüchtlinge und hatte Nika, die gerade laufen konnte, immer dabei. Dort bekamen beide eine Mahlzeit am Tag. So verdiente Omid 100 Euro pro Monat, zusätzlich etwas staatliche Hilfe. Das Geld legte er zur Seite und kaufte gefälschte Papiere, um mit dem Flugzeug weiter gen Norden zu fliegen. Dass das zweimal scheiterte, haben wir schon gesehen.

Mit dem Flugzeug kam er nicht raus aus Griechenland, das hatte er jetzt einsehen müssen. Mit den gefälschten Papieren kam er nicht an den Polizeikontrollen vorbei. Die griechische Polizei hat Menschen wie Omid schnell im Blick, zumal mit Kind. Geld für einen Flug hatte er sowieso nicht mehr. Es blieb ihm also nichts anderes übrig, als sich zu Fuß auf den Weg zu machen.

Die ohne Geld gehen zu Fuß

Wie lange man unterwegs ist und ob man da landet, wo man hinmöchte, hängt auch damit zusammen, wie viel Geld man besitzt. Je mehr man bezahlen kann, desto schneller bringen Schlepper einen mit gefälschten Papieren und einem Flugticket an den Ort, den man erreichen möchte. Je weniger man hat, desto länger dauert es. Mitunter Jahre. Dann geht unterwegs das Geld aus und man muss erst mal neues organisieren, leihen, schnorren, erarbeiten oder erbetteln, um zu leben und um weiterzukommen. Und ob man in dem Land ankommt, von dem Freunde erzählt haben, wo man sich Sicherheit und Arbeit erhofft, ist noch unsicherer. Will sagen: Es gibt den ICE erster Klasse und es gibt den Weg zu Fuß entlang der Schienen. Wir haben in Calais einen Schlepper gesehen, der seinen Geschleppten im Porsche vom Hotel abholte und herumfuhr, und zur gleichen Zeit sahen wir Hunderte Frauen, Kinder und vor allem Männer, die in Müll und Matsch schliefen, in dem selbst Ratten und anderes Getier versinken. Der Weg nach Großbritannien führte genau hier entlang.

Es war auch Omids und Nikas Weg. Durch den Matsch.

Athen – Calais, stellt Google Maps fest, wären ohne Umwege und wenn sie einfach durchmarschieren würden, etwa 2700 Kilometer. In Athen hatte Omid genug Zeit, Geschichten und Erfahrungen von anderen zu sammeln. Er glaubte, das Tor zu seinem Traum würde sofort zufallen, wenn er in der EU Fingerabdrücke abgeben würde.

Zu Fuß wollte er auf die Balkanroute. Griechenland, Albanien, Montenegro, Bosnien, Kroatien, Slowenien, Österreich und dann Deutschland. Das war sein Plan. Ohne Schlepper, den konnte er nicht bezahlen. «Wir sind in Athen aufgebrochen. Erst liefen wir dreißig Kilometer zu Fuß über die Berge nach Albanien. Sie saß immer auf meinem Rücken. Ich hatte noch einen Rucksack dabei und ein paar Klamotten für sie.

Nun, im Auffanglager etwa eine Stunde entfernt von Calais, beginnt Omid sich an die vergangenen Wochen zu erinnern. Er staunt selbst über die Strecke, die er mit seiner kleinen Tochter auf den Schultern zurückgelegt hat: «Mit dem Taxi sind wir bis zur Hauptstadt. Dann wieder über die Berge nach Montenegro. Mein Trick war, wir haben uns immer schick angezogen. Ich hab alles Geld dafür ausgegeben: umziehen, schick aussehen und dann in den Bus einsteigen. So sahen wir nämlich aus wie Europäer. Es war ja eh Sommer. Weil alle dachten, wir seien Touristen, wurden wir weniger kontrolliert. Erst fuhren wir mit dem Bus, und dann mit Einheimischen, denen ich Geld gab, weiter Richtung Montenegro. Und landeten dort im Camp. Wir haben uns dort aber nur eine halbe Stunde erholt. Ich habe geduscht, hab Nikas Klamotten gewechselt und hab gesagt, dass ich gehen will. Die wollten wissen, wohin. ‹Ruhe dich aus›, haben sie mir geraten. Aber ich hab gesagt, dass ich gehen will.»

Oft funktionierte sein Trick mit der Kleidung, aber nicht immer. Omid hatte es mit Nika auf den Schultern bis kurz vor die EU-Außengrenze in Bosnien geschafft. Als sie das erste *Game* von Bosnien nach Kroatien wagten, erwischte sie die Polizei an einem Bahnhof.

«Sie haben mich vor Nika geschlagen und uns wieder auf die andere Seite nach Bosnien zurückgeworfen. Ich probierte es wieder, es klappte nicht. Beim dritten Mal waren wir mit einer afghanischen Familie acht Tage lang unterwegs. Wir sind nachts gelaufen. Einmal pro Tag haben wir was gegessen, das, was wir im Wald fanden. Nika auch. Wir haben das Wasser getrunken, das wir fanden. Es war unterwegs sehr kalt. Wir passten nicht beide in einen Schlafsack. Ich habe Nika in den Schlafsack gesteckt, damit sie sich nicht erkältet. Nachts gab es richtig viel Raureif, so dass du komplett nass wurdest. Es war sehr kalt, sehr kalt, sehr kalt … Ich habe viele Tiere gesehen, Schlangen, Bären, Wölfe … Es war viel zu gefährlich. Wir müssen auf jeden Fall einen Beschützer gehabt haben. Bis wir in Slowenien ankamen und uns der Polizei stellten.»

Unterwegs im Wald, in den Bergen, im Nirgendwo drehte er flott etwas mit dem Handy. «Nika, wink mal», rief er, und Nika wedelte mit ihrem Händchen in Richtung Kamera. «Als wir in diesem Lager in Slowenien ankamen, nahmen sie meine Fingerabdrücke. Und damit war die Tür nach Deutschland verschlossen. Ich bekam Angst. Ich dachte, wenn ich in Deutschland ankomme, krieg ich Probleme. Dann würden sie mir für vier oder fünf Jahre eine Duldung geben. Ich dachte, der einzige Weg, den ich jetzt noch hatte, war für mich England. Denn das Land ist nicht in der EU und die Fingerabdrücke sind da nicht so wichtig. Dann waren wir innerhalb von einem Tag in Italien. Alles ohne Schlepper. Gott hat uns geholfen. Man gibt sich gegenseitig die Standorte, die hatte ich auf dem Handy gesichert. Wir saßen von Ljubljana bis Italien im Zug und keiner hat uns irgendwas gefragt. Venedig. Milano. Torino. Wir fuhren weiter nach Paris. Als wir dann da ausstiegen, hat es geregnet. Aber ich dachte, wenn wir schon in Paris sind, dann müssen wir den Eiffelturm sehen. Wir waren nur ein, zwei Stunden da. Dann habe ich ein Zugticket nach Calais gekauft. Keiner hat gefragt. Wir kamen in Calais an und haben eine Nacht auf der Straße geschlafen. Ein Bus hat uns hier in dieses Lager gebracht. Da sind wir jetzt. Jetzt müssen wir einen Schlepper finden für die Überfahrt.»

Warum Großbritannien?

Hast du unterwegs mal die Hoffnung verloren, frage ich, da sind sie gerade zehn Tage in Calais.

«Ich war sehr hoffnungslos. Ich dachte, ich komme nicht an. Ich hätte nicht gedacht, dass ich das schaffe. Zwei, drei Mal hatte ich so viel Druck, dass ich einen niedrigen Puls bekam, ich dachte, ich kriege gleich einen Herzinfarkt. Ich dachte, ich komme nie an, aber als ich in Paris war, habe ich mich beruhigt. Ich konnte es nicht glauben, dass ich am Eiffelturm stand.»

Nika schläft nun schon eine ganze Weile auf meinem Arm. Ihr leises Kinderschnarchen klingt ruhig und tief. Wir laufen durch das menschenleere Dörfchen. Die Vorgärten sehen so schön aufgeräumt und sortiert aus. Wie normales westeuropäisches Leben aussehen kann, minus Corona, minus Krieg in der Nähe und Inflation. Wie würde Omid jetzt von diesem ordentlichen Dorf nach Großbritannien kommen? Siebzig Kilometer von der Küste entfernt. Nur das Kind und das Handy hat er noch.

«Wenn du aus dem Zug in Calais aussteigst, dann findest du schnell jemanden, der Persisch spricht, der gibt dir Orientierung. Als Erstes musst du in die Notunterkunft gelangen. Da wirst du registriert, die meisten geben einen falschen Namen an. Dann bekommst du ein Zimmer, ein Bett, eine Decke, alles sehr sauber. Nach drei oder vier Tagen kommen die von der Behörde und fragen, ob du in Frankreich Asyl beantragen oder ob du gehen willst. Die meisten sagen: ‹Wir wollen nach England›. Die Franzosen sagen dann: ‹Ok, dann kannst du zehn bis fünfzehn Tage hierbleiben und dann musst du gehen.› Die, die in der Zeit einen Schlepper finden und das Geld zahlen können, vereinbaren mit dem Schlepper direkt einen Termin und gelangen nach England. Wen sie nicht mitnehmen, der geht zurück nach Calais. Der steigt wieder in den Bus ein und kommt hierher zum Camp. Die lehnen keinen ab, weil man letzte Woche schon da war. Man probiert es wieder und so wiederholt sich das immer.»

So wie Omid das erklärt, klingt es so einfach und vertraut, als würde man bei den Kölner Verkehrsbetrieben Münzen einwerfen und ein Ticket zum Neumarkt kaufen. Also bitte ich ihn, mir noch mal zu erklären, wie das mit dem Schlepper läuft:

«Die Nummer von den Schleppern krieg ich von Freunden. Das sind Iraner und Araber. Ich muss Geld sammeln. Man muss dann das Geld für sie bei einem *saráf* (Geldwechsler, I. S.) in Athen deponieren. Wenn ich angekommen bin, dann gibt dieser *saráf* in Athen das Geld frei auf meinen Namen. Und der Schlepper bekommt es. Wir sind ja bislang gut durchgekommen. Manche brauchen ein bis zwei Jahre. Einer hat mir erzählt, er hat es siebzehn Mal probiert. Meist probiert man es nachts. Ich hatte meine Fingerabdrücke in Slowenien abgegeben. Wenn sie mich kriegen, schicken sie mich wieder zurück nach Griechenland. Was soll ich denn in Griechenland? In Deutschland lehnen sie dich sowieso mit den Fingerabdrücken aus Slowenien nach zwei, drei Jahren ab. Alles für die Katz.»

Warum, ich frage das wohl schon zum dritten Mal, warum denn jetzt Großbritannien? Für Omid existiert kein anderes Land mehr, er ist vollkommen überzeugt von seinem Plan. Deutschland hat er von seiner inneren Landkarte gelöscht. Er trauert dem Land nicht hinterher, er will nur noch ankommen. Träume den Gegebenheiten anpassen. «Großbritannien gehört nicht zum Dublin-System. Wenn ich dort Asyl beantrage, werde ich kein Dublin-Fall. Deutschland kannst du vergessen. Nicht mal mit Anwalt klappt das. Unterwegs habe ich eine Familie kennengelernt, die acht Jahre in Schweden lebte. Der Mann hat für die Post gearbeitet. Sie wurden abgelehnt. Nach acht Jahren Leben in Schweden irren sie wieder umher. Das ist Europa!» Da ist es wieder, dieses Gemisch aus Erfahrungen, aber auch Halbwissen, Gerüchten, verschiedenen innere Beweggründen und Hoffnungen, so dass am Ende Großbritannien herauskommt.

Wir stehen immer noch, wie so oft, wenn wir mit Menschen an den Rändern Europas oder mitten im *Game* sprechen, verloren herum, diesmal in einer Seitenstraße dieses geordneten nordfranzösischen Dorfes. Einmal stolziert eine Katze über den Asphalt. Sonst ist niemand zu sehen. Man fühlt sich fremd hier, fast wie ein Eindringling. Ich möchte gerne weg von hier. Also frage ich, ob er noch etwas erledigen oder einkaufen müsse, ob wir vielleicht in ein Café gehen könnten. «Nein, ich brauche nichts.» Wieder diese persische Höflichkeit von einem, der nichts hat und eigentlich alles braucht. «Doch, doch», dann fällt ihm plötzlich etwas ein. «Klebeband! Ich brauche Klebeband, um die Plastikhülle zuzukleben, in die ich unsere Papiere und das Handy packe. Den Kleber wickele ich dann drum, damit nichts nass wird, falls wir kentern.» Seit Tagen wartet er in der Unterkunft auf besseres Wetter. Er blickt ständig auf die Wetter-App im Handy, denn vom Wetter, so hatten die Schlepper es ihm erklärt, hängt alles ab. Wenn die Wellen niedrig sind und der Wind schwach, würden sie die Schlauchboote aufpumpen und aufbrechen. Er muss also immer abfahrbereit sein, deshalb will er gerne in den Supermarkt.

Nika flitzt zwischen den Regalen auf und ab, Omid kommt kaum hinterher. Mit ihren kleinen Beinchen fliegt sie fast durch die Gänge. Vollbremsung vor dem Spielwaren-Regal und einer Puppe, die fast so groß ist wie sie selbst, mit langen blonden Haaren und erdbeerfarbenen Bäckchen. «*Baba*, die will ich.» Der Papa kommt mit etwas Verzögerung und leicht außer Atem hinterher: «So eine kauf ich dir zu Hause. Die kannst du nicht mitnehmen auf die Reise.» Man kennt die Beschwerden von kleinen Menschen, die im Supermarkt nicht das bekommen, was ihr Kinderherz ihnen zuflüstert. Es wird laut. Omid versucht Nika abzulenken, verspricht ihr ein Eis. Die findet die Puppe aber deutlich attraktiver als sein Angebot. Der Supermarkt ist so leer wie die Dorfstraße, auf der wir noch eben standen. Dafür hört man noch deutlicher die akustische Untermalung eines lebhaften, kleinen Mädchens. «*Baba*, ich will aber!» Nun greift Omid nach Nikas Hand und sucht die Regalreihen nach Klebeband ab. Endlich haben sie das Richtige gefunden. Eine Verkäuferin schaut länger zu, was dieser Fremde mit dem quietschenden Kind da wohl macht. Er kniet sich hin und studiert die vier verschiedenen Klebebänder, da springt die Kleine von einem Beinchen auf das andere und ruft: «*Baba, djisch! Baba djisch!* Pipi!» Omid hört nicht hin, versucht sich zu konzentrieren: welches Klebeband würde dem Meer mit Wellen und Wogen standhalten? Nichts werden sie mitnehmen können, nur einen Plastikbeutel mit Papieren und Handy, den er sich um den Hals hängen will. Der Kleber müsste seinen Beutel regelrecht verschweißen. Er greift schnell nach einem, der ihm besonders wasserfest erscheint. Nika ruft in der Zwischenzeit zigmal halb gesprochen, halb gesungen: «*Baba, djisch!!*» An der Kasse legt Omid noch das Eis aufs Band. «Jetzt sind wir vorbereitet. Das Pipi geht wieder weg, das vergisst sie gleich.»

Die Situation und die Ungewissheit setzen ihm mehr zu, als ich bei unserer Begegnung geahnt habe. Eine Woche später wird Omid mit Magenblutungen ins Krankenhaus eingeliefert. Nika bleibt in der Unterkunft. Der Druck, den er seit Jahren in sich trägt, hat sich einen Weg nach draußen gesucht – durch ein Magengeschwür. Die Abfahrt nach Großbritannien verzögert sich immer weiter. Es wird kälter und kälter, und als ich von Köln aus frage, wie es ihnen ginge, erwidert er nur höflich, er warte, dass es losgehe. Sieben Wochen würden sie noch in und um Calais ausharren müssen. Denn er hat das Geld noch nicht zusammen, um den Schleppern die Überfahrt über den Ärmelkanal zu bezahlen. 2000 Euro verlangten sie von ihm in jenem Jahr. In Griechenland hatte er in zwei Jahren insgesamt 9000 Euro für gefälschte Ausweise bezahlt. Von dort nach Calais waren es 1300 Euro. Wo bekommt man so viel Geld her, wenn man verschuldet ist und nicht mal weiß, wo man in der nächsten Nacht schlafen wird?

Der Dschungel von Calais

Das Treffen mit Omid und Nika war mein fünfter oder sechster Besuch in Calais. Diese Gegend um den Fährhafen ist ein finsterer Ort in Europa. Hochsicherheitszäune, Klingendraht, Sensortechnik. Kameras. Wenn ein Hemd in einem dieser doppelten Zäune hängen bleibt, weht es auch ein Wind nicht leicht fort, so scharf und stachelig sind diese Anlagen. Der Hafen ist wie verriegelt mit Sicherheitstechnologie. Denn dies ist der Weg zum Sehnsuchtsort Großbritannien. Über das Meer oder durch den Eurotunnel. Wie viele Menschen hier gestorben, im Hafenbecken ertrunken, in Lasträumen erstickt, von Fahrzeugen gefallen, im Zug- oder Busverkehr verunglückt sind oder einfach namenlos vermisst werden? Wie soll man sie zählen, wenn sie niemand kennt? Wir kannten Omid und Nika, und wir wussten, dass sie ins Schlauchboot steigen wollten.

Bis es so weit ist, haben die einzelnen Ethnien ihre eigenen Schlafverstecke, die sich ändern und die von Schleppern kontrolliert werden: Syrer unter der Brücke in der Innenstadt, Afghanen im Gestrüpp zwischen Autobahn und Kreisverkehr, ein paar verlorene Sikhs direkt auf dem Bürgersteig im Industriegebiet. Dazu gehören noch weitere Orte entlang der Küste wie Dunkerque und Grande Synthe, da fand man eine Zeitlang viele Kurden. Calais ist der Transitort, den auch viele Reisende auf dem Weg zur Fähre passieren. Sie fahren an den Zäunen vorbei, aber richten vermutlich den Blick eher auf die Uhr, um pünktlich zu sein. Würden sie etwas länger bleiben, fielen ihnen wohl rasch die vielen französischen Polizeikräfte auf. Calais – das sind entwurzelte Menschen, helfende Freiwillige, Leute von der Presse oder von NGOs, dazu eine mafiöse kriminelle Szene. Calais – das ist ein Dschungel der gewaltbereiten Schlepper, ein Dschungel der Gerüchte, der halben Wahrheiten und der Träume von diesem verdammten Glück.

Und mittendrin Omid und sein kleines Mädchen.

Bei unserem ersten Besuch stand der sogenannte Dschungel noch, gleich neben der Schnellstraße, die zum Hafen führt. Da sah man Zelte, Hütten, gezimmerte Verschläge, wo zeitweise bis zu zehntausend

Menschen unterkamen. Welches Verb ist zutreffend? Hausten, lauerten, ausharrten, unerlaubt existierten?

Von hier oder irgendeinem Rasthof hofften sie auf einen Lkw springen zu können oder einfach durch den Eurotunnel zu laufen, um nach Großbritannien zu gelangen. In das gelobte Land, von dem alle träumen, in dem alle Englisch sprechen und Milch und Honig fließen, für das sie bereit sind, einen hohen Preis zu zahlen, wo es Arbeit geben soll und eine schnelle Anerkennung und wo man auch illegal durchkommt. Der Weg dahin führte durch den Dschungel.

Dieser Dschungel befand sich zwar auf französischem Boden, war aber weit weg von «meinem» Europa. Matschboden, beschissene Dixi-Klos, teils Strom, für den man die Schlepper bezahlte, die Kabel waren nur mit Tesafilm befestigt oder lagen auf dem Boden. Man sah finstere Gestalten, die Kapuze des Hoodie tief ins Gesicht gezogen. Hier konnte man für Geld duschen und sich die Haare schneiden lassen. Auf einer Spanholzhütte war der Name «Afghanistan Zendabad» gemalt, dieser Imbiss wirkte wie ein Fünf-Sterne-Restaurant. Und immer noch, auch nachdem der Dschungel abgeräumt worden ist, laufen alle hier viele Stunden in der Gegend herum, weil sie vor der Kälte und der kriechenden Zeit davonlaufen.

«Es ist ja nicht so, dass man in der Not weniger rassistisch ist. Konflikte entstehen leicht», hören wir. Frust plus Not plus Neid plus Kriminalität sorgen dafür, dass kleine Streitereien schnell groß werden. Oft haben die Menschen keine gemeinsame Sprache, dann eskaliert die Situation noch schneller. «Wenn hier Streit ist und sie gehen mit Messern aufeinander los, kommt die Polizei nicht. Die kommt nur zum Räumen.» Das flüsterte mir beim ersten Besuch ein iranischer Familienvater zu, der Glück hatte und in einem ausrangierten Wohnwagen lebte. Seit drei Monaten und siebzehn Tagen war er mit seiner schwangeren Frau hier. Dieser Dschungel war das, was man rechtsfreien Raum nennt. Man musste keine Kriminologin sein, um zu ahnen, dass kriminelle Banden diesen Ort kontrollierten.[4] Der französische Anthropologe Michel Agier nennt die Situation in Calais «ein Leben an der Grenze».[5] Hier stranden «viele Gescheiterte», Menschen, die in der EU abgelehnt worden waren. Sie müssen Zeit überbrücken, bis sie hier loskommen, oder sechs

Monate warten, bis sie in Frankreich einen neuen Asylantrag stellen können (Überstellungsfrist), damit sie nicht wieder in dem EU-Land landen, wo sie zuerst angekommen sind. Gefangen in der Grenzfalle. Da gibt es nur noch eine Marschrichtung: Großbritannien.

Bei unserem zweiten Besuch im Herbst 2016 wurde das Gelände geräumt. Wie konnte eine illegale Ansiedlung überhaupt so lange toleriert werden? Dutzende von Mannschaftswagen der französischen Polizei waren angerückt. Bewaffnet mit Schlagstöcken und Schusswaffen rückten sie auf die Zelte vor. Ein BBC-Journalist war der erste, den ich ansprach. «Sie zerstören die Hütten und Zelte. Sie geben den Flüchtlingen eine Stunde, um sie zu verlassen. Könnt ihr euch ansehen.»

Die Behörden boten den Migrant:innen an, sie könnten sich in Frankreich um Asyl bewerben und es solle auch Unterkunft geben. Aber sie trauten den Franzosen nicht. Sie hatten alle die Gesetze des Dschungels im Kopf. Wie sollten sie bewaffneten Sicherheitskräften, die dabei waren, ihre Zelte zu zerstören, vertrauen? Sie wollten nur nach England und fürchteten, die Franzosen würden ihre Fingerabdrücke nehmen und damit wäre der Traum von England zu einem jähen Ende gekommen. Fingerabdrücke sind nur sehr schmerzhaft zu verändern.

Es eskalierte schnell. Wir liefen vor dem Tränengas davon. Steine flogen. Der Polizeieinsatz erschütterte die Menschen im Vergleich zu dem, was sie schon erlebt hatten, nicht übermäßig. Ihre kleinen Hütten und Zelte waren schnell plattgewalzt, eingerissen von Polizisten und Müllwerkern. Und gleichzeitig zündeten Bewohner:innen oder Menschenrechtsaktivist:innen ihre eigenen Hütten, neben denen wir standen, an. Es wurde zusehends chaotischer. Dazwischen bewegte sich eine Ansammlung bunt gemischter Freiwilliger. Viele von ihnen wollten nicht, dass Menschen unter solchen Umständen in Europa leben mussten, deshalb waren sie hier. Andere fanden vielleicht auch Gefallen daran, in die Auseinandersetzung mit der Staatsgewalt zu gehen.

Bei unseren folgenden Besuchen wurde es jedes Mal schwieriger, mit Menschen wenigstens ganz kurz in Kontakt zu kommen. «Was habe ich davon, wenn ich mit euch spreche?», war oft die erste Frage.

Was sollten wir da antworten? Sie fürchteten, Bilder im Netz könnten ihnen den weiteren Weg nach Großbritannien versperren. Wir kamen, filmten sie in ihrem Elend und fuhren wieder heim. Vor allem die hageren und ausgezehrten Menschen aus Somalia oder Eritrea, die hier oft am längsten festhingen, weil sie kein Geld mehr hatten, reagierten bitter und verhärtet, schlugen auch einmal aus Wut auf unser Auto ein.

Auf dem Parkplatz eines Supermarkts trafen wir ein paar Menschen, die die Zigarettenstummel der Kunden aufsammelten und versuchten, sie noch zu rauchen. Rauchen soll gegen Hunger helfen. Es war nicht leicht, ins Gespräch zu kommen.

Wo wohnt ihr?

«Hier, auf der Straße.»

Hier auf der Straße?

«Da siehst du die Bäume, unter den Bäumen, da schlafen wir.»

Das war unser Gespräch, mehr ging nicht.

Das Armutsgefälle der Welt spiegelte sich auch unter den hier gestrandeten Menschen wider. Dazu war Calais eine Art Landkarte der Kriege: Somalia, Eritrea, Irak, Syrien, Afghanistan, Südsudan. In der Mehrzahl Männer. Ein paar von ihnen kannten unser Programm *WDRforyou* und sprachen mit uns. Auch auf Deutsch erklärten sie uns, dass sie aus Angst vor einer Abschiebung weiter in den Westen gezogen waren. Und was für ein schreckliches Land Deutschland sei. Jetzt war Großbritannien ihre Hoffnung. Ein Azubi aus Süddeutschland kam auf mich zu. Mohsen sprach mit leicht schwäbischem Akzent, er hatte zwei Jahre in Deutschland gelebt: «Einen Monat lang habe ich keinen neuen Ausweis bekommen. Dann hat meine Firma mir gekündigt. Weil ich meinen Ausweis nicht hatte. Das war ein riesiges Problem, dass ich nicht arbeiten konnte. Also dachte ich: Ich verlasse Deutschland. Ich habe einen kurdischen Freund in England, er hat gesagt, vielleicht kannst du hierhin kommen und vielleicht kann ich dir helfen. Ich versuche das jetzt. Ob es gut ist, weiß ich nicht. Hier gibt es auch viele Probleme, aber es ist besser als Deutschland.»

Ich sprach einen Afghanen an, dessen Gesicht ich kaum erkennen konnte, weil er die Mütze so weit es ging runtergezogen hatte und die Decke, die er um sich geknotet hatte, bis zum Kopf reichte. Irgendwo dazwischen waren die Nasenspitze und die schmalen Augen. Er war vergleichsweise gut gelaunt. Dabei hatte es kurz zuvor Kämpfe zwischen Afghanen und Afrikanern gegeben, einundzwanzig Personen waren verletzt.[6]

Es war total kalt. Ich fragte, wie er das nur aushält.

«Ich komme irgendwie klar. Ich bin schon seit acht Monaten hier. Ständig kommt die Polizei und nimmt uns alles ab, auch Handys. Die sind nicht gut. Sie haben mich schon fünfundvierzig Tage festgenommen. Sie wollten mich nach Afghanistan abschieben. Ich habe gesagt, da will ich nicht hin.»

Keine Ahnung, ob seine Antwort stimmte. Aber ich hätte es nicht mal zwei Nächte hier ausgehalten. Warum war er noch hier?

«Ich habe Familie in London. Wir schlafen im Wald zwischen den Bäumen.» Er zeigte auf kahle, dürre Bäumchen, neben einem zweispurigen Kreisverkehr. «Frankreich hilft uns nicht. Aber Großbritannien wird gut mit uns umgehen.»

Wir gingen auf ein winziges Feuerchen zu, um das herum ein paar Männer kauerten. Ist es richtig, hierherzukommen, fragte ich den Afghanen.

«Jeder will nach London. Keiner will nach Calais. Es ist hart.»

Irgendwie hatten alle Familie in London. Wie kommen sie dahin?

«Mit Schleppern. Die Regierung macht die Grenzen ja nicht auf.»

«Grenze aufmachen» bezog sich auf 2015, als der Weg bis nach Deutschland frei war. Viele, die wir trafen, hofften, dass sich das wiederholen würde. Mein Gegenüber, in Mütze und Decke eingemummelt, hatte die Vorstellung, dass zur Abwechslung Großbritannien mal die Grenzen öffnen könnte. Verständnis für europäische Politik – um unterscheiden zu können zwischen dem Reich des Möglichen und des Unmöglichen – hatten die wenigsten. Wie auch? Sie kamen aus unberechenbaren Autokratien, in denen sich plötzlich Grenzen öffnen oder eben auch schließen konnten. So stellten sich einige auch Europa vor. Alles ein Dschungel.

Ein Jahr später führten wir in Calais fast dieselben Gespräche. Allerdings mit Menschen, die nicht schon vorher in Europa gestrandet waren, sondern direkt vor den Taliban hierher flohen.

Den berüchtigten Dschungel gab es nicht mehr. Und doch kamen weiter Menschen kurz vor der Überquerung des Ärmelkanals hier entlang. Die französische Polizei hatte den Auftrag zu verhindern, dass ein neuer Dschungel entstand. Regelmäßig rückten die Uniformierten vor und rissen die Zelte ein. Von Jahr zu Jahr wurde es rauer, die Einsätze der Polizei waren robuster und enger getaktet. Das steigerte sich schließlich so weit, dass die Beamten, die aus ganz Frankreich entsendet wurden, alle 24 bis 36 Stunden ausrückten und den Menschen ihre Zelte abnahmen. Es sollte möglichst niemand dem irrigen Eindruck erliegen, hier willkommen zu sein. Die meisten hielten sich illegal im Land auf.

Es ist wie ein Katz-und-Maus-Spiel in Endlosschleife: Die Polizei demoliert die Zelte gründlich und vertreibt die Migranten – die sich gleich nach der Räumung wieder irgendwo niederlassen. Oder die Fremden verkriechen sich weit hinten im Gestrüpp, wo die Polizei mit ihren Fahrzeugen nicht hinkommt, dafür aber Ratten und Ungeziefer. Vertreter der Menschenrechtsorganisation Human Rights Observers, um hier nur eine Gruppe zu nennen, beobachten die Situation. Sie nennen dieses Vorgehen eine «Schikanepolitik»[7] der französischen Verwaltungsbehörden und der Polizei. Die Menschen werden aufgefordert oder gedrängt, die Zelte zu verlassen. Man nehme den Menschen dort alles ab: Zelte, Planen, Schlafsäcke, Zeitung, Telefon. Hauptsache, sie verschwinden. Von der Situation profitieren auf jeden Fall Schlepper, die abkassieren, kontrollieren und schikanieren. Präsident Macron forderte seit Jahren ein «härteres Vorgehen» gegen Migrant:innen in Calais. Dieser Ort sei keine «Geheimtür», sondern eine Sackgasse. Doch weder seine Regierung noch seine Vorgänger Hollande (der den Dschungel erst wachsen und dann räumen ließ) oder Sarkozy haben die Lage am Ärmelkanal in den Griff bekommen.

Einer der Helfer, der selbst an der Küste zu Hause war und bei der medizinischen Versorgung half, fasste es nüchtern zusammen: «Ich helfe seit fünf Jahren und werde auch noch in fünf Jahren helfen. Aber dieses Problem ist nicht zu lösen.»

Er und viele andere Freiwillige gehörten zu diesem mittlerweile fast vergessenen Konflikt an der EU-Außengrenze. In Calais verteilen

NGOs wie Médecins Sans Frontières, Médecins du Monde, Utopia 56 und L'Auberge des Migrants nach wie vor Essen, Kleidung, Schlafsäcke, immer wieder Zelte und drücken allen diese Flugblätter in die Hand, auf denen zu lesen ist:

«Nach Großbritannien überzusetzen ist sehr gefährlich, diese Infos können dein Leben retten:

Versuch es nicht ohne Motor.

Halte Abstand zu Schiffen, sie machen große Wellen und sehen dich nicht.

Check vorher das Wetter, pass auf bei Nebel und einer Windstärke über 10 Knoten.

Versuch es nicht, wenn Wellen höher als 50 Zentimeter sind.

Verlass niemals das Boot und versuche nicht zu schwimmen.»

Übrigens berichteten uns Freiwillige, dass dieses Flugblatt zum Teil von Schleppern an die Migrant:innen und Flüchtlinge für viel Geld verkauft wurde und sie daher erstaunt waren, als freundliche Helfer und Helferinnen ihnen diesen Zettel mit der Notrufnummer umsonst aushändigten.

Vor allem junge Menschen helfen hier. Wie in Moria. Oder in Bosnien. Oder an der belarussisch-polnischen Grenze. Natürlich ist ihnen klar, in welch volatilem Umfeld sie agieren. Es ist ein Dilemma. Viele Aktive wollen, so könnte ich meine Eindrücke nach den Gesprächen zusammenfassen, dass der Anspruch der Wertegemeinschaft EU auch für Fremde gilt. Ihr Gewissen führt sie hierher. Neben einer Portion Neugierde, viel Mut und oft großer Hilfsbereitschaft. Sie wollen den Menschen Würde und Schutz geben. Dabei geraten sie zwischen die Fronten. Ihre humanitäre Hilfe wird politisiert, es gibt keine zivilgesellschaftliche Pufferzone mehr. Du bist dafür, dass diese Menschen hier sind, oder dagegen. Wenn man also Menschen mit neuen Zelten versorgt, ist man in der Logik des französischen Staates für sie und verfestigt damit ihren Aufenthalt und die illegale Situation. Statt dass Staaten wie Frankreich oder Griechenland stolz auf diesen Teil ihrer Zivilgesellschaft sind, auf Menschen, die auf viele Annehmlichkeiten verzichten, um für Werte einzustehen, drängen sie sie auf eine Seite des Konflikts.

Die Geschichte einer Grauzone

Ich will kurz skizzieren, wie Calais zu dieser Grauzone der EU wurde, ehe es um die Frage geht, wie Omid an die 2000 Euro kam, um die Schlepper für die gefährliche Überfahrt zu bezahlen.

1999 richtete das Rote Kreuz das Lager Sangatte ein, ein paar Kilometer südlich von Calais. Das war eine Art Durchgangsstation für Menschen, die in Großbritannien Asyl beantragen wollten. Weil es einige tatsächlich auch auf die andere Seite schafften, sah sich Großbritannien von den Franzosen provoziert, sie hätten die Menschen absichtlich den Kanal überqueren lassen. Die Migration am Ärmelkanal sorgte und sorgt für Spannungen zwischen den beiden Staaten. London verdächtigte Paris, es würde die Migranten als politisches Druckmittel einsetzen. Die Elendsquartiere auf französischer Seite und die Passagen über den Ärmelkanal wurden immer bilateral verhandelt und behandelt, beide Länder wollten nie eine europäische Lösung. Ihr kleinster gemeinsamer Nenner war, dass keiner diese Menschen haben wollte. Um etwas beim politischen Gegenüber durchzusetzen, eignen sich Migrant:innen und Schutzsuchende durchaus als Druckmittel. Damit erreicht man in drei Vierteln der Fälle einen Teil seiner politischen Ziele, behauptet die Politologin Kelly Greenhill in einer Studie.

2004 trat der Vertrag von Le Touquet in Kraft. Klingt etwas nach Grenzschutz-Rhetorik und Geschichtsunterricht, war aber entscheidend. Von nun an durften nämlich britische Beamte bereits auf französischem Boden Kontrollen durchführen und bestimmte Personen herausfischen. Frankreich durfte das umgekehrt auch auf britischem Boden. Eins zu null für Großbritannien. Denn die Briten konnten in Calais Menschen herausfischen, die keine Papiere hatten. Sie sollten gar nicht mehr erst auf britischem Boden ankommen, um dort um Asyl zu bitten. Großbritannien musste sie, da sie noch nicht ihrer Hoheitsgewalt unterlagen, nicht aufnehmen, nicht ihren Asylantrag prüfen und auch nicht den ganzen Aufwand betreiben, um sie gegebenenfalls abzuschieben. Das Problem blieb an den Franzosen hängen. Bei der Fluchtwelle 2015 wurde der berüchtigte Dschungel in Calais zu einer kleinen

Stadt. Die Zahl der Menschen, die es versteckt auf Lkws durch den Eurotunnel schafften, stieg an. Nun wollte Großbritannien mehr Zäune, mehr Überwachungskameras und mehr Erkennungstechnologie. Frankreich erhielt deshalb laut Vertrag von Sandhurst 50 Millionen Euro, um den Hafen und die Küste noch weiter zu sichern. Als hätte sich die britische Grenze nach Frankreich vorverschoben. 2021 kündigte das Vereinigte Königreich erneut an, es werde im kommenden Jahr bis zu 72 Millionen Euro zahlen, damit nicht immer mehr Menschen über den Kanal kommen.[8]

Die Migrationsforscherin Victoria Rietig bezeichnet die Vereinbarungen zwischen den beiden europäischen Staaten als Drittstaaten-Deal. «Das Vereinigte Königreich ist seit dem Brexit ein Drittstaat und tut nun das, was sonst die EU und ihre Mitgliedsstaaten tun: Es bezahlt einem anderen Land großzügige Summen in der Hoffnung, die Ankünfte im eigenen Land zu verringern.»[9] Ein Jahr später sprach die britische Innenministerin Braverman von einer «Invasion» von Migranten.[10] London erhöhte die Zahlung an die französische Regierung. Für mehr Patrouillen entlang der Strände, mehr Überwachungskameras und mehr Unterkünfte in Frankreich.[11] Je mehr Menschen kamen, desto höher wurde der britische Schutzwall auf französischem Boden.

Offenheit oder Abschottung? Die französische Regierung geriet in Calais und Dunkerque zusehends unter Zugzwang. Die Immobilienpreise sanken, die Gegend um den Hafen war alles andere als eine Flaniergegend, und wer wollte schon gerne hierherziehen, um dann im Krankenhaus als Ärztin durchgefrorene oder verletzte Menschen zu behandeln, die man dann wieder in den Wald entließ? In der Region gewannen die Rechtspopulisten an Zuspruch. Pegida-Delegationen aus Deutschland rückten an, um Helfer:innen an ihrer Arbeit zu hindern. Andere Gruppen aus diesem politischen Spektrum wollten Frankreich hier in Calais verteidigen.[12] Bei den Regionalwahlen 2015 erhielt die Partei von Marine Le Pen, der Front National, über 40 Prozent der Stimmen. Das Gleichgewicht in der aufnehmenden Gesellschaft spielte auch hier eine empfindliche Rolle. Man kann, so war mein Eindruck an den verschiedenen Orten, Migration und Flucht nicht ohne die Befindlichkeiten und Belastungen der aufnehmenden Gesellschaft denken.

Unsere Gespräche mit Einheimischen, die in Calais wohnten und auch dortbleiben wollten, waren polarisiert. Manche hatten Mitgefühl mit den Durchreisenden, den Armen, *les pauvres,* die in ihrer Stadt hängengeblieben waren, andere erkannten ihre Heimat nicht mehr wieder und wollten endlich ihre Ruhe haben. «Sie bringen Krankheiten mit», hörten wir dort – genauso wie in Moria, auf Samos, in Bosnien und an der polnisch-belarussischen Grenze. Als würden zwei Pole einer Gesellschaft, als würde ein europäisches Gewissen einen Konflikt an diesen Orten austragen. In die Wirklichkeit von Calais übersetzt bedeutete das: Frankreich versuchte, Menschen von hier fernzuhalten oder zu vertreiben. Großbritannien schreckte ab und sorgte dafür, dass Menschen im besten Fall Frankreich erst gar nicht verlassen konnten.

Die Aufrüstung und Sicherung der französischen Küste führte nicht zu einem Rückgang der Zahlen: Zwar machten Absperrungen, Zäune, Kameras den Weg mit Lastwagen oder der Bahn aussichtslos. Oder man musste jung und sehr fit sein, um es immer wieder zu probieren. Doch der verstärkte Grenzschutz schreckte nicht ab, sondern die Menschen gingen ein noch größeres Risiko ein: Schlepper setzten sie in Schlauchboote. Etwa fünfzig Kilometer weit ist die Strecke über das Meer! Die britische Regierung reagierte nervös. Nun versuchten neben den Menschen aus Kriegsgebieten zum Beispiel auch Albaner, so illegal ins Vereinigte Königreich zu gelangen.

Die Überfahrt mit dem Schlauchboot erschien als der sicherere Weg ins britische Asylsystem. Es hieß: Wer am Strand auf die Beamten wartet oder sich schon vom Meer aus bei der Küstenwache meldet – sich also nicht entzieht –, gilt nach Auffassung des britischen Innenministeriums als «ordnungsgemäß ankommender Passagier». Sobald man den Fuß an Land setzt, ist man auf britischem Staatsgebiet und muss ins Asylsystem aufgenommen werden. Das beginnt dann mit dem Aufenthalt in einem Hotel oder einer Erstunterkunft.

Versteckt sich aber jemand in einem Lkw und wird bei der Einreise entdeckt oder angezeigt, flieht oder «entzieht» sich, dann wird er oder sie festgenommen.[13] Illegal eingereist. *Game over.* Wenn man das Vereinigte Königreich erreicht, ist man erst dann physisch auf britischem Staatsgebiet, wenn man die Passkontrolle passiert hat. Vorher nicht. Vorher können einen die britischen Grenzpolizisten wieder nach Frankreich zurückschicken.

Der lebensgefährliche Weg mit dem Schlauchboot, mit dem Schlepper große Summen verdienen, erschien also erfolgsversprechender. Ich fragte noch einmal offiziell nach, ob das wirklich so sei. Ein Sprecher des Home Office, des britischen Innenministeriums, versicherte mir, zwischen den Routen gebe es keinen rechtlichen Unterschied. Sobald man da sei, gelte: *asylum procedure.*[14]

Und so wurden die Zahlen derer, die es in das Vereinigte Königreich schafften, nicht weniger. 2018 zählte das britische Innenministerium noch 312 illegale Überfahrten, die auf die andere Seite gelangten. Der Wendepunkt war 2019, als die ersten Iraner:innen die Überfahrt mit Schlauchbooten wagten. Mindestens 1892 schafften es. Die Iranerin Mitra Mehrad ertrank am 9. August. Sie war die erste, von der man weiß, dass sie auf diesem Weg zu Tode kam. Ich erinnere mich, dass wir zu jener Zeit in Bosnien mit einer iranischen Familie sprachen, die uns erzählte, wie leicht es sei, nach Großbritannien zu gelangen: Man setze sich einfach in ein Boot und zwei Stunden später sei man da. Schwupp, die Schwester habe genau das gemacht. Jetzt wollten sie ihr folgen. Wir standen in Bihać, als wir dieses Gespräch führten. Sie hatten keine Ahnung, wie sie nach Calais kommen sollten, aber sie waren fest entschlossen. Es war der neue Weg.

2020 gelangten 8404 Menschen über den Kanal; ein Jahr später, als Omid nach Großbritannien wollte, zählten die Briten dann 28 526 Menschen, die es versuchten. So viele wie seit 2004 nicht.[15] 2022 stiegen die Zahlen weiter an auf über 45 000.[16] Die britische Regierung unter Premier Rishi Sunak möchte die Zahl der Menschen, die es über den Ärmelkanal schaffen, deutlich senken. Sie plant deshalb, «illegal eingereiste Migranten» festzunehmen und nach Ruanda auszufliegen. Dort hätten sie dann die Möglichkeit, einen Asylantrag zu stellen und – bei positivem Entscheid – legal und dauerhaft zu leben. Ob sich dieses Abkommen mit Ruanda auch juristisch durchsetzen lässt, ist noch offen, der politische Wille ist aber klar und unbeirrbar. Die britische Regierung ist bereit, ihre Pläne vor Gericht auszufechten. Sie will die Kontrolle über die Grenze zurückbekommen.

Zweitausend Euro will der Schlepper für die Überfahrt

Omid sah nur noch das Schlauchboot als Lösung. Wie sollte er mit dem Kind durch den Tunnel laufen oder in irgendeiner Raststätte vor Calais auf einen Lkw klettern mit einer Dreijährigen auf dem Arm und sich dort verstecken? Es konnte nur das aufblasbare Boot sein. Wenn er Schlepper traf, sahen sie natürlich sofort das Kind.

«Ich hing wegen ihr in Calais fest. Sie hat es schwerer gemacht. Die bringen dich nicht rüber. Bestimmt zehnmal bin ich mit ihr zum Überführungspunkt gegangen, dann wieder zurück zum Camp, dann wieder zu dem Punkt. Die haben uns beide einfach nicht mitgenommen. Ich hatte nicht genug Geld, hatte ein Kind, das kam noch dazu. Keiner hat uns mitgenommen, keiner hatte Erbarmen mit uns. Im Camp suchen alle nach einem Schlepper und tauschen sich Nummern aus. Es gibt kurdische, arabische, afghanische und iranische Schlepper.»

Ich wusste, dass ihm noch Geld für die Überfahrt fehlte. Was das für seine kommenden Wochen bedeuten würde, ahnte ich nicht.

«Wir gingen also ins Camp und weil ich kein Geld hatte, habe ich mir von verschiedenen Leuten Geld geliehen, von dem einen 50 Euro, von dem anderen 100 Euro. Am Ende hatte ich 1970 Euro. Dann habe ich mit einem Schlepper gesprochen. ‹Ich kann dich nicht mitnehmen, ich brauche 2000 Euro!› Ich bat ihn: ‹Gib mir doch bitte 30 Euro Rabatt›. Und er antwortete: ‹Nein, du musst auch das Geld noch beschaffen. Dann nehme ich dich mit.› Ich konnte die 30 Euro aber einfach nicht auftreiben, deswegen habe ich einen anderen Schlepper angesprochen. Das war ein Kurde, der war bereit, es für 1970 Euro zu machen. Er nahm uns zu dem Überführungspunkt mit, aber dann hat er Nika gesehen und uns doch nicht mitgenommen. Es hat gegossen an dem am Herbstmorgen. Der hat uns einfach im Wald allein zurückgelassen und andere Passagiere mitgenommen.»

Warum euch nicht?

«Ich hatte ja weniger als die anderen bezahlt. 1970 Euro. Dann hat er uns nicht mitgenommen. Ich bin wieder zur Bushaltestelle nach Calais und zum Camp zurückgekehrt. Nach zehn Tagen hat er angerufen und gesagt: ‹So, jetzt nehme ich dich mit.› Wir sind also wieder nach Calais und wieder zu diesem Überführungspunkt. Das ist eine Stelle, zu der man aber nicht so einfach hinkommt, wie sich das vielleicht anhört. Das ist ein 24-Stunden-Trip. Ich bin hin. Er hat mich wieder nicht mitgenommen und ich bin wieder zurückgegangen. Ich habe es insgesamt zwölfmal probiert. Zwölfmal!»

Er musste jetzt irgendwie noch an etwas Geld kommen, um die ganzen 2000 Euro beisammenzuhaben. Während er im Krankenhaus war, hatte er Geld ausgeben müssen. Die einzige Möglichkeit, die er sah, waren die Schlepper selbst. Das hieß für Omid, hieß für viele hier, dass sie Hilfsdienste für einen Schlepper übernahmen. Vom Schleppergewerbe hatten Omid und ich naturgemäß sehr unterschiedliche Auffassungen. Für ihn waren die Schlepper Dienstleister, sie gehörten dazu, wie ein Taxifahrer zum Taxi. Für mich dagegen waren es Menschen, die andere mit großen Versprechen lockten, maximal abkassierten und wissentlich in Lebensgefahr brachten. Im Zweifel zögerten sie keine Sekunde, die «Kundschaft» mit Gewalt zu überziehen. Man erzählte sich, sie hätten auch Waffen. Aber wie sollte er ohne Papiere nach Großbritannien gelangen, wenn nicht mit einer dieser «Reiseagenturen»? Ein iranischer Schlepper, mit dem wir ein paar Monate zuvor telefonisch Kontakt hatten, nannte die Menschen, die er über die türkische-griechische Grenze schleuste, «Reisende» *(mosafer)*. Und seine Tätigkeit bezeichnete er als «Reisebegleitung». An Polizisten vorbeischleichen, Leute schmieren, unerlaubt über die Grenze gehen – Reisebegleitung? In meinen Ohren klang das verharmlosend. Alle, mit denen wir in den Jahren gesprochen haben, sahen das als notwendiges Übel. Sie sprachen oft positiv und vertrauensvoll von ihren Schleppern. Schlepper gehörten für sie selbstverständlich zur Migration, zur Flucht, zum *Game*. Wie der Wind zum Windrad. Omid war nun also auf die andere Seite gerutscht, auf die der Schlepper.

«Die Schlepper sagten zu mir: ‹Also, wenn du uns hilfst, dann nehmen wir dich für dieses Geld mit.› Man kann da ja für die Schlepper arbeiten, habe ich dann gemacht.»

Wie funktioniert das genau in Calais?

«Da in Calais und Dunkerque hat jeder Schlepper ein eigenes Königreich. Da kommt nicht jeder rein. Das sind Banden. Pro Person kassiert er zwischen 2000 und 5000 Euro. Wenn alle drinnen sitzen, kann er pro Boot bis zu 75 000 oder 80 000 Euro verdienen. Das sind schon Gangster. Das sind Banden.»

Arbeiten in Calais viele Menschen für Schlepper?

«Ja! Man muss so sechs bis acht *Games* für sie machen. Da muss man helfen. Wenn die aber nur einmal pro Woche fahren, ist das schwierig. Im Winter kann es sein, dass es zwanzig Tage dauert bis zum nächsten *Game*. Dann musst du warten. Und wir waren ja im Winter da. Wenn die Wellen einen Meter hoch waren, fuhren sie nicht. Bei 50 bis 60 Zentimetern schon. Im Sommer gibt es viel mehr *Games*.»

Wie viele Schlauchboote legen an einem Tag ab?

«Man sieht es nicht, aber an einem Morgen waren das schon fünfundzwanzig bis dreißig Boote gleichzeitig. Das sind dann zwischen neunhundert und tausend Personen.»

Tatsächlich kamen allein am 11. November 1185 Menschen in Großbritannien an. Das Wetter war gut. Omid hatte zu tun.[17]

«Ich habe aufgepasst und das Boot zu einem bestimmten Punkt gebracht. Wir haben dann Leute zu diesem Überführungspunkt oder zu einem bestimmten Waldstück gebracht. Der Schlepper hat das Boot aufgepumpt und es ins Wasser geschmissen. Dann ging er selber ins Wasser und hat den Motor am Schlauchboot angebracht. Er checkte das Finanzielle und dort entschied er auch erst, wer überhaupt mitfahren durfte. Er sagte: ‹Du, du und du, ihr könnt einsteigen.› Einer hat das Boot gelenkt und dann sind die in Richtung England gestartet. Nika war an den Tagen, an denen ich gearbeitet habe, bei einer Iranerin im Camp. Ich habe einem Schlepper bei drei *Games* geholfen. Beim vierten kam die Polizei und hat alle festgenommen. Ich landete mit diesen Magenblutungen im Krankenhaus. Ich hatte schon vorher mit mehreren Schleppern Kontakt und immer gefragt, ob da was geht. Sie nahmen uns nicht mit. Ich war echt verzweifelt, deshalb habe ich wohl diese Magenblutungen bekommen.» Und was war mit Nika? «Nika habe ich im Camp gelassen, ich konnte sie nicht mitnehmen und war sieben Tage ohne sie im Krankenhaus.»

«Die Haustüre vom Heim war ja verschlossen, die haben sie nicht rausgelassen. Die haben schon auf sie aufgepasst. Die Mitarbeiter wussten Bescheid. Dann habe ich immer angerufen und nach ihr gefragt. In der Zeit musste ich auch wieder Geld ausgeben, so dass ich dann wieder weniger Geld hatte. Nämlich nur noch 1800 Euro. Ein iranisches Paar fragte mich: ‹Wie viele Euro fehlen dir?› ‹200›, hab ich gesagt. Der Mann hat mit seinem Schlepper gesprochen und ihm 200 Euro direkt gegeben, der hat uns tatsächlich mitgenommen. Die Schlepper haben kein Erbarmen, noch nicht mal 30 Euro Rabatt bekommst du. Die kennen nur Geld. Und alle Schlepper sind so.»

Schließlich war es Ende November – Wochen waren vergangen, das Wetter arbeitete gegen ihn, die Wellen wurden höher statt kleiner, und die Temperaturen fielen immer weiter. Das Geld hatte Omid aber endlich beisammen. Alle warteten auf den sonnigen, wolkenfreien, guten Tag, um es zu wagen. Wenn Wind und Wetter absehbar mild waren, würden die Schlepper viele Boote auf einmal losschicken. Darauf warteten alle, mit ständig nervösem Blick auf die Wetter-Apps. Entlang der ganzen Küste würden dann an einem Morgen Boote ablegen. Omid hatte gesagt, es konnten neunhundert bis tausend Menschen sein, die beinahe gleichzeitig losfuhren. Die Statistiken der Briten gaben ihm recht.

Der Anruf kam, und wieder hoffte er auf den Ernstfall. Jetzt hatten sie nichts mehr bei sich. Nika hielt sich an «Paris» fest, ihrer Puppe, die sie doch noch bekommen hatte. Der Schlepper sah das Spielzeug. «Was soll das? Hier kannst du keine Puppenspiele machen», fuhr er Omid an. «Wirf die weg! Los!» Da musste Omid Nikas Puppe wegschmeißen. Nika war schockiert und rief: «Papa! Baby! Baby!»

Omid versuchte sie schnell zu beruhigen und versprach ihr: «Ich kauf dir ein neues Baby.» Nicht dass der Schlepper sie wieder sitzen lassen würde! Er hatte jetzt die Unterlagen und Papiere in die Hose gesteckt, den Plastikbeutel mit dem Klebeband, das er im Supermarkt gekauft hatte, verklebt. Sonst hatten sie nichts mehr dabei. Jetzt sahen sie ihre «Reisegruppe». Sie bestand aus siebenundzwanzig Personen.

«Wir mussten alle unsere Jacken ausziehen. Nika durfte den zu kleinen Anorak bis Großbritannien tragen. Ich hatte nur ein T-Shirt an.» Omid machte sich daran, das Boot aufzublasen. Er kannte die Abläufe. Dann sprang er als Einziger ins Wasser und schob das Boot aufs Meer. «Ich stand bis zum Hals im Wasser. Dann haben sie mich wieder reingezogen.»

Warum hast du das gemacht?

«Ich war erschöpft. Wir hatten es zwölfmal probiert und es hatte nicht geklappt. Ich wollte einfach nur weg. Mir war alles egal. Ich wollte einfach weg. Egal wie. Ich hab das Boot nicht gelenkt. Ich hatte mit allem abgeschlossen. Ich dachte, entweder wir sterben beide oder überleben. Ich hatte alles hinter mir. Wir hatten Schlangen, Bären, wir hatten alles gesehen, Schlangen unter meinen Füßen. Zwei *Games* in Bosnien. Den ganzen Weg hatte ich Nika getragen. Im Boot waren wir siebenundzwanzig Personen. Wir fuhren los, so zwei, drei Kilometer hinaus aufs Meer. Das Boot war viel zu schwer. Das Wasser lief rein. Wir waren aber noch nicht gekentert. Wir fuhren zurück an die Küste, und der Schlepper hat drei Leute rausgeholt. Dann waren wir vierundzwanzig. Wir haben das Wasser mit Schüsseln aus dem Boot geleert und sind wieder los.»

Vierundzwanzig Menschen saßen in dem Schlauchboot. Sie waren still. Und nass. Sehr schnell begannen sie dann aber zu reden und sich zu streiten. Omid kauerte mit Nika am vorderen Ende. Sie sagten nichts. Nika spürte, wie ernst und angespannt die Erwachsenen waren. Sie wurde stumm. Es erinnert mich an die ukrainischen Kinder, die alle wie auf lautlos gestellt waren, als sie über die polnische Grenze kamen. Der Überlebensmodus und der Stress der Eltern scheinen sich auf ihre Stimme zu legen und alles zu überlagern.

Was hat Nika gesagt, als ihr dann da im Boot gehockt habt?

«Sie hat nur gefroren. Sie hat nichts gesagt, nur gezittert. Die Arme. Ich habe auch gezittert. Denn wir sind um vier Uhr morgens ins Boot gestiegen und waren bis 13 Uhr im Boot.» Omid hatte von seinen Schlepper-Hilfsjobs gelernt, dass die Höhe der Wellen überlebenswichtig war. «Anfangs waren die Wellen nicht so hoch, dann auf einmal sah ich, dass sie einen Meter hoch waren. Im Boot diskutierten und stritten die anderen: ‹Warum denn jetzt da lang?› ‹Warum machst du es so?› ‹Warum nicht anders?› Steuer doch in die andere Richtung!› Irgendwann, da war es schon Vormittag, riefen wir die britische Küstenwache an. Wenn die kommen, nennt man keinen Namen vom Schlepper, nennt nicht den Namen des Fahrers. Und wenn sie einen verhaften wollen, sagen alle, dass man gemeinsam ins Boot gestiegen ist. Als die britische Polizei dann wirklich kam, um uns festzunehmen, haben alle ihre Handys ins Wasser geschmissen. Das waren diese guten Markenhandys, Apple, Samsung und so. Ich hab das nicht gemacht. Weil ich mir dachte, ich will eh die ganze Wahrheit erzählen, warum soll ich mein Handy ins Meer schmeißen? Ich hab es mitgenommen.»

Sie hatten es überlebt. Ein paar Stunden zuvor, am selben Morgen, auf demselben Stück Ärmelkanal, ertranken siebenundzwanzig Menschen mit dieser irren Hoffnung auf ein gutes Leben in Großbritannien. Als Omid britischen Boden betrat, wusste er nichts von dem Unglück der anderen, die zeitgleich aufgebrochen waren. Er und sein Kind waren derart unterkühlt und durchgefroren, dass sie die Kälte bis in die Nacht hinein nicht loswurden. Eine Nacht blieben sie in Dover, dann wurden sie an einen anderen Ort gebracht.

Währenddessen hatte sich die Nachricht von den siebenundzwanzig Ertrunkenen in der Welt verbreitet. Die BBC sprach von der schlimmsten Tragödie im Ärmelkanal, die es je gegeben habe.[18] Erst ein paar Wochen später veröffentlichte die französische Polizei Details zu jenen, die sie identifizieren konnten. Es waren dürre Informationen zu sechsundzwanzig Menschen. Eine Person konnte offenbar nicht identifiziert werden. Die größte Gruppe unter ihnen waren sechszehn Kurd:innen aus dem Irak: vier Frauen, ein Sechszehnjähriger, ein Kind von gerade mal sieben Jahren und zehn Männer. Wir würden sagen «in den besten Jahren», zwischen neunzehn und siebenunddreißig. Und ein Kurde aus dem Iran. Außerdem berichteten die Behörden von zwei äthiopischen Frauen, zweiundzwanzig und fünfundzwanzig, und einem Mann, der sechsundvierzig Jahre alt war; ein Somali war an Bord und vier Afghanen zwischen vierundzwanzig und vierzig sowie ein zwanzigjähriger Ägypter. Die Leichen sollten in die Herkunftsländer überführt werden.[19] Menschenleben, Zahlen, Länder, die klingen, als hätte man auf einer Weltkarte Kriege und Konflikte markiert, um dann jeweils aus etlichen dieser Länder einzelne auszuwählen und sie in ein Schlauchboot zu setzen.

Journalist:innen versuchten zu rekonstruieren, wer in dem Boot saß. So erhielt die Nachricht der BBC zwei Gesichter, nämlich das von Rezwhan Hassan (18), der zusammen mit seinem Kumpel Afrasia Mohammad (27) eingestiegen war. Ursprünglich kam er aus dem kurdischen Örtchen Rania im Osten des Irak, das im Wesentlichen aus zwei großen Straßen besteht. Die zwei Freunde waren dem Lockruf des belarussischen Präsidenten Lukaschenka gefolgt. Überall im Netz kursierten Angebote von Reiseagenturen, wie einfach man nach Europa gelangen könne. Im Oktober flogen sie vom Irak nach Minsk. Wie Tausende andere Irakerinnen und Iraker erreichten sie die EU irregulär und machten sich dann direkt auf den Weg nach Frankreich. In jener Nacht, als Omid und Nika endlich losfahren sollten, stiegen auch die beiden Freunde in ein Schlauchboot. Rezwhan hatte seiner Familie im Irak noch gesagt, sie würden sich melden, sobald sie in Großbritannien angekommen seien. Auch Afrasia hatte sich vorher gemeldet, auf dem Weg zu einem «besseren Leben», wie er gehofft hatte. Danach warteten die Familien auf den erlösenden Anruf von der anderen Seite. Er kam nicht.

Man hat den Eindruck, schon oft von solchen Schicksalen gehört zu haben. Anfangs ist man schockiert, auch beschämt. Dann achtet man fast pflichtschuldig auf weitere Meldungen dieser Art, und irgendwann, ein paar Unglücke später, scheint es zu einer neuen Art europäischer Wirklichkeit geworden zu sein. Auf Calais blickt die europäische Öffentlichkeit mittlerweile eher bei Jahrestagen, Politikerbesuchen, großen Räumungen oder Schlägereien.

Omid und Nika sind angekommen. Mein Kollege Bamdad erreicht ihn ein paar Stunden nach der Ankunft per Handy. Für uns ist die wichtigste Nachricht, dass sie leben. Omid klingt erleichtert, fast euphorisiert: «Gott sei Dank, wir leben, unser Leben hat sich verbessert. Ich dachte erst, jetzt ist alles vorbei. Dieses schwierige Leben ist nach vier Jahren vorbei. Als ich ankam, fiel der Stress von mir ab. Jetzt sind wir zur Ruhe gekommen. Jetzt muss Nika nur noch zum Kindergarten gehen und ich werde die Sprache lernen, kann in der Gesellschaft arbeiten, mich qualifizieren. Ich war dreieinhalb Jahre in Griechenland. Und? Nichts! Ich hatte noch nicht mal eine Anhörung. Ich bin sicher, dass das Leben hier schneller in Gang kommt.» Er wartet. 39 Prozent der Asylsuchenden in Großbritannien im Jahr seiner Ankunft, 2021, waren iranische Staatsbürger:innen. 80 Prozent von ihnen erhielten Schutz in Großbritannien.[20] Ein Jahr später waren es sogar 85 Prozent.[21]

Die Zeit schleicht

Vater und Tochter wurden in einem Hotel untergebracht, in dem Asylsuchende lebten. Er wartete auf seine Anhörung. Monate vergingen, ein ganzes Jahr. Anderthalb Jahre. Nichts passierte. Nika darf seit kurzem einen Kindergarten besuchen. Omids Begeisterung über das neue Land ist der Ernüchterung gewichen. Meist sitzt er im Hotelzimmer und sieht die Zeit an sich vorbeischleichen. Vielleicht konnte die Wirklichkeit im Vergleich zu den Hoffnungen und Wunschvorstellungen, die Omid so lange Zeit hatten überleben lassen, nur grauer sein. Vielleicht war das ein Naturgesetz. Vielleicht musste die Hoffnung auf ein «goldenes Leben», die ihn dazu brachte, sich auf dieses schwimmende Plastikgerät zu setzen, überdimensioniert sein, sonst hätte er das nicht gewagt. Vielleicht war er nach der langen Zeit in diesem Europa einfach erschöpft. Vielleicht war es ein Wunder, dass er es überhaupt bis hierhin geschafft hatte.

«Ich habe immer noch keinen Interviewtermin. Es hat sich nichts getan, es ist sogar schlimmer geworden. Der Druck auf dich ist groß. Der psychische. Dann macht auch noch der Sozialarbeiter Druck und fragt: ‹Warum ist dein Kind hier verletzt? Warum ist es so und so?› Die drohen, dass man mir das Kind wegnehmen kann. Ich habe dieses Kind getragen und bin über Berge, Wasser und Steppe hierhin gekommen. Jetzt sagen sie: ‹Dein Kind hat einen höheren Stellenwert als du. Es ist wichtig für uns. Aber das kann doch nicht sein, wenn ich das Kind nicht gewollt hätte, dann hätte ich es doch nicht bis hierhin gebracht. Wirklich! Nur der Name klingt schön: England, Großbritannien. Es läuft hier überhaupt nicht.»

Dann, gleich einen Satz später, blickt die Hoffnung wieder um die Ecke.

«Aber das ist nur vorübergehend so. Wenn du interviewt wirst und deine Anerkennung hast, dann ändert sich komplett alles. Das ist nur vor der Anerkennung so. Für Alleinstehende. Es wird viel besser werden. Alles wird sich ändern!»

Die Hoffnung ist eine irre starke Kraft.

In jenem Jahr, als Omid mit Nika im Schlauchboot saß, ertranken oder verschwanden mindestens vierundvierzig Personen auf dem Weg von Frankreich nach Großbritannien. Darunter drei Kinder.[22] Sie hatten sicherlich alle diese Hoffnung.

Melika sitzt im Gummiboot nach Moria

Hat dein Vater sich hier verändert?

Melika: «Ja.»

Wie denn?

«Im Iran war er ganz anders.»

Warum sind hier so viele Erwachsene traurig?

«In diesem Moria kriegt man Depressionen.»

Was ist eine Depression?

«Man wird so verrückt.»

Wie ist man dann?

«Man ist immer gereizt, dann geht man auf jemanden los, mit dem Messer oder so.»

Gibt es hier was Gutes?

«Nee, sehen Sie was Gutes?»

Die Deutschen finden es hier so schön, die kommen auch zum Urlaub auf diese Insel.

«Gefällt euch, aber uns nicht. Ihr könnt kommen und gehen. Wir müssen hierbleiben.»

Als wir dieses Gespräch im Lager Moria führten, war Melika neun Jahre alt. Über Kinder zu schreiben, ist immer so eine Sache. Man kann sich leicht dem Vorwurf aussetzen, Mitleid erregen zu wollen. Kulleraugen zeigen, und schon hast du alle auf deiner Seite, zumindest für einen Moment. Für mich sind Kinder authentische Gesprächspartner. Mal kommt gar nichts, mal regnet es Worte. Anfangs sagen sie vielleicht das nach, was die Eltern ihnen zuflüstern oder vorsagen. Wenn man aber etwas mehr Zeit mit ihnen verbringen kann, schildern sie mit ihren schlichten, klaren Worten, wie sie die Wirklichkeit erleben.

Im Lager Moria auf der griechischen Insel Lesbos waren zwischen 2019 und 2021 mehr als ein Drittel der Bewohner Kinder, darunter rund 60 Prozent unter zwölf.[1] In den Hochzeiten hofften wohl mehr als zwanzigtausend Menschen in dem damals größten Erstaufnahmelager der EU, irgendwie und irgendwann die Insel verlassen zu dürfen und weiter in die EU zu gelangen, bestenfalls nach Deutschland. In diesem Zeitraum waren wir viermal dort, um vor allem für *WDRforyou* zu berichten. Lesbos, die drittgrößte Insel Griechenlands, ist an der engsten Stelle nur etwa zehn bis fünfzehn Kilometer von der türkischen Küste entfernt. Und die Insel ist, das muss man unbedingt sagen, wunderschön. Punkt. Absatz.

Dies wird also die Geschichte von Melika. Zu Beginn unserer Treffen in Moria trat sie mit dem Selbstbewusstsein einer Vorstandsvorsitzenden auf. Wenn wir zusammen durch das Lager liefen und eine Traube von Männern dicht gedrängt um uns herumstand, immer enger und viel zu eng, um zig Fragen zu ihrem weiteren Schicksal zu stellen, dann baute Melika, etwa 1,40 Meter groß, sich irgendwann vor ihnen auf und sorgte für Ordnung: «Habt ihr nicht gehört, was sie gesagt hat? Lasst sie in Ruhe! Sie ist Journalistin und keine Politikerin.» Andere Presseleute hatten vielleicht Begleitung von NGOs oder irgendwelchen halbstarken jungen Männern. Wir hatten oft dieses kleine Mädchen und ihren noch kleineren Freund, den eher zurückhaltenden, stets sehr genau beobachtenden Taha, bei uns. Wenn mal jemand eine Pippi Langstrumpf aus Afghanistan sucht, ich hätte da einen Vorschlag. Völlig unerschrocken. Ob Fremde oder Minister oder eine Gruppe Halbstarker, ist ihr völlig schnuppe. Aber da sind wir ja noch nicht in unserer Geschichte.

Wenige Tage bevor wir Anfang Oktober 2019 das erste Mal nach Lesbos reisten, war ein Feuer im Lager ausgebrochen, gleich neben der Essensausgabe. Acht Container brannten, eine Mutter kam um, wohl auch ein Kind. Amnesty International beschrieb die Lage nach dem Brand und den Unruhen schlicht: «Moria ist überfüllt und unsicher.» Die griechische Regierung unter Ministerpräsident Kyriakos Mitsotakis – gerade drei Monate im Amt – präsentierte daraufhin seinen Lösungsvorschlag: Man plane, binnen eines Jahres zehntausend Menschen in die Türkei abzuschieben.[2] Da ist es nicht uninteressant zu wissen, dass es bis dato kaum Abschiebungen gegeben hatte. Nicht von ungefähr hatte Melikas Familie zwei oder drei Tage nach dem Brand erneut versucht, Lesbos zu erreichen.

Um zu verstehen, was «Lager Moria» bedeutete, gingen wir auf einen Hügel gegenüber vom Camp. Wir standen da, sahen die roten Dächer, unter denen die Anhörungen stattfanden, die Essensausgabe und Container, Container, Container. Dazwischen eine Hauptachse, die «Hauptstraße» am Berg, abschüssig, wo so viele Menschen herumliefen, als gäbe es da irgendwo etwas umsonst. Es erschloss sich dem Laien sofort: zu wenig Platz für viel zu viele Menschen. Zu diesem Zeitpunkt lebten dreizehntausend Personen an einem Ort, der maximal für zweitausendachthundert gedacht und gebaut worden war. Die Ankunftszahlen stiegen weiter.

Da sahen wir eine kleine Gruppe von Menschen, zwei Väter mit fünf Kindern. Sie versuchten sich zu orientieren, wie auch wir. Soeben waren ihnen Zahnbürsten ausgeteilt worden. Wir waren zu dritt, mein Kollege Falah Elias, der die Gruppe auch gleich sah, und Salama Abdo, unser Kameramann, tief konzentriert, irgendwie die Dimension des Lagers mit Bildern einzufangen. Vermutlich waren die Väter mit ihren Kindern noch neu hier, denn sie schauten offen und neugierig zu uns und waren wenig misstrauisch. Wer schon länger im Camp war, wusste: Kamerateams bringen gar nichts, sie holen einen nicht schneller aus Moria raus und wollen immer nur dasselbe hören. Wir kamen mit den Vätern und den Kindern ins Gespräch, weil sie auch Persisch sprachen. Es waren Afghanen aus dem Iran, und sie waren tatsächlich erst am Tag zuvor angekommen. Taha, eines der Kinder, schaute ernst auf uns Fremde.

Und wer bist du?

«Ich bin Taha.»

Und wie alt bist du?

«Acht Jahre bin ich.»

Habe ich das richtig verstanden, gestern war dein Geburtstag?

«Jaaa.»

Und was habt ihr gestern gemacht?

«Nichts. Wir haben nicht gefeiert.»

Und früher, habt ihr da gefeiert?

«Ja, haben wir, mit einem Fest.»

Hast du denn gestern ein kleines Geschenk bekommen?

«Nein, hab ich nicht.» Er blickte ernst auf den Boden.

Kurz danach schlichen wir uns ins Lager. Das war für die Presse verboten, aber man zeigte uns den Weg, und ich wollte mit eigenen Augen sehen, wie die Menschen hier lebten. Ich bewegte mich vor lauter Nervosität etwas zu langsam und zu auffällig. Ein Afghane, der in der Essensschlange stand, erkannte mich (er schaute unsere Programme) und riet mir abzuhauen, ehe man mich erwischen würde. Okay, dachte ich, dann installier ich mich besser irgendwo, und nach wenigen Minuten saß ich schon bei einer Familie in einem der vor wenigen Tagen abgebrannten Container. Sie hatten Decken auf den verkohlten Boden gelegt. In den Trümmern lebten also schon wieder neue Menschen. Die Neuen schlafen an den miesesten Orten, man muss sich regelrecht «hochschlafen». Kaum hockte ich am Boden bei der Familie, da schauten an dem Türrahmen – der Rest war ja abgebrannt – einige neugierige Augenpaare hinein, was denn da drinnen Interessantes passierte. Und wen sah ich mittendrinnen? Little Taha und die etwas größere Melika, die auch beim Zähneputzen dabei gewesen war. Sie kannten die «glückliche» Familie, die den Platz in den Trümmern ergattert hatte, sie waren mit demselben Schlauchboot angekommen. Die beiden quetschten sich zu uns. «Ich heiße Melika und bin neun Jahre alt», erklärte sie höflich. Ihre schwarzen glatten Haare wurden von einem Haarreif zurückgehalten. Sie trug eine Strickjacke, noch war sie besser gekleidet als die meisten hier und strahlte etwas Behütetes aus. Ein richtiges Grundschulkind. Sie hatten gerade die erste Nacht hinter sich gebracht. Ohne Zelt, ohne Decke, sie schliefen vor einem Container der Verwaltung. Am Rande des Weges, wo Hunderte vorbeiströmten. «Gestern Nacht habe ich sehr gefroren, denn wir hatten keine Decke.» Als es dann noch zu regnen begann, suchten sie Schutz in anderen Zelten. Dabei begegneten sie Menschen, die ihnen fremd waren und die eine andere Hautfarbe hatten. Da konnten sie auch nicht bleiben und landeten wieder auf dem Boden am Wegesrand. Bis es Morgen wurde.

Wir hatten einen Draht zueinander gefunden. Beide Kinder hörten aufmerksam zu und antworteten so genau sie konnten:

Wie ist die Situation hier?

«Hier ist die Lage schlecht. Zehntausend Menschen sind hier. Aber es gibt Hilfe.»

Was macht ihr Kinder so?

«Wir wollten nicht kommen. Unsere Eltern wollten das.»

Was habt ihr gesagt?

«Ich konnte nichts sagen. Wir sind los und jetzt sind wir hier.»

Wusstet ihr, wo ihr hinwolltet?

«Na, nach Deutschland natürlich. Ich wusste das.»

Was ist Deutschland?

«Deutschland ist ein Land, das ist gut, da gibt es Hilfen, meine Onkel sind da. Deshalb will ich dahin und war dann auch einverstanden.»

Was wirst du da machen?

«Ich werde dort lernen, bei meinem Onkel. Meine Onkel habe ich viele Jahre nicht gesehen.»

Und was machst du da, Taha?

«Ich geh da auch zur Schule, sie helfen einem. Wir werden mit Schleppern nach Deutschland gehen.»

Was bedeutet das?

«Mit den Schleppern. Das ist ein gefährlicher Weg.»

Ist das für Kinder auch gefährlich?

«Ja. Ist gefährlich. Als wir in die Türkei kamen, mussten wir einen Tag lang laufen. Siebzehn Stunden.»

Herat – Teheran – Türkei

Melika wurde in Afghanistan geboren. Wie viele Kinder in Moria. Als sie etwa fünf war, wurde ihr Großvater von den Taliban getötet, erzählen ihre Mutter und sie. Der Vater war Handwerker, sie hatten nicht viel. Ihre Eltern zogen mit ihr und den beiden kleineren Geschwistern in den Iran, in dieser tiefen Hoffnung, dort ein sicheres und besseres Leben beginnen zu können. Wie Safi aus der ersten Geschichte. Im

Iran war es ein Glücksspiel, ob Kinder afghanischer Eltern eine Schule besuchen durften.[3] Melika hatte Glück, sie ging zwei Jahre lang in eine Schule, in der vor allem afghanische Kinder unterrichtet wurden. Deshalb konnte Melika lesen und schreiben. Eigentlich als Einzige in der Familie. Die Geschwister waren zu klein, und die Eltern hatten keine Möglichkeit gehabt, eine Schule zu besuchen. Die Mutter konnte immerhin auf WhatsApp Nachrichten lesen und schreiben. *That was it.* Nach ein paar Jahren fiel dann die nächste Entscheidung. Die Kleinen würden hier Analphabeten bleiben, und immer musste man mit einer Abschiebung rechnen. Sie hatten oft nicht genug Geld für Essen. Da strahlte von Weitem dieses Deutschland. Fünf Menschen machten sich tatsächlich auf den langen Weg nach Europa, die Eltern wussten weder genau, wohin sie wollten, noch wie. Himmelsrichtung «Dschermäny». Zu irgendwelchen Onkeln, die dort auch ganz neu waren. Alles auf eine Karte setzen.

Zweieinhalb Jahre später sitzen Melika und ich in einem Park, nebeneinander, auf einer festzementierten Bank, Melika ist nicht mehr 1,40 Meter groß, sie ist einige Zentimeter gewachsen. Die Mutter hat ihr Tee und Kekse mitgegeben, und nun erzählt sie schubweise. Mal ganz viel, dann springt sie wieder auf und ruft noch beim Weghüpfen, jetzt reicht es aber! Gerade läuft es, denn sie erinnert sich an die Jahre im Iran.

«Nachmittags sind wir in den Park gegangen, bis es Abend wurde. Wir haben Kästchenhüpfen gespielt. Naja, und dann gingen wir nach Hause und haben Fernsehen geguckt. Danach mussten wir schlafen. Morgens ging das Ganze wieder von Neuem los. Das gefiel mir sehr. Und alle sprachen Persisch.»

Wann hast du das erste Mal gehört, dass es ein Land gibt, das Deutschland heißt?

«Als Papa gesagt hat, wir gehen nach Deutschland. Papa wollte gehen. Mama wollte nicht. Sie haben zu Hause gesprochen. Und mein Vater hat dann entschieden, dass wir ins Ausland gehen. Ich habe das meiner Freundin Farzaneh erzählt. Wir hatten nur drei Decken und haben dann noch zwei gekauft. Weil es in der Türkei ja kalt ist.»

Weißt du noch, wann ihr den Iran dann verlassen habt?

«Sie hatten einen Tag vereinbart. Ich hatte da so ein Gefühl, dass ich nie wieder ein Zuhause finden würde. Wir haben kein Zuhause mehr.»

Was haben Mama und Papa gesagt?

«Sie haben gesagt, da ist es gut, du kannst dort lernen, dort ist alles besser. Aber meine Eltern haben sich darüber gestritten. Als wir los sind, waren wir mit einem Mann verabredet. Dem hatten wir Geld gegeben. Mit so einem Auto sind wir gefahren. Die Fenster waren zu. Mit dem fuhren wir an die Grenze. Auf der iranischen Seite waren viele Zelte. So ähnlich wie in Moria. Ich habe gefragt: ‹Wie können wir denn hier leben, wie können wir hier einkaufen?› Wir waren dann alle in einem Zelt mit insgesamt dreißig oder vierzig Leuten.»

Kinder sehen Kinder. In diesem Grenzgebiet müssen viele Kinder gewesen sein. Später wurde die Familie an einen weiteren Ort in der Türkei gebracht, in eine Schlepperunterkunft, zusammen mit vielen anderen Familien. Dort gab es genau eine Toilette. «Der eine Mann hat uns Essen gegeben. Weil es nur ein Klo gab, hatten wir alle Bauchschmerzen.»

Hoffen auf Lesbos

«Papa hat gesagt, das dauert ein paar Jahre, bis wir ankommen. Der Besitzer von diesem Schlafsaal sagte dann, das Boot ist bereit, um nach Lesbos zu fahren. Beim ersten Mal hat es nicht geklappt. Die Leute in dem Boot waren so dick. Wir haben uns dann da in den Bergen versteckt und gewartet, weil die Boote nicht sofort wieder bereit waren. Wir hatten nichts zu essen. Da hat uns die Polizei gefangen. Aber ich hatte keine Angst vor denen, denn die haben Kindern nichts getan.

Dann hat dieser Mann zum zweiten Mal gesagt, das Boot ist wieder bereit. Wir haben Westen gekriegt, die waren sehr teuer, und wir sind wieder aufs Boot gestiegen. Dieses Mal war es ein kleines Boot, so groß wie dieser Tisch hier (circa 2 mal 1,5 Meter, I. S.). Aber das waren so dreißig oder fünfunddreißig Personen. Dann kam ein großes türkisches Schiff und hat uns aufgenommen und wieder zurückgebracht. Mann! Wir waren ziemlich fertig, dass sie uns gekriegt haben. Das war, als hätte ich meine ganzen Hausaufgaben geschrieben und dann kommt einer und radiert alles aus.»

Nach den beiden gescheiterten Versuchen kehrten sie in die Schlepperunterkunft zurück und dort trafen sie Taha und seine Familie wieder. Die beiden Familien waren weitläufig verwandt und fast zeitgleich aufgebrochen. Sie warteten auf einen weiteren Versuch.

«Wir sagten: ‹Das ist das letzte Mal. Sonst bleiben wir in der Türkei, wenn es nicht klappt.› Der Mann von dem Schlafsaal hat dann wieder gesagt, das Boot ist jetzt bereit. Diesmal mussten wir acht Stunden in so einem großen Auto, in so einem Sprinter sitzen. Der hatte keine Fenster, und wir haben keine Luft bekommen. Ein Mann musste Pipi. Da hat der Fahrer zu ihm gesagt: ‹Mach in die Flasche!› Das war jetzt unser dritter Versuch nach zwei Wochen. Und Taha und seine Familie waren auch dabei. Nach acht Stunden kamen wir am Meer an, und dann haben sie das Schlauchboot aufgepumpt.»

Melika beschreibt mir die Überfahrt von der türkischen Küste aus weiter. Erzählt vom *Game*, vom Spiel, wie es alle hier nannten. Völlig überladene Schlauchboote, billige Rettungswesten, und das russische Roulette beginnt. Aber wenn zwei kleine Menschen vor einem sitzen und das mit ihren Worten, Händen und Augen versuchen in Worte zu fassen, dann wird das unangenehm lebendig.

«Das war nachts. Und es war ganz dunkel. Wir waren so fünfundvierzig Personen und hatten viel Gepäck. Wir konnten ja alle nicht schwimmen. Die Wellen waren hoch und haben das Boot hoch und runter geworfen. Und dann hat das Boot ein Loch gekriegt. Es war immer wieder gegen solche Felsen gestoßen. Einer war Kapitän, das war der, der Türkisch konnte. Der hat das Loch zugeklebt. Aber die Wellen waren hoch, und unser Boot sank immer tiefer. Da kam ein griechisches Schiff und hat uns aufgenommen und nach Lesbos gebracht.»

Was hast du im Boot gedacht?

«Ich hab gebetet. Ich hatte sehr viel Angst. Wir haben sehr viel gebetet. Wir waren dreieinhalb Stunden unterwegs. Ein paarmal sind wir gegen die Felsen gestoßen. Ist echt ein Wunder, dass das Boot nicht zerbrochen ist. Gott sei Dank sind wir angekommen. Manche haben es zwölfmal probiert, wir hatten totales Glück, und es klappte beim dritten

Mal. Dann haben sie uns nach Moria gebracht. Und gleich am ersten Tag haben wir Sie kennengelernt, nämlich als wir die Zähne geputzt haben.»

Die Familien von Melika und Taha rasten mit voller Wucht in ein humanitäres Desaster. Sie hofften, sie würden ins sichere Europa gelangen. Tatsächlich landeten sie in Moria. Dieses Lager war ursprünglich als Abschiebegefängnis geplant. 2015 mussten Menschen eine, maximal zwei Nächte hier verbringen. Jetzt konnten es ein oder zwei Jahre werden.

Öfter fragte ich die Eltern im Laufe des Jahres, als sie dort ausharren mussten, was sie denn über die EU und Griechenland wussten, ehe sie sich aufmachten. Ob sie die Begriffe «Dublin» oder «Schengen» kannten, wie sie sich vorbereitet hatten. Sie hätten sich Videos angesehen auf YouTube, in denen erklärt wird, wie man ein Schlauchboot steuert, erwiderte der Vater. Ein Jahr später, nach dem Brand, hatte Melikas Mutter gesagt: «Wir wussten nicht, wie es hier ist. Alle hatten gesagt: ‹Deutschland will Einwanderer.›» Sie benutzte das persische Wort *Mohajer,* das bedeutet beides, Auswanderer, Einwanderer und auch Flüchtlinge. «Und deshalb sind wir gekommen», fuhr sie fort. «Alle haben das gesagt. Und man komme durch. Zu 100 Prozent wolle Deutschland *Mohajer*. Deshalb sind wir gekommen und haben so viel Not ertragen – *Sachti keshidim!*»

Der Vater hatte auch YouTube-Videos geschaut, in denen es hieß, man müsse maximal zwei Monate auf den Inseln bleiben.

«Wir dachten, sie würden uns von hier nach Athen bringen. Wir haben Afghanistan verlassen wegen Krieg und Armut. Unser Ziel ist Deutschland. Wir wollten viele Länder zwischen uns und Afghanistan haben. Das wären dann so zehn oder zwölf. Das dachten wir.»

Der EU-Türkei-Deal

Die Zuspitzung der Situation in Moria entstand nicht von heute auf morgen. Schon lange war die Strecke zwischen den Ägäischen Inseln und dem türkischen Festland eine Fluchtroute. Europäerinnen und Europäer flohen im Zweiten Weltkrieg vor der Deutschen Wehrmacht über diesen Weg in die Türkei und dann teils weiter nach Syrien. Die

Jahre ab 2015 waren sicherlich eine historisch einschneidende Phase für die Menschen auf den Inseln. In jenem Jahr gelangten laut UNHCR achthunderttausend Menschen über das Mittelmeer nach Griechenland.[4] Es waren, in dieser Zahlenfolge, Menschen aus Syrien, Afghanistan, Irak, Iran, Eritrea.[5]

Die Hauptmigrationsroute führte von der türkischen Küste über Lesbos, dann weiter über die Balkanroute und schließlich in den Norden der EU, vor allem nach Deutschland und Schweden. Warum wurden die Menschen nicht gemäß der Dublin-III-Verordnung nach Griechenland zurückgeführt? Um es vereinfacht zu sagen: Die Schutzsuchenden konnten in Deutschland bleiben, weil Entscheidungen des Europäischen Gerichtshofs, des EuGH, und des Europäischen Gerichtshofs für Menschenrechte eine Überstellung nach Griechenland für nicht konform mit Menschen- und Europarecht erklärten. Dort drohe eine unmenschliche Behandlung.[6] Deutsche Behörden verzichteten darauf zu prüfen, ob die Menschen in andere EU-Staaten rücküberstellt werden konnten. Denn die Bundesrepublik erklärte sich zuständig für Hunderttausende dieser flüchtenden und migrierenden Männer (vor allem), Frauen und Kinder. Der rechtliche Hebel lautete: «Selbsteintrittsrecht». EU-Länder können immer frei entscheiden, welches Asylverfahren sie selbst übernehmen, und die betreffende Person nicht zurückschicken – das lassen die Dublin-Regeln auch zu. Wir kennen das aus Ruhis Geschichte im zweiten Kapitel. Genau das passierte 2015.[7] 890 000 Menschen erreichten Deutschland und baten hier um Asyl.[8] Der «Wir schaffen das!»-Herbst-und-Winter führte in Deutschland zu Unterstützung und zu Ablehnung. Selbstredend war auch Griechenland mit dieser starken Fluchtbewegung völlig überlastet. (Weite Teile der Bevölkerung auf den Inseln waren anfangs überaus hilfsbereit und gastfreundlich!) Auch die Türkei war mit über 2,3 Millionen Vertriebenen und Schutzsuchenden[9] vor allem aus Syrien durch die schiere Masse überanstrengt. Anfang 2016 wurde die sogenannte Balkanroute geschlossen, die Anrainerstaaten ließen die durchziehenden Fremden nicht mehr gewähren. «Geschlossen» ist übertrieben, aber die Ströme waren danach nicht ganz so fluide, die Zahlen sanken.

Das war die Situation, ehe es zum Deal zwischen der Türkei und der EU kam. Das Chaos, in dem Melika und ihre Familie auf Lesbos gelandet waren, hatte eine Vorgeschichte, die hier beginnt. Die Idee für diese gemeinsame Erklärung, die am 18. März 2016 von der EU und der Türkei angenommen wurde, stammte von dem Migrationsexperten Gerald Knaus und seiner Denkfabrik European Stability Initiative (ESI). Knaus hat einen beseelten Ehrgeiz, für solche verfahrenen humanitären Situationen Lösungen oder zumindest Verbesserungen vorzuschlagen. Er sprach mit den beteiligten Regierungen und konnte offenbar bedeutende Impulse setzen, so beschreibt er es.[10] Der Deal – es war kein völkerrechtlicher Vertrag, sondern eine bloße Erklärung, ein «abgestimmtes Vorgehen» – sah folgende wesentlichen Punkte vor:

Die Türkei sollte alle «irregulären Migranten», die ab dem 20. März 2016 die griechischen Inseln erreichten, zurücknehmen, wenn sie im Asylverfahren von Griechenland und dem UNHCR abgelehnt wurden oder keinen Antrag stellten.

Für jeden von der Türkei zurückgeführten Syrer würde die EU einen schutzberechtigten Syrer aus der Türkei aufnehmen.[11]

Die Türkei sollte dafür sorgen, dass Menschen erst gar nicht das Land illegal Richtung Griechenland verlassen konnten.

Die EU sollte der Türkei bis 2020 6 Milliarden Euro (in zwei Tranchen) Hilfe für Projekte für Flüchtlinge im Land zahlen.

Die Visumspflicht für die Türkei sollte schneller entfallen.[12]

Um es gleich zu sagen: Ein Teil dieser Vereinbarung funktionierte für eine gewisse Zeit, ein Teil floppte direkt. Die Kritik zahlreicher Hilfs- und Menschenrechtsorganisationen war dröhnend: Ausverkauf der europäischen Werte. Ende des Rechts auf Asyl. Abhängigkeit von einem Staat, der selbst Menschenrechte missachte. Wie könne die EU einen Deal machen, wenn es um das individuelle Recht auf Asyl geht, das dadurch eingeschränkt werde. Der Deal sei an der miesen Situation schuld.[13] Médecins Sans Frontières verließ aus Protest das Lager Moria.[14]

Die EU stellte laut Bundesregierung 6 Milliarden Euro bereit für die Türkei. Ausgezahlt wurden Stand März 2021 4 Milliarden.[15] Die Türkei sicherte ihre Grenzen, nahm aber kaum jemanden zurück – in vier Jahren laut UNHCR 2054 Menschen. Viele von ihnen hatten kein Asyl beantragt und kehrten freiwillig zurück.[16] Und ganz wichtig: Nun hatten die Türkei und die EU zwar vereinbart, dass die Türkei Menschen aus Syrien Schutz gewähren würde, denen aus Afghanistan und dem Irak aber nicht. Sie konnten sich zeitweise nicht mal beim UNHCR in der Türkei registrieren. An ihnen war die Türkei nie interessiert, und das wurde durch die Vereinbarung verstärkt.

Auch im Herbst 2019, als Melikas Familie bei dem Versuch, mit dem Schlauchboot nach Lesbos zu gelangen, festgenommen worden war, kam die Türkei einem Teil ihrer Verpflichtungen nach. Alle, mit denen wir innerhalb von zwei Jahren auf Lesbos und Samos gesprochen haben, insgesamt weit über hundert, probierten es mehrfach über das Meer. Die türkische Küstenwache kontrollierte anscheinend ihre Grenzen, und die Zahlen auf dem Meer sanken (die auf dem Landweg nicht): Tatsächlich kamen nach dem EU-Türkei-Deal weniger Menschen als 2015 auf den Inseln an. 2017 und 2018 sanken die Zahlen weiter, 2019 stiegen sie kurzzeitig wieder. Ab 2020 waren sie niedrig, weil die Regierung konsequent Schlauchboote abdrängte oder Menschen zurückschickte. Das Niveau von 2015 war Geschichte.

Ankommende Flüchtlinge in Griechenland[17]

Jahr	Meer	Land	Tote, Vermisste
2021	4331	4826	115
2020	9714	5982	102
2019	59 726	14 887	71
2018	32494	18 014	174
2017	29 718	6592	59
2016	173 450	3784	441
2015	856 723	4907	799
2014	41 038	2280	405

Ein Ziel der Vereinbarung war, die Gefahr für die Migrant:innen und Flüchtlinge zu verringern. Auf den ersten Blick war die Zahl der Ertrunkenen und Vermissten gesunken. Wenn man aber berücksichtigt, dass die Gesamtzahl der Ankommenden zurückging, waren es nun anteilmäßig mehr Menschen, die starben.[18]

Als Melika mit ihrer Familie 2019 ankam, funktionierte der Deal nicht mehr. Die Türkei ließ offenbar mehr Menschen durch. Die Bewohnerinnen und Bewohner der Insel wollten diese Dauerkrise nicht länger vor ihrer Haustür ausbaden. Statt Touristen kamen Journalistinnen, Kameraleute, NGO-Mitarbeiter und Ärztinnen. Im Dorf Moria, unweit des Lagers, klagten Menschen, sie würden von den Asylsuchenden bestohlen. Kabel, Tiere und anderes. Noch etwas sollte die Situation empfindlich verändern: In Griechenland war seit Juli die neue konservative Regierung unter Kyriakos Mitsotakis im Amt. Er hatte seinen Wählern versprochen, er wolle illegale Migration an den Grenzen verhindern, schnell abschieben und die Grenzen sichern.[19] Auf der anderen Seite der Ägäis drohte offen Präsident Erdoğan damit, die Grenzen zu öffnen, wenn er von der EU nicht mehr Geld für die Versorgung syrischer Flüchtlinge bekäme. «Entweder geben Sie uns Unterstützung oder … Entschuldigung, es gibt nur diese Chance – wir werden die Last nicht alleine tragen.»[20]

In der Summe ergab das: eine instabile, mal überforderte, oft gleichgültige griechische Regierung, die die Krise zur Abschreckung größer werden ließ. Eine Türkei, die viel zu viele Menschen beherbergen musste und gleichzeitig versuchte, daraus maximalen politischen Profit zu schlagen. Eine EU, die zwar auch zuständig war, aber in Moria weitgehend unsichtbar blieb. Ein zusehends gelähmter UNHCR und schließlich NGOs, die versuchten, vor Ort das Nötigste aufrechtzuerhalten – medizinische Versorgung, Schlafsäcke, Zelte, Rechtsberatung. Viele Aufgaben, bei denen die Regierung bewusst wegschaute. Die NGOs kümmerten sich natürlich auch um Tausende Kinder. Mittendrin Melika und Taha.

Sie hatten sich in den ersten vier Tagen im Lager «hochschlafen» können. Erst eine Matte irgendwo am Wegrand, dann das Zelt. Wer lang genug blieb oder besonderen Schutz brauchte, schaffte es vielleicht in einen Container. Da schliefen fünfzehn Personen. Jetzt wurden zwischen den Olivenbäumen ständig weitere Zelte aufgebaut. Das Lager wurde täglich größer.

Melika, den Eltern und ihren beiden Geschwistern war ein Zelt zugeteilt worden, das sich vier Familien teilen mussten. Man hörte jede Mücke schwitzen. Privatheit gab es nicht. Melika führte uns zu ihrem Zelt. Es war ihr vierter Tag in dieser neuen Welt. Sie hatte den Ernst der Lage längst begriffen. Ich stellte etwas hilflos diese klassische Reporterfrage, wie es ihr denn gehe.

«Ist natürlich schwer hier, wie kann es einem hier nicht schlecht gehen?» Eigentlich hatte sie nun alles gesagt, mir fiel keine Frage mehr ein, und ich fühlte mich als Europäerin ausgesprochen unwohl in dieser Situation. Das war ja erst der Anfang. «Jeder hat eine Decke bekommen, mehr nicht. Auf der schlafen wir auch.» Ich dachte sofort an den Winter und hoffte, dass sie die Familien wohl nicht auf dem kalten Boden schlafen lassen würden – zwischen der Erde und ihnen läge dann nur eine Plastikplane.

Es mag etwas platt oder profan klingen, wenn man über Toiletten und Duschen spricht, aber natürlich waren genau diese existentiell wichtig. Die Gruppe, mit der wir nun durch das Lager liefen, war größer geworden. Alle wollten uns zeigen, wie die Menschen hier leben mussten. Bis wir schließlich vor einer Reihe von Dixi-Klos standen, die man auch mit Verlängerungsstock und Handschuhen nicht öffnen wollte. Um das Loch des Instantklos herum hatten Menschen auf der Brille ihre Notdurft verrichtet. Eine Toilette sollten sich neunzig Menschen teilen. Ich konnte es mir nicht anders vorstellen, als dass man in die Olivenhaine auswich, um nicht da drauf zu müssen. Zumal nachts, wenn die Toilette so weit weg war. So viele Menschen auf so engem Raum – zweihundert Personen mussten sich eine Dusche teilen, hatten wir hochgerechnet. Warmes Wasser gab es nur, erklärte Taha, wenn die Sonne schien. Kinder und Frauen klagten, die Nächte seien so schlimm. «Nachts ist hier Krieg. Es kann einem alles passieren.» Während ich nach kindgerechten Formulierungen suchte, flüsterten die Kinder schon: «Vergewaltigung». Frauen erzählten sofort, sie würden sich nicht trauen, ohne ihre Männer dahin zu gehen. Angst, allein auf Toilette zu gehen! Ich hatte schon von Windeln gehört, die Erwachsene hier trugen, um nicht zur Toilette gehen zu müssen. Auch Melika ging nur mit ihren Eltern dahin. Oft erzählten uns Menschen, dass sie Harnwegsinfektionen oder andere Probleme bekamen, weil sie versuchten, diese fiesen Toiletten zu vermeiden.

Melika und die Eltern begannen sich «einzuleben». Es gab nur ein paar Stunden am Tag Trinkwasser. Man musste dafür anstehen. Und dreimal am Tag stellte der Vater sich in der Essensschlange an. Pro Mahlzeit, sagten uns andere Bewohner, stehe man da ein bis zwei Stunden. Männer und Frauen getrennt. Je näher man an der Essensausgabe stand, desto beengter und abgezäunter war der Bereich und glich eher einem Tigerkäfig. Die Menschen standen dicht hintereinander, und weil bei vielen das Nervenkostüm nicht gerade stabil war und sie Hunger hatten, kam es häufig zu Rangeleien. Vielleicht drängte die Lagerleitung die Menschen so lange in diese Warteschlangen, um sie zu beschäftigen? Oder unter Kontrolle zu haben? Oder vielleicht war das Teil der Abschreckung? Wir schauten ab und zu in die Tüten, die die Lagerbewohner:innen dann zurück zum Zelt trugen. Man bekam den Eindruck, dass Brot, Tomaten und auch Orangen dem errechneten Kalorien-Mindestbedarf eines Menschen entsprachen, aber satt konnte man davon nicht werden. Manches war auch verdorben, und Wasser war rationiert.

Das Auge nimmt Moria wahr, aber das Hirn verarbeitet nicht sofort: Moment mal, nutzen die Kinder die Stacheldrahtrolle als Klettergerüst? Mit welchem Müll spielen die Kleinen neben der Pfütze? Schläft das Baby wirklich im Pappkarton oder habe ich mich da gerade verguckt? Médecins Sans Frontières, die eine Kinderklinik vor den Toren des Lagers unterhielten, berichteten uns, sie behandelten Kinder, die suizidgefährdet seien. Sie könnten keine Kontakte zu anderen Menschen aufnehmen oder halten. Dürften nicht mehr Kinder sein. Die Eltern wiederum hätten starke Schuldgefühle, weil sie die Kinder hierhergebracht hatten. Daraus entstünden in vielen Fällen Depressionen.

Bei dieser ersten Reise hoffte ich, dass dies alles eine Zuspitzung war, die Wirklichkeit aber nicht ganz so grau sein würde.

An Tag fünf ihres Aufenthaltes im Lager trafen wir Melika und ihren Vater ein letztes Mal. Er hatte noch diese tiefe Hoffnung auf Europa, dachte wirklich, wir würden uns schon bald in Deutschland wiedersehen. Vielleicht war das der einzige Weg, eben dieses schlechte Gewissen auszuhalten, denn er war es, der seine Frau und die drei Kinder hierhergebracht hatte. Er hatte diesen Wunsch, dass seine Kinder zur Schule gehen sollten. Hier auf Lesbos würde das ein Konjunktiv bleiben: viertausend Kinder beschulen. Die griechischen Behörden schauten systematisch weg. Als Melika mir zum Abschied diese Frage stellte, saß ihr Vater stumm daneben:

«Wie lange müssen wir hier noch bleiben?»

Hm … was schätzt du denn?

«Ich frag Sie doch!»

Weiß nicht. Vielleicht ein Jahr.

(Pause, dann:) «Da ist das Leben eines Menschen doch vorbei.»

Wir verabschiedeten uns. Noch war Melika ein Kind.

Lagerüberleben

Einige Zeit nach meiner Rückkehr nach Deutschland erhielt ich diese erste Nachricht auf Farsi. Ein Foto von einem kranken Mann, ihm fehlten Blutkörperchen, stand da. Kurz überlegte ich, wer schreibt mir eigentlich? Aber an ihrem zweiten Satz erkannte ich, dass es wohl Melika war, denn sie gab mir Anweisungen. Diese kleine afghanische Pippi Langstrumpf war unerschrocken:

«Können Sie ihm bitte helfen? Er hat Schmerzen. Sie können ihn auch direkt nach Pakistan oder Indien schicken, Hauptsache Sie helfen ihm. Ich kann Ihnen auch die Nummer von seiner Frau schicken. Er hat zwei Kinder. Er ist in Afghanistan.» Dann muss ihre Mutter das Handy übernommen haben. Sie hatte ich in Moria nicht kennengelernt. Die Sätze wurden nun etwas schlichter, und manchmal machte sie kleine Fehler. «Wann kommen Sie wieder? Wir sind ja jetzt hier. Ich kann nicht gut schreiben. Melika hilft mir. Manchmal schreibt sie. Entschuldigen Sie meine Fehler.»

Später stellte sich heraus, dass der kranke Mann einer von Melikas Onkeln war. Er starb bald nach ihrer Nachricht an mich, ihre Tante blieb mit den kleinen Kindern allein zurück. Wenig später meldete sich Melikas Mutter. Diesmal direkt, ohne Coaching von ihrer Tochter. Auf dem Foto sah man ihren Mann mit einer Beatmungsmaske, er hing, halb sitzend, in einem weißen Patientenhemd in einem Krankenbett. Sah ungut aus.

«Er hat Blinddarm. Ich bin mit ihm im Krankenhaus, die Kinder sind alleine in Moria. Ich mache mir sehr viele Sorgen. Gestern habe ich mit Melika gesprochen, sie hat sehr geweint. Morgen kommen sie ins Krankenhaus, um ihren Vater zu besuchen.»

Es war ein Glück, dass der Vater am Blinddarm wenigstens notfallmäßig nachts um ein Uhr im Krankenhaus operiert worden war. Das Ergebnis war eine Naht mit neunzehn Stichen. Die gesundheitliche Versorgung in Moria konnte einem Roulettespiel gleichen. Im Lager selbst waren nur freiwillige Ärzt:innen von NGOs. Die Insel mit ihren neunzig- bis hunderttausend Einwohnern hatte ein einziges Krankenhaus. Und das war natürlich nicht darauf vorbereitet, zwanzigtausend Menschen zusätzlich versorgen zu müssen.

Wir erlebten einmal eine Situation, in der eine Frau offenbar schwerkrank auf dem Boden lag, die Kinder hockten panisch um sie herum, ihr Mann sagte immer nur: «Meine Frau stirbt, aber sie helfen uns nicht.» Erst nach mehrfachem Insistieren und Verhandeln von uns Journalistinnen mit den Sicherheitsleuten wurde dann irgendwann eine Ambulanz gerufen. Die Sanitäter behandelten sie grob und respektlos. Vielleicht zeigte sich hier der Frust vieler Einheimischer: Sie wollten diese vielen Menschen einfach nicht mehr auf ihrer Insel haben, aber nichts passierte, und die Last der europäischen Asylpolitik drückte auf ihre Insel.

Die EU-Türkei-Vereinbarung führte in der Praxis zu einer absurden Situation. Um die Abschiebungen in die Türkei zu erleichtern, sollten die Asylverfahren in einer *fast-track border procedure* durchgeführt werden. In den Camps, die Bewerber durften die Inseln nicht verlassen, solange nicht über die juristische Zulässigkeit ihres Asylantrags entschieden war. Bedeutete: Der Deal mit den fragwürdigen Schnellverfahren galt nur für die Inseln. Wer jedoch nachweislich schwer krank, schwanger oder minderjährig war, den ließ die griechische Regierung – oft erst nach monatelangem Warten auf ein Gerichtsverfahren – aufs Festland bringen, damit sie dort versorgt würden.[21] Die Menschen kamen also gesund auf den Inseln an, und schnell sprach sich herum, dass man, möglichst ärztlich attestiert, krank sein musste, um weiterzukommen. Gleichzeitig sorgten die Zustände in den Lagern, das Essen, die Toiletten, die Zelte dafür, dass man ohnehin leichter krank wurde. Auf Samos erklärte uns der «Lagerarzt» Manos Logothetis diesen Mechanismus. Er hatte viele Menschen erlebt, die ihm Krankheiten präsentierten, in der Hoffnung auf ein Attest. Er entschied als Arzt darüber, wer Samos verlassen durfte und wer festhängen würde. «Normalerweise ist es ja so: Wenn ein Arzt Ihnen sagt, Sie sind gesund, sind Sie glücklich. Bei den Flüchtlingen und Migranten hier ist es genau umgekehrt, wegen der ganzen Regeln und Einschränkungen. Sie sind unglücklich, wenn man ihnen sagt, dass sie nichts haben und völlig gesund sind. Das heißt nämlich, sie hängen fest und können nicht weiterziehen.»

Die Lager, so erklärte Doktor Logothetis, würden immer voller, weil die Griechen aufnahmen, aber nicht abschoben und sogar einige aufs Festland brachten. Er sah, wie Menschen zum Teil zwei Jahre auf den Inseln ausharren mussten. Und je mehr kamen, desto länger waren die Wartezeiten. Der einzige legale Weg raus war: Krankheit und ein ärztliches Attest. Oder – das klingt hart, kam aber vor – man beendete selbst sein Leben. Als wir in Samos das Krankenhaus besuchten, war dort gerade eine Frau eingeliefert worden, die versucht hatte, sich mit Tabletten das Leben zu nehmen. Die diensthabende Ärztin erzählte uns, das sei ihr Alltag in der Klinik.

Die Sorge von Melikas Familie um den kranken Vater war groß, denn die Temperaturen sanken nachts auf den Gefrierpunkt, und wie sollten sie nun auch noch einen Kranken versorgen? Als er wieder ins Lager zurückkam, wollte die Naht am Bauch nicht heilen. Er lag im Zelt, die Mutter versuchte tagelang, medizinische Hilfe zu bekommen, und traf niemanden an. Ich erhielt wieder eines von Melikas Lebenszeichen:

«Ich stehe in der Schlange, hier gibt es Internet in der Schlange.

Danke, dass Sie an uns denken. Wann kommen Sie denn? Ich vermisse Sie. Wenn Sie kommen, können Sie wieder berichten. Wir haben das Zelt gewechselt. Ich gebe Ihnen die Adresse, A 65. Danke, dass Sie an mich denken. PS: Wenn Sie nach mir fragen, nach den neuen Zelten fragen, finden Sie uns. Also im Zelt A 65.»

Das Lager wurde immer voller, die Lage immer dramatischer. Wir planten, erneut hinzureisen. Ich hatte noch gar nicht gesagt, dass und wann wir kommen würden, da stand für das Kind schon fest, dass wir jeden Moment aufbrechen und gleich da sein würden. Der Pippi-Langstrumpf-Imperativ ging weiter:

«Wenn Sie kommen, nehmen Sie Kontakt mit uns auf.» «Kommen Sie in unser Zelt? Ich führe Sie herum.» «Geht es Ihnen gut? Mir geht es gut.» «Wir sind in dem Dschungel.» «Danke, dass Sie an uns denken.»

Die Mutter meldete sich, ihr Mann komme einfach nicht auf die Beine. Ich verstand, dass sie nun die Kinder in die Essensschlangen schicken musste oder selbst da anstand. Sie hatte sich mit den Gegebenheiten abgefunden, vielleicht war es auch schlicht die Verzweiflung. Dann entschieden wir uns, Ende Februar 2020 wieder nach Lesbos zu fliegen. Für Melika und ihre Familie kamen wir aus dem Land, auf das sie alle Hoffnung, alles Glück und Funkeln projizierten. Anders konnte ich mir diese Nachricht der Mutter nicht erklären: «Melika hat nicht mehr geschlafen. Sie fragt immer: ‹Kommen Sie? Damit ich sie von Nahem sehe.»

Ich schrieb vorsichtshalber, dass wir nur kämen, um über die Lage zu berichten. Bloß keine falschen Hoffnungen wecken. Ich weiß nicht, ob ein Mensch so eine Botschaft wahrnehmen kann, wenn es um ihn herum nur dunkel ist und dieser Besuch aus Deutschland das einzige Glühwürmchen weit und breit zu sein scheint. Sie schrieben artig: ja, natürlich!

Wir machten uns auf den Weg.

Im Idealfall wollten wir die erste Begegnung filmen, denn wir planten den zweiten Beitrag über die beiden Kinder. Fünf Monate Lagerleben hatten sie nun hinter sich. Salama, Falah und ich fuhren mit dem Leihwagen langsam hinauf in das Camp, das sie nun den Dschungel von Moria nannten. Ein alter Weg, der durch den ehemaligen Olivenhain hinaufführte. Rechts und dann auch links von uns Zelte und Baracken, wo mehr Menschen lebten, als man wahrnehmen konnte. Eine Mischung aus Dauercamping, Favela und Slum.

Dieser Weg war einige hundert Meter lang, das Zelt Nummer A 65 stand am oberen Rand. Aber als ich vorsichtig die Autotür öffnete, standen sie schon direkt vor uns. Vorneweg Melika! Wir hatten sie mit unserer Ankunft überraschen wollen, aber es war umgekehrt. Während wir nämlich den Berg hinaufgefahren waren, hatte sich im Camp bereits in doppelter Geschwindigkeit verbreitet, dass wir da waren. Vielleicht kriecht das Internet nur wie eine schläfrige Schnecke im Vergleich zur stillen Post von Moria.

Melika strahlte und lachte: «Ich habe euch doch längst hochfahren gesehen.» Ihre beiden Geschwister freuten sich auch, Taha beobachtete die Begrüßung konzentriert. Melikas Mutter stand nun erstmals persönlich vor mir, und als letzter, mit etwas Abstand, schleppte der Vater sich in unsere Richtung. Er sah schmal und blass aus. Die Mutter lief über vor Gefühlen und Sorgen: Seit Tagen warte sie vor der Arztpraxis im Lager, aber bekomme einfach keine Medikamente für ihren Mann. Der habe Schmerzen. Es gebe keine medizinische Versorgung. Auch bei Rückenschmerzen oder einer Grippe bekomme man nichts. Alles sei so dreckig. Wir sollten doch bitte dieses Elend filmen. Überhaupt sei ihr Mann an allem schuld, er habe die Kinder und sie in diese schlimme Lage gebracht, sie würden es alle nicht mehr aushalten, jeden Tag stundenlang um Essen anstehen und jetzt auch noch seine Krankheit. Ihr Mann hielt weiter Abstand, sagte nichts, bewegte sich langsam und verwandte seine Kraft darauf, auf seinen Beinen stehen zu bleiben.

Ein paar Tage später kamen wir morgens an ihr Zelt, um zu hören, wie die Nacht war. Melika schlief noch, der Vater kam uns gleich entgegen. «Um vier Uhr morgens war es plötzlich laut. Wir sind wach geworden, jemand hatte die Tür des Zeltes unserer Nachbarn durchgeschnitten mit einem Messer und wollte rein.» Der Nachbar schaute sich gerade den Schaden am Zelt an. Er war wütend und besorgt, denn er hatte auch kleine Kinder. Ob er die Stimme des Eindringlings gehört habe, fragte ich, um etwas über den Täter zu erfahren. «Ich habe gerufen: ‹Wer ist da?› Und dann ist er abgehauen. Das war's.» So etwas passiere jede zweite Nacht, sagte Melikas Vater. Wir hörten das von vielen in Moria, es war keine Übertreibung. Elend und Kriminalität scheinen sich magnetisch anzuziehen. Zumal wenn Polizei und Sicherheitspersonal einen Bogen um das Gelände machen.

Es hatte sich jetzt eine gewisse Vertrautheit zwischen Melikas Familie und unserem Team eingestellt. An einem Abend blieb ich in ihrem Zelt – neun Menschen mussten es sich teilen –, bis die Kinder «zu Bett» gingen. Die Mutter hatte Nudeln auf einem kleinen Feuer gekocht und für jedes Kind eine kleine Portion in ein Plastikschüsselchen gefüllt. Draußen war es längst dunkel, das Thermometer fiel und fiel auf knapp über null Grad. Die Eltern legten für jedes Kind ein Kopfkissen auf den Boden und begannen, unter ihnen eine Decke auszubreiten, um sie irgendwie vor der Kälte, die aus dem Boden kriechen würde, zu schützen.

Gedankenverloren fragte ich: «So, jetzt zieht ihr bestimmt noch die Schlafanzüge an und geht schlafen?»

Die drei schauten mich erstaunt an. Sie erwiderten zögerlich: «Wir ziehen keine Schlafanzüge an.»

Ich begriff immer noch nicht.

«Wir haben keine Schlafanzüge. Wir schlafen mit Anorak und Hose, mit dem was wir anhaben und ziehen noch Mützen an.» Wenig später würden sie die Decken so hochziehen, dass sie gerade noch Luft bekamen, wir sahen nur noch drei Wollmützen herausgucken.

Je länger wir in Moria waren, desto mehr Fragen hatte ich: Warum galt hier anscheinend kein europäisches Recht? Warum behandelten Griechenland, die EU und internationale Organisationen wie der UNHCR Frauen, Kinder, Männer so, dass es nicht mit der Europäischen Menschenrechtskonvention zu vereinbaren war? In Artikel 3 steht unmissverständlich: «Niemand darf der Folter oder unmenschlicher oder erniedrigender Strafe oder Behandlung unterworfen werden.» Ging es Griechenland und der EU einzig um Abschreckung? Warum kamen immer mehr Menschen nach Lesbos, obwohl sie doch wussten, wo sie landen würden? Wie sollten Kinder das unbeschadet überstehen? Wie lange würden Melika und Taha das aushalten?

Würde die Mutter dem Vater jemals verzeihen können, dass er sie hierhin gelenkt hatte?

EU-Hotspots

Seit 2015 sollte das Lager im Olivenhain neben dem kleinen Ort Moria ein sogenannter EU-Hotspot werden. An jenen Stellen, wo viele Menschen ankamen und um Asyl baten, wo «Druck» auf die EU-Außengrenzen entstand wie in Griechenland und Italien, sollte die EU durch ihre Agenturen eingreifen und den jeweiligen Mitgliedsstaaten finanziell, personell und logistisch helfen.[22] Neben Frontex war das vor allem die EU-Agentur EASO (heute: European Union Agency for Asylum): Sie half bei der Identifizierung und Registrierung,[23] führte auch Anhörungen durch und machte den griechischen Behörden Vorschläge, wie diese entscheiden könnten.[24] Kurz darauf wurde Moria auf Lesbos – neben Leros, Kos, Samos und Chios – zu solch einem Hotspot ernannt. Es wurde nun ein Ankunftszentrum, ein Ort der Erstregistrierung und der Anhörung. Später dann der nicht enden wollenden Unterbringung – *four in one* sozusagen. Es sollte hier eigentlich besonders schnell gehen, aber es gab nicht genügend Mitarbeiter, deshalb klemmte es erheblich.

Anfangs baute das griechische Verteidigungsministerium den Hotspot auf, später sollte das Migrationsministerium übernehmen.[25] Aus Brüssel wurde viel Geld geschickt. Griechenland soll laut EU seit 2015 3,39 Milliarden Euro für die Aufnahme und Versorgung von Flüchtlingen und die Grenzsicherung erhalten haben.[26] Es ist nicht ganz klar, wie viel von dem Geld tatsächlich bei der EU abgerufen wurde. Als Laie möchte man meinen, für Zehntausende Betten, Container, ordentliche Toiletten und Duschen hätte diese Summe reichen dürfen. Das Asylverfahren und die erste medizinische Sichtung führten griechische Beamte und EASO-Mitarbeitende durch, aber alles andere ließ die Regierung NGOs und die Vereinten Nationen machen. Beispielsweise war für die kaum vorhandenen Duschen und Toiletten auf Lesbos UNICEF zuständig. Auch als Melika dort anstand. Das Zelt der

Familien von Melika und Taha war ihnen von einer NGO namens Movement in the Ground zugeteilt worden. Die NGOs füllten das Vakuum, das der Staat nicht füllen wollte.

Im Laufe der Zeit hingen die Ankommenden ein, zwei Jahre, manchmal noch länger auf Lesbos fest. Theoretisch sollte es schnell gehen. Aber aus dem Hotspot wurde ein «Reception and Identification Center». Wenn man also einen Blick in die Zukunft werfen möchte, um zu verstehen, wie die EU ihr künftiges Asylsystem plant, lohnt es sich, genauer auf Lesbos zu schauen. Denn für manche Bereiche hatte es Modellcharakter.

Vier Jahre würde es dauern, bis der Europäische Gerichtshof für Menschenrechte (EGMR) die Lebensbedingungen im überfüllten EU-Hotspot auf Samos verurteilte. Eine Frau, die 2019 hochschwanger war und bereits zwei Kinder verloren hatte, hatte Griechenland verklagt. Das Urteil des EGMR war eindeutig: Wie die schwangere Frau hier leben musste, war «unmenschlich und erniedrigend». In einem Zelt, ohne eine Toilette oder medizinische Versorgung. 5000 Euro Entschädigung müsse Griechenland der jungen Frau bezahlen. Das war das erste Urteil über die Zustände in EU-Hotspots.[27]

In Brüssel konnte ich einem hohen EU-Beamten zuhören, der erklärte, dass künftig Zentren an der EU-Außengrenze so ähnlich wie Lesbos funktionieren sollten. Den lokalen Amtsträgern und Einheimischen auf den Inseln gefalle das aber nicht, die EU müsste es ihnen schmackhafter machen. Deshalb solle man unbedingt mehr abschieben. Kleine Haftzellen in Polizeistationen würden da nichts bringen, sagte der Fachmann. Die EU plante deshalb eine Kombination aus Ankunftszentrum plus Abschiebeeinheit. Anders könnte man die Bevölkerung nicht für diese Zentren gewinnen, erklärte der Beamte. Das erste sollte auf Samos eingerichtet werden und so kam es auch. Aber kein anderer Mitgliedsstaat habe Interesse an so einem EU-Hotspot, fügte er noch hinzu. Dieses «Migrationsmanagement», wie die EU es nennt, ist ein schwieriges Geschäft.

Wer war für die Lebensbedingungen von Melika und ihrer Familie in Moria verantwortlich? Diese Frage trieb vermutlich alle um, die verstehen wollten, warum Europa an den Toren dieses Lagers endete. Der folgende Versuch einer Skizze basiert auf unseren Eindrücken und erhebt keinerlei Anspruch auf Vollständigkeit. Aber vielleicht hilft er zu verstehen, wie viele Akteure mitmischen und wie unübersichtlich eine humanitäre Krise selbst in Europa sein kann.

Zuständigkeiten

Nur wenige Monate bevor Melika auf Lesbos ankam, hatte es in Griechenland einen Regierungswechsel gegeben. Das Ziel: Es sollten weniger Flüchtlinge nach Griechenland gelangen. Die Regierung unter Ministerpräsident Tsipras (2015 bis 2019) wollte Menschen human behandeln, rettete sie aus dem Meer – und ließ sie dann in den Lagern verelenden, in unmittelbarer Nachbarschaft zur einheimischen Bevölkerung.

Viele zentrale Aufgaben übernahm die griechische Regierung schlicht nicht, sondern ließ die NGOs und UN-Organisationen zunächst machen. Für die Asylverfahren war sie selbst zuständig, und die Kontrolle über alle Helfenden, die versuchten, existentielle Lücken zu füllen, behielt sie sich vor. Es gab keinen Kooperationsvertrag. Das war ein Graubereich. Zuweilen ein Gnadenakt.

Es war für mich als deutsche Journalistin nahezu eine investigative Recherche herauszufinden, wer in der Verwaltung wofür zuständig war – beispielsweise für Überstellungen oder Dublin-Verfahren. Auch von deutschen Offiziellen und Entsandten anderer Länder erfuhr ich, dass die Suche nach Verantwortlichen ein zeitaufwendiges Abenteuer mit offenem Ausgang sein konnte. Man konnte etwa unversehens an einem Sonntagabend um 21 Uhr eine Mail von einem Beamten bekommen, die so nett klang, dass man dachte, man sei mindestens verwandt, und dann hörte man nie wieder was. Es blieb oftmals unklar, wer eigentlich verantwortlich war, geschweige denn juristisch zur Verantwortung hätte gezogen werden können. Immerhin ließen viele Beamte einen ausgesprochen zugewandt und freundlich gegen die Wand laufen. Und so fragte ich mich dann ein paar Tage später: Ignorieren sie vielleicht ihre Zuständigkeiten und Aufgaben bewusst?

Die EU verlagerte Ende 2015 die Asylverfahren durch Hotspots wie Moria auf die Inseln vor. Ein entscheidender Schritt. Denn so waren die Lager zwar rechtlich in der EU, aber von den Inseln konnte man das EU-Festland physisch schwerer erreichen. Abschiebungen von dort waren damit theoretisch leichter. Die «Menschenunwürdigkeit» von Moria, wie ein EU-Verantwortlicher in Brüssel das selbst umschrieb, kritisierte die EU nur sehr dosiert bis zurückhaltend. Erst ein halbes Jahr nach dem Brand von Moria besuchte die zuständige Kommissarin Ylva Johansson selbst das Lager.[28] In Brüssel betrachtete man Griechenland als einen Sonderfall. Wegen der «finanziellen Turbulenzen 2009» habe die Verwaltung «erhebliche Leistungsschwächen». Ein Brüsseler Beamter wunderte sich: Die EU habe sich stark eingemischt, jeder andere Staat hätte sich das verbeten. Doch Griechenland war durch die Finanzkrise viel zu schwach.

Weil das Land wenig Erfahrung im Bereich Migration, Flüchtlingsschutz und Integration hatte, delegierte die griechische Regierung viele Aufgaben an UN-Organisationen und wenige NGOs. Gemeinsam versuchten sie für Unterbringung, Wasserversorgung, Bildung zu sorgen. Staatlichen Schulunterricht für Melika gab es nicht.

Doch wie konnte der UNHCR die Rechte von Asylbewerber:innen schützen, wenn er gleichzeitig so eng mit den staatlichen Strukturen kooperierte? Auf Lesbos – der UNHCR-Einsatz in Griechenland war personell so groß wie in Jordanien oder Kenia – übernahm der UNHCR auch Logistik.[29] Schwerpunkt war die Unterbringung von Geflüchteten – Zelte, Container, Apartments – und die Verteilung von Geld.[30] Mehrfach sprach ich mit Astrid Castelein, Leiterin der UNHCR-Mission auf Lesbos. Sie sah einerseits die miese Lage der Schutzsuchenden und kannte andererseits das politische Interesse der griechischen Regierung und der Inselbehörden. Damit saß sie zwischen den Stühlen. Deutlich wurde mir das, als ich sie kurz nach dem Brand in Moria fragte, ob das neue Lager denn offen oder geschlossen sein werde. Der UNHCR stellte immerhin 280 Zelte. Schulterzucken. Sie konnte keine Antwort geben.

Wir lernten einen erfahrenen Arzt kennen, der im Camp arbeitete. Vor seinem Container standen Menschen wie Melika und ihre Mutter stundenlang Schlange, um Medikamente zu bekommen. Wie Dutzende europäische Freiwillige verbrachte er seine freie Zeit in Moria. Dieser Arzt, ein geerdeter Mann, getrieben von Humanismus und dem Gefühl, so könne man die Menschen in Europa doch nicht behandeln, skizzierte mir die Bedingungen, die die Regierung den Freiwilligen setzte:

«Im medizinischen Bereich bestand im Camp Moria die Pflicht beziehungsweise der starke Druck, einen Patienten durch die NGO zu behandeln und nicht das örtliche Krankenhaus in Mytilini zu konsultieren. Somit kamen diese nach einer ABC-Triage ausgesuchten Patient:innen immer zuerst hierher zur Untersuchung und Behandlung.

Die Ärzt:innen und Pfleger:innen kamen als Freiwillige aus der gesamten EU. Medikamente wurden einerseits mitgebracht oder selbst für die NGO in der örtlichen Apotheke eingekauft. Es gab im Camp Moria auch Ärzte des griechischen Gesundheitsdienstes EODY, sie machten nur die Eingangsuntersuchung, die Sichtung.»

Wer diese Bedingungen akzeptierte, wie die NGO, für die dieser erfahrene Arzt arbeitete, durfte im Lager tätig sein. Das brachte manchen NGOs den Vorwurf ein, sie würden dazu beitragen, den miesen Status quo aufrechtzuerhalten. Wie sonst aber hätten sie Zugang zu den Bedürftigen erhalten sollen? Die Kontrolle und der Druck der Behörden auf die Hilfsorganisationen nahmen zu. Mit dem Regierungswechsel wurden die NGOs stärker reglementiert und kontrolliert. Grundsätzlich sind sie in einem Dilemma, so wie wir Journalist:innen: Sie brauchen auch ein wenig das Elend, das sie bekämpfen, um Spenden zu bekommen. Wir brauchen es, um Geschichten zu erzählen. Ohne Geld – weniger Hilfe. Ohne Berichte – weniger Aufmerksamkeit.

Politikwechsel in Athen

Zwei Monate nachdem Melikas und Tahas Familien angekommen waren, gab das Ministerium eine neue Linie vor: Wer ab 2020 in Moria ankam, dessen Asylbesuch sollte geprüft und binnen weniger Wochen entschieden werden, damit die Person dann auch schneller abgeschoben werden konnte. Die neuen Fälle wurden vorgezogen. Melika jedoch war 2019 angekommen, ihre Akte rutschte nun im Stapel wieder nach ganz unten. Das würde Monate dauern. Wie soll man in so einer Lage nicht verzweifelt, gereizt und angespannt sein? Zwischen den Erwachsenen knallte es ständig, erzählten uns die Kinder. Melika wollte wissen, ob das in Deutschland, von dem sie träumte, auch so sei:

«In Deutschland, streiten Sie da nie?»

Mit wem?

«Mit jemandem, der gegen Sie redet?»

Öhh … nein.

«Niemals??»

Naja, doch. Wenn einer meinen Parkplatz wegnehmen will, dann sag ich: Das ist meiner!

«Aha. Schon mal passiert?»

Ja.

«Wie oft?»

Drei-, viermal …

«Sehen Sie, so entsteht Streit.»

Die Lage im Februar war kalt, krätzig und karg. Und je bitterer die Wirklichkeit in Moria war, desto mehr Hoffnung projizierte die Familie auf Deutschland. Morgens gab es eine Stunde Deutschunterricht in einer Baracke. Zumindest war das eine gute Ablenkung. Wir trafen niemanden, der nicht auf Deutschland hoffte. Wenn die Menschen erfuhren, dass wir von dort kamen, schauten sie uns oft verklärt und sehnsüchtig an, und dann fragten sie:

«Holt Deutschland uns hier raus?»

«Schickt Frau Merkel Flugzeuge, um uns zu retten?»

«Wann machen sie die Grenzen wieder auf?»

«Wir haben gehört, sie machen die Grenzen wieder auf! Stimmt das?»

Ich kam mir dann vor wie die europäische Grenzpräsidentin und sagte: Nein. Deutschland wird die Grenzen nicht mehr öffnen, das wird nicht passieren. Es regnete immer hundert weitere Fragen. Melika hörte bei meinen Antworten genau zu, wenn zu viele Fragen kamen und sie sah, dass ich nicht antworten konnte, dann rief sie: «Es reicht jetzt. Lasst sie in Ruhe.»

Kurz bevor wir abfuhren, drehten wir ein Interview mit Melika und Taha. Beide trugen gute Outdoor-Jacken, die sie bei der Kleiderkammer ergattert hatten. Mich irritierte das. Äußerlich betrachtet hätten sie stinknormale Schulkinder aus Köln sein können. Taha sagte nie viel, aber jetzt stellte er diese Frage, die ihn schon länger beschäftigt haben musste:

«Ich habe eine Frage: Können Sie uns mit nach Deutschland nehmen?»

Wie jetzt?

«Können Sie oder können Sie nicht?»

Nein. Dachtest du, ich könnte das?

«Habe ich gedacht.»

Wer sagt das?

«Keiner. Dachte ich.»

Stille. Taha blickte ins Leere, ich auf den Boden. Als die Kamera ausgestellt war, wandte er sich ab und sprach kein Wort mehr mit mir, zu groß war seine Enttäuschung. Als hätte ich ihn mit unserem Besuch betrogen. Melika saß stumm daneben. Es regnete, als wir uns verabschiedeten und mit dem kleinen Leihwagen davonrollten. Der Vater stand am Wegrand, blickte uns hinterher, als würde er irgendein Wunder herbeibeten.

Die politische Lage wurde nun komplizierter und komplexer, und das sollte das Leben von Melika und Taha unmittelbar betreffen. Nur ein paar Tage nachdem wir Moria verlassen hatten, öffnete die Türkei die Landgrenze nach Griechenland. Tausende eilten zu den Grenzen und hofften, es in die EU zu schaffen.[31] Auch über den Seeweg gelangten Hunderte auf die Inseln. Griechische Polizei und Grenzschützer schossen Tränengas und Rauchgranaten auf die Menschen, die versuchten, die Grenzzäune zu durchschneiden und niederzutreten. Griechenland schloss als Reaktion seine Grenzen zur Türkei und kündigte an, einen Monat lang keine Asylanträge mehr zu bearbeiten, was gegen Europarecht und Völkerrecht verstößt. Die türkische Grenzöffnung wirkte wie ein Statement, eine Machtdemonstration und eine Kampfansage in einem. Die EU-Türkei-Erklärung war damit wohl am Ende. Er habe die Grenze geöffnet, verkündete Präsident Erdoğan, weil die EU sich nicht an die Vereinbarungen gehalten habe. Er sah sich sowohl in Syrien als auch bei der Versorgung der über 3,5 Millionen fliehenden Syrer:innen von der EU im Stich gelassen.[32] Die Menschen benutzte er als politisches Druckmittel. Unter denen, die zur Grenze eilten, waren übrigens viele Menschen aus Afghanistan, die, anders als syrische Vertriebene, in der Türkei kaum Schutz bekamen und rasch abgeschoben wurden.[33] Schon die Registrierung bei den türkischen Behörden war ein Problem. Wie bei Safi. Und so sollte das offenbar auch sein. Viele von ihnen standen an der Grenze, und die Türkei konnte sich ihrer jetzt entledigen.

Für Moria bedeutete das einen Monat völligen Stillstand. Keine Interviews, keine Asylverfahren. Dafür verdreifachten sich Ende Februar 2020 für kurze Zeit die Zahlen der Neuankommenden – es wurde immer voller im Camp.[34] Melika verstand das sofort. Sie wollte ihre Familie irgendwie da herausbringen. Der Vater war immer noch von der Operation und den Komplikationen geschwächt. Die Mutter war überfordert. In Melikas Kopf ratterte es, das entnahm ich ihren Nachrichten:

«Wissen Sie, wie wir nach Athen kommen? Wir können nachts nicht schlafen. Regen, Diebe. Wind. Danke, dass Sie an uns denken.»

Corona

Corona rollte immer näher auf das Lager zu. Ende März schrieb die Mutter, sie dürften das Camp Moria nicht mehr verlassen. Sie hatten trotzdem das Gefühl, es immer noch besser zu haben als ihre Angehörigen in Afghanistan. Denn irgendwo in der Ferne strahlte ja die Hoffnung namens «Dschermäny», «Almaan», und dafür nahmen sie das Elend auf sich. Moria wurde wegen der Pandemie etwas umorganisiert. Alle fürchteten die ersten Corona-Fälle.

«Es gibt lange Schlangen. Für das Essen, für die Toilette, und dann gibt es eine neue Schlange fürs Einkaufen. Da stehen jeden Tag Tausende. Wir haben einen Laden im Camp, und die Tausenden hier müssen bei diesem Laden kaufen. Ich stehe seit fünf Tagen an, kam noch nicht dran. Die Kinder und ich weinen vor Hunger.»

Manchmal war ich nicht sicher, ob die Mutter die Lage womöglich dramatischer darstellte, als sie war. Vielleicht hoffte ich es auch, denn immer wieder beschlich mich ein schlechtes Gewissen, dass ich gemütlich in Köln lebte, genug zum Essen hatte, eine Toilette, eine Dusche, die ich benutzen konnte, wann ich wollte, und in einem warmen Bett schlafen durfte. Trocken und ohne Ungeziefer. Und da klopften diese verlorenen Menschen mit ihren Nachrichten an meine virtuelle Tür. Wenn die Mutter Fotos schickte, sah ich, wie schwer die Kinder zum Beispiel Windpocken bekommen hatten. Sie ließ ihrem Kummer freien Lauf und entleerte ihr Herz, wie man auf Persisch sagen kann, mit diesen Nachrichten – vielleicht war ich ihr Fenster zur Welt. Im Kern stimmte alles, was Mutter und Tochter schrieben. Wenn die Nachrichten ein paar Fehler hatten, schrieb die Mutter. Waren die Sätze ziemlich richtig formuliert und buchstabiert, stammten sie von Melika. Sie hatte auch kein Problem, das selbstbewusst zu kommunizieren: «Wenn Sie nicht verstehen, was meine Mutter schreibt, sagen Sie es mir, ich schreibe dann!»

Immer mehr Politiker in Deutschland wollten nicht mehr einfach nur zusehen. Es gab eine – beschränkte – Aufnahmebereitschaft. Anfang März 2020 hatte in Deutschland der Koalitionsausschuss entschieden, tausend bis tausendfünfhundert kranke oder unbegleitete Kinder unter vierzehn Jahren von den griechischen Inseln aufzunehmen.[35] Nach dem Beschluss passierte erst mal nichts, dafür verbreitete sich die Nachricht in Moria in Lichtgeschwindigkeit – und die Hoffnung gleich mit. Sofort tippte Melika ins Handy:

«Wir haben hier gehört, dass tausendfünfhundert aus Griechenland rauskommen, entweder alte oder kranke Menschen. Die Hilfsorganisationen wählen die aus. Sie wollten letzte Woche schon auswählen. Wir hoffen auf Rettung. Wir sind jetzt in Quarantäne. Wissen Sie, ob es Tickets von hier weg gibt? Die Nachbarn haben was bekommen. Wie lange wird das hier gehen? Wann werden wir wieder frei sein?»

Ich versuchte, so korrekt wie möglich die Nachrichtenlage wiederzugeben, damit das neunjährige Mädchen im Bilde war. Die Zahlen waren überschaubar. Bundesinnenministerium und EU-Kommission ließen einander wissen, dass die jeweils andere Seite schuld daran sei, dass niemand leibhaftig in Deutschland ankam. Luxemburg machte vor, dass es einen Weg raus geben musste: Zwölf unbegleitete Minderjährige durften Mitte April ausgeflogen werden. Aus einer Pressemitteilung des Bundesinnenministeriums konnte man mit ein wenig Fantasie erahnen, warum es dauerte – *Moria at its best:* «Die Aufnahme erfolgt im Rahmen einer europäischen Lösung. Die EU-Kommission koordiniert diesen Prozess unter Einbindung von EASO, UNHCR, UNICEF, IOM und den griechischen Behörden.»[36] Bei so vielen Playern war es schon fast ein bürokratisches Wunder, dass eine erste Gruppe von achtundfünfzig Kindern und Jugendlichen in Niedersachsen ankam. Melika und ihre Mutter verfolgten das genau. Immer wenn jemand gehen durfte, sie aber zurückblieben, zerplatzte die Deutschland-Hoffnung:

«Es gehen Leute raus, aber wir nicht! Ich kann nicht mehr. Die Kinder machen mich verrückt. Jetzt wachen sie gerade auf und weinen.»

Die etwa zwanzigtausend Bewohnerinnen und Bewohner durften das Lager wegen der Pandemie nun nicht mehr verlassen, die Warteschlangen im Camp waren noch länger, das Essen offenbar knapper. Effektive Schutzmaßnahmen gegen Corona im Camp selbst gab es nicht. Die Spannungen zwischen den Menschen nahmen zu.

«Ja, eine Frau hat eine andere erstochen. Wir sind sehr unruhig und haben Angst. Oh Gott. Das war in der Wasserschlange. Wir haben tags keine Ruhe und nachts auch nicht. Die Menschen sind hier keine Menschen. Danke, dass Sie nach uns fragen. Möge Gott uns aus dieser Hölle retten.»

Was, so fürchtete man im Lager, auf der Insel, in der Regierung, was, wenn der erste Corona-Fall im Lager auftauchen würde? Würde Panik ausbrechen?

Die Lage hätte kaum angespannter sein können, da wurden auch noch Strom und Wasser weiter rationiert. Strom gab es nur noch morgens zwei Stunden, nachmittags zwei Stunden und dann am Abend. Danach war Schicht im Schacht. Wasser floss mal und mal nicht. Dabei wurde es im Frühsommer wärmer und wärmer. Melika rannte in einem dicken Filzhemd herum, das ihr ein griechisches Mädchen vererbt hatte. Irgendwie sah sie cool aus, wie ein Cowboymädchen, nur halt in der falschen Jahreszeit. Nach Monaten des strikten Lockdown durften die Menschen dann endlich raus aus dem Camp. Viele wollten wo schnell wie möglich weg von der Insel. Es gab nur keine offiziellen Informationen, dafür jede Menge Gerüchte und Spekulationen.

«Es kommen Gesandte, die mit uns Anhörungen führen. Mal gucken, ob sie Schutz geben oder nicht. Wir haben das nicht verstanden. Wissen Sie mehr? Wir sind sehr fertig von dem Lager. Ich werde verrückt. Ich kann es nicht mehr aushalten. Die Kinder weinen. Hier erzählt ja ständig jeder was anderes.»

Tatsächlich hatten Melika und ihre Familie dann nach neun Monaten die erste förmliche Anhörung in Moria. Melikas Mutter versuchte zu erklären, warum sie Afghanistan verlassen hatten. Sie waren sich nicht sicher, ob ihr Fall für Schutz in Europa reichen würde, ob sie überhaupt ein «*Case*» waren. Zwar war der Vater der Mutter von den Taliban umgebracht worden, aber sie hielten das für so normal in Afghanistan, dass sie nicht wussten, was sie erzählen sollten und was nicht.

«Die Leute nehmen hier Anwälte, das kostet 1000, 2000 Euro, damit man einen ‹Fall› hat. Wir haben das Geld nicht. Wir kennen niemanden. Aber Deutschland will doch so viele Flüchtlinge *(Mohajer)*, Tausende? Können wir nicht eine dieser Familien sein? Wenn wir abgelehnt werden, wird mein Mann von den Taliban erschossen. Das habe ich auch in der Anhörung gesagt.

Sie fragten mich: Wo willst du hin? Ich habe gesagt: Deutschland.»

Melika schrieb kurz darauf diesen kleinen Text: «Ich konnte in Afghanistan nicht zur Schule gehen. Im Iran auch nicht so richtig. Mein Vater wurde immer wieder abgeschoben. Deshalb mussten wir weg und kamen dann auf diese Seite. Unser Ziel ist Deutschland, und wir bitten Gott, dass er uns dabei hilft.»

Wieder wurden andere Familien auf das Festland gebracht. Aber sie waren nicht darunter. Und dann passierte am 2. September 2020 das, was man seit Monaten befürchtet hatte. Der erste Corona-Fall trat in Europas größtem Flüchtlingslager auf.[37] Im Camp sprach sich die Nachricht sofort herum. Die Mutter tippte diese Nachricht ins Handy: «Ich habe gehört, vier Leute haben Corona in Moria. Einer unserer Nachbarn wurde heute mitgenommen, er soll Corona haben.» Man muss das hier nicht feuilletonistisch ausbuchstabieren, um deutlich zu machen, dass die Stimmung noch einmal kippte. Und man muss auch kein Drama in fünf Akten und einen Höhepunkt konstruieren. Diesen verdammten Höhepunkt hätte man ahnen, riechen, am Horizont erkennen können. Denn Verzweiflung paarte sich mit Panik.

Kurz nach dem ersten Covid-Fall im Camp bat ich Melika um ein Live-Interview für *WDRforyou*.[38] Sie beschrieb aus ihrer Kindersicht, was diese ersten Corona-Fälle im Alltag bedeuteten. Und da schimmerte immer noch Pippi Langstrumpf durch, klar, unerschrocken, mal kess, mal etwas zu frech.

«Hier hinter den Zelten haben sie eine Krankenstation gebaut, da kommen die Fälle rein. Die sagen, hier gibt es mehr als hundert Fälle von Corona. Die kommen alle hier rein.»

Könnt ihr Abstand halten?

«Wenn mein Vater in der Essensschlange steht, dann müssen sie eineinhalb Meter Abstand halten.»

Und vor der Toilette?

«Wenn ich da bin und in der Schlange stehe, kann man keinen Abstand halten.»

Kannst du in die Schule? Im Februar hattest du eine Stunde am Tag Unterricht.

«Seit wir Corona haben, sind die Schulen zu.»

Seit März seid ihr in Quarantäne. Was heißt das für dich?

«Das heißt Gefängnis. Ich versteh das nicht: In der Stadt, auf der Insel können sich alle frei bewegen. Die können überall hingehen ohne Maske. Aber hier im Camp nicht. Wir müssen immer Maske tragen.»

Was wolltest du noch sagen?

«Weiß nicht, fragen Sie doch!» (leichtes Grinsen)

Moria brennt

Nur wenige Stunden nach diesem Gespräch, genau um sieben Minuten nach Mitternacht schrie, rief, weinte Melikas Mutter verzweifelt diese Nachricht ins Handy und schickte sie ins ferne Köln:

«Isabel, Moria brennt! Helft uns. Ganz Moria brennt!» (Kinderweinen)

Erst als ich sechs Stunden später morgens aufwachte, sah ich die Nachricht der Mutter. Melikas kleine Schwester Asenat hörte ich weinen, während sie hörbar rannten. Die Nachricht war nur ein paar Sekunden lang. Es brannte in Moria, und die Mutter hatte in ihrer Verzweiflung auf Hilfe aus Köln gehofft.

«Wo seid ihr?», tippte ich. «Wie geht es euch? Seid ihr am Leben?» Es dauerte nicht lange, da bekam ich eine Antwort.

«Uns geht es gut. Wie geht es Ihnen?»

Dass sie in so einer Situation immer noch freundlich nach meinem Wohlbefinden fragten, ist ein Wunder der persischen Höflichkeit!

Die Morgennachrichten waren voll mit Meldungen über den Brand in Moria: Es war ja nicht das erste Feuer hier, aber diesmal war das ganze Flüchtlingslager abgebrannt, Wohncontainer, Zelte, alles. 12 600 Menschen waren um ihr Leben gerannt – und obdachlos auf der Straße gelandet. Das Feuer war wieder unter Kontrolle, wie durch ein Wunder war niemand getötet worden. Jetzt, einige Stunden nach Ausbruch, hieß es, die Ursache sei Brandstiftung. Migranten könnten das Feuer gelegt haben, aus Protest gegen die Isolation in der Quarantäne oder um eine Verlegung auf das Festland zu erzwingen.[39] Es war immer noch früh am Morgen, da klingelte mein Handy. Ich staunte, als ich die Stimme des luxemburgischen Außenministers Jean Asselborn hörte. Durch meine Berichte wusste er, dass ich Kontakte nach Moria hatte, in einem *Tagesthemen*-Kommentar hatte ich das erwähnt, wir hatten uns dazu ausgetauscht:

«So, Isabel, hören Sie mal! Diese Leute, die muss man da jetzt rausholen. Das geht ja nicht.» Ich wusste nicht, wie ihm das gelingen sollte, aber vielleicht hatte er einen Plan?

Zwei Tage später flogen wir nach Lesbos. Melika hatte ich vorher nichts davon erzählt. Wir wussten nur, dass sie auf der Straße schliefen. In Mytilini, der Hauptstadt, warnte uns ein kundiger, gebildeter Einheimischer, bestens vernetzt, in einem längeren Gespräch, wir sollten bloß nicht zu dem Straßenabschnitt fahren, wo Tausende nun einfach auf dem Bürgersteig schliefen. Chaos, Corona, keine Klos. Entsetzlich! Es könnte lebensgefährlich für uns werden. Als wir das Gespräch beendet hatten, waren meine Kollegen Salama, Bamdad und ich uns einig: Wir würden jetzt sofort in der Nacht genau zu diesem Straßenabschnitt fahren! Wollten mit eigenen Augen sehen, ob unser Gesprächspartner panisch übertrieben hatte oder ob die Lage wirklich so katastrophal war.

Sicherheitskräfte hatten einen kilometerlangen Abschnitt der Hauptküstenstraße abgesperrt. Da sollten jetzt also viele Menschen liegen. Wir wurden kontrolliert und durchgelassen. Es gab nicht viel Licht. Wenige Meter später standen wir an dem Ort, vor dem der Mann in Mytilini uns gewarnt hatte. Es war vollkommen still, einen Moment lang dachte ich, wir wären alleine. Dann erst sahen wir sie, da lagen sie: Zehn, zwanzig, Hunderte, Tausende von Menschen schliefen auf der Straße oder versuchten etwas Ruhe zu finden, denn es war spätnachts. Wir sahen Kranke, Kinder, Familien mit Habseligkeiten, die nun nicht mal mehr die miesen Zelte von Moria hatten. Ich hielt ständig nach Melika Ausschau in diesem Niemandsland zwischen Chaos und Rechtlosigkeit. Hier gab es keine Toiletten, kein Wasser. Aber hier gab es einen Lidl-Supermarkt, und der erinnerte mich daran, dass wir in Europa sein mussten. Gar nicht so leicht, das zu beschreiben, ohne moralisierend zu wirken. Solche Bilder stellt man sich in fernen Bürgerkriegsgebieten vor, deren Städte fremde Buchstabenkombinationen haben, weit weg vom Wohlstand und vor allem den Werten unserer Welt, aber nicht auf einer europäischen Urlaubsinsel.

Am nächsten Morgen suchten wir weiter nach Melika. Jetzt demonstrierten die Menschen, sie wollten frei sein, sie wollten in kein Lager mehr, Tausende liefen aufgeregt, unter sichtbarem Stress hin und her, die Polizei warf Tränengas, Kinder wurden von den Erwachsenen instruiert, laut zu skandieren. Auf ihren Pappschildern hatten sie geschrieben «Help us, Europe», «EU – save us, please!» und «Deutschland, bitten helfen Sie uns». Bestimmt war Melika unter ihnen. Und dann sah ich sie, still und stumm saß sie in einem kleinen Zelt am Straßenrand. Zu fünft schliefen sie nun in einem Zweipersonenzelt. Im Chaos der Nacht hatte die Mutter es geistesgegenwärtig mitgenommen. Blass und übernächtigt sprudelte sie jetzt sofort los. Seit dem Brand verkrieche sich ihre Melika nur im Zelt, weine, esse nichts. Ich schaute in das kleine Zelt. Sie hockte da, erwiderte meine Begrüßung nur kurz und drehte sich dann wieder weg in ihre Welt.

«Sie ist sauer auf mich. Sie sagt: ‹Warum hast du mich hierhin geholt? Warum haben wir alles weggeschmissen?› Dann sag ich ihr: ‹Uns ging es da nicht gut. Wir sind gegangen, damit du weiterkommst im Leben. Hoffentlich wird es mit Gottes Hilfe besser.› Aber egal, was ich sage, sie weint. Und ich weine auch.»

War das früher auch so?

«Seit wir hier in Griechenland sind, weint sie immer mehr. ‹Wir können hier nichts lernen. Warum sind wir gekommen?› Jetzt hat sie sich gewöhnt. Aber sie weint so viel, ich meine, sie ist depressiv geworden. Es ist schwer. Sie ist klein. Sie denkt immer: ‹Warum gehe ich nicht in die Schule?›»

Nur ein paar Meter weiter am Straßenrand hockte Taha. Er hatte oft ernst geschaut. Aber jetzt nach dem Feuer wirkte sein Gesicht starr und regungslos. Ich ging auf ihn zu.

Worüber denkst du hier beim Einschlafen nach?

«Moria. Dass wir woanders hingehen. Wo es besser ist als da.»

Konntest du irgendein Spielzeug mitnehmen?

«Nein. Ist ja verbrannt.»

Was möchtest du sagen?

«Nichts.»

Willst du mal die Kamera halten?

«Nein.»

Was hast du denn zum Frühstück gegessen?

«Einen Keks. Fünf Kekse.»

Waren die lecker?

«Nein.»

Nun kam Melika doch aus dem Zelt gekrabbelt, ihre Stimmung hatte sich ein klein wenig aufgehellt, und sie wollte es sich nicht nehmen lassen, wieder als persönlicher «Bodyguard» an meiner Seite durch diese fremde Welt rund um den Supermarkt herumzustromern. Zuerst musste ich ein Radiointerview geben, und sie saß geduldig neben mir. Als ich endlich aufgehört hatte, auf Deutsch ins Handy zu monologisieren, fragte sie: «Was haben Sie denn da die ganze Zeit schon wieder alles auf *Almani* erzählt?» Kesse Frage! Wir hatten wieder einen Draht zueinander. Vor allem, als sie sich ausführlich über mein mangelndes taktisches Geschick amüsierte. Es war etwa halb zehn am Morgen, bei mir machte sich der Tee bemerkbar. Ich sah weit und breit in diesem Chaos kein stilles Örtchen. Überall waren Menschen. Es wurde aber dringender, und Melika verstand sofort. Sie wollte mich hinter einen Hügel führen, Hunderte von Metern weit weg, so fürchtete ich. Ich marschierte kurzerhand auf ein umzäuntes Gelände zu, wo ein angeketteter Hund bellte, und kletterte flott über den Zaun. (Ich darf noch anmerken, dass der Hund groß war, ungemütlich und ausgesprochen unfreundlich wirkte.) Hinter der Hundehütte sieht mich keiner, dachte ich, alle gucken auf den kläffenden Hund. Als ich zurückkehrte, starrte Melika mich erst erstaunt an und erklärte mich dann für verrückt: «Haben Sie denn nicht gemerkt, dass der Hund gar nicht angekettet war?» Sie lachte ausgiebig, und ich war froh, nicht nur weil der Hund sich nicht für mich interessiert hatte, sondern auch weil Melika wieder lachte.

Mit der Zeit begann sie von der Brandnacht zu erzählen. Das Feuer sei überall gewesen. Vor ihnen und hinter ihnen. Rechts und links, sie seien gerannt. Dann hätten sie versucht zurückzukehren, um ein paar Sachen zu holen. Jetzt hatten sie keine Vorräte mehr. «Seit zwei oder drei Tagen haben wir nichts gegessen. Wir haben Hunger. Das Wasser ist nicht sauber. Abends schreien die Kinder: ‹Mama, ich habe Hunger, gib uns was zu essen.› Das hier ist wegen Corona passiert und jetzt haben alle Corona vergessen.»

Ihr Vater hockte neben dem Zelt. Seit unserer letzten Begegnung hatte er sich verändert, ich hätte ihn fast nicht erkannt. Er sprach nicht, reagierte nur mit leichten Kopfbewegungen. Das schlechte Gewissen, die Schuldgefühle drückten ihn in die Knie. «Er bereut, dass er uns hierhin geholt hat. Wenn ich sage: ‹Warum sind wir nur gekommen?› Dann sagt er: ‹Ich bin bereit, mich zu schlagen, mich umzubringen, jetzt sind wir aber hier. Ich wusste ja nicht, dass unser Elend hier größer wird.›»

Er hatte die Worte seiner Frau gehört, blieb hocken, blickte in die entgegengesetzte Richtung. «Ich muss es aushalten», seufzte er. Seine Frau sprach sofort für ihn:

«Mein Mann kann nicht reden. Er hat Depressionen.»

Und Sie tragen jetzt allein die Verantwortung?

«Ja. Es ist, als hätte man ein kleines Kind, er ist sehr traurig, er ist so komisch geworden. Wir müssen es aushalten.»

Können Sie ihm verzeihen, dass er Sie und die Kinder hierhergeholt hat?

«Ich weiß nicht.»

Was solch eine Situation für eine Ehe bedeutete, kann man nur erahnen. Oft ist es einer von beiden, der die Familie mit sich zieht. Selten sind sich zwei Menschen da vollkommen einig oder sie verlieren die Einigkeit auf dem langen und harten Weg. So wie bei Omid und seiner Frau. Und der, der zieht, muss in der Fremde die Belastung tragen und das schlechte Gewissen gegenüber der Familie aushalten. Hier auf Lesbos war der Druck auf die Eltern immens, dass sie die Kindheit ihrer Kinder zerstört hatten. Spannung und Stress schienen auch bei Melikas Eltern mittlerweile der Normalzustand zu sein.

Tausende Menschen – Familien, Jugendliche, Alleinstehende – wollten auch Tage nach dem Brand lieber auf der Straße schlafen, statt wieder im Lager zu landen. Dabei hatten sie Hunger und Durst. Schon beim Wort «Camp» bekamen sie Angst, manche wurden regelrecht panisch. Die ersten Menschen wurden hastig auf das Festland geschafft. Die anderen sollten so schnell wie möglich in ein kontrollierbares Lager, höchstens einen Kilometer entfernt. Direkt am Meer. Die griechische Regierung spielte auf Zeit. Irgendwann würden schon alle vor lauter Hunger und Durst ins neue Camp ziehen. Der UNHCR, Profi in Krisenlogistik, hatte 280 Zelte organisiert – da sollten die insgesamt über zwölftausend Menschen untergebracht werden! Melikas Familie traute den Helfenden und Einsatzkräften nicht und erst recht nicht dem Staat, sie blieben erst einmal auf der Straße.

Wir begegneten einer Gruppe mit Afghaninnen und Afghanen, die sich vor lauter Angst, wieder in ein neues Moria zu müssen, im Wald versteckten. Mit Kindern und Babys hockten sie im Gebüsch. Die afghanische Höflichkeit gebietet es eigentlich, dass man die anderen in der Heimat nicht mit seinen Sorgen und Nöten belastet.

Ob sie ihren Familien im Iran erzählen, was sie hier durchmachen?

«Ja.»

Wie schlimm es hier ist?

«Ja.»

Und wollen sie trotzdem kommen?

«Ja. Das muss jeder selber entscheiden. Die dürfen da ja nicht arbeiten, nur schwarz. Wenn sie erwischt werden, werden sie nach Afghanistan abgeschoben. Im Iran haben wir dreißig Jahre gelitten, hier leiden wir zwei bis drei Jahre, dann wird es besser.»

Kurz darauf hielten die «Waldfamilien» es nicht mehr aus und zogen auch ins neue Lager. Der Hunger hatte sie hingetrieben. Auch Melikas Eltern konnten nicht mehr. Erschöpft und desillusioniert zogen sie ins Camp, das sie für ein Gefängnis hielten. Ihre Sorge war berechtigt. Etwas später begann die Regierung, um alle Flüchtlingscamps in Griechenland Zäune und Mauern zu bauen, den Einlass streng zu kontrollieren und zu regulieren. Das sollte auch so bleiben. Aus Sicherheitsgründen, hieß es.

Ein Jahr nach dem Brand in Moria fragte ich Astrid Castelein, die UNHCR-Chefin von Lesbos, ob es stimme, dass der UNHCR selbst an Bau und Finanzierung von Mauern und Zäunen um das Camp auf Lesbos beteiligt gewesen sei. Nein, erwiderte sie, eine Mauer habe man nicht gebaut, nur einen Zaun. Aber man sei gegen Haftanstalten, gegen Detention Centers. «Wir werden dem nicht zustimmen. Um Asyl zu bitten, ist kein Verbrechen.» Im Land selbst hatte mittlerweile die IOM, die Internationale Organisation für Migration, das Management von etlichen Lagern übernommen, der UNHCR beschäftigte sich zusehends nur noch mit der Statistik.

Ein Jahr war Melikas Familie nun schon in der EU und doch Lichtjahre von ihr entfernt. Die Antwort Griechenlands und der EU auf ihre

Bitte um Schutz lautete: «Moria!» Ein Teil der Menschen kam vermutlich ohne Asylgrund auf den Inseln an. Natürlich musste man das prüfen. Aber nach allem, was sie dann in Griechenland erlebten, hatte man fast den Eindruck, sie hätten sich durch das miese Leben an Europas Außengrenze einen Schutzgrund erworben. Diese Härte kann nur politisch gewollt sein.

Auf dem Rückflug nach Deutschland kam ich zufällig mit einer jungen Frau aus dem Dorf Moria ins Gespräch. Das war ein Glück, denn wir Presseleute riefen bei den Menschen im Dorf keine Begeisterung hervor. Sie erzählte, die Einheimischen seien völlig geteilt in ihrer Haltung zum Camp. Mal ganz abgesehen davon, dass einige persönlich finanzielle Schäden erlitten, weil das Camp ja einst auf einem privaten Olivenhain entstanden war. Sie hatte bei einer NGO mitgeholfen. Was denn sonst, man könne doch da nicht zuschauen! Aber es sei eben nicht alles schwarz oder weiß. Hier die bösen Dorfbewohner, da die hilflosen, armen Flüchtlinge: «Ich bin an einem Abend im Dunklen raus und wollte nach den Schafen sehen. Sofort, zack, standen fünf Männer mit Knüppeln hinter mir, weil sie dachten, ich sei Flüchtling und wollte wieder ein Tier stehlen.» Ständig würden die Bewohner beklaut, immer wieder Tiere geschlachtet. «Ein Nachbar hatte Paletten gekauft. Die wurden schon in der ersten Nacht geklaut, obwohl er einen hohen Zaun gebaut hatte.» Alle im Dorf hätten Angst vor Corona, eine Café-Besitzerin legte sogar bei jedem Gast das Fieberthermometer an. Und das Feuer hatte beide Seiten traumatisiert.

Melikas Familie hoffte nun wieder, dass es irgendwie weitergehen würde. Nur wenige Wochen später kam ein Foto, auf dem Melika auf einer Wartebank am Flughafen lag. Es ging also wirklich los! Ein Jahr hatten sie im Graubereich der EU überlebt, und jetzt hatte Luxemburg dafür gesorgt, dass die Familien von Melika und Taha die Insel verlassen durften. Sechs junge Afghanen waren als mutmaßliche Brandstifter festgenommen und später zu zehn Jahren Haft verurteilt worden; über zwölftausend Menschen waren um ihr Leben gerannt und gänzlich obdachlos geworden – und doch, so makaber es klingt, war durch diese Brandkatastrophe für Melikas Familie Bewegung in die festgefahrene Situation gekommen.

Eigentlich wollten sie unbedingt nach Deutschland. Aber jetzt kam es anders: Melika, die Eltern und die Geschwister durften nach Luxemburg ausfliegen. Sie hatten erst vor kurzem von der Existenz eines Landes mit diesem Namen gehört. Auf ihrer inneren Weltkarte hatte einzig Deutschland geleuchtet. Aber nach diesem Jahr Moria war ihnen egal, in welchem Land der EU sie leben durften. Hauptsache, nicht in Griechenland. Von ihrem letzten Geld hatte die Mutter Melika und den beiden Geschwistern ordentliche Kleidung gekauft. Als sie in Luxemburg landeten, sahen sie beinahe aus wie Touristen. Außenminister Asselborn begrüßte die Familie persönlich am Flughafen. Klingt nach einem Schlepper-Werbespot mit so einem kitschigen Happy End: schlimme Not, mit dem Schlauchboot über das Mittelmeer, zwölf Monate in einem Lager, und dann steht da der Außenminister zur Begrüßung. Aber es war tatsächlich so.

Der Minister hielt eine kleine Willkommensrede und erklärte ihnen, dass sie nun in Sicherheit seien. Sie dankten dem freundlichen Herrn mit Schnurrbart. Die Mutter öffnete ihm gleich ihr Herz: «Vielleicht wird jetzt wieder alles gut zwischen meinem Mann und mir.» Ihr Mann saß still dabei. Melika passte genau den Moment ab, als alle Erwachsenen endlich ausgeredet hatten, und drehte sich zu Jean Asselborn. Sie wolle jetzt aber auch mal etwas fragen. «Aha?», er schaute interessiert zu ihr. Das sei alles schön und sie bedanke sich. Dann schlug sie diesen Pippi-Langstrumpf-Ton an, bei dem man wusste, der Imperativ würde unverzüglich folgen. Was, fragte sie also den Minister, sollte denn nun aus ihrem Onkel werden? Ihr Onkel, dessen Ehefrau und die vier Kinder seien noch in Moria, und der Minister solle sie doch bitte auch da rausholen und in Luxemburg aufnehmen. Das war keine Frage, sondern eine Aufforderung. Der Minister lächelte freundlich.

Sekundärmigration oder: Nur weg aus Griechenland!

Der Onkel und seine Familie sollten in Norddeutschland landen. Denn sie gehörten zum Kontingent von 1553 Menschen, die nach dem Brand nach Deutschland ausgeflogen wurden. Es dauerte bis zum Frühsommer des kommenden Jahres, bis diese Gruppe tatsächlich in Deutschland ankam. So, wie die griechische Regierung das Lager immer voller hatte werden lassen, so schrumpfte sie nach dem Brand die Zahl der Menschen flott wieder zusammen. Dabei entwickelte sie eine Routine darin, möglichst niemanden, der per Boot kam, an Land zu lassen. Oder schnell wieder loszuwerden. Wem es gelang, eine Insel zu erreichen, den setzten Sicherheitskräfte häufig auf einer Art Rettungsinsel im Meer aus. Auch aus den Camps wurden Menschen abgeschoben. *Game over!* Griechenland drängt hier – ähnlich wie Kroatien, Polen oder Ungarn – Menschen ab, die das Recht haben, um Schutz zu bitten, und bringt sie dabei oft in Lebensgefahr.

Die öffentliche Aufmerksamkeit war im Sommer 2020 durch den Brand von Moria auf dieses größte Lager in der Ägäis gerichtet. Tatsächlich hat sich die Situation in ganz Griechenland in eine Richtung verschoben: auf den Inseln geschlossene EU-Hotspots und auf dem Festland umzäunte, geschlossene Lager mit üblen Lebensbedingungen. Integration ist in Griechenland kein gesamtgesellschaftliches Ziel, und es gibt nicht viel Erfahrung damit. Entsprechend elend sind die Zustände. In Athen sagten uns lange nach dem Brand von Moria viele Geflüchtete, die wir dort in diesen Baracken trafen, sie wollten lieber zurück nach Moria. Da habe es wenigstens etwas zu essen gegeben. Die griechische Pushback-Politik hat sich zum Standard entwickelt, an der Landgrenze ist sie brutal und auf dem Meer verroht; unabhängige journalistische Berichterstattung hat sie oft unterbunden oder mindestens erschwert. Die konservative Regierung Mitsotakis hat ihr Wahlversprechen, die Zahl der Asylsuchenden zu senken, gehalten, auf nennenswerten Widerstand in der EU ist sie mit ihren Methoden nicht gestoßen.

Wer allerdings in Griechenland Asyl bekommen hatte, konnte legal nach Deutschland weiterreisen. Nennt sich juristisch «Sekundärmigration». Das konnte nur im Sinne der griechischen Regierung sein. So war sie die Fremden los. Etliche Zehntausend flogen deshalb von Griechenland nach Deutschland und baten hier erneut um Asyl. Nach zwei Urteilen von Oberverwaltungsgerichten wurden sie nicht nach Griechenland zurückgeführt, denn dort würden elementare Bedürfnisse nicht befriedigt.[40] Griechenland hatte keinerlei Interesse, sie zurückzunehmen. Das Dublin-Prinzip und die Idee eines gemeinsamen europäischen Asylsystems waren und sind damit ad absurdum geführt. Nach Mittelmeer, Moria und Athen warteten so Zehntausende in deutschen Unterkünften auf die Antwort des BAMF und hofften weiter auf Deutschland. Die meisten konnten schließlich mit einem sogenannten Abschiebehindernis bleiben. Von Ende Januar 2020 (Beginn der Erfassung) bis zum 30. November 2022 stellten, teilte das Bundesinnenministerium mit, etwa 56 000 Personen, die bereits in Griechenland Asyl erhalten hatten, einen Asylantrag in Deutschland. 83 Prozent von ihnen bekamen Schutz.[41]

In Lebenszeit umgerechnet bedeutete das, dass viele rund drei Jahre lang in Moria, Athen und dann in Deutschland in Camps und Heimen lebten. Im Wartezustand. Auf europäischer Ebene bedeutet dies das Scheitern eines europäischen Asylsystems. Aber national gedacht scheint die griechische Strategie aufzugehen: Auf den Inseln verhindert die Küstenwache weitere Zugänge durch Pushbacks, auf dem Landweg warten bewaffnete Sicherheitskräfte, und jene, die im Land sind, drängt die Regierung durch Verelendung gen Norden, damit sie weiterziehen. Da will keiner bleiben.

Wäre das hier ein Film, würde an dieser Stelle der Abspann folgen, weiße Schrift auf schwarzem Hintergrund:

Die Zahl der Menschen, die es nach Griechenland über den Seeweg schaffen, ist gesunken. Die Zahl der Menschen, die bei dem Versuch ertrunken sind, nicht.[42] 2014 waren es laut IOM auf dieser sogenannten östlichen Route 101 Tote, 2022 wurden 372 Ertrunkene gezählt, Dunkelziffer unklar.

Das Schwarz auf dem Bildschirm wird weniger intensiv, vielleicht verblasst es sogar und wird zu einem Grau. Die Toten an den Außengrenzen scheinen eine europäische Normalität geworden zu sein. Dazu gehört auch, dass Menschen aus Syrien, Afghanistan, Pakistan, dem Iran oder Eritrea einen viel weiteren Weg auf sich nehmen: die «zentrale Mittelmeerroute». Sie führt von der Türkei, Libyen oder Tunesien bis nach Italien, dauert etliche Tage und gilt als weltweit tödlichste und gefährlichste Fluchtroute. Durch die griechische Pushback-Politik verschwinden die Menschen eben nicht. Stattdessen gehen sie höhere Risiken ein. Diese Strecke ist eines. Und die Schlepper machen es möglich. Vor Pylos in Griechenland ertranken im Juni 2023 mehr als fünfhundert Menschen. Dutzende Kinder. Ziel des Bootes war Italien. Überlebende machen der griechischen Küstenwache schwere Vorwürfe.[43] Wenige Monate zuvor fanden sechzig Menschen vor Kalabrien den Tod. Die Regierung Meloni verhängte den Ausnahmezustand, weil die Zahlen im Vergleich zu den Vorjahren anstiegen.

Wir reisten kurz nach dem Unglück für *WDRforyou* in die Region, auf die Insel Lampedusa, denn dort ist das Problem besonders sichtbar und wir wollten verstehen, ob hier ein zweites Moria entstehen könnte. Auf dieser nur neun Kilometer langen Insel taten Politik, EU-Institutionen und Verwaltung tunlichst und teuer alles dafür, kein italienisches Lesbos entstehen zu lassen. Die irregulär eingereisten Menschen wurden gleich in «Ankunftszentren» weggesperrt und nach ein paar Wochen auf das Festland gebracht, in andere Camps. Von dort versuchten viele sich auf den Weg nach Deutschland zu machen. Türkei – Italien – Deutschland, das ist die Route. Für die Inselbewohner und Touristen ist das Problem so auf jeden Fall weniger sichtbar und belastend. Es ist nahezu unsichtbar.

Am Ende unseres kurzen Aufenthaltes auf diesem Vorposten Europas nahe des tunesischen Festlandes erfuhren wir, dass binnen zwei Tagen dreiundsiebzig Menschen auf dem Weg nach Lampedusa ertrunken waren oder vermisst wurden. Weit über tausend waren neu angekommen. Ein Boot nach dem anderen. Lampedusa bleibt eine offene Wunde an der EU-Außengrenze. Ein Fischer, so jung wie viele, die über das Meer kommen, erzählte uns, er sei kürzlich zum Fischen rausgefahren. Er habe das Netz über den Meeresboden gezogen, und als er es hochzog, lag eine Leiche darin. «Das ist hart, das mit neunzehn Jahren zu erleben, verstehen Sie? – Verstehen Sie?» Er wiederholte es, als hätten wir ihn nicht richtig gehört.

Ein paar Jahreszeiten vergehen, und ich besuche Melika und Taha in Luxemburg. Sie haben Corona-Quarantäne, Registrierung und verschiedene Heime hinter sich. Melika wohnt immer noch in einer

Unterkunft, im Gebäude der ehemaligen Psychiatrie. Zu fünft in zwei Zimmern. Die Duschen teilen sie sich mit der ganzen Etage. Sie ist mittlerweile elf und spricht Persisch mit französischem Akzent. Selbstredend ist sie mit dem halben Heim befreundet. Taha spielt dreimal die Woche Fußball, er wird von der Schule zum Verein und dann wieder zum Heim gefahren. Er hat noch ein Schwesterchen bekommen. Es gefällt beiden Kindern gut, wo sie sind. Ob die Eltern von Melika in diesem neuen Leben ankommen werden? Man kann es nur hoffen. Aber oft habe ich gedacht, vielleicht nehmen die Eltern diesen Weg eigentlich nur für die Kinder auf sich und ahnen, dass sie selbst in dieser neuen Welt nie ankommen werden.

Melika ist angekommen. Sie besucht die Schule, mag manche Lehrer und andere nicht so, ihr Selbstbewusstsein ist wieder so herrlich lebendig.

Warum wolltet ihr eigentlich so gerne nach Deutschland?

«Alle wollten nach Deutschland.»

Ja, aber warum?

«Wollten sie halt. Sie wollten alles haben, ein gutes Leben, zur Schule gehen, das war das Ziel. Die Griechen haben uns nicht gut behandelt. Ich dachte, die Deutschen sind auch so. Sie schreien uns auch an. Ich dachte, die Europäer sind alle gleich, sie schreien einen an.»

Und wie ist es jetzt hier?

«Jetzt bin ich angekommen. Als Sie in Moria damals sagten, wir müssten vielleicht ein bis zwei Jahre im Lager bleiben, da konnte ich nichts mehr denken. Vielleicht kommen wir gar nicht an, dachte ich. Vielleicht bleiben wir einfach da. Vielleicht dürfen wir nicht nach Deutschland. Das war ja immer unser Ziel gewesen.»

Was gefällt dir besser, Luxemburg oder Deutschland?

«Hier ist es viel besser, Busse und Bahnen sind umsonst. Einmal waren wir in Deutschland.»

Wie war es?

«Na, da ist ja alles auf Deutsch. In Trier waren sehr viele Afghanen.»

Denkst du manchmal an Moria?

«Ich denk nur an Moria, wenn Sie mich fragen.» Sie klingt fast etwas genervt. «Seit wir in die Schule gehen, denk ich an Stifte, an die Lehrer, das Klassenzimmer, aber nicht mehr an Moria. Mein Vater will, dass ich Herzspezialistin werde. Ich will aber mal Polizistin werden. Denn da muss man sportlich sein und ich liebe Sport.»

Dann musst du Menschen abschieben.

«So eine Polizistin werde ich nicht. Ich werde so eine, die allen hilft. Mein Vater sagt, ich muss dienen und nicht herumsitzen. Luxemburg hat uns so geholfen, wir müssen was zurückgeben. Vom Iran bis hierher waren wir circa eineinhalb Jahre unterwegs.»

War es richtig zu kommen?

«Jaaa.»

Wir sitzen im Garten der Unterkunft. Die Eltern von Melika und die Eltern von Taha servieren nicht einfach eine Obstplatte, eher eine tischgroße Gebirgslandschaft aus Früchten. Die größte Attraktion ist, dass ich mit dem Auto gekommen bin. Mit einem Auto! Ob wir nicht mal auf den Parkplatz gehen können, flüstert mir Melika leise zu. Alle träumten von einem Auto. Tahas Vater hatte bereits Geld für die Führerscheinprüfung zusammengespart. War aber durchgefallen. Und nun bin ich mal eben mit einem Auto angerückt. Mit dem Inbegriff von Freiheit und Wohlstand. Die Eltern sind ins Gespräch vertieft und merken kaum, dass wir uns davonschleichen. Dann stelle ich die dümmste Frage ever: «Sollen wir eine Runde Auto fahren?» Die gesamte Rasselbande, fünf kleine Menschen inklusive dem sonst eher zurückhaltenden Taha, jubelt. Wir steigen ein, die Kinder entdecken, dass man die Fenster öffnen kann und dass die Hupe einen lauten Ton in die Umgebung aussendet. Also drücken sie den Fensterheber hoch und runter, runter und hoch, zwischendurch drücken sie auf die Hupe, und alle quietschen vor Übermut, wir fahren mit offenem Fenster und lauter Musik durch den kleinen, ruhigen Ort. Auf einem leeren Parkplatz, ich sehe niemanden in unserer Nähe, halten wir an: «So», verkünde ich, «jetzt darf jeder einmal für hundert Meter auf meinem Schoß sitzen und das Auto lenken.» «Ich, ich, ich», ruft jedes von ihnen, und dann geht es los. Das ganze Auto schwirrt von: «Der kann nicht lenken!», «Ich kann das besser!» Wie viel Gekicher und Kinderglück in so ein Gefährt passen. Da weiß ich, in diesem Moment sind sie wieder Kinder. Es ist nicht zu überhören. Moria liegt hinter ihnen.

Olena schafft es mit Bus und Bahn aus der Ukraine nach Deutschland

Die Kälte kriecht durch die Sohlen langsam meine Beine hoch, deshalb balanciere ich auf den äußeren Kanten der Schuhe herum. Es ist mein erster Tag als Berichterstatterin an der ukrainisch-polnischen Grenze, der 2. März 2022. Wir stehen erst zwei oder drei Stunden vor der Grenze am polnischen Übergang Dorohusk: hier Polen, da drüben die Ukraine. Man kann sie, wenn man die Augen etwas zusammenkneift, erkennen. Sieben Tage zuvor hatte das russische Militär das Land angegriffen und auch direkt die Hauptstadt beschossen. Der Flughafen in Kiew war eines der ersten Ziele. Seitdem flohen täglich mehr Menschen Richtung Westen, die meisten erst mal nach Polen. Daraus sollte binnen weniger Tage ein Massenexodus der Angst werden. Ins Ungewisse.

Was ich jetzt hier im Nachhinein schreibe, klingt womöglich etwas monumental und «historisch», aber das war es auch: An uns zogen an diesem 2. März 2022 Bilder des Krieges vorbei. Fast alle Menschen am Grenzübergang waren Frauen und Kinder, sie hätten auch Teil eines großen Ausflugs ins Schullandheim sein können. Aber das hätte anders geklungen. Da hätte man Kinderstimmen gehört. Hier sah man Kinder, sehr viele Kinder, aber man hörte sie nicht. Manchmal weinte eines. Eher selten. Eine Mutter bat nach Stunden des Wartens, des Frierens nach langer Reise um eine Windel, das Kind sei völlig durchnässt. Ein etwa acht Monate altes Kleinkind lag ganz still im Kinderwagen, schaute geradeaus, gab keinen Laut von sich. An dieser Grenze war es einfach zu leise.

So was schreibt sich schnell oder erzählt sich mal eben im Fernsehen, aber zu begreifen, was man da sieht, das dauert Wochen, Monate. Wie ist es dann erst für jene, die das durchleben? Der moderne

Krieg, an dessen Rand wir bei etwa null Grad standen, produziert nicht Millionen von Toten wie in der ersten Hälfte des zwanzigsten Jahrhunderts. Kriege des einundzwanzigsten Jahrhunderts treiben vor allem Millionen in die Flucht (und kosten unzählige Menschenleben).[1] Die Menschen brachen auf mit diesen Rollkoffern und Tagesrucksäcken, pressten ihr vertrautes Leben in 60 mal 50 Zentimeter oder einfach nur in Plastiktüten. «Es darf nicht viel sein. Damit man jederzeit rennen kann, wenn der Alarm losgeht», hatte ein älteres Ehepaar aus Charkiw uns erklärt, als ich mich wunderte, warum sie jeweils nur einen kleinen Rucksack mit sich trugen. Genau das sind die Bilder des Krieges in Europa in unseren Tagen. Allein in der ersten Woche nach Beginn des Angriffes am 24. Februar 2022 flohen eine Million Menschen nach Polen. In Syrien flüchteten zu Beginn 2012 bis zum Herbst desselben Jahres 300 000 Menschen.[2] Der Vergleich hinkt natürlich, dieser Krieg im Nahen Osten sollte in den kommenden Jahren dreizehn Millionen Menschen zu Flüchtlingen werden lassen.[3] Und Hunderttausende sollten nach dem Erdbeben Anfang 2023 wieder ihr Zuhause verlieren.

2022 nahm das Tempo der Flucht und der Vertreibung eine neue Dimension an. Der Hohe Flüchtlingskommissar der Vereinten Nationen Filippo Grandi sagte am Ende der ersten Woche nach dem Angriff auf die Ukraine: «Seit fast vierzig Jahren arbeite ich in der Flüchtlingshilfe und selten habe ich einen so schnellen Exodus wie diesen gesehen.»[4] Er verwendete das Wort «Exodus». Ganz am Anfang sah man noch Männer. Ab dem 25. Februar 2022 verhängte der ukrainische Präsident Selenskyj ein Ausreiseverbot für männliche Staatsbürger zwischen achtzehn und sechzig Jahren, die weniger als drei Kinder haben. Exodus! Man meinte, solche Bilder aus dem Fernsehen zu kennen, von diesen historischen Aufnahmen der Flüchtlingstrecks im und nach dem Zweiten Weltkrieg. Aber das war für Menschen meiner Generation und jünger so weit weg, nicht real. Die Anspannung, die Angst, diese verlorenen Blicke, die sah ich jetzt in echt. In viel zu echt.

Reisebusse rollen an diesem kalten Märztag an der Grenze langsam auf die polnische Seite. Alle Wartenden und Erwartenden verteilen sich vor den Türen und hoffen, dass sie Menschen ihre Hilfe anbieten können. Krakau? Kopenhagen? Köln? Die Menschen, die dort mit

Pappschildern stehen, sind jene, die es nicht aushielten, zu Hause einfach hilflos zuzusehen. Am Straßenrand haben Freiwillige Zelte aufgebaut und verteilen warmes Essen. Bratwürste, Suppe, Tee. Es ist der siebte Tag des Krieges, vier Uhr nachmittags. Ich soll meine erste Live-Schalte von der Grenze machen, stehe also schon mit dem Mikrofon am Straßenrand und versuche in meiner verwirrten Anspannung einen klaren Gedanken zu fassen und mich zu konzentrieren. In ein paar Sekunden beginnt die Sendung. Der Kameramann zieht die Schärfe noch mal nach. Da sehe ich aus dem Augenwinkel, wie eine Frau mit roter Wollmütze auf uns zueilt. «Deutsches Fernsehen?», fragt sie fast schon hilferufend. «Ich muss mit Ihnen sprechen.» Ja! Wir waren gekommen, um mit Menschen wie ihr zu reden. Viele waren uns bislang eher ausgewichen. Sie hingegen wirkt fast schon stürmisch. «Bitte warten Sie einen Augenblick, wir sind gleich auf Sendung, dann können wir sprechen», versuche ich sie zu beruhigen, und tatsächlich bleibt sie stehen. Hinter ihr versteckt sich ein kleines Mädchen. Die Frau mit der roten Mütze ist aufgelöst und den Tränen nah. Der Moderator in Köln fragt:

«Isabel, was erlebst du dort?»

«Ich steh hier gerade an dieser Grenze, diese Dame ist auf mich zugekommen und sie spricht Deutsch. Ich muss fragen, was sie zu sagen hat.»

«Ich heiße Olena, ich bin Deutschlehrerin, ich bin mit meinem Kind aus Kiew gekommen. Am zweiten Tag des Krieges. Mein Ehemann sagte, wir sollen bleiben, es wird alles stabil sein. Aber nein, alles wird schlimmer und schlimmer. Die Leichen liegen auf dem Spielplatz.»

Sie beginnt von Russen und von Toten zu sprechen, Tränen drücken auf ihre Stimme. Das Reden ist nicht lange möglich. Bald darauf ist die Sendezeit um. Olena weint. Die Menschen, die aus den Bussen steigen, weinen. Man schaut sie an, sie weinen. Andere wirken wie erstarrt. Und es sind fast nur Frauen, die Kinder an der Hand haben oder Kinderwägen schieben. Oft laufen die Großmütter neben ihnen her. Wo Krieg ist, ist auch Flucht, denke ich immer wieder, und Flucht bedeutet zerrissene Familien. Dann hast du nicht nur die Heimat verloren, sondern deinen inneren Kompass.

Die Ankommenden, die Freiwilligen und mittendrin wir, die wir berichteten. Es wirkte fast wie ein Helferjahrmarkt. Mit Olena hatten wir Telefonnummern ausgetauscht. Unsere erste Begegnung dauerte vielleicht sieben oder acht Minuten. Von der Grenze aus wollte sie mit ihrer kleinen Tochter Maria und ihrer Mutter nach Krakau fahren.

Eigentlich war Maria ein behütetes Grundschulkind. Eben noch spielte sie in ihrem Kinderzimmer und war versunken in ihr Puppenreich, einen Moment später musterte sie uns Fremde in der noch fremderen Umgebung mit ängstlichen Augen, die unter ihrer bunten Wollmütze so gerade eben hervorschauten. Abseits stand Olenas Mutter, Marias Oma Ludmilla, die stumm und immer noch fassungslos ihre Hände so fest in den Mantel presste, dass die Taschen eigentlich reißen mussten. Die Großmutter starr, das Kind stumm und Olena, die schnell sprach und immer wieder weinte. Die drei waren in einer Art Schockzustand.

Olena ist eine imposante Erscheinung, im Frieden und auf der Flucht. Ihr Daunenmantel, der aussah wie ein Kältepanzer, und der Gürtel verliehen ihr auch jetzt in dieser Not ein wenig Eleganz. Viele der Frauen an der Grenze sahen trotz allem um sie herum sehr gepflegt aus, sorgfältig geschminkt, gut gekleidet, man sah ihnen nicht immer die Übernächtigung an. Sie strahlten weibliche Würde und Schönheit aus. Olena könnte man sich auf dem Maidan in Kiew vorstellen, wo sie auch ohne Megafon laut genug die Freiheit ihres Landes einforderte und ukrainische Lieder anstimmte. Sie hatte etwas Unerschrockenes. Sie war auf dem Land aufgewachsen, nahe der belarussischen Grenze, und wollte unbedingt Deutsch lernen. Zuletzt arbeitete Olena als Dozentin an der Universität in Kiew. Ihre Mutter leitete in dem kleinen Ort die Schule, unterrichtete von Klasse eins bis elf und soll die beste Mathelehrerin der Welt gewesen sein, behaupteten ihre Schüler:innen. Anders als ihre Tochter hat es die Mutter nie in die Welt hinaus gezogen. Zu Sowjetzeiten war sie einmal im Baltikum und einmal in Weißrussland. In ihrem Dorf muss sie so beliebt gewesen sein, dass ihre ehemaligen Kolleg:innen aus der Schule immer noch die Feste bei ihr feierten, dabei war sie seit rund zehn Jahren im Ruhestand. Klang wie ein Leben in Bullerbü, irgendwo im Nordwesten dieser gut 600 000 Quadratkilometer großen Ukraine, dem zweitgrößten Land Europas.

Es muss etwa zehn Wochen später gewesen sein, da beschrieb Olena mir, wie sie den ersten Moment jenseits der Grenze erlebt hatte:

«Wir kamen über die Grenze und plötzlich waren wir Flüchtlinge. Direkt da sprach mich ein fremder Mann an:

‹Brauchen Sie Geld?›

‹Nein!›

‹Brauchen Sie Hilfe? Wie kann ich helfen?›

Ich sagte einfach nur: ‹Haben Sie Taschentücher?›

Nein, hatte er nicht. Aber die brauchte ich, denn ich habe nur geweint, ich stand völlig neben mir. Es ist nicht einfach, das zu erklären. Einen Moment vorher warst du noch ein Mensch, du hast gearbeitet, hattest ein Haus. Auf einmal gehörst du zu einer anderen sozialen Schicht. Meine Mutti hatte eine Tasche, wir hatten zwei Rucksäcke dabei. Es war kalt, wir hatten drei, vier Stunden gewartet. Nach etwas Zeit habe ich mich überwunden und Hilfe angenommen: ‹Ich brauche eine warme Suppe›, sagte ich, ‹und ich nehme einen Schlafsack›. Ich war schockiert, dass alle zu Hilfe eilten. Für uns Erwachsene ist so was peinlich.»

Es ist mir fast unangenehm einzugestehen, dass ich Fragen und Fragezeichen hatte. Ich weiß, im Krieg stirbt die Wahrheit als Erstes, und ich hatte die Erfahrung gemacht, dass Menschen auf der Flucht ihre Geschichten zuweilen etwas anders darstellen, als sie tatsächlich waren. An diesem Grenzübergang und am polnischen Grenzbahnhof Przemysl, wo wir tagelang standen, hörte ich viele Geschichten von Fliehenden. Stimmte das alles? War das vielleicht Propaganda, was diese um ihr Leben rennenden Frauen und Kinder berichteten, oder haben sie das wirklich alles erlebt? Aber warum sollte die siebzigjährige Krankenschwester aus Kiew, die alles hinter sich gelassen hatte und nur noch mit einer schmalen Einkaufstasche vor uns stand, lügen? Warum sollte der ältere Herr, der allein auf die Frage, wo kommen Sie her, weinend zusammenbrach und leise «Irpin» flüsterte, schauspielern? Oder Valentina aus Sumy, die sagte, mal ließen die Russen Leute durch den Fluchtkorridor, mal würden sie einfach auf die Autos schießen. Vielleicht zweifelte ich auch, weil es Jahrzehnte weit weg von meiner Lebenswirklichkeit war. Aber je mehr ich hörte, je mehr sich die Aussagen ähnelten, desto blasser wurden meine Fragezeichen. Dann sah ich die vielen, vielen Haustiere. Ein zwölfjähriges Mädchen sagte diesen poetischen Satz: «Ich musste mein Zuhause verlassen. Aber wenigstens das Zuhause von meinem Hamster hab ich gerettet.» Warum sollte sie sich so etwas ausdenken?

Wir sind keine Flüchtlinge

Während ich als vermeintliche Migrationsfachexpertenjournalistin alle diese Menschen inklusive Olena routiniert als «Flüchtlinge» kategorisierte, missfiel ihr dieser Begriff gänzlich. An der polnischen Grenze hatte unser Übersetzer Jurij, der selber aus Lwiw stammt und mindestens zwanzig Sprachen beherrscht, mich darauf aufmerksam gemacht, dass dieser Begriff aus seiner Perspektive nicht zutreffend sei. Also beschlossen wir, Menschen zu fragen, als was sie sich denn selbst bezeichnen würden. Die Antworten waren für mich überraschend, für Jurij gar nicht: Sie verstanden sich als Reisende. Als Evakuierte. Niemand sagte von sich, er oder sie sei ein Flüchtling.

«Ich will doch so schnell wie möglich zurück, ich habe mein Zuhause nicht aufgegeben. Wenn man Flüchtling ist, kann man nicht mehr zurück.»

«Flüchtling zu sein, ist etwas Schlechtes, so was sind die Syrer, Afghanen, aber wir nicht.»

«Wir wollen doch arbeiten und nicht etwas erbetteln.»

«Wenn man das sagt, sagt man damit, dass man keine Heimat mehr hat, dann gibt man sie auf.»

Hatten sie alle Hannah Arendt vor unserem Gespräch gelesen? Aus ihrem Essay *Wir Flüchtlinge* habe ich im Kapitel über Ruhi schon einmal zitiert. Da hatte sie in einer historisch gänzlich anderen, aber menschlich ähnlich desaströsen Situation formuliert:

«Vor allem mögen wir es nicht, wenn man uns ‹Flüchtlinge› nennt. Wir selbst bezeichnen uns als ‹Neuankömmlinge› oder als ‹Einwanderer›. … Als Flüchtling hatte bislang gegolten, wer aufgrund seiner Taten oder seiner politischen Anschauungen gezwungen war, Zuflucht zu suchen. Es stimmt, auch wir mussten Zuflucht suchen, aber wir hatten vorher nichts begangen, und die meisten unter uns hegten nicht einmal im Traum irgendwelche radikalen politischen Auffassungen. Mit uns hat sich die Bedeutung des Begriffs ‹Flüchtling› gewandelt. ‹Flüchtlinge› sind heutzutage jene unter uns, die das Pech hatten, mittellos in einem neuen Land anzukommen, und auf die Hilfe der Flüchtlingskomitees angewiesen waren. Vor Kriegsausbruch waren wir sogar noch empfindlicher gegen die Bezeichnung ‹Flüchtlinge›. Wir taten unser Bestes, um anderen Leuten zu beweisen, dass wir ganz gewöhnliche Einwanderer seien.»[5]

Drei Tage nach unserer Begegnung an der Grenze fragte ich Olena per Textnachricht, wie es ihnen gehe. Sie sprach so ausgezeichnet Deutsch, und ich war froh, mich direkt und ohne Übersetzer mit ihr austauschen zu können:

«Hallo Isabel, danke für diese Nachricht. Mein Schüler aus der Schweiz hat uns von der Grenze abgeholt und nach Krakow gebracht. Hier wohnt eine Verwandte. Wir sind drei Familien mit Kindern in Zweizimmerwohnung, aber wir sind Verwandte, das ist auf jeden Fall besser als in Kiew, wo das Kind ständig unter Gefahr ist. Wir hoffen auf schnelles Zurückkommen in die Ukraine. Mein Ehemann ist in Kiew, und wir sehnen uns nach dem Vater.»

Nun lebten sie auf einer Couch in Krakau, wohnten mit drei Familien in zwei Zimmern und wussten: Sieben Tage konnten sie bleiben. Und dann? Am sechsten Tag standen wir bei ihnen in Krakau auf dem Hof. Ich wollte für den *Weltspiegel* über die Gastfreundschaft Polens berichten und was das für Olena bedeutete. Schon auf dem Bürgersteig fing sie uns ab, Maria und Ludmilla neben sich. «Bitte nicht ins Haus kommen!», bat Olena uns. Sie wollte die Großzügigkeit ihrer Gastgeber nicht überstrapazieren oder gar gefährden mit so einem Fernsehteam. Jetzt auch noch eine Kamera in die Enge?

«Meine Verwandte hat uns für eine Woche eingeladen. Jetzt ist der sechste Tag, und ich verstehe, das wird anstrengend für die Gastgeber.» Schlechtes Gewissen plus dünnes Eis macht große Unsicherheit. Während ich meine Fragen stellte, die Olena höflich beantwortete, wusste sie nicht, wo sie am übernächsten Tag schlafen sollten. Wohin sollten sie gehen? Nach Deutschland? Auf keinen Fall wollte sie die Gastfreundschaft ausnutzen. Sie führte uns in den Park am Ende der Straße, und Maria kletterte sofort auf die Spielgeräte. Olenas Mutter vergrub immer noch – wie an der Grenze – die Hände in den Taschen. Sie war nicht in der Verfassung und hatte nicht die Kraft, uns näherzukommen. Vielleicht weil sie die Kleidung tragen musste, mit der sie vor Tagen ihr Zuhause plötzlich verlassen hatte. Vielleicht weil sie so eilig aufbrechen mussten, dass sie den unteren Teil ihrer Prothese versehentlich hatte liegen lassen. In einem kurzen Moment trafen sich unsere Blicke, sofort schossen ihr die Tränen in die Augen und sie wandte sich ab. Während ihre Tochter Schutz weiter im Westen suchen wollte, zog es ihre Mutter nur in eine Himmelsrichtung: nach Hause. In ihren Garten. Zu ihren Nachbarn und Freundinnen.

Binnen einer Woche hatten die drei Ukrainerinnen in Polen die schmale Lehrerinnen-Rente der Großmutter aufgebraucht und nur noch ein paar Euro übrig. Jetzt begannen sie weniger zu essen. Olena hoffte auf Deutschland, wo ihre Schüler lebten, die ihr Hilfe anboten. Die Woche war abgelaufen, sie konnten nicht länger auf der Couch in Krakau bleiben, da fuhren sie los nach Deutschland. Der Zug war so voll, dass man sich nicht mal zur Toilette durchquetschen konnte. Der Schaffner bat Olena, die Durchsagen im Zug zu machen, weil sie die Sprache der ukrainischen Passagierinnen sprach. «Das war gut, ich dachte, endlich mache ich etwas Nützliches. Viele Menschen waren ja noch nie im Ausland gewesen, sie waren hilflos, verloren. Und auch zerstreut.»

Es war der neunzehnte Tag des Krieges, als Oma Ludmilla, Olena und Maria die Grenze von Polen nach Deutschland überquerten. Grenzkontrollen gab es nicht, Polen und Deutschland gehören zum Schengen-Raum. Allein in den ersten fünf Wochen des Krieges wurden zehn Millionen Menschen vertrieben, über vier Millionen verließen ihr Land gen Westen.[6] So schnell waren noch nie so viele Schutzsuchende in die EU gelangt. Die Deutschen konnten sich in weiten Teilen verhältnismäßig leicht in das Schicksal Hunderttausender Ukrainerinnen und Ukrainer hineinfühlen. Die Sympathien schienen größer als für Menschen aus Syrien oder Afghanistan. Das hierzulande bis dahin unvorstellbare Gedankenpaar «Deutschland» und «Krieg» rückte vom Reich des Ausgeschlossenen in das des Möglichen. In den Köpfen und Gesprächen schwang ziemlich bald die bis dato eher fremde Frage mit: «Rutschen wir in diesen Krieg?»

Zeitenwende: Die EU öffnet ihre Tore

Große und kleine deutsche Städte schalteten in den Notfallmodus von 2015. Auf einmal gab es sie wieder, die Feldbetten in Turnhallen, Messesälen und Notschlafzelten vor den Bahnhöfen. 2022 lief es deutlich unaufgeregter. Die Strukturen von 2015 wurden – wo es sie noch gab – wiederbelebt, Deutschland hatte Know-how gesammelt, die Zivilgesellschaft half, anfangs motiviert vom Willen der Politik und bestärkt sicherlich auch von der großen medialen Aufmerksamkeit. In diese Stimmung rollten Olena, Oma Ludmilla und die kleine Maria, als sie per Zug mit den beiden Rücksäcken und dem kleinen Köfferchen in der zweiten Märzwoche Deutschland erreichten. Schon vor dem Krieg konnten ukrainische Staatsangehörige mit gültigem biometrischem Pass ohne Visum drei Monate im Land bleiben.[7] Doch jetzt durften auch Ukrainer ohne einen solchen Pass und Drittstaatsangehörige für neunzig Tage legal einreisen: Die Grenzen waren offen.[8] Die drei hatten ihre Papiere dabei. Sie hätten in jeder Stadt in Deutschland wohnen können, vorausgesetzt, sie hatten eine Unterkunft. Sie konnten sich frei bewegen, mussten nicht ins Asylverfahren, nicht in eine Unterkunft. Eine Registrierung bei der örtlichen Ausländerbehörde genügte. Dann bekamen sie eine Aufenthaltsgewährung von einem oder auch zwei Jahren, hatten Zugang zum Gesundheitssystem. Das Dublin-III-Verfahren galt für sie nicht. Maria konnte sofort zur Schule gehen, Olena durfte sich Arbeit suchen und die Großmutter einen Deutschkurs belegen. Verglichen mit den zum Teil jahrelangen Asylverfahren – bei denen die Asylsuchenden kraft gesetzlicher Verpflichtung in Heimen leben müssen, die Städte oder Landkreise, auf die sie verteilt werden, (bis auf wenige Ausnahmen) nicht verlassen dürfen, die Kinder teils monatelang nicht zur Schule gehen können und die

Erwachsenen zunächst nicht arbeiten dürfen – wirkte der Umgang mit den Ukrainer:innen wie ein Fünf-Sterne-Programm. Die Tore in die deutsche Gesellschaft standen offen. Und dafür gab es eine eigene Zauberformel aus Brüssel, nämlich die Massenzustrom-Richtlinie. Sie galt jetzt auch für Olena, Maria und die Großmutter.

Das Thema «Flucht und Migration» lähmte, teilte und separierte die EU seit 2015 wie kein anderes. Auf der einen Seite waren Länder wie Deutschland, Spanien, Portugal, Frankreich und Benelux bereit, einer überschaubaren Zahl von Menschen Schutz in ihrem Land zu geben. Auf der anderen Seite positionierten sich Mitglieder wie Ungarn, Polen, Bulgarien, Kroatien, das Baltikum und forderten nicht nur die Verteidigung und Absicherung der EU-Außengrenzen, um illegale Migration zu verhindern, sie setzten diese auch um. Asylsuchende gerecht auf die EU-Mitgliedsstaaten zu verteilen, lehnten sie ab. Für eine einheitliche europäische Asylpolitik bedeutete gerade dieser Streitpunkt einen jahrelangen Stillstand. Weil es keine Einigung gab. Und genau das machte die EU angreifbar und verwundbar. Alle wussten: Wenn man Menschen aus Asien oder Afrika in die EU treibt, dann ist sie fast bewegungsunfähig, weil sie so zerstritten ist. Europa machte sich selbst angreifbarer, eben weil es so besorgt sei, brachte es die Soziologin und Migrationsforscherin Kelly Greenhill auf den Punkt.[9]

Am 4. März 2022 erschienen diese jahrelangen Konflikte wie weggewischt und ausgelöscht: Alle siebenundzwanzig EU-Innen- und Migrationsministerien waren sich einig, dass Millionen Menschen aus der Ukraine in der EU Schutz erhalten sollten. Sie aktivierten die sogenannte Massenzustrom-Richtlinie. Migrationspolitisch darf man sie als geheime Wunderwaffe bezeichnen. Diese Richtlinie war schon 2001 während des Jugoslawienkrieges geschaffen worden und ist eine eigene Kategorie von Schutz für «Vertriebene», die bislang nie angewendet worden war. Ich hatte noch nicht davon gehört und konnte erst gar nicht begreifen, was da in Windeseile möglich war:

In dieser Richtlinie wird «Vertriebenen» «vorübergehender Schutz» zugesagt, wenn sie Teil eines vom Rat festgestellten «Massenzustroms» sind. Das stellte der Rat fest für alle ukrainischen Staatsangehörigen und ihre Familien, die vor dem 24. Februar 2022 ihren Aufenthalt in der Ukraine hatten, sowie für Drittstaatsangehörige, die sich vor dem 24. Februar 2022 in der Ukraine entweder mit internationalem Schutz oder mit unbefristetem Aufenthaltstitel aufgehalten haben und nicht in der Lage sind, sicher und dauerhaft in ihr Herkunftsland zurückzukehren. So ziemlich jede Forderung, von der Menschenrechtsaktivisten nur träumen konnten, standen hier schwarz auf weiß und waren (vorübergehend) geltendes Recht für Ukrainer:innen geworden:[10] sofortiger «humanitärer Aufenthalt» ohne Asylverfahren, offene Grenzen, Schutz für alle aus einem Haushalt, egal wie alt und in welchem Verwandtschaftsverhältnis. Mehr ging nicht. Allerdings kann die EU – wenn die Kommission das vorschlägt und der Rat mit qualifizierter Mehrheit zustimmt – diesen «vorübergehenden» Schutz auch wieder beenden.[11] In Deutschland wurde die Massenzustrom-Richtlinie durch § 24 des Aufenthaltsgesetzes modifiziert.[12] Manche Behörden erteilten gleich für zwei Jahre einen Aufenthalt. Das lief zum Teil ziemlich *freestyle* ab, aber es lief. Das Bundesinnenministerium veröffentlichte kurz darauf noch ein Rundschreiben und die Länder gaben ein paar Erlasse heraus, damit die Ausländerbehörden wussten, was zu tun war. Das zu beschreiben ist wichtig, denn es veranschaulicht die Schaffung einer neuen Klasse von Schutzsuchenden neben den bekannten Kategorien der Genfer Flüchtlingskonvention und des subsidiären Schutzes. Statt des Bundesamts für Migration und Flüchtlinge waren nun die Ausländerbehörden zuständig, mit anderen Verfahren. Das große Wort «Zeitenwende» passt.

Das sollte sich bald in der Wirklichkeit widerspiegeln. Als einige Ausländerbehörden wollten, dass die Menschen sich in zwei Schlangen anstellten, da ploppte die Frage auf: «Gibt es einen Unterschied? Hat ihr Blut eine andere Farbe?», fragte mich ein Afghane, als er begriffen hatte, welche Türen den Ukrainer:innen geöffnet wurden und den übrigen Schutzsuchenden verschlossen blieben. Ein anderer, der neu in Deutschland war, erklärte mir, warum er keine Papiere bei sich trug: Bei Polizeikontrollen würde er einfach sagen, er sei aus der Ukraine, und dann würde die deutsche Polizei ihn in Ruhe lassen. Vielen Geflohenen aus Kiew, Odessa oder Charkiw wiederum war gar nicht klar, dass es diese zwei Klassen gab. Sie waren mit anderen existentiellen

Fragen und Sorgen beschäftigt und wussten auch gar nicht, wie die Einreisebestimmungen vor dem Krieg gewesen waren.

Dieses Auseinanderdriften sollte sich nicht verflüchtigen. Nach einem Jahr Krieg spreche ich mit etlichen Kommunen und starte auf Persisch eine kleine Umfrage auf Social Media. Die Antworten von besorgten Beamten und frustrierten Flüchtlingen – normalerweise sind sie nicht unbedingt deckungsgleich, hier sind sie es: Menschen aus Syrien oder Afghanistan teilten sich im Heim ein Zimmer mit anderen Geflüchteten. Ukrainer:innen dagegen bekämen sofort Wohnungen, überhaupt dürften sie dort wohnen, wo sie wollten. Ukrainer:innen erhielten schneller Sprachkurse und die Kinder bekämen psychologische Hilfe, wenn nötig, iranische Kinder aber nicht. Die Schaffung von zwei Klassen führe zu «Hass und Spaltung». Mehrfach fällt auch das Wort «Rassismus», weil sich beispielsweise Afghan:innen zurückgesetzt fühlen.

Besonders augenfällig waren diese zwei Klassen in Polen, entlang der östlichen EU-Außengrenze. Die Hilfsbereitschaft und die selbstverständliche Großzügigkeit der Menschen in Polen zu Beginn des Krieges waren aus dem Bereich der Superlative. Am Grenzübergang Medyka sah man polnische Soldaten, die neben den Ukrainerinnen herliefen. Sie trugen deren Rucksäcke, zogen Rollkoffer oder hielten Katzenboxen. Da begriff ich: Die Uniformierten liefen den geschwächten Schutzsuchenden an der Grenze entgegen, um ihnen wenigstens auf den ersten Metern in Polen etwas von ihrer Last abzunehmen.

In den ersten Monaten hörten wir von vielen polnischen Familien, die mit größter Selbstverständlichkeit ihre Wohnungen öffneten. Eine Zweizimmerwohnung, in der schon vier Personen leben? Kein Problem, geben wir das eine Zimmer ab und wohnen in dem anderen. Hier drückten viele ihre Solidarität mit Menschen aus, die denselben Feind fürchteten und vor ihm davonliefen. Ein ganzes Volk war überwältigt von der Lebendigkeit der eigenen Zivilgesellschaft: Der in dieser Krise verhältnismäßig entschleunigt bis überhaupt nicht reagierende polnische Staat konnte sich auf sie verlassen. Olena, Maria und die Großmutter hatten an der Grenze und in Krakau diese Seite erlebt. Offene Grenzen, Bewegungsfreiheit, Schutz.

Pushbacks an der Grenze zwischen Belarus und Polen

Tja, und dann gab es das andere Gesicht von Polen. Weiter nördlich entlang der rund 420 Kilometer langen Grenze zu Belarus wehrte der EU-Mitgliedsstaat robust und teils gewaltsam Migrant:innen und Schutzsuchende ab, die versuchten, illegal in die EU zu gelangen, um dann um Asyl zu bitten. Aber warum tauchten ab dem Frühsommer 2021 auf einmal diese Fremden an der EU-Außengrenze auf? Das hatte einen Grund: Die EU hatte auf die Repressionen und Menschenrechtsverletzungen in Belarus mit gezielten Wirtschaftssanktionen reagiert. Präsident Lukaschenka drohte der EU kurz darauf, diese Sanktionen könnten zu «illegaler Migration» führen.[13] Und er machte seine Drohung wahr. Ab dem Frühsommer 2021 lockte er mit einer Schlepperinfrastruktur Menschen in sein Land. Als «Pauschalreisen» konnten sie diese Touren kaufen und visafrei einreisen – im Netz wurde dafür geworben. Kurzfristig flogen auffällig mehr Maschinen aus Erbil, Bagdad und dann Istanbul nach Belarus.

Seit diesem Frühsommer 2021, als es noch lange keine Fluchtbewegung aus der Ukraine gab, irrten Menschen aus dem Irak, Jemen, Syrien, Afghanistan oder Pakistan in den Wäldern zwischen Belarus und Polen umher und versuchten, unerlaubt in die EU zu gelangen.

Die polnische Regierung sah ihr Land bedroht. Entlang der Landgrenze baute sie einen 186 Kilometer langen Wall aus Metallplatten. Vier Meter fünfzig hoch. Oberhalb dieser Stahlwand wurde zusätzlich Stacheldraht montiert.[14] Tausende von Soldaten und Grenzschützern wurden im Grenzgebiet eingesetzt, damit sie die Menschen, meist geschwächt und durchgefroren, abwehrten. Sie drängten Männer, Frauen, Kinder, die versuchten, auf das polnische Staatsgebiet zu gelangen, um dann um Schutz zu bitten, gewaltsam zurück.

Menschenrechtler:innen nennen das «Pushback». Solche Aktionen sind in der EU nicht erlaubt, sie verstoßen gegen die Genfer Flüchtlingskonvention und die Europäische Menschenrechtskonvention.[15] Die polnische Regierung ist hier sehr frei in ihrem Denken und eigenwillig unterwegs. Das Parlament erklärte Pushbacks am 14. Oktober

2021 durch ein nationales Gesetz für legal. *State of Emergency*. Zack.[16] Ohne Prüfung dürfen Menschen wieder zurückgeschickt werden und sechs Monate bis drei Jahre nicht mehr nach Polen einreisen. Dass sie in Polen um Asyl bitten wollen, spielt dabei keine Rolle. Der UNHCR nannte das Vorgehen Polens rechtswidrig.[17]

Für die über zehntausend Menschen, die im Herbst 2021 und im Januar 2022 über die Grenze zu gelangen versuchten, bedeutete das, dass die belarussischen Sicherheitskräfte sie nicht mehr zurück ins Land und die Polen sie nicht hineinließen. Mindestens dreizehn Menschen kamen hier ums Leben: erfroren, ertranken. Der UNHCR mahnte Belarus und Polen, sich an die Genfer Konvention zu halten. Menschen durch Pushbacks den Zugang zum Land und zum Asylgesuch zu verwehren, verstoße gegen internationales Recht.[18] Auch die EU-Kommission sah das ähnlich: Pushbacks dürften, kritisierte die EU-Kommissarin für Inneres Ylva Johansson, nicht legalisiert werden.[19] Insgesamt war die Kommission bei dem vom polnischen Parlament verordneten Rechtsbruch aber nicht sonderlich empört. Wer hätte da gedacht, dass dieselbe Regierung nur wenig später Millionen Ukrainer:innen ins Land lassen würde?

Was nun 2021 und 2022 tatsächlich an dieser langen Grenze geschah, lief wohl nicht immer gleich ab. Einheimische nennen diese Gegend «Urwald» und vermeiden tiefer hineinzulaufen, weil man sich leicht verirrt und es lebensgefährlich sein kann, weil man den Weg hinaus nicht mehr findet. Im Niemandsland hatten Belarus und Polen eine Gruppe von dreißig Menschen mehrere Wochen festgesetzt. Sie sandten Hilferufe in die Welt, fürchteten zu verhungern oder zu erfrieren. Meinem Kollegen Bamdad Esmaili berichteten sie damals, die Belarussen würden ihnen jeden Tag ein klein wenig Getreide geben, sonst nichts. Die Polen wehrten sie ab. Bilder aus der Region drangen nur spärlich in die europäische Öffentlichkeit, das war offenbar auch so gewollt. Anfang Januar 2022 war der Zugang zum Grenzgebiet so weit abgeriegelt, dass man schon etliche Kilometer vorher von Sicherheitskräften abgefangen wurde. Und zwar nicht nur die Presse, auch NGOs und europäische Parlamentarier:innen konnten sich kein Bild verschaffen. Damit würde später eine juristische Aufarbeitung schwierig werden. Ähnlich wie in Griechenland entstanden hier «Sonderzonen» oder «Grauzonen des Rechts» an den Rändern der EU.[20]

Als ich Anfang 2022, einige Wochen vor dem russischen Überfall, an der polnischen Grenze war, fragte ich eine irakische Mutter von vier Schulkindern nach ihren Erlebnissen. Sie berichtete, polnische Sicherheitskräfte hätten sie gedrängt, durch eiskaltes Wasser und Moor zu waten. «Sie haben uns ins Wasser gedrängt, und das Wasser ging uns bis zum Hals. Wir hatten Kinder dabei. Sie haben trotzdem gesagt, geht!» Sie zeigte uns ein Handyvideo, auf dem man sah, wie jemand in dieses dunkle, schlammige Moor stieg. Dann zeigte die Mutter ein Foto von ihrer Gruppe, mit der sie dort unterwegs waren: siebenundzwanzig Personen, davon fünfzehn Kinder. Auf dem Bild starrten sie ernst in die Kamera, manche Gesichter waren vermummt. Einer hielt ein Schild mit einem roten Kreuz hoch. Die irakische Mutter sagte:

«Sehen Sie, das war unsere Gruppe.»

Und wo sind die heute alle?

«Bis auf eine Familie sind alle im polnischen Gefängnis.»

Aber da sind ja total viele Kinder dabei!?

«Die sind alle in Haft.»

Wer es illegal auf die polnische Seite schafft und um Asyl bittet, wird in eine Hafteinrichtung gebracht. Nach polnischer Gesetzgebung können Asylsuchende für eine Dauer von bis zu zwei Jahren so festgehalten werden, bis Polen sie offiziell ablehnt und zurück in ihre Heimat abschiebt.[21]

Mit zwei der Inhaftierten hatte ich Kontakt, sie hatten sich mit einem Hilferuf an uns gewandt. Einen traf ich später mehrfach. Ein afghanischer Handwerker, Mitte zwanzig, einer, der weiß, wie man sich durchschlägt. Seine Familie hatte viel Geld in ihn investiert: 15 000 Euro. Damit er es nach Deutschland schaffen und, so hofften sie, die Eltern und Schwestern nachholen würde. Er war in die Lukaschenka-Falle getappt und kam über Belarus zur Grenze. Die belarussischen Schlepper hätten ihm das Handy abgenommen, er hatte zum Glück noch ein zweites im Rucksack. Nach einem Tag griffen die Polen ihn auf.

«Hier ist nicht Europa, hier ist Polen», habe der Grenzer gesagt. Dann musste er unterschreiben, dass er um Asyl bitten würde, landete in der Haft und wurde in einen Raum mit vierundzwanzig anderen eingesperrt. Sechs Monate lang. «Wir konnten die Fenster nicht öffnen, das war ein Gefängnis, kein Camp. Wenn sie dich mit einem Handy erwischten, wurdest du zur Strafe für zwei Tage in Einzelhaft gesperrt. Wenn wir uns für das Essen aufstellten, standen wir mit Mördern, Dieben und Schleppern in einer Schlange. Mir hatte noch nie jemand Handschellen angelegt.»

Wenn man von Deutschland träumt, dann verzerren vielleicht die Erwartungen den Blick, zweifelte ich, und «Haft» ist gewiss übertrieben. Ich wollte wissen, wie die polnischen Wachen mit den Asylbewerbern umgegangen seien.

«Manchmal, wenn wir uns beschwerten, haben sie einfach dieses Gas versprüht, wovon man weinen muss.»

Tränengas?

«Ja, genau. Manche waren freundlich, andere brutal. Sie zerrten uns auf den Boden oder schlugen uns.»

Kurz nach Ausbruch des Krieges am 24. Februar 2022 ließen die Polen die afghanischen Inhaftierten plötzlich frei und erklärten ihnen, wie sie mit dem Zug nach Berlin kämen. Jetzt war der afghanische Handwerker tatsächlich auf dem Weg nach Deutschland. Im Zug wurden sie von der Bundespolizei kontrolliert. Er konnte nicht glauben, dass er jetzt in «Dschermäny» war. Die Bundespolizistin zeigte ihm zum Beweis die deutsche Fahne auf ihrer Schulterklappe. Er bat nun in Deutschland um Asyl. Wusste, dass es Probleme mit den Fingerabdrücken geben könnte. Und so war es. Als Dublin-Fall will Deutschland ihn nach Polen zurückschieben.

«Wissen Sie», sagte er ziemlich laut und aufgeregt. Er wich sonst immer anständig dem direkten Augenkontakt mit mir als Frau aus, aber jetzt nicht: «Ich habe alles riskiert, um Rechte zu haben. Ich habe mein Leben lang von Deutschland geträumt, weil es hier Menschenrechte gibt. In Polen hatte ich keine. Ich will da nicht hin. Wir wollen da alle nicht hin.»

Ich versuchte, auch so laut zu reden wie er. Schließlich könne man ja, sagte ich als Westeuropäerin, die sich mit ihrem Pass durch fast alle Länder bewegen kann, auch nicht so einfach über die Grenze nach

Afghanistan spazieren, um dann zu sagen: «Leute, ich bleibe hier! Ich habe schließlich immer von Afghanistan geträumt.» Und noch deutlicher sagte ich: «Der Staat hat das Recht zu entscheiden, wen er reinlässt und wen nicht. Wessen Schutzgesuch er annimmt und wessen nicht.» Ich fand, das musste er wissen. Aber er hörte mich nicht, egal wie laut ich sprach. Er hatte Panik, in Polen wieder eingesperrt zu werden. Sein Traum war Deutschland, dafür hatte er alles riskiert.

Fast zur gleichen Zeit wie dieser afghanische Handwerker kamen Olena, Maria und Ludmilla in Deutschland an. Wie alle ihre Landsleute durften sie gratis Zug fahren. Es war voll, chaotisch, und mitten in der Nacht kamen die drei in einer fremden Stadt in Norddeutschland an. Olena hatte hier Schüler. Einer hatte eine fünfköpfige Familie gefunden, die bereit war, Olena, Ludmilla und Maria aufzunehmen. Die Familie wohnte in einem hübschen renovierten Altbau à la *Wir Kinder aus dem Möwenweg*. Roman, den neuen Gastvater, darf man sich als Online-Experten vorstellen. Hochkonzentriert sitzt er im Homeoffice an seinem Laptop, Fachmann auf seinem Gebiet. Alina ist Berufsschullehrerin, eine Frau, die die Hände gerne zum Anpacken benutzt, getrieben von einer tiefen Menschlichkeit. Politisch war sie, so beschreibt sie es, bis dato nicht sonderlich interessiert. Doch in diesen Märztagen war sie in einer Art innerem Ausnahmezustand. Die Garage hatte sie zu einem Lager für Spenden umfunktioniert. Windeln, Milch, Kleider, Spielzeug, manche brachten Badeanzüge für die Flüchtlinge. Die Hilfsbereitschaft war groß, die Garage innerhalb von einem Tag voll. «Ich hatte das Gefühl, das ist nicht genug. Man steckt auf einmal mitten drinnen. Von einem Tag auf den anderen.» Da fragte ein Freund sie, ob sie zwei Ukrainer aufnehmen könnten.

Roman und Alina räumten ihr Esszimmer leer. «Wir hatten uns überlegt, wir nehmen eine Mutter und ein Kind auf. Plötzlich sagte unser Freund, es wären drei Personen. Nicht zwei. Erst haben wir abgesagt und dann zugesagt. Die Nachbarn haben uns geholfen, schon stand da ein Bett im Esszimmer. Ich wollte unbedingt einen Teppich für die Menschen. Dann kam tatsächlich ein Nachbar mit einem blauen Teppich aus Indien an. Als wir den Elektriker anriefen, reagierte der schnell. Normalerweise brauchen Handwerker ja immer lange. Unserer hat einfach zwei seiner Leute von einer anderen Baustelle abgezogen und sie sind sofort gekommen. Er hat nie eine Rechnung geschickt. Sie haben den Internetzugang einfach umsonst gelegt.

Wir wussten nicht viel über Olena. Wir wussten, da kommt eine Deutschlehrerin mit Mutter und Tochter. Wir dachten dann, ob jetzt eine Person mehr, ist doch auch egal.»

Als Roman in dieser Nacht im späten Winter mit Alina auf dem Bahngleis seiner Stadt stand, die Kinder schliefen zu Hause, kamen Menschen an, die etwas hinter sich hatten, das er zum Glück nie hatte erleben müssen. «Sie stiegen aus dem Zug. Völlig apathisch, unter Schock, ihre Blicke fragten so was wie: ‹Was passiert hier?› Das war für sie eine völlig fremde, neue Situation. Und ich sah da manche, die hatten einfach nur eine Plastiktüte bei sich.»

Anhand der Fotos, die sie vorher ausgetauscht hatten, erkannten sie sich gleich. Als sie am nächsten Morgen das erste Mal länger miteinander sprachen, dachte Alina: «Auf einmal unterhältst du dich und der Krieg ist da.» Eine Freundin kam vorbei und brachte einen Wäschekorb mit Kinderkleidung. Maria hatte ja nichts. Für Erwachsene fand Olena etwas zum Anziehen in der Kleiderkammer der Messehalle. Sie trug jetzt diese gebrauchten Lederhalbschuhe und einen fremden Pulli, aber es störte sie nicht, dass die Dinge ein Vorleben hatten. Sie fühlte sich sicher und war dankbar. Die Vertrautheit und Wärme von Alina und Roman halfen ihnen, die ersten Wochen zu bewältigen.

Die Familie, in deren Esszimmer sie lebten, hatte drei Kinder. Emilia war nur ein, zwei Jahre älter als Maria. Die Mädchen freundeten sich an. Das deutsche Mädchen sah, dass das ukrainische Kind kein Buch hatte und ihre deutschen noch nicht lesen konnte. Und so schrieb und malte Emilia ein Buch für Maria. Titel: *Das Einhorn und die Maus.* Emilia klebte einen Zettel an ihre Zimmertür: Deutsch-ukrainische Schule. Die beiden Mädchen spielten in ihrer Welt, in der Sprache nicht so wichtig ist wie bei Erwachsenen. Wenn Emilia etwas nicht gefiel, sagte sie nun: «Das ist nicht *dobre.*»

Der Familienalltag war nicht mehr der alte. Alina sagte, als ich sie zwei Monate später besuchte: «Wir kriegen so viel zurück. Ich habe etliches über Politik gelernt und neue Kochrezepte.» Olena war von dem Glück, in dieser Familie gelandet zu sein, auch Wochen später erfüllt: «Ich habe mich verliebt», sagte sie. Und gleichzeitig trieben sie Sorgen um:

«Die Nachrichten von zuhause sind schlecht. Das Viertel in Kiew, wo unsere Wohnung ist, wurde um fünf Uhr bombardiert. Die U-Bahn-Station und das Gebäude in der Nähe wurden zerstört. In Polen habe ich jeden Tag geweint, jeden Tag gesagt, ich möchte nach Hause. Sie sind so lieb zu uns. Ich fühle mich viel besser in der Nacht. Am Tag bin ich gestresst, keine Zeit zu denken, wie ich mich fühle.»

Fast von Anfang an wollte und durfte Olena in Deutschland arbeiten. Nach einiger Zeit konnte sie in einer Grundschule anfangen, wo sie ukrainischen Kindern half, in der neuen und fremden Welt zurechtzukommen. Sie sah schnell, was für ein schweres Gepäck die Kinder mit sich trugen: Einmal rannte ein kleiner ukrainischer Junge einfach vor den anderen Kindern weg. Olena rannte hinterher und fragte ihn, was denn los sei. Der Junge habe geweint und gesagt: «Sie glauben mir nicht, dass ich aus einer Pfütze getrunken hab.» Die Kinder seien «verschreckt» und «traumatisiert», schrieb sie mir. Sie wolle ihnen das Gefühl von Sicherheit geben. Die Aufgabe gab ihr nicht nur Halt, sondern schien wie eine innere Aufenthaltserlaubnis zu sein, die sie sich selbst erteilte. Später begleitete sie ukrainische Schüler:innen in einer Realschule. Je sinnvoller die Arbeit, desto eher konnte sie sich gestatten zu bleiben.

Alina lernte durch die drei Mitbewohnerinnen eine neue Wirklichkeit kennen: «Man hat halt ein Bild von Flüchtlingen. Man hat dieses Bild im Kopf, die haben nichts. Aber die jetzt kommen, sitzen auch beim Frühstück, die gucken auch Netflix.»

Roman beschrieb es ähnlich: «Unser Flüchtlingsbild war vorher: Da ist das klassische Containerghetto, das ist das, was wir von Flüchtlingen kennen. Die hoffen, dass sie in Deutschland Brot und Wein bekommen. Das ist dann aber gar nicht so, weil sie den Behördenwahnsinn erleben. Die dürfen ja nicht arbeiten. Die Ukrainer sind oft gebildet, man ist kulturell näher beieinander. Die Kultur ist tatsächlich entscheidend. Außerdem sind das meist Frauen. Ich habe mich schwergetan, als zwanzig- oder dreißigjährige Männer kamen. Dieser Schritt ist leichter.»

2015 und 2022: ein Vergleich

2015 sitzt fest im kollektiven deutschen Gedächtnis. Es liegt nahe zu vergleichen. Dass Alina mit Olena an ihrem Frühstückstisch sitzen konnte, wäre ja mit Menschen, die 2015 kamen, nicht möglich gewesen. Sie mussten in eine Massenunterkunft und erhielten während des Verfahrens Geld nach dem Asylbewerberleistungsgesetz. Natürlich steht in der Massenzustrom-Richtlinie der EU, die für die Menschen aus der Ukraine momentan Anwendung findet, in jedem zweiten Satz «vorübergehend». Trotzdem: Alle Mitglieder eines Haushalts dürfen kommen, erhalten bei Vorlage des Passes sofort vorübergehenden Schutz und seit Juni 2022 Grundsicherung. Miete, Heizkosten und Krankenversicherung werden vom Jobcenter übernommen.

Wie soll man einen so großen Unterschied rechtfertigen? Ich gehe die Argumente wieder und wieder im Kopf durch:

Die geografische Nähe, die Ukraine gehört zu Europa.

Sie fliehen vor dem russischen Angriffskrieg.

Die Zahl war bei Kriegsbeginn so groß, eine Prüfung an der Grenze hätte großes Chaos und zusätzliche Gefahr bedeutet.

Die meisten Männer müssen in der Ukraine bleiben; die Frauen kommen alleine mit Kindern und Großmüttern.

Diese Menschen scheinen dem deutschen Kulturkreis näher.

Viele haben Berufsabschlüsse und sind für den deutschen Arbeitsmarkt interessant.

Ich übersetze diese Ungleichheit einmal in deutschen Alltag: Etwa zwei Monate nach Kriegsbeginn, Olenas Tochter Maria besuchte seit Wochen eine deutsche Schule, meldete sich bei mir eine Schülerin, die ich in Moria kennengelernt hatte. Ihre Familie war quer durch Europa geschickt worden. Seit knapp einem Jahr waren sie nun in Deutschland. Bis auf ein paar wenige Wochen konnte das Mädchen immer noch keine deutsche Schule besuchen. Drei Jahre kein Schulunterricht – wie stark und resilient muss man sein, um das wegzustecken und dann wieder aufzuholen?

Wenn Menschen schnell eine Wohnung bekommen, wenn sie anfangs gute Geister wie Alina und Roman haben, wenn sie wissen, dass sie erst einmal bleiben können, Geld bekommen, arbeiten dürfen, sind das andere Startbedingungen. Auch wenn sie den Krieg und die Flucht im Gepäck behalten.

Ein weiterer Grund für den deutschen Umgang mit Ukrainer:innen könnte sein: Deutschland ist von diesem Krieg unmittelbarer betroffen. Mindestens Wohlstand und Wirtschaftskraft sind bedroht. Im Jahr vor dem Krieg bezog Deutschland noch 55 Prozent des Gases von Russland und finanzierte damit auch den russischen Aggressor.[22] Die humanitäre Hilfe Deutschlands für die über eine Million im Ausländerzentralregister registrierten Vertriebenen erscheint zu diesem Zeitpunkt wie eine Art Kompensation dafür, nicht in den Krieg hineingezogen zu werden.[23]

Ich beginne Leid und Leid zu vergleichen. Es wird deutlich, dass 2015 anfangs in der Mehrzahl keine Mütter mit Kindern kamen, sondern jüngere Männer. Denn ihnen traute man zu, die so gefährliche Fahrt über das Mittelmeer, über die Balkanroute durchzustehen. Die anderen Familienmitglieder hofften, dass sie dann über einen legalen und sicheren Weg nachkommen könnten.

Die Härte, mit der Europa auf Asylsuchende und Migrant:innen aus Kriegsgebieten des Nahen Ostens, Asiens und Afrikas reagiert, hat eine andere Qualität, andere Wurzeln. Auf der einen Seite also Abschreckung und Angst vor dem sogenannten Pull-Effekt, auf der anderen Seite Menschlichkeit und Solidarität. Vielleicht ist dieses Zweiklassensystem die neue europäische Ehrlichkeit.[24]

Die Migrationsforscherin Victoria Rietig sieht das anders, sie erkennt in diesem «Sonderstatus» für die Ukrainer:innen die richtige Antwort Deutschlands. So bekämen Menschen aus einer Nachbarregion schnell und unbürokratisch Aufenthalt, argumentiert sie im Anfang 2023, als Städte und Kommunen vor der Herausforderung stehen, über eine Million Ukrainer:innen und etwa 240 000 Asylbewerber aus anderen Ländern zu versorgen. Ähnlich machten es Staaten wie der Libanon und die Türkei mit ihren Millionen von geflüchteten syrischen Nachbarn oder Uganda mit der hohen Zahl an Schutzsuchenden aus dem Südsudan und Kongo. «Aber einen solchen Rundumschutz geben Länder meist nur direkten Nachbarn. Die kulturelle Nähe und dass viele Menschen schon Familie oder Freunde im Land haben, erleichtern die Integration.»[25] Ihre Beobachtung macht mich nachdenklich. Nüchtern betrachtet ist sie ja zunächst zutreffend, aber einen Gedanken werde ich nicht los: Wenn bei der Frage, wer vorübergehend Schutz erhält, die «kulturelle» Nähe eine Rolle spielt, könnte das zu einer Benachteiligung von «kulturell fremden» Menschen führen. Bislang haben in diesem Kontext «Kultur» und «Nähe» als Kriterien nichts zu suchen. Die Argumentation vom «Sonderstatus für Nachbarn» konsequent weiterzudenken, könnte bedeuten, dass künftig alle in die jeweiligen Nachbarländer flüchten sollen, aber bitte nicht weiter. Diese Länder hätten eine immer größere Last zu tragen, könnten in Konflikte hineinrutschen – und die Weltgemeinschaft, die von weiter weg zuschaut, wäre fein raus.[26]

Die Hilfsbereitschaft in der ersten Kriegsphase war in Deutschland enorm. Privatleute fuhren an die polnisch-ukrainische Grenze, Tausende öffneten ihre Häuser und Wohnungen für Menschen aus der Ukraine. Und also teilten auch Alina und Roman ihr Haus. Erst einmal getrieben von Empathie. Die auch endlich sein konnte.

Bei einer Hilfsorganisation, die seit Jahren Wohnungen für Geflüchtete vermittelte, aber wegen der Wohnungsnot kaum mehr Angebote erhalten hatte, stand das Telefon nicht mehr still. Eine achtköpfige Familie aus Irpin, die schon aus dem Donbas (russisch: Donbass) fliehen musste und jetzt wieder alles verloren hatte, fand binnen weniger Wochen zwei Wohnungen. Eine Professorin und ihre Tochter, die zwei Wochen in einem Keller in Butscha ausgeharrt und überlebt hatten, konnten nach wenigen Tagen ein Appartement mieten. Alles in Köln, wo es nicht einfach ist, etwas zu finden. Alles kleine Wunder.

«Wir sind ja davon ausgegangen, dass sie nichts haben. Dass sie nur mit einer Plastiktüte kommen. Und wir wussten, dass sie nur einen Schlafanzug dabeihatten. Und auch keine Hausschuhe.»

Roman und Alina bemühten sich, den Verlust der Heimat irgendwie aufzufangen. Olena war gerührt: «Sie haben uns verschiedene Cremes für jeden Körperteil gekauft. Und nicht irgendwelche billigen Cremes, sondern die, die Alina selbst benutzt. Sogar eine Nagelschere. Roman und Alina haben die Rolle meines Mannes übernommen, hier fühle ich mich sicher.»

Doch Olenas Mutter sehnte sich weiter nach ihrem Zuhause. Jeden Tag fragte sie, wann sie wieder heimfahren würden. Ihre Kollegin schickte ihr ein Video, um sie zu trösten, sang ihr ukrainische Lieder vor und hielt sogar Blumen in der Hand. Im Video hört man den Ehemann sagen, sie solle den Strauß doch deutlicher in die Kamera halten. Da schlug sie ihm die Blumen einfach ins Gesicht, wie um ihn zu züchtigen. Das Video brach jäh ab, Ludmilla lachte über die schlagkräftige Frau in ihrem Dorf.

Manche Jüngere hatten mit ihren Kindern die Region verlassen, die Älteren waren geblieben. In den freistehenden Wohnungen waren nun viele Vertriebene aus Charkiw eingezogen, hörte die Großmutter. Die Lücken, die sie durch ihre Flucht in den Westen hinterließen, wurden von Flüchtenden aus dem Osten geschlossen.

Olena hatte ihre Mutter nach Deutschland mitgenommen, allein wäre Ludmilla wohl kaum hier gelandet. Die Flucht selbst ging ganz schnell, die Verarbeitung dieser Entwurzelung dauerte dagegen gefühlt ewig: «Ich hatte Kiew verlassen, weil ich das Gefühl hatte, ich kann das Kind und mich nicht schützen», erzählt Olena. «Wir flohen zur Mutter. Dort waren aber betrunkene Männer. Ich hatte ein Messer neben dem Bett liegen. Hatte einen Taxifahrer gefunden, der sagte: ‹Solange wir nicht angegriffen werden, kann ich dich fahren. Aber wenn der Krieg hierherkommt, dann nicht mehr, dann gibt es nur noch meine eigene Familie.› Da wusste ich, wir mussten schnell fahren.»

Drei Tage Zeit hatte Olenas Mutter, um sich zu entscheiden, entweder alleine in der Ukraine zu bleiben oder mit Tochter und Enkeltochter in der Fremde Sicherheit zu suchen. Ihre Nachbarn, die sie seit Jahrzehnten kannte, waren sich sicher: «Sie werden nur Kiew angreifen!» Daraufhin wollte sie bleiben. Eine Verwandte rief an und machte ihr ein schlechtes Gewissen: «Wegen dir stirbt dein Enkelkind!» Ihr Entschluss drehte sich um 180 Grad. Das Enkelkind war ihre empfindliche Stelle. Ludmilla war bereit, ihr Zuhause zu verlassen und in die Ungewissheit zu gehen.

Anders als Olena in Kiew hatte ihre Mutter in ihrem Dorf nahe der belarussischen Grenze keinen russischen Angriff erleben müssen. Doch Olena trug diesen dunklen 25. Februar mit sich. Zweimal hat sie mir davon erzählt. Sie wohnten in Kiew in Häusern, die ursprünglich für Soldaten gebaut worden waren. «Ich hatte Angst, dass die Russen kommen und nach meinem Pass fragen würden. Ich nahm ihn und sagte zu Maria: ‹Mama macht jetzt etwas Schlechtes.› Und dann habe ich das Deckblatt des Passes zerrissen. Ich nahm Maria an die Hand und wir gingen zu den anderen in den Bunker. Wir saßen da, drei unserer Nachbarn waren bewaffnet. Einer von ihnen war ein Sniper. Das wusste ich. Er sagte zu uns, er hätte sechs russische Soldaten getötet. Sie lägen jetzt auf dem Spielplatz, wir könnten sie uns ansehen.»

Sechs Soldaten getötet? Für mich liegt es nahe zu fragen: Warum hat er sie getötet?

Olena kann den Sinn der Frage nicht verstehen.

«Wie warum? Es waren eigentlich acht, zwei sind geflohen. Der Sniper hat uns dann gefragt: ‹Wer will das noch sehen? Danach packe ich sie ins Auto.› Ich bin alleine mitgegangen auf den Spielplatz. Und da, wo sonst Maria in Kiew spielte, habe ich die sechs toten Soldaten gesehen. Erst dachte ich noch, das waren auch nur Menschen. Aber als ich gehört habe, was russische Soldaten gemacht haben, dass sie Kinder vergewaltigten, Menschen nach Tattoos abgesucht haben, um ihre politische Gesinnung abzulesen, je mehr ich nachdachte, desto mehr dachte ich: ‹Das sind keine Menschen mehr.›»

Rechtfertigt ein so brutaler Angriff diese Gnadenlosigkeit und das Töten, frage ich mich als Kind des Friedens. Die Härte von Olenas Blick auf diese toten russischen Soldaten befremdet mich. «Die sechs Menschen sind keine Menschen mehr für mich. Durch Widerstand kann man zeigen, dass man Mensch ist. Es ist die Zeit der Extreme.» Nun war sie aber nicht mehr in der Ukraine und lebte diese «Zeit der Extreme» zum Beispiel in der Sprache aus.

«Mein Kind fragte mich: ‹Mama, darf ich Russisch sprechen mit einem Kind in der deutschen Schule?› Ich schaute mir die Mutter an, sie hat keinen Hass, sie ist freundlich. ‹Okay, du darfst Russisch sprechen.›»

Sie sieht, dass ich sehr irritiert bin von ihren Worten. Da setzt sie nach und sagt: «Isabel, warum ist Sophie Scholl eine Heldin? Weil sie Widerstand geleistet hat.»

Ukrainisch sprechen ist ein Teil von Olenas Widerstand. Bis zum Krieg war das Land zweisprachig gewesen. In Kiew und weiter im Osten sprach die Mehrheit im Alltag Russisch, im Dorf ihrer Mutter Ukrainisch. Die beiden Sprachen sollen ungefähr so verschieden oder ähnlich sein wie Deutsch und Niederländisch. Nur mal so als Orientierung für alle, die keine Slawistin im Haus haben.

Das Narrativ und die Legitimation für die sogenannte russische «Spezialoperation» lautet: «Wir werden die Russen in der Ukraine beschützen. Wer aber ist Russe oder Russin?» Ein Merkmal dabei ist die Sprache. Damit ist sie Teil des Krieges geworden. Wer will schon dem Feind Grund liefern, anzugreifen, um ihn oder sie angeblich zu beschützen.

«Die meisten Konflikte in den letzten fünfzig Jahren», erklärt mir die Anthropologin Alisa Sopova – sie musste selbst aus Donezk fliehen –, «verliefen entlang ethnischer Linien.» In diesem Krieg habe es so eine Teilung nicht gegeben. «Die Teilung hier ist ideologisch. Du entscheidest selbst, wo du stehst. Ich sehe das so, dass die Sprache ein Indikator dafür ist, auf welcher Seite du stehst.»[27] Olena ließ keinen Zweifel, wo sie fortan stehen will: «Es gibt keine russischsprachige Ukraine. Die nächste Generation soll nicht wie wir in einer Kolonie groß werden. Wir müssen das für sie übernehmen. Mein Kind soll Ukrainisch sprechen. Meine Mutter und mein Mann sind nicht so radikal wie ich. Mein Mann spricht mit unserer Tochter Ukrainisch und mit seiner Mutter Russisch. Mit Worten ist er radikal, aber nicht mit Taten.»

Großmutter Ludmilla konnte allein von der ukrainischen Rente im Krieg nicht leben. «Dort hast du nichts mehr. Keine Arbeit, kein Geld. Die aus dem Osten (damit meint sie die innerukrainischen Flüchtlinge aus dem Donbas, I. S.) haben alles verloren, sie werden bleiben.» Trotzdem wollte sie am liebsten nach Hause. Anfangs plante Olena, mit Beginn der deutschen Sommerferien zurückzugehen. Das hatte sie auch Alina und Roman gesagt. Der Zeitpunkt rückte näher, die Situation in der Ukraine hatte sich nicht verändert.

Es war ungefähr der 150. Kriegstag, da rang Olena sich zu einer Entscheidung durch. Sie wollten bei Alina und Roman ausziehen, das nächste Schuljahr sollte Maria auf jeden Fall in Deutschland zur Schule gehen. Sie wollten nach einer Wohnung suchen. Natürlich war die Familie langsam auch erschöpft, und Gastfreundschaft kann eine endliche Ressource sein.

«Es hat lange gedauert, bis ich mich an diesen Gedanken, noch ein Jahr in Deutschland zu bleiben, gewöhnt habe. Aber heute habe ich schon einen Lebenslauf geschrieben, und es ist kein Platz mehr zum Zweifeln. Wir haben die Entscheidung getroffen, das nächste Schuljahr hier anzufangen. Ich will entweder weiter studieren oder, falls ich Arbeit finde, dann in der Schule arbeiten.»

Auch von anderen ukrainischen Familien erfuhr ich, dass sie zwischen der Sehnsucht nach Familie, nach Zuhause und Vertrautheit einerseits und dem Bedürfnis nach Sicherheit und Frieden andererseits zerrissen waren. Nach der ersten Phase des Ankommens schienen viele erst mal in eine Depression zu rutschen, weil sie alles verloren hatten. Als ich erwähnte, dass ich in die Ukraine reisen werde, um die ARD-Berichterstattung von dort zu unterstützen, spürte ich förmlich, wie mindestens drei von ihnen heimlich in meinen Rucksack krabbelten, in Pan-Tau-Größe, um mitzureisen. Auch Olena.

Die Zahlen an der ukrainisch-polnischen Grenze spiegeln die innere Zerrissenheit der Vertriebenen wider. Mein Kamerakollege Jörn Schulz und ich überschreiten zu Fuß die Grenze, damit folgen wir dem größeren Strom ins Land hinein. In dieser Phase passieren mehr Menschen die Grenze in Richtung Ukraine als andersherum. An einem Tag im Juli 2022 zählt der polnische Grenzschutz 23 600 Menschen, die die Ukraine in Richtung Polen verlassen, aber 26 000 gehen in Richtung Ukraine.[28]

Bislang hatte ich meist am Rande der EU gestanden, entlang der Grenze, um das Fluchtgeschehen zu beobachten und mit den Menschen zu sprechen. Zu einem vollständigeren Bild gehört, der Gedanke wurde lauter, auch die andere Seite zu sehen. Zu sehen, wovor Menschen fliehen müssen. Im Juli 2022 erreiche ich Kiew, Olenas Stadt.

In Frontnähe

Beim ersten Luftalarm bin ich irritiert. Auf dem Handy erscheint er als Push-Meldung, da realisiere ich, der war amtlich. Kurzer Gedankenblitz: den *Grab Bag*, den Notfallrucksack schnappen und losrennen, in den Keller, der keinen zweiten Ausgang hat. Der nächste Gedanke: Wird schon nichts passieren; und dann war es das mit dem Luftalarm, bis die Entwarnung auf dem Handy landet.

Der erste Schreck macht panisch, anders dann die dauerhafte Bedrohung. Vielleicht ist es bei der Flucht auch so? Der erste Moment, den alle erinnern und schildern, muss ein tiefer Schock sein, Panik. Man rennt los. Instinktiv. Olenas Mutter sogar ohne Zahnprothese. Einfach los, um das Leben zu retten. Wenn man aber in diesem Moment nicht wegrennt oder sich versteckt und also bleibt, wenn das eigene Leben etwas weitergeht, was kommt dann? Setzen dann die Angst und das Grübeln ein, soll ich, soll ich nicht, aber wohin und was dann? Und was wird aus den Eltern? Und wo soll ich überhaupt hin?

Gewöhnt man sich irgendwie? Vermutlich ist dies die Frage einer außenstehenden Betrachterin. Etwa drei Wochen bin ich nun in der Ukraine. Wir fahren für die ARD in den Süden nach Mykolajiw, eine Stadt, die in dieser Zeit täglich angegriffen wird. Sie liegt circa neunzig Kilometer von Cherson entfernt – zu diesem Zeitpunkt russisch besetzt. In einer Schlange stehen Tausende an für Trinkwasser. Seit April fließt es nicht mehr, das russische Militär hatte die Leitungen zerstört, deshalb ist die Schlange der Mütter, Kinder, Alten und viel zu früh Ergrauten so lang. Sie hatten sich nicht gewöhnt. Sie sind wund, gereizt, schwach. Genau das wollte der Gegner mit dem Dauerbeschuss erreichen.

Ein paar Stadtteile weiter war kurz zuvor am helllichten Tag eine Bombe eingeschlagen. Nie hatte ich mich für Waffen interessiert. Großer Fehler! Das begreife ich in dem Moment, als wir bei den Menschen in der Schlange stehen und es heißt, die Russen hätten eine Clusterbombe über einem Wohngebiet abgeworfen. So eine Meldung eben, die man meint, etliche Male in den Nachrichten gehört zu haben! Diese Clusterbombe ist eine Art großer Schlauch, in dem viele kleine Bomben enthalten sind. Streumunition. Das Ding explodiert, viele Bomben fallen heraus und töten bei direktem Kontakt Menschen. Am besten so viele wie möglich. Oder sie bleiben auf dem Boden liegen, und wenn Kinder sie neugierig in die Hand nehmen, explodieren sie. Als wir an den Ort kommen, über dem drei Stunden zuvor die Clusterbombe explodiert war, liegen zwei Leichen noch unter diesen gold-silbernen Decken. Eine ältere Dame ist zu erkennen. Die Nachbarn laufen gebückt in die Nähe, um zu sehen, welchen Menschen mit Gehhilfe der Feind dieses Mal ausradiert hat. Alle sprechen leise. Der Einzige, der laut spricht, ist ein Mann in grüner Uniform, dem zwei, drei Journalisten ihre Mikrofone hinhalten. Die Russen hätten eine Clusterbombe geworfen. Er erklärt, dass soeben fünf Menschen getötet und zwölf schwer verletzt worden seien. Die Menschen seien gerade auf dem Weg zum Supermarkt gewesen, eine Frau habe ihren Hund Gassi geführt. Als der Grüngekleidete fertig ist, frage ich der Vollständigkeit halber nach seinem Namen und seiner Funktion. Es ist der Bürgermeister Oleksandr Senkewitsch.

«Sie wollen die Stadt erobern. Deshalb verbreiten sie Panik, damit die Menschen aufgeben.»

Wie viele Menschen leben noch in der Stadt?

«Wir hatten 480 000 Einwohner vor dem Krieg und jetzt sind es etwa 230 000. Flüchtlinge haben wir hier nicht. Die Leute versuchen, so schnell wie möglich hier wegzukommen. Es ist nicht sicher hier. Jeden Tag bitte ich die Leute zu gehen. Gucken Sie doch mal: Eine Bombe macht minus fünf Menschenleben. Sie wollen nicht weg, sie sagen dann: ‹Wir sind woanders so traurig, wir wissen gar nicht, wohin.› Aber es ist doch besser, traurig und am Leben zu sein, als tot in deiner Stadt.»

Nur wenige Tage später wird das Haus des reichsten Getreidehändlers der Ukraine getroffen, er und seine Frau werden getötet. In Mykolajiw habe ich Krieg gesehen.

Du fährst da rein, und es ist, als hätte man bei allem die Farbe weggedreht, das Leben rausgefiltert.

Krieg ist, wenn alle Fenster verdunkelt sind mit Spanholz oder Latten, kein Licht dringt raus.

Krieg ist, wenn das Gras im Park nicht mehr geschnitten wird, das Laub liegt einfach da, und eine Frau fegt vor ihrem Haus, als sei alles wie früher.

Krieg sind Raketen, die ziemlich akkurat nur eine Schule treffen. Das Haus rechts und links davon steht, die Schule ist zertrümmert.

Krieg ist oliv und grau.

Krieg sind alte Menschen, die nicht wegkönnen, und Soldaten in ihren besten Jahren.

Krieg ist, wenn keiner auf der Straße zu sehen ist, auf diesen breiten Alleen mit alten Platanen. Nur irgendwo da hinten erkennt man jemanden, der Pappe schleppt, um ein bisschen Geld zu verdienen.

Krieg sind diese Sandsackbarrikaden an jeder Kreuzung, die Camouflagenetze aus alten Kleidern und Reifenbarrikaden.

Krieg sind die Checkpoints mit ernsten Soldaten, manche noch ohne Bartwuchs.

Krieg ist, wenn du als Journalistin besser geschützt bist als der Soldat.

Krieg ist, wenn sich nur an ganz wenigen Ecken plötzlich viele Menschen vor einem Lkw anstellen. Haben sie Glück, ziehen sie mit einer weißen Plastiktüte mit Lebensmitteln weiter.

Krieg ist eine Clusterbombe, und hinterher sieht es so aus, als seien die Menschen von einem Auftragskiller gezielt erschossen worden.

Krieg ist das Ende von Alltag, von Plänen, Verabredungen, auf einmal knallt was in dein Wohngebiet und tötet die Nachbarin, die eben noch mit Gehhilfe etwas langsam in Richtung Kreuzung ging. Jetzt liegt sie unter dieser gold-silbernen Wärmefolie und man denkt, die Artillerie hatte es auf genau diese Dame abgesehen.

Krieg ist kein Schiff im Meer, keine Badenden, alles vermint.

Krieg ist der Blick eines Soldaten, der die Angst, der nächste zu sein, den es erwischt, nicht mehr loswird.

Krieg ist wie dieses Gruppenspiel *Werwolf*, das Dorf schläft ein, das Dorf erwacht, mal sehen, wer noch lebt am nächsten Morgen.[29]

«Zum Krieg gehört in den noch nicht eroberten Gebieten unbedingt Panik. Ausnahmezustand. Vielleicht morgen du! Keine Sanitäter, dafür Soldaten, die verbluten, einer nach dem anderen», so beschrieb es mir ein nüchterner Bataillonsarzt, der so viele Kameraden verloren hatte. Neunzig seien losgezogen, dreißig kehrten zurück. Sechzig getötet oder verschwunden. Er wolle nicht zu den sechzig gehören, aber er werde diesen Krieg wohl nicht überleben.

Krementschuk, Winnyzja. Ein Raketenangriff, die Menschen rennen in Panik weg. Genau das sollen sie auch. So wie Olena, nachdem sie den Spielplatz mit den Leichen gesehen hatte. Krieg und Flucht sind aneinandergekettet. Als ich Olena zum ersten Mal an der Grenze traf, war sie immer noch in Panik.

Krieg ist, der Ehemann an der Front, seine Frau irgendwo in Europa. Wie schnell schiebt sich Entfremdung zwischen sie?

Krieg ist, du musst dich neu erfinden.

Krieg ist, dein Leben riskieren, um anderen was zu essen zu bringen.

Krieg ist ein Geruch, der dich nicht mehr schlafen lässt.

Krieg ist, man sieht den Frieden auf einmal mit anderen Augen. Für uns im Westen scheint vieles so selbstverständlich, Essen, Wasser, Party, Pass. Hier ist nichts mehr selbstverständlich.

Krieg ist, die Sonne scheint und du schaust panisch gen Himmel, denn jetzt schicken sie die Drohnen los und keine Wolke schützt dich.

Krieg ist, die Einschläge der Artillerie hörst du schneller, als du mitzählen kannst. *Incoming – outgoing – incoming – outgoing,* und du wirst dieses Dauerdonnern später nicht wieder los.

Krieg ist, dass die Frau am kleinen Kiosk in Odessa beschreibt, wie die Menschen aus Mariupol und Mykolajiw an ihr vorbeiliefen, völlig hysterisch oder einfach nur weinend. Da wusste sie, sie kamen aus dem Krieg.

Es sind kleine Momente, Mosaiksteine, Puzzleteile, die ich aus so einer Situation als Beobachterin mitnehme. Die erste Frau in der Wasserschlange, die wir ansprechen, war in dieses ständig attackierte Mykolajiw geflohen, um Schutz zu finden. Auf ihrem T-Shirt ist eine Lebensweisheit gedruckt, die nach friedlicheren Zeiten klingt: «Do what makes your soul shine. Happy life.» Schon im nächsten Satz erzählt sie von ihrer Flucht. Und dann ahnt man, welche Last sie mit sich trägt. Sie habe ihre Mutter nicht mitnehmen können, sagt sie.

Ah, Ihre Mutter ist noch da, in Cherson?

«Nein, in unserem Dorf.»

Ah, in Ihrem Dorf? Sie ist zu Hause geblieben?

«Nein.»

Ist sie nicht?

«Doch, sie ist da. Aber sie ist tot.»

Sie hat Tränen in den Augen.

«Ich konnte sie nicht mal mehr richtig beerdigen. Sie liegt da.»

Ich versuche, ihr etwas Tröstendes zu sagen, dass der Körper eine Hülle ist, ihre Seele weiterlebe. Sie schaut kurz nach oben. Gen Himmel, von wo irgendwelche Splittergeschosse fallen. Vermutlich ist das gar nicht tröstlich? Sie wartet weiter auf Trinkwasser.

Ein weiterer solcher Moment, wir stehen nun bei Viktoria. Das ist nicht Small Talk, das ist Big Talk. Geht nicht anders im Krieg. Der Schock scheint sich zuweilen in Sprache zu entladen. Viktoria war vielleicht mal Kunstturnerin, so sieht sie aus, die Haare streng zum Zopf gebunden. Ein drahtiger und fast zu schmaler Körper. Bis Kriegsbeginn wohnten sie hier in Mykolajiw, aber dann gingen sie ins Dorf zu den Eltern, um sich zu schützen und um die Eltern in diesem Krieg nicht allein zu lassen. Doch genau ihr Dorf nahm das russische Militär ein. Viktoria legt ihren Arm eng um ihre Tochter. Nach ein paar Minuten frage ich, wie es denn dem Mädchen gehe. Sie muss neun oder zehn Jahre alt sein. Seit sie den Einmarsch der Russen mitangesehen habe, mit ihren schweren Militärfahrzeugen, antwortet ihre Mutter, seit sie die Bedrohung erlebt habe, könne sie nicht mehr allein sein. Sie habe besonders vor Geräuschen und vor Lärm Angst. Wir hören nur zu.

Viktoria erzählt von ihrem alten Mathelehrer. Er war ein Gentleman, ein Intellektueller. Etwa fünfundsechzig Jahre. Und die Russen hätten nach ihm gesucht:

«Ein großes Auto mit einem ‹Z› drauf kam, und sie haben ihn da reingeworfen. Als die Russen unser Dorf verließen, haben die Bewohner nach dem Mathelehrer gesucht. Sie fanden ihn in einer Grube, so halb beerdigt. Der Kiefer und mehrere Knochen waren gebrochen. Für nichts haben sie ihn umgebracht. Die Frauen, die so alt sind wie ich, versteckten sich, als die Russen kamen. Und als die Ukrainer die Russen im Dorf besiegt hatten, sind viele der Frauen ins Ausland geflohen.» Viktoria versucht, ihrem Mathelehrer wenigstens in Worten ein Denkmal zu setzen. Jeden Satz hört ihre kleine Tochter, fühlt genau, wenn ihre Mutter zwischendurch zögert, die Stimme versagt, die Bauchdecke zittert.

Genau das wollte Olena nicht. Ihr treibender Gedanke, der sie aus Kiew wegrennen ließ, war: «Das Kind soll keinen Krieg erleben!» Hunderttausende Eltern in der Ukraine müssen so gedacht und gefühlt haben. Und in Syrien oder Afghanistan kann es nicht anders sein. Das Ergebnis kann man zählen: Etwa die Hälfte der Menschen, die in den ersten Kriegswochen auf die polnische Seite gelangten, waren Kinder.

An dieser Stelle könnte man die berechtigte Frage stellen: Wie notwendig ist eigentlich diese ausführliche Beschreibung vom Krieg oder dem, wie ich ihn erlebe? Ist es nicht jetzt, nach einigen Seiten mal gut, und sollte man nicht besser wieder nach Deutschland zu Olena schalten, um nach vorne zu blicken? Dahin, wo es etwas heller ist und man Hoffnung schöpfen kann. Der Versuch einer Antwort könnte sein: Wie umfassend, wie alle Lebensbereiche durchdringend so ein Krieg ist, habe ich erst erahnen können, als ich immerzu noch eine weitere verdammte Facette von seiner Wirkmächtigkeit erkennen musste. Es hilft mir, Flucht besser zu verstehen, wenn ich sehe, wovor Menschen weglaufen.

Was Viktoria und viele andere, mit denen ich sprach, davon abhielt, ins Ausland zu rennen, waren ihre Eltern, die bleiben wollten. Die einfach nicht weg wollten. Jeden Tag fragte auch Olenas Mutter in Deutschland: «Wann gehen wir zurück?» Je tiefer die Wurzeln, je älter das Leben, so scheint es, desto schwerer ist es wegzugehen. Flucht, Vertreibung und Neuanfang haben auch mit dem Lebensalter zu tun. Und vielleicht auch mit der ganz schlichten Frage, ob man schon mal im Ausland war und da jemanden kennt. Ob man jemals eine fremde Sprache gelernt hat.

Bei Oleksijs Eltern zum Beispiel – er fuhr uns einmal eine lange Strecke durch die Ukraine – klappte das gar nicht. In Donezk war er Lkw-Fahrer gewesen. Seine Eltern, sein Bruder, alle lebten in der Stadt. Kurz vor Beginn des Krieges wurden er, seine Frau und ihre kleinen Kinder nach Kiew evakuiert. Statt Gütern transportierte er in seinem neuen Leben ausländische Presseleute wie uns quer durchs Land. Er wohnte mit seiner Familie in einer Wohnung, deren Besitzer weiter Richtung Deutschland geflohen waren. Und in ihrer Wohnung in Donezk wohnten nun die Schwiegereltern. Seine Eltern blieben ebenfalls in Donezk. Jeder bekam eine monatliche Rente von 70 Euro. Die Eltern hatten noch nie woanders gelebt. Sie können sich gar nicht vorstellen wegzugehen. Viele kehren ja selbst in ihre Häuser an die Front wieder zurück. Nach fast einem Jahr Krieg in der Ukraine sind allein in den schwer umkämpften Donbas über eine Millionen Menschen zurückgekehrt, weil sie kein neues Zuhause finden konnten, umherirrten und das Geld ausging. Ihr Leben ist dann in Gefahr, aber sie sind zumindest nicht obdachlos.

Du verlässt das Land oder die Stadt und hast ein schlechtes Gewissen den Eltern gegenüber, die du zurücklässt. Oder du bleibst und hast den eigenen Kindern gegenüber ein schlechtes Gewissen. So ein Angriffskrieg wirkt wie Gift für zwischenmenschliche Beziehungen. Das Ausmaß der Zerstörung wird erst langsam deutlich. Nicht alle Familien werden das schaffen, denn die Entfremdung kann groß sein. Die Zahl der Eheschließungen nimmt zu und die Zahl der Ehen, die zerbrechen, auch. So höre ich es zumindest.

Was passiert eigentlich so bei den Männern an der Front? Diese Frage richte ich an eine Freiwillige, die gerade von der Front zurückfährt, wo sie Hilfslieferungen hingefahren hat. Sie pendelt seit Kriegsbeginn zwischen der Hauptstadt und dem Donbas.

«Was soll da passieren?»

Ich meine, zwischen Männern und Frauen.

«Da sind natürlich viele Frauen schwanger, die Männer haben ja Bedürfnisse.»

Sie reagiert so, als würde ich das Naturgesetz nicht kennen: Wenn man ein Glas auf den Boden wirft, zerbricht es. Ich denke an die vielen Frauen, die in Deutschland, in Europa sind. Diese Freiwillige, die mutig an die Front fährt, wirkt, als sei sie den Soldaten dort zuweilen ausgesprochen nah gewesen.

Was heißt das?

«Die Männer müssen doch ihren Stress abbauen. Das ist wichtig. Wir helfen ihnen auch, Stress abzubauen.» Sie lacht. Wir sitzen im

Auto, blicken auf die ersten Hochhäuser, die Ausläufer von Kiew. Ich frage jetzt ein letztes Mal:

Ist das oft so?

«Ja, natürlich. Sehr oft.»

Krieg als Reset-Taste?

Krieg kann wie eine Reset-Taste sein. Für Beziehungen und für Biografien. Treue kann eine Herausforderung sein. Wenn die Freiwillige recht hat, dann fegt der Krieg das alles weg. Der Stress im Kampf ist so groß, da ist Sex ein Ventil. Manche erfinden sich neu im Krieg. Wie der prorussische Parlamentsabgeordnete, der – noch ehe der Ruf laut wurde, er sei Vaterlandsverräter und Kollaborateur – an die Front eilte und jemand Neues wurde, oder der Bauunternehmer, der jetzt Fahrer ist. Du erfindest dich neu, wenn du nervenstark bist. Oder du fliehst, weil du es nicht aushältst. Und versuchst, im Ausland ein neues Kapitel anzufangen. Die Option «Deutschland» ist in vielen Gesprächen präsent. Deutschland steht für Sicherheit und eine schwere Sprache, für Wohlstand, Bürgergeld und auch für Neuanfang. Es scheint für viele eine Option zu sein. Deutschland, *Nimetschina* – dieses so reiche und stabile Land in der EU.

Wenn man dann wie Olena vom sicheren Deutschland aus auf den Krieg blickt, wohnt man auf Telegram, ist mit der Luftalarm-App bei jedem Angriff gedanklich dabei, wenn zivile Ziele mitten im Land angegriffen werden. Die virtuelle Verbindung über das Netz kann ein Fluch sein.

Olena schreibt, sie habe jetzt keinen Platz mehr zu zweifeln, ihr Fokus sei das Kind, die Zukunft. Lichtblick. Hoffentlich überlebt die Ehe das unbeschadet. In Kiew ist es in den Wochen meines Aufenthaltes weitgehend friedlich. Luftalarm, manchmal mehrfach am Tag, manchmal ist es auch tagelang ruhig. Zu diesem Zeitpunkt halten es einige gut in Kiew aus. Aber nur einen Blick lang. Bei jedem Gespräch landet man beim zweiten oder dritten Satz wieder in diesem vermaledeiten Krieg. Viele haben den Job verloren. In Städten wie Mykolajiw leben die meisten Menschen nur noch von Hilfslieferungen. In Frontnähe im Donbas sowieso.

Viele, mit denen ich spreche, haben den Ausweg «Deutschland» stets im Kopf. Beim Interview mit einem Arzt, der schildert, wie viele Ärztinnen und Pflegekräfte fehlen, weil sie geflohen oder an der Front sind, ahne ich, wie unglaublich wichtig seine Arbeit im Krankenhaus ist. Am Ende sagt er: «Ich will auch nach Deutschland!»

Bei Männern schwingt auch die Unsicherheit mit, ob sie doch noch einberufen werden. Und weil Vorbereitung, Ausrüstung und Ausstattung der Soldaten oft sehr dürftig sind, wenn sie an die Front geschickt werden, ist die Endlichkeit des Lebens immer gegenwärtig. Jeder kennt jemanden, der nicht zurückgekommen ist. Manche überlegen, wie sie außer Landes, eben nach Deutschland gelangen könnten, andere halten allein den Gedanken für Vaterlandsverrat. Olenas Mann verteidigt auch das Land.

Die Koordinaten der Menschen aus Afghanistan, dem Iran oder Syrien sind anders, für sie gilt ganz klar nur eine Richtung: Sie kommen, um zu bleiben. Und rechtlich ist es auch die ersten Jahre gar nicht anders möglich. Sie hoffen auf einen deutschen Pass, um irgendwann einmal ihre Familien in den Herkunftsländern besuchen zu können. Der deutsche Pass gilt als starker Pass. Aber Deutschland ist ihr neues Land. Sie haben ein ganz anderes Verhältnis zu ihrem Herkunftsland, aus dem sie weggelaufen sind. Sie gehören oft einer Gruppe oder Ethnie an, die von einer anderen oder vom Regime verfolgt oder bekämpft wird. Sie konnten auch nicht einfach mit dem Zug oder dem Bus nach Berlin, Bochum, Böblingen fahren, im Gegenteil, sie mussten es erst einmal heil bis hierhin schaffen. Europa behandelt sie meist lange mies an den Außengrenzen, ehe sie in Deutschland, ihrem Sehnsuchtsland, einen Fuß auf den Boden setzen können. Für sie war Deutschland bisher unerreichbar weit weg, einfach mal anschauen, probewohnen konnten sie nicht. Safi, Melika, Ruhi, Omid hatten sich Deutschland zurechtgeträumt, aber sie wussten nichts darüber.

Asyl ist die Abkehr, die Massenzustrom-Richtlinie ist der Schnupperkurs. Das eine ist Flucht ohne Rückfahrtschein, das andere öffnet sofort, aber unverbindlich, die Tür in unsere Gesellschaft und auf den

Arbeitsmarkt. Es ist europäische Solidarität, die Druck von den Grenzen nehmen soll und den Flüchtenden vorübergehend Schutz anbietet. Vor allem ist es der Beginn einer Zweiklassengesellschaft von Menschen, die Schutz suchen.

Olena hat inzwischen eine kleine Wohnung gefunden. Sie unterrichtet Deutsch und verdient ihr eigenes Geld. Wenn andere Ukrainer:innen das deutsche Sozialsystem ausnutzen, ärgert sie das sehr. Maria geht gerne in die Schule, sogar lieber als früher in Kiew in den Kindergarten, und sie sitzt stolz auf ihrem eigenen Fahrrad. Um ihr Wohl sorgt sich die Großmutter Ludmilla, die Olena allerdings auch jeden Tag Vorwürfe macht, dass sie immer noch in Deutschland sind. Olenas Ehemann muss immer öfter an die Front und ist erschöpft. Die Familie hofft auf den Sommer, dann bekommt er vielleicht Urlaub und sie können sich – nach dann eineinhalb Jahren Krieg – wiedersehen. Das haben sie schon so oft gehofft. Olena, Maria und Ludmilla treffen regelmäßig ihre Gastfamilie, man übertreibt nicht, wenn man Alina und Roman als ihre Freunde bezeichnet. Für Olena ist diese Freundschaft ein großes Glück. Ein Stern, der auch in der Dunkelheit hell leuchtet.

Fünf Fragen an vier Akteure

Fünf Leben. Fünf Wege. Drei Länder. Ich habe versucht, die Geschichten von Safi, Ruhi, Omid, Melika und Olena zu erzählen, in ihren Widersprüchlichkeiten und ihren Uneindeutigkeiten, die nicht immer in die existierenden rechtlichen Kategorien passen. Aber nah und authentisch am Menschen – soweit das für eine Außenstehende möglich ist. Damit wollte ich es bewenden lassen. Wenn Sie die fünf wahren Geschichten allein auf sich wirken lassen möchten, bietet es sich an, an dieser Stelle das Buch zuzuklappen.

Während ich die Geschichten aufschrieb, tauchten wieder und wieder die bekannten Fragen auf, liefen hin und her über meine Tastatur und schauten mich an. Wem sollen wir Schutz geben und über welchen Weg sollen die Menschen legal zu uns gelangen?

Anfangs habe ich diese Fragen geflissentlich ignoriert, weil sie verglichen mit dem, was die fünf Menschen erlebt hatten, sehr theoretisch klingen. Aber auch weil man die abstrakte Diskussion des Flüchtlingsrechts als Teil des bundesdeutschen Asyl- und Ausländerrechts in ihrer betörenden Trockenheit kennt. Da steigt jeder Mensch aus – es sei denn, er oder sie macht das beruflich: kompliziert klingende juristische Sachverhalte, viele leere Silbenanhäufungen, weit weg von dem, was Menschen konkret erleben.

Und doch wurde ich diese Fragen nicht los, weil das Leid der Menschen auf ihrem Weg in die EU nicht richtig sein kann. Man kann sagen, manches verantworten die Menschen selbst, wenn sie unüberlegt loslaufen, wenn sie sich nicht informieren, stattdessen nur hoffen, dass es irgendwie gut geht, wenn sie keinen «richtigen» Fluchtgrund haben. Das kennzeichnet Flucht auch. Aber dann folgt diese Entgegnung: Alle Mitgliedsstaaten der Europäischen Union haben die Hoheitsgewalt über ihr Land, sie entscheiden, wem sie Visa geben, wen sie unter welchen Voraussetzungen reinlassen, wie sehr sie auf Abschreckung setzen, abwehren, welche legalen Wege sie anbieten.

Melikas Satz in Moria «Hier ist das Leben des Menschen doch zu Ende!» verflüchtigt sich nicht so schnell aus meiner Erinnerung. Ich möchte die konkrete Wirklichkeit der Flüchtenden mit eher grundsätzlichen Gedanken abgleichen. Mit meinen Fragen begebe ich mich also auf die Suche nach Anregungen für Lösungsansätze, in der Hoffnung, kleine, konstruktive Impulse für die Diskussion beizusteuern. Übrigens auch in der leisen Hoffnung, dass Sie daraus vielleicht einen Gedanken mitnehmen, klauen, weiterdenken. Es ist eine Diskussion, die oft polarisiert und ideologisiert geführt wird. Man wird den Eindruck nicht los, dass Panelrunden oder TV-Sendungen ins Leere laufen, weil es auf die großen Fragen keine einfachen Antworten gibt. Hier konstruktiv zu denken scheint schwerer als anzuprangern. Und gleichzeitig werden an den EU-Außengrenzen Verstöße gegen EU-Recht und internationales Recht nicht nur zur Gewohnheit, sondern fast zu Gewohnheitsrecht.

Meine fünf Fragen stelle ich zwei Politikern, die politisch gestalten und sehr unterschiedlich auf das Thema blicken, einer Juristin, die Recht für die Menschenrechte gesprochen hat, und einer Wissenschaftlerin. Die Arbeit dieser Menschen ist mir unterschiedlich gut vertraut, aber alle sind mit dem Thema intensiv und profund befasst. Meine Form, in den Austausch mit ihnen zu treten, ist das Interview. Ich führe die Gespräche auf Deutsch oder Englisch, nehme sie auf, transkribiere sie, kürze sie teilweise, wenn wir abschweifen oder der Punkt bereits deutlich wird.

Danach stelle ich dieselben Fragen auch jenen fünf Menschen, mit deren Weg und Flucht Sie schon vertraut sind: nämlich Safi, Ruhi, Omid, Melika, Olena:

1. Wie groß ist das Thema Flucht und Migration in der Zukunft? Welche Werte sollten uns im Umgang damit leiten?
2. Wem sollen wir Schutz geben und wem nicht?
3. Auf welchen Wegen sollen die Menschen uns erreichen?
4. Wie hoch sollen die Mauern sein?

5. Haben sie Modelle oder Vorbilder, von denen wir uns etwas abschauen können? Was sind funktionierende und menschliche Lösungen?

Jean Asselborn, Außen- und Migrationsminister von Luxemburg

Eben noch hat er mit seinem alten Freund António Guterres – auch er Sozialdemokrat – telefoniert, dann mit dem Chef der Internationalen Organisation für Migration. Die chinesische Botschaft ruft an, er hat keine Zeit, muss noch am selben Tag nach Brüssel. Jean Asselborn spielt seit Jahren ganz oben mit in der Weltpolitik, ist Europas dienstältester Außenminister und gleichzeitig im kleinen Luxemburg den Menschen nah wie ein Bürgermeister. Ein Kümmerer und einer, der nach Bodenhaftung sucht. Das Wort «Bürgermeister» wird ihm nicht gefallen, wenn er dies mal lesen sollte. Er würde sagen: «Allez, Isabel, ich bin Außenminister. Ich bin Migrationsminister. Ich *war* Bürgermeister von Steinfort. Aber das ist lange her.»

Aber die Wahrheit ist: Asselborn ist Außenminister, Migrationsminister und trotz aller Ämter und Würden vor allem Mensch. Das ist nicht selbstverständlich nach so vielen Jahren harten Politikgeschäfts. Aber er kann irgendwie nicht anders. Und paternalistisch ist er auch zuweilen. Nun würde er wohl sagen: «Wirklich? Was Sie nicht sagen!» Und dann würde er lachen. Wenn dieser Asselborn vom Migrationsgipfel in New York zurückkommt und jeder normale Mensch völlig erschöpft zusammensinkt und erst mal schläft, dann setzt er sich aufs Rad. «Siebzig Kilometer, dann bin ich wieder fit. Allez, ich muss.»

Als Kabul fiel, war er zu Besuch in Budapest. Da rief er mich an – er weiß, dass ich Persisch spreche – und sprach sehr laut ins Telefon: «Isabel, ich habe hier diese afghanische Frau, wir werden sie in Luxemburg aufnehmen. Sprechen Sie mit ihr! Sagen Sie ihr, dass sie keine Angst haben muss!»

Ich fragte noch, wer ist das denn, was soll ich denn sagen, da hielt er schon den Hörer an das Ohr der jungen Frau. Sie wusste auch nicht, wie ihr geschah. Wer dieser Mann überhaupt war, geschweige denn ich. Ich erklärte ihr, dass Luxemburg ein kleines, sicheres Land sei, und bat sie, mir noch mal den Herrn Minister zu geben.

Die junge Frau war am Flughafen von Kabul von ihren Geschwistern getrennt worden. Der Bruder war in eine Maschine gestiegen, die in die USA geflogen war. Eine Schwester hatte sie in dem Chaos aus den Augen verloren, und sie selbst war, man verstand es nicht, zunächst einmal in Ungarn gelandet.

«Isabeeel!», rief er wieder laut, «haben Sie ihr gesagt, dass sie sich immer auf mich verlassen kann?»

Ja, Herr Asselborn, hab ich.

«Sagen Sie es ihr noch mal!» Zack, Hörer wieder zurück zu der jungen Frau.

Ich habe es ihr gesagt, Herr Asselborn.

«Gut, sehr gut. Danke! Allez, ich muss!»

Aufgelegt.

Er hat Wort gehalten: Etwa zehn Monate später konnten ihre jüngeren Schwestern und die Eltern schließlich Afghanistan verlassen und nach Luxemburg einreisen, und sie erhielten dort Schutz.

Asselborn ist seit 2004 Außen- und Migrationsminister von Luxemburg und mit dem Thema auf nationaler, europäischer und internationaler Ebene beschäftigt. Bedeutet übersetzt in den europäischen Politikbetrieb: Er vertritt Luxemburgs Interessen im EU-Außenministerrat und im Rat der Innenminister, und zwar jeden Monat. *Race to the bottom:* Wer hat die schlechtesten Aufnahmebedingungen, gibt es eine gemeinsame Verteilung in der EU, staatliche Seenotrettung, ja oder nein? Die Kluft zwischen West und Ost in der EU scheint durch den Streit um Asylsuchende unheilbar groß geworden zu sein. Hier hört man den ungarischen Ministerpräsidenten Orbán und seinen Außenminister Szijjártó als Wortführer der östlichen Mitglieder, da Asselborn, als einer derjenigen, die lautstark dagegenhalten.

Beispielsweise als Luxemburg im Sommer 2015 die EU-Ratspräsidentschaft innehatte. Sein Land und etliche andere wollten eine gerechte Verteilungsquote innerhalb der EU vereinbaren. Die Visegrád-Länder – Polen, Tschechien, Slowakei und Ungarn – widersetzten sich, die gemeinsame Lösung scheiterte. Als Ungarn mit dem Bau des langen Grenzzauns begann, griff Asselborn sie an: «Ungarn ist nicht mehr weit weg vom Schießbefehl gegen Flüchtlinge.» Das Land behandele Flüchtlinge fast schlimmer als Tiere. «Wir können nicht akzeptieren, dass die Grundwerte der Europäischen Union massiv verletzt werden.»[1]

Er vertritt das kleinste Land in der EU, aber verschafft sich durch schnelle und zupackende Schachzüge Aufmerksamkeit, politisch immer mit einer klaren Botschaft – man darf nicht wegschauen. Als die Lage auf den griechischen Inseln sich zuspitzte und über zwanzigtausend Menschen allein in Moria unterkommen mussten, holte Asselborn zwölf Jugendliche aus den Lagern nach Luxemburg. Damit setzte er Deutschland unter Zugzwang, das bis dato Forderungen und Versprechen meist im Sande hatte verlaufen lassen. Erst als der Luxemburger voranging, zog die Bundesregierung nach und setzte ihre Zusagen um. Mittlerweile jedoch hat Asselborns Luxemburg so vielen Menschen Zuflucht gegeben, dass die dortige Asylbehörde zeitweise auch nicht mehr wusste, wohin mit ihnen. Familien – so wie die von Malika und Taha – hängen auch in Luxemburg zum Teil jahrelang in diesen Heimen fest, von denen nicht jedes gut aussieht. Regelmäßig besucht Asselborn die Erstaufnahmeeinrichtungen in Luxemburg, dafür ist er als Minister auch zuständig. Dann geht Asselborn durch so ein Foyer, wie man in Luxemburg sagt, quatscht jeden an: Security, Putzkraft, Bewohner, Betreuerinnen. Macht Fotos oder wahlweise Scherze. Er merkt sich die Namen. Fragt dann auch noch Jahre später: «Was macht denn der …, wie heißt er noch mal, der Augenarzt? Sie wissen schon, hat sich das Problem mit der Anerkennung gelöst?» Asselborn ist Minister, Macher und Pressesprecher in einer Person.

Was glauben Sie, wie groß wird das Thema Flucht und Migration in den kommenden Jahren sein und welche Werte sollten uns leiten?

Ich will mit einer Zahl beginnen. Jedes Jahr kommen 2,5 Millionen Menschen über Drittstaaten nach Europa, um sich hier niederzulassen. Die Zahl der Flüchtlinge beträgt nur 13 Prozent dieser Migration, rund 330 000 im Jahr. So viele Flüchtlinge werden an den EU-Außengrenzen aufgegriffen. Alle die anderen, die zuwandern, sind die, die Europa braucht, die hier arbeiten. Ich kann mich gut erinnern, es muss Ende der Neunzigerjahre gewesen sein, da sprach Kofi Annan, der damalige UN-Generalsekretär, in Brüssel über Migration. Damals sagte er, wie wichtig Migration demografisch gesehen ist. Damals waren wir weltweit bei fünfzig Millionen. Heute sind wir bei hundert Millionen.

Als Europäische Union sind wir ja bei Weitem nicht die größte Anlaufstelle. Weltweit bleiben 85 Prozent der Flüchtenden in Entwicklungsländern. Außerhalb von Europa sind viele Länder viel stärker betroffen als wir. Ich bin seit 2015 im Europäischen Ministerrat und weiß nach den vielen Diskussionen, dass die Europäische Union die Mittel und die Kapazitäten hat, damit umzugehen. Die Europäische Union hat 420 Millionen Einwohner und gerade einmal 0,6 Prozent davon sind Flüchtende. Wenn jedes Land 0,6 Prozent von seiner Einwohnerzahl aufnehmen würde, hätten wir überhaupt kein Problem. Und dass das geht, haben wir ja bewiesen! Aus der Ukraine sind in kürzester Zeit über fünf Millionen Menschen in die EU geflüchtet und haben vorübergehenden Schutz. Luxemburg ist ein Land mit ungefähr 650 000 Einwohnern und derzeit knapp 10 000 Asylbewerbern und Flüchtlingen, die von der öffentlichen Hand versorgt werden. Das ist also weit über 1 Prozent. Darunter sind auch die Ukrainer. Für die Zukunft bin ich fest davon überzeugt, dass die Zahl der flüchtenden Menschen nicht abnimmt, sondern noch ganz stark zunehmen wird. Mit allen Problemen. Also bleiben Flucht und Migration ein großes Thema. Sie wissen ja: Jeder Flüchtling ist ein Migrant, aber nicht jeder Migrant ist ein Flüchtling.

Welche Werte sollten uns im Umgang mit dem Thema leiten?
Für einen Europäer ist der Flüchtling vor allem ein Mensch. Kein Objekt, sondern ein Mensch! Als wir nach dem Zweiten Weltkrieg diese Europäische Union aufgebaut haben, waren zwei Werte grundlegend. Zum einen der Rechtsstaat und dann die Achtung der Menschenrechte. Dies kennzeichnet die Europäische Union, diese Werte sind 2009 durch die Charta der Grundrechte im Lissabonner Vertrag aufgenommen worden. Das heißt, die Charta der Menschenrechte ist Primärrecht. Und die Einhaltung wird vom Europäischen Gerichtshof

in Luxemburg überwacht. Außerdem haben wir die Europäische Menschenrechtskonvention. Diese zwei Verträge haben eines gemeinsam: Für flüchtende Menschen besteht ein Recht auf Leben. Wenn Sie mich nach den Werten fragen, dann sind das Menschlichkeit, Solidarität und Respekt. Mit Menschlichkeit meine ich, dass man sie als Menschen betrachtet. Mit Solidarität meine ich, dass die Mitglieder der Europäischen Union solidarisch gegenüber den Ankunftsländern sind. Also gegenüber Griechenland, Italien, Spanien, Malta, Zypern.

Und das ist das fundamentale Problem, das wir seit 2015 nicht gelöst haben. Dabei waren wir kurz davor. Wir haben damals einen Beschluss gefasst über die Verteilung. Angeführt von Ungarn, ist dies jedoch gescheitert, und die Solidarität war gebrochen. Die einzige europäische Institution, die wirklich wie ein Fels in der Brandung stand, war der Europäische Gerichtshof. Alle anderen haben versagt. Die Kommission hat versagt, der Rat hat versagt, der EU-Rat hat versagt. Der Europäische Gerichtshof hat bestätigt, dass diese «Relocation», diese Verteilung, rechtens ist und dass jedes Land sich daran halten muss. Ist aber leider nicht geschehen. Weil auch die Kommission nicht konsequent genug war.

Wem sollen wir Schutz geben? Wem nicht? Und was wird aus denen, die wir ablehnen?

Die Genfer Konvention ist wichtig. Ich habe das selber 2018 erlebt mit Salvini. Bei einer Sitzung in Wien hat er gesagt, die Genfer Konvention ist nicht mehr zeitgemäß, wir müssen sie abschaffen oder sie anpassen. Und das ist der zentrale Punkt: Das nationale Recht darf nie über internationalem Recht stehen. Es kann kein Land Gesetze erlassen, die gegen internationales Recht verstoßen. Das heißt, es ist keinem Land erlaubt, die Genfer Konvention außer Kraft zu setzen. Das geht nicht. Es gibt massive Attacken auf die Genfer Konvention. Sie kennen das Problem von Australien? Jeder, der nach Australien auswandern wollte und an die Grenze kam, den haben die Australier auf eine Insel verschifft. Das verstößt gegen die Genfer Konvention. Und jetzt gibt es ja diese Externalisierung. Großbritannien hat damit angefangen, die Leute nach Ruanda zu schicken. Als Sozialdemokrat tut es mir weh, wenn ich sehe, welche Politik eine sozialdemokratische Regierung in Dänemark macht. Denn die wollen ja auch auf diesen Weg gehen. Das ist grundfalsch. Da unterwandern sie die Genfer Konvention, die zur EU gehört.

Natürlich kommt dann auch die große Frage, was mit den Menschen passiert, die nach einem besseren Leben suchen. Und hier, glaube ich, muss man als Europäer sagen, dass wir ein großes Manko haben. Wir konnten bis jetzt nicht durchsetzen, legale Migration einzubauen. Seit 2015 arbeiten wir daran. Wir haben es zum Beispiel nicht hinbekommen, dass man Quoten für jedes Land einführt, wie Kanada das macht. Die legalen Wege haben wir nicht zustande gebracht.

Was macht man mit den Menschen, die abgelehnt werden?

Wenn ein Mensch im Asylverfahren die Schutzbedingungen der Genfer Konvention nicht erfüllt und auch das zuständige Gericht geurteilt hat, dann müssen sie in ihr Heimatland zurückgeführt werden. In Würde und in Zusammenarbeit mit der IOM.

Auf welchen Wegen sollen die Menschen kommen?

Ich finde es total uneuropäisch, Menschen, die fliehen, in verschiedene Gruppen einzuteilen. Sie nennen sie sogar Terroristen, die angeblich unsere Gesellschaft destabilisieren. Das machen einige EU-Mitglieder, wie Ungarn oder auch Polen. Die Auswirkungen des Rechtsrucks in der EU werden immer deutlicher. Er ist riesengroß. Das beste Beispiel, das ich jetzt erlebt habe, ist, dass ein Land wie Österreich nicht damit einverstanden war, dass Bulgarien und Rumänien in den Schengen-Raum kommen. Mit dem Argument, dass über diese zwei Länder unkontrollierte Migration und Flüchtlinge kämen, dabei sind die Zahlen sehr gering. Aber es gibt eben Länder in der EU, die Flucht oder Migration als Instrument nehmen, um eine stramme nationale Politik zu machen. Wir müssen doch als Gesellschaft auch bereit sein, die Vorteile der Migration zu sehen, nicht nur die wirtschaftlichen Vorteile. In Luxemburg sind 48 Prozent der Einwohner Nicht-Luxemburger, Italiener, Portugiesen, Menschen vom Balkan. Es sind viele Moslems dabei. Sie sind heute Bürgermeister oder Abgeordnete oder Diplomaten. Und morgen werden das Syrer sein und Afghanen und Iraner. Da bin ich überzeugt. Und das ist der Reichtum. Die Multikulturalität eines Landes wird doch damit auf ein ganz anderes Niveau gehoben.

Auf welchem Weg sollen die Leute kommen? Die Wege, die wir jetzt haben, sind erbärmlich – Moria oder die Balkanroute. Gibt es da ein Konzept, wie man es machen könnte?
Nein, gibt es nicht. Wir reagieren immer nur. Wir haben uns vor legaler Einwanderung total verschlossen. Heute erleben wir diese Angstkultur in Frankreich: Die westliche Kultur wird ersetzt durch die islamische, daher die Theorie des «Grand Remplacement».

Wie hoch sollen die Mauern sein?
Ich war zehn Jahre oder so, als diese Berliner Mauer gebaut wurde, und ich habe damals im Fernsehen gesehen, wie die Leute rübergesprungen sind. Diese Mauer war eine Trennung zwischen den Weltordnungen. Hier Freiheit, da keine Freiheit. Ganz gleich, ob Berliner Mauer oder die Mauer in Mexiko: Das ist Leid, das ist Angst, das ist Tod. Das ist eine negative Symbolik. Und Sie wissen, dass der Vorsitzende der EVP jetzt sagt, wir müssen überall in Europa Mauern bauen. Das ist verrückt. Das ist ein Zeichen dieses Rechtsrucks. Ich nehme an, dass Menschen daran glauben, dass das die einzige Lösung ist. Aber zu welchem Preis?

Wir brauchen doch die Menschen. Also Mauern können nicht die Zukunft sein. Wenn wir überall Mauern bauen würden, kämen die Menschen trotzdem irgendwie noch rein, die würden sich organisieren. Mauern zu bauen, ist das Allerletzte, was wir machen sollten. Dann können wir die ganze Genese der Europäischen Union vergessen.

Gibt es eine rote Linie für den Schutz der Außengrenzen? Zum Beispiel, dass man nicht schießt?
Wie kommen Sie darauf? Schießt? Man schießt im Krieg. Das ist aber kein Krieg. Das sind Menschen. Flüchtlinge dürfen nicht erschossen werden, nicht auf dem Meer und auch nicht an einer Mauer.

Haben Sie Modelle oder Vorbilder, von denen man sich etwas abgucken kann? Was sind funktionierende und menschliche Lösungen?

Es gibt kein Land auf der Welt, wo man sagen kann, das funktioniert, wir machen es so wie die. Wir können nicht einfach sagen, wir machen jetzt eine Politik wie Kanada. Das Land hat eine andere geografische Lage. Wichtig ist: Menschen müssen registriert werden, wenn sie in die Europäische Union hineinkommen. Das allein genügt aber nicht. Wir müssen dann den EU-Ländern an den Außengrenzen zeigen, dass es Solidarität gibt. Der einzige Punkt, der hilft, ist eine obligatorische Verteilung, wenn eine Krisensituation entsteht. Verpflichtend! Wenn wir das nicht durchbekommen, scheitern wir, scheitert die EU an einer gemeinsamen Asylpolitik.

Gibt es noch andere Modelle oder Gedanken, die uns vielleicht weiterbringen könnten?

Es gibt nur diesen Weg. Bei der Ukraine hat es doch auch geklappt. Die Russen haben die Ukraine bombardiert. Wir haben unsere Türen geöffnet, auch ein Land wie Polen. Wir sind hier aus Luxemburg mit Autobussen nach Polen gefahren, um die Menschen abzuholen. Als die hier ankamen, hat keiner gefragt, ob das richtig oder falsch ist. Jeder hat gesagt: «Das müssen wir tun, um den Menschen zu helfen!» Was ist denn dann der Unterschied, wenn die Russen Syrien bombardieren und die Menschen fliehen, um zu überleben, und an unsere Türe kommen? Wo ist denn der Unterschied, ob Putin Syrien bombardiert oder die Ukraine? Das ist doch das beste Beispiel, dass es geht. Hier in der Europäischen Union haben manche diese Politik, dass ein Mensch ein Mensch ist und eine Religion eine Religion ist, eine Sprache eine Sprache ist, nicht verstanden.

Das ist für Sie die einzige Lösung?

Die einzige! Die Lösung ist eine gerechte Verteilung. Wenn wir das nicht machen, dann werden wir weiter tuckern. Wir werden den Nationalismus höher bewerten als den europäischen Gedanken. Es gibt für mich nur zwei Faktoren, die zählen: Das eine ist der Faktor Mensch. Und das andere ist die Solidarität. Die Europäische Union kann nur dann funktionieren, wenn einer dem anderen hilft, ein Problem zu bewältigen, um es dann zusammen für alle zu lösen. In Italien wurden seit Jahresbeginn 2023 31 000 Ankünfte gezählt. Das ist ein Anstieg von mehr als 300 Prozent auf dieser Route im Vergleich zum selben Zeitraum im Jahr davor. Wie soll Italien das ohne die Hilfe der anderen Mitgliedstaaten bewältigen? Und ohne Hilfe der anderen kommen dann solche Unsinnigkeiten zustande, wie die Einsätze der Rettungsschiffe der Zivilgesellschaft auf hoher See zu erschweren oder den nationalen Migrationsnotstand auszurufen. Und das kommt genau von den Politikern, die gegen den nationalen Notstand gewettert haben, als es darum ging, Leben zu retten während der Corona-Pandemie.

Sie werden ja diese Solidarität vermutlich nicht bekommen.
Wenn wir immer sagen, es gibt eine Alternative zur Solidarität, dann bleiben wir da stehen, wo wir sind. Die Europäische Kommission hat schon im September 2020 einen Vorschlag zur Reform der europäischen Asyl- und Migrationspolitik vorgestellt. Dazu gehört auch eine verpflichtende Solidarität aller Mitgliedsstaaten mit jenen EU-Ländern, die besonderen Migrationsdruck haben. Dann würde Solidarität künftig nicht nur Umverteilung von Menschen *(relocation)* bedeuten, sondern könnte beispielsweise auch finanzielle oder materielle Unterstützung umfassen. Aber das Prinzip einer verpflichtenden Solidarität, das wäre dann vereinbart. Bis zum Ende dieser Legislaturperiode müssen wir diese Reform über die Ziellinie bringen. Das dürfen wir nicht wieder verspielen.

Jean Asselborns europäischer Kompass ist klar ausgerichtet. Menschlichkeit *first*. Sind doch Menschen, sagt er und leitet daraus sein Handeln ab. Er eckt mit diesem Fokus auf den Menschen in der EU beim Lager derer an, die sich um ihre nationale Sicherheit sorgen und Schutzsuchende in Kategorien einteilen. Als ich das Aufnahmegerät abstelle, frage ich zur Sicherheit noch mal nach, wie oft er im EU-Ministerrat sitzt. Jeden Monat, sagt er, sitze er mit den EU-Außenminister:innen und außerdem mit den Innenminister:innen zusammen. So kennt er auch die Argumente von Ungarn *en détail*. Seit Jahren streitet er dort mit Orbáns Außenminister.

Péter Szijjártó, Außen- und Handelsminister von Ungarn

In der Europäischen Union wird über die Verteilung von Schutzsuchenden, Seenotrettung und den Schutz der Außengrenzen gestritten und gerungen. Auf der einen Seite bilden Länder wie Deutschland, Frankreich, Luxemburg, Portugal, Irland, Finnland eine lose Gruppe, die sich in guten Zeiten auch «Koalition der Willigen» nennt. Am anderen Ende versammeln sich die Visegrád-Staaten Polen, Tschechien, Slowakei und Ungarn (Österreich wäre auch gerne dabei). Die vier Länder, beim Thema Flucht und Migration angeführt vom wortstarken Ungarn, eint eine klare Haltung: Sie wollen keine «illegalen» Migranten aus Asien oder Afrika reinlassen oder aufnehmen. *Zero! Nula! Niente!* Verteilungsquoten sind für sie undenkbar. Besser noch wäre, es gelangten überhaupt keine Menschen aus Asien oder Afrika irregulär in die EU. Eine gesamteuropäische Solidarität bei einer gerechten Verteilung wird dadurch unmöglich. Deshalb braucht man, so könnte man den Visegrád-Konsens skizzieren, physische Barrieren an den EU-Außengrenzen. Diese Politik beeinflusst auch andere Länder wie Griechenland, Bulgarien, das Baltikum. Und die Politik der EU. Ein paar Stichpunkte zu dem ungarischen Grenzkurs, der diese Politik veranschaulicht:

Im Sommer 2015 begann Ungarn mit dem Bau eines vier Meter hohen und 175 Kilometer langen Grenzzauns und erntete umfangreiche Kritik aus West-Europa. Im selben Jahr führte Ungarn gleich hinter der Grenzanlage eine sogenannte «Transitzone» ein. Wer ins Land durfte, wurde für die Dauer des Verfahrens in Containern interniert. Auch Kinder. Zur Begründung führte Ungarn an, eine «Flüchtlingswelle» drohe. Tatsächlich waren die Zahlen auf der Balkanroute in dieser Zeit deutlich gefallen.[2] Der Europäische Gerichtshof urteilte später, dies sei eine «rechtswidrige Inhaftierung» und die Rückführung der Menschen nach Serbien verstoße gegen Unionsrecht.[3] Die Transitzonen an den Grenzen wurden im Mai 2020 einstweilen geschlossen.[4]

Ungarn selbst nahm im Vergleich zu anderen Mitgliedstaaten kaum Asylsuchende auf. Die Zahlen waren auch deshalb so gering, weil man kollektive Pushbacks anwandte und zuweilen Hunde auf die Menschen hetzte. Der Europäische Gerichtshof für Menschenrechte stellte fest, dass dies geltendes Recht verletze.[5]

NGOs, die sich um Asylsuchende kümmerten und Geschehnisse an der Grenze beobachteten, wurden 2018 per Gesetz in ihrem Handeln stark eingeschränkt. Ziel ist, sie möglichst lahmzulegen. Der Zugang zu Flüchtenden und Migrant:innen in Einrichtungen war ihnen bereits seit 2017 untersagt. Wie in Griechenland gerieten diese Teile der Zivilgesellschaft, die ein humanitäres Anliegen hatten, ins Visier der Politik. Ihnen drohten Haftstrafen bis zu einem Jahr, sollten sie unerlaubt Asylsuchenden helfen. Auch wenn der Europäische Gerichtshof für Menschenrechte diese Praxis kritisierte – die ungarische Regierung hatte die Hilfsorganisationen erfolgreich an den Rand gedrängt.[6]

Um Schutzsuchenden ein Angebot für den legalen Zugang ins Land zu machen, bot Ungarn ab 2021 an, dass sie bei der ungarischen Botschaft in Belgrad einen Antrag auf Einreise stellen konnten. In jenem Jahr bekamen acht Personen die Erlaubnis.[7]

Ich habe lange darüber nachgedacht, ob es sinnvoll ist, diese Position in diesem Kapitel meines Buches darzustellen. Anfragen oder nicht anfragen? Sprechen oder nicht sprechen? Zuhören oder streiten? Je länger ich grübele, desto klarer wird mir: Die Mitgliedstaaten stimmen in der Europäischen Union eine gemeinsame Migrationspolitik ab, also muss ich mich um die Visegrád-Position kümmern, auch um zu verstehen, welchen realpolitischen Bewegungsspielraum es in dieser Konstellation geben kann. Millimeter oder Kilometer? Wollen sie wirklich Zäune, oder ist das eine verkürzte, westlich-arrogante Sicht? Ich bemühe mich um ein Gespräch.

Auf der anderen Seite der Europäischen Union, politisch und geografisch gegenüber von Luxemburg, wirkt Péter Szijjártó. Seit 2014 agiert er im Schatten und im Auftrag von Viktor Orbán als Außenminister von Ungarn. Er ist damit beinahe so lange im Amt wie sein luxemburgischer Kollege Asselborn. Seit fast zehn Jahren begegnen und streiten die beiden sich im EU-Außenministerrat. Teils sehr heftig.

Bevor er zum Außenminister ernannt wurde, war Szijjártó jüngster Parlamentsabgeordneter für die Fidesz-Partei, zwei Jahre lang Sprecher von Regierungschef Viktor Orbán und schon bald Außen- und Handelsminister. Dicht dran am Chef. Der Erscheinung nach könnte er auch Marathonläufer sein, großgewachsen, zäh. Er weiß, wie man charmant mit dem Gegenüber parliert, lächelt, dabei aber nicht einen Wimpernschlag lang Zweifel aufkommen lässt, wo man steht. Für einen Chefdiplomaten kann er sich auch undiplomatisch ausdrücken. Russland ist ihm in Freundschaft verbunden, während der Corona-Krise verlieh ihm Außenminister Lawrow in Moskau einen Freundschaftsorden.

«Sollen wir Sie mit dem Wagen abholen lassen?», fragt mich eine freundliche Dame vom ungarischen Außenministerium. Ich gehe zu Fuß zum Treffen mit dem Außenminister – immer schön die Donau entlang. Das Ministerium liegt auf der anderen Flussseite, gegenüber dem ungarischen Parlament. Szijjártó empfängt Gäste und Delegationen in verschiedenen Sälen. Meiner liegt gegenüber dem Ministerbüro. Ein imposanter, langer Tisch, Kronleuchter, große Spiegel an den Wänden, die dunklen Vorhänge zugezogen, Schokokonfekt an jedem Platz, und in der Mitte dieser Tischlandschaft steht auf einem Platzkärtchen: Péter Szijjártó. Ihm gegenüber, wird mir höflich gedeutet, solle ich bitte Platz nehmen. Als der Minister den Raum betritt, vergesse ich beinahe seine zwei Sprecher, die die ganze Zeit zuhören und aufnehmen, und auch den Fotografen, der abwechselnd Bilder vom Minister und mir macht.

Was denken Sie, welche Bedeutung werden Migration, Flucht und Vertreibung für die europäische Zukunft haben? Bleibt das ein wichtiges Thema oder eher nicht?

Ich denke, das ist eines der wichtigsten Themen, wenn es um die Zukunft der Europäischen Union geht. Für uns ist es seit 2015 ein Thema. Auch praktisch, weil wir an der Außengrenze der Europäischen Union und des Schengen-Raums liegen. Als europäische Verpflichtung und natürlich auch als nationale Verpflichtung müssen wir die Grenze sehr diszipliniert schützen. Seit 2015 haben wir 1,6 Milliarden Euro für den Grenzschutz an der Südgrenze ausgegeben, und Tausende und Abertausende von Polizisten und Soldaten waren, sind und werden an der Grenze eingesetzt. Sehen Sie, das ist eine sehr anspruchsvolle Aufgabe. Denn man muss immer wieder Polizisten aus dem Innendienst an die Grenze versetzen. Man muss dafür im Hintergrund eine große Logistik haben, und jetzt wird es da auch noch gefährlich. Jetzt sind die Zahlen der Migranten fast genauso hoch wie im Jahr 2015. Ich meine an unserer Grenze. 260 000 Migranten wurden in diesem Jahr aufgehalten, das ist der höchste Stand seit 2015. Und mehr als 10 Prozent aller Menschen, die in Ungarn im Gefängnis sitzen, sind dort wegen Menschenhandel inhaftiert. Allein in diesem Jahr wurden gegen etwa 1600 Personen rechtliche Verfahren eingeleitet.

Wenn man in die Zukunft blickt … Wir sind ständig unter Beschuss, weil wir in diesem Fall ja ein bisschen anders denken. Nicht nur ein bisschen anders als der Mainstream in Europa oder, sagen wir, im westlichen Teil Europas. Denn hier in Ungarn halten wir an unserem eigenen Recht fest, selbst zu entscheiden, wen wir ins Land lassen und wen nicht. Mit wem wir zusammenleben wollen und mit wem nicht. Und wir wollen die gegenwärtige Identität unserer Nation, unserer Bevölkerung nicht verlieren. Wir wollen auch nicht von Leuten überfallen werden, die kein Recht haben, zu uns zu kommen. Hier prallt unsere Position mit der der anderen aufeinander, dass das Völkerrecht die Grundlage sein sollte. Das Völkerrecht sagt ganz klar, wenn jemand gezwungen ist, seine Heimat zu verlassen, dann ist er berechtigt, im ersten sicheren Land zu bleiben. Und das Völkerrecht berechtigt eben niemanden dazu, durch die sicheren Länder zu ziehen, nur um genau in das Land zu gelangen, in dem er oder sie kein Recht hat zu sein. Deshalb ist es sehr wichtig, dass wir uns an dieses internationale Recht halten und nicht gezwungen werden, Menschen ins Land zu lassen, die gar kein Recht dazu haben. Und ich denke, für die Zukunft Europas ist das eine sehr wichtige Frage. Es geht darum, ob wir uns an diesem Teil des Völkerrechts festhalten können oder ob wir hier unsere Souveränität verlieren. Und es wird nicht von uns und nicht vom Gesetz abhängen, wen wir einreisen lassen, es wird vom Druck abhängen.

Habe ich Sie richtig verstanden, wenn ich sage, dass dies einer der wichtigsten politischen Schwerpunkte ist, die Sie für die nächsten Jahre sehen. Oder liege ich falsch?
Nein, nein. Sie haben völlig recht. In der Realität, die wir jeden Tag an der Grenze spüren, ist das ein echtes Thema. Auch wenn es nicht auf der Tagesordnung steht. 2015 haben wir eine sehr direkte Erfahrung gemacht. Denn diese Leute kamen hier herein, liefen hier einfach durch, durch das Land der Bauern, über die Straßen, die Eisenbahnen, besetzten in Budapest öffentliche Plätze, verhielten sich wirklich aggressiv. Die Leute hatten Angst, dann begannen sie, auf Autobahnen zu laufen. Jeder in Ungarn hat so eine Erfahrung gemacht. Und jetzt, im Jahr 2022, ist es für uns wirklich beängstigend, dass die Schlepper, die die Migranten ins Land bringen, ihre Waffen auf ungarischem Gebiet gegen Polizisten einsetzen. Sie haben sicher auch schon oft gehört, dass sie sie auf der Autobahn jagen, dass sie aus den Autos springen und auf die Polizei schießen und dann in den Wald rennen. So etwas passiert zu oft. Aus diesem Grund haben die Ungarn eine klare Vorstellung davon, dass die Migration ein schlechtes und gefährliches Phänomen für uns ist, denn sie bringt Dinge mit sich, mit denen wir nicht konfrontiert werden wollen.

Von welchen Werten sollten wir uns leiten lassen, was sollte die Rechtsgrundlage sein?
Ich denke, das internationale Recht spricht in dieser Hinsicht eine klare Sprache. Und wir müssen da keine Neuerungen einführen, wir müssen uns bei den Kapiteln, die sich mit dem Thema befassen, einfach an das internationale Recht halten. Ich gebe Ihnen ein Beispiel, das uns betrifft: Geografisch sind wir in der Situation, dass wir im Osten Flüchtlinge haben, die aus der Ukraine kommen, und im Süden die Migranten, die durch Serbien kommen.

Die einen sind also Flüchtlinge und die anderen sind Migranten?
Ja. Und ich werde Ihnen auch sagen, warum. So verstehen wir das internationale Recht. Wenn man als Flüchtling gezwungen ist, seine Heimat zu verlassen, muss das erste sichere Land einen aufnehmen, das ist internationales Recht. Für die Ukraine sind wir also Nachbarn,

und diese Menschen aus der Ukraine sind wegen des Krieges gezwungen, ihre Heimat zu verlassen. Wohin könnten sie gehen, wenn nicht in das erste sichere Land? Richtig? Sie kommen also aus der Ukraine hier zu uns und wir nehmen sie auf.

Aber es gibt auch die Rechtsprechung des Europäischen Gerichtshofs für Menschenrechte, die besagt, dass Sie die Pflicht haben und niemanden in ein Land zurückschicken dürfen, in dem sein Leben in Gefahr sein könnte. Das ist also die andere Rechtsprechung. Sie haben beides.
Ich stimme zu. Ja, Sie haben recht. Aber wir gehen einen Schritt zurück und sagen: Gut, niemand hat das Recht, jemanden an einen Ort zurückzuschicken, an dem sein oder ihr Leben in Gefahr sein könnte. Aber niemand hat auch das Recht, die Grenze zwischen zwei sicheren Ländern zu verletzen. Warum machen wir diese feine Unterscheidung zwischen denjenigen, die aus der Ukraine kommen und als Flüchtlinge gelten, und denjenigen, die aus dem Süden kommen, als Migranten? Das liegt daran, dass diejenigen, die aus dem Süden kommen, nicht aus einem Nachbarland kommen. Und nach unserem Verständnis hat niemand das Recht, sich illegal zum Beispiel unter Verletzung der Grenze von Griechenland nach Nordmazedonien zu bewegen. Oder von Nordmazedonien nach Serbien. Von Serbien nach Ungarn. Denn in diesen Ländern gibt es keinen Krieg. Das erste sichere Land für sie ist also im schlimmsten Fall die Türkei.

Aber Sie wissen, dass die Türkei zum Beispiel keine Afghanen aufnimmt? Würden Sie also sagen, dass die Genfer Konvention nur auf Nachbarländer anwendbar ist?
Was ich sage, ist, dass das internationale Recht hier sehr klar ist. Niemand ist berechtigt, eine Grenze zwischen zwei Staaten zu überschreiten. Und meine Frage ist: Wenn Sie nun sagen, dem stimme ich nicht zu, und wenn Sie dann sagen, ein Afghane kann nicht in der Türkei bleiben, er oder sie kommt in Griechenland an, dann frage ich Sie: Hat er oder sie dann das Recht, zum Beispiel nach Nordmazedonien weiterzuziehen? Und die Antwort ist: Nein. Denn wenn man in Griechenland ankommt, das das erste sichere Land ist, wobei ich bezweifle,

dass es das erste sichere Land ist, aber ein sicheres Land auf jeden Fall, dann muss er oder sie dort Asyl beantragen. Richtig? Und dort muss über seinen Antrag entschieden werden. Aber er oder sie hat gar nicht das Recht, sich dorthin zu begeben. Das ist unsere sehr klare Position. Sie wird von vielen infrage gestellt. Ich sage nicht, dass wir hier die Mehrheit vertreten. Aber wir halten daran fest.

Das sind also die wichtigsten Werte, die Sie hier erwähnen möchten. Wem sollten wir Schutz gewähren, und wem sollten wir keinen Schutz gewähren?
Das ist eine rechtliche Frage. Da mischen wir uns nicht ein. Ich meine, wenn jemand gezwungen wird, seine Heimat zu verlassen und es gibt das Gebiet des nächsten sicheren Staates, dann wird er oder sie dort gemäß internationalem Recht einen Antrag auf Asyl stellen. Und dort müssen die Behörden das Verfahren abwickeln. Es ist ein rein rechtliches Verfahren, es hat nichts mit Politik zu tun.

Das hatten Sie bereits gesagt. Jetzt würde ich gerne ganz allgemein wissen: Wenn jemand hier in Budapest ankommt – mit einem Flug aus Kabul, Sie hatten solche Fälle, als die Taliban die Macht übernommen haben –, wem sollte man Schutz gewähren, und wem sollte man definitiv keinen Schutz gewähren?
Schutz sollte erhalten, wessen Leben in Gefahr ist. Wegen irgendeiner illegalen Sache. Sie verstehen, was ich meine?

Wenn Sie bitte etwas genauer sein könnten?
Wenn Ihr Leben in Gefahr ist aufgrund dessen, was Sie denken, woran Sie glauben, wie Sie leben. Wenn Sie Schutz suchen, haben Sie nicht das Recht, die Grenze zwischen zwei friedlichen Ländern zu verletzen. Man hat das Recht, sein Heimatland zu verlassen, auch wenn man illegal an der Grenze steht. Aber man hat nicht das Recht, die Grenze zu überqueren.

Wer der Meinung ist, dass das nicht der richtige Weg ist, sollte eine Änderung des internationalen Rechts initiieren, aber nicht sagen: Oh, das Völkerrecht ist so nicht schön, machen wir es mal so!

Wie sollte man uns erreichen? Nehmen wir ein Beispiel. Der erste Demonstrant im Iran wurde hingerichtet, dreiundzwanzig Jahre alt. Wenn das Regime weiter an der Macht bleibt, werden mehr Menschen versuchen hierherzukommen. Welchen Weg würden Sie als legal ansehen?

Ich denke, es ist sehr einfach. Zuerst müssen sie in das erste sichere Land kommen. Dort müssen sie dann um Asyl bitten. Und dann können europäische Länder wie Deutschland, Belgien, Luxemburg, Spanien, wer auch immer, ein-, zwei-, drei-, vier-, fünftausend Iraner aufnehmen. Mein portugiesischer Kollege hat zum Beispiel gesagt: «Portugal braucht Einwanderung, legale Einwanderung.» Legale Migration ist eine nationale Kompetenz. Wenn also Portugal oder Deutschland Tausende von Menschen aus verschiedenen Ländern aufnehmen wollen oder müssen, können sie das machen. Aber ein verpflichtendes System für alle zu einzuführen, nur weil sie es selbst tun, das ist für uns ein No-Go. Wir haben nie zu den Deutschen, den Luxemburgern oder den Spaniern gesagt: Nehmt keine Iraner auf, nehmt diese nicht auf, nehmt jene nicht auf. Sondern: Macht was ihr wollt!

Sie sagen also, dass es keine europäische Lösung gibt, sondern dass man das auf nationaler Ebene regeln sollte?

Nein! An unserer Südgrenze führen wir einen Kampf gegen illegale Migration. Das sollte ein gemeinsames europäisches Ziel sein. Ist leider nicht der Fall. Ich nehme wahr: Wir schützen die Außengrenze, geben 1,6 Milliarden Euro für den Schutz aus. Aber wissen Sie, wie hoch die Rückerstattung dafür war? 1,2 Prozent. Und dann die ständigen Angriffe, dass wir brutal, unmenschlich sind. Ich bin der Meinung, dass der Schutz Europas vor illegaler Migration ein europäisches Ziel sein sollte. Wenn es um Länder geht, die aus humanitären Gründen, aus Gründen der Arbeitskraft, Menschen aufnehmen wollen, dann ist das ihre Sache. Aus diesem Grund haben wir uns zum Beispiel nie mit der Idee verpflichtender Quoten einverstanden erklärt. Diese Debatte geht weiter wie im Jahr 2015. Das ist meine größte Debatte mit Jean Asselborn.

Wie sollten wir Menschen fernhalten, wie hoch sollten Mauern oder Zäune sein? Inwieweit sind Formen von Gewalt legitim?
Es kommt darauf an. Denn eine Seegrenze kann man nicht mit einem Zaun schützen, bei der Landgrenze kommt es darauf an. In unserem Fall ist unsere Außengrenze der Europäischen Union völlig flach. Die ist kompliziert zu schützen. Unsere Erfahrung von 2015 hat deutlich gezeigt: Ohne physische Infrastruktur ist es unmöglich.

Physische Infrastruktur bedeutet, dass Sie Zäune und so weiter haben?
Ja, ja. Als wir den Zaun bauten, wurden wir sehr, sehr heftig angegriffen. Aber niemand hat darüber gesprochen, dass das gar nicht das erste Mal in Europa war. Denn die Bulgaren hatten schon vor uns einen Zaun errichtet, die Griechen auch. Und die Spanier hatten ihre Zäune um ihre Städte in Nordafrika gebaut. Die Polen und die Litauer haben seitdem Zäune gebaut. Sie erinnern sich vielleicht, dass niemand sie dafür angegriffen hat. Und wissen Sie, der scheinheiligste Punkt war der Zaun zwischen Dänemark und Deutschland, bei dem es hieß, dass dies aus Gründen der Tiergesundheit geschehe. Wenn so was im westlichen Teil Europas passiert, dann ist es in Ordnung. Wenn es hier passiert, ist es nicht in Ordnung. Diese Doppelmoral ist etwas, das uns ein wenig frustriert. Das Wichtigste und was die Außengrenze mehr schützen würde als jeder Zaun oder jede Marine, wäre eine klare und eindeutige Position Brüssels, die besagt, dass man, wenn man nach Europa kommen will, das legal machen sollte. Denn wir alle wissen, dass eine Person, die nach Europa kommt, zu 99 Prozent dann auch bleibt. Auch wenn sie eindeutig nicht zum Aufenthalt berechtigt ist. Schauen Sie sich an, wie effektiv es ist, diese Menschen zurückzuschicken. Nahezu null.

Halten Sie es für legitim, auch Gewalt anzuwenden, wenn jemand illegal in Ihr Land oder den Schengen-Raum einreist?
Was meinen Sie damit?

Die NGOs nennen es Pushback, um jemanden physisch aus dem Land zu halten.
Ja! Ja, natürlich. Ich denke, das ist legitim. Keine Frage!

Inwieweit? Was ist legitim und was nicht?
Dass man ihnen nicht erlaubt, hier hereinzukommen.

Könnten Sie auf sie schießen?
Nein. Das haben wir nie getan. Sie haben auf uns geschossen. Die Situation ist anders. Sie schießen auf uns und nicht andersherum.

Gibt es eine Art rote Linie, über die Sie nicht hinausgehen würden, um die Grenzen zu schützen?
Wir haben nie geschossen. Oder ich weiß es nicht. Das stand nie zur Debatte. Wir haben dort den Zaun und den Grenzschutz. Das Problem ist: Niemand fragt, ob es eigentlich akzeptabel ist, dass Migranten auf die Polizisten schießen. Ist das akzeptabel? Ich denke nicht. Wollen Sie, dass solche Leute in die Europäische Union gelassen werden? Nein, das glaube ich nicht. Ich denke, dieser ganze Ansatz ist sehr heuchlerisch.

Letzte und vorletzte Woche gelang es Schleusern, Migranten einzuschleusen. Die Polizei verfolgte sie, sie sprangen aus dem Auto und schossen auf die Polizei. Und das auf ungarischem Staatsgebiet. Sie sollten mit den Menschen sprechen, die auf der anderen Seite der Grenze leben. Sie sollten mit ihnen reden und sie fragen, was sie in den Nächten hören. Ich meine, Schießereien. Die Migranten schießen aufeinander, die Schlepper wohl wegen ihrer Reviere. Es wird sehr gefährlich, sie schießen auf unsere Grenzschützer.

Sie fragen mich nach theoretischen Dingen, ob wir auf sie schießen würden. Und ich sage, dass wir das nie getan haben. Niemand fragt uns, wie es sich anfühlt, beschossen zu werden. Sprechen wir wirklich ernsthaft über die Frage, ob wir diese Art von Menschen nach Europa lassen? Wenn die etwas machen wollen, werden sie einfach schießen.

Welche Beispiele oder Vorbilder haben Sie in den letzten Jahren für Ihre Politik inspiriert?
Wir haben eine sehr ungarische Art, damit umzugehen. Wir haben nicht nach einem Beispiel gesucht. Wir machen es so: Als souveränes Land haben wir das Recht zu entscheiden, wen wir einreisen lassen und wen nicht. Und wir waren einfach nicht bereit, Szenen zu akzep-

tieren, in denen ein großer Haufen Menschen über die Grenze kommt und wir einfach sagen, bitte kommt rein. Wenn man reist, muss man doch auch zur Grenzübergangsstelle gehen, man muss seine Reisedokumente vorlegen, man wird vielleicht gebeten, einige Fragen zu beantworten, man muss in der Schlange stehen und dann kann man erst gehen. Ich meine, kommen Sie! Warum sollte es irgendjemandem erlaubt sein, einfach durchzugehen?

Ich denke, wenn Menschen Zugang zu einem humanitären Visum hätten, wäre dieser Weg nicht notwendig. Wenn man sich zum Beispiel die Afghanen anschaut, Frauen, Aktivisten oder wen auch immer, die versuchen rauszukommen, für die ist es sehr schwierig, einen legalen Zugang in die EU zu bekommen. Das wissen Sie ja auch.
Aber nochmal. Wenn Luxemburg oder Deutschland der Meinung sind, dass sie den Afghanen einen begrenzten Zugang zur Verfügung stellen wollen, warum öffnen die Deutschen oder die Luxemburger dann nicht Möglichkeiten in ihren Botschaften in Pakistan oder wo auch immer für die Afghanen, für tausend oder zweitausend Visa, und lassen sie dann rein?

Das haben sie getan.
Wir würden sie niemals aufhalten, da können Sie sicher sein. Wenn Sie sich an der ungarischen Grenze anstellen und nachweisen, dass Sie im Besitz eines legalen Reisedokuments sind, werden wir Sie nicht aufhalten. Aber über die grüne Grenze? Sie können das nicht tun, ich kann es nicht tun.

Aber Olaf Scholz will mich nicht töten. Nochmal: Vorbilder, best practices, Ideale, Visionen, die Sie in diesem Zusammenhang vor Augen haben – gibt es da etwas? Sie haben gesagt, es ist die ungarische Art und Weise, wie wir damit umgehen. Gibt es ein Beispiel aus einem anderen Land oder was eine Hilfsorganisation macht oder was Sie bei den Ukrainern gesehen haben? Gibt es etwas, das Sie gerne erwähnen würden?
Ich möchte Ihnen sagen, dass wir jeden, der das Recht hat, zu uns zu kommen und dessen Leben in Gefahr ist, zu uns lassen. Wir haben es

bei den ukrainischen Flüchtlingen bewiesen. Wir geben alles! Stellen Sie sich vor: In Ungarn gibt es bereits tausenddreihundert Schulen und Kindergärten, in denen Flüchtlingskinder und Schüler eingeschrieben sind. Sie haben den gleichen Zugang zur Gesundheitsversorgung, zum System und zur Bildung wie wir ungarischen Bürger. Wir helfen dort, wo wir helfen müssen, wo unsere Hilfe gebraucht wird. Ich kann Ihnen sagen, dass wir das mit ganzem Herzen tun. Ich weiß nicht, ob es jemand besser machen kann. Oder ob jemand es schlechter macht. Denn wir tun es nicht, um es als *best practice* anzubieten. Wir tun es, weil es der richtige Weg ist.

Orbáns Chefdiplomat eilt ins nächste Meeting, aber nicht ohne sich höflich zu verabschieden. Während eine Mitarbeiterin mich zum Ausgang begleitet, beginne ich über die Schüsse an der Grenze nachzudenken, von denen Szijjártó gesprochen hat.

Zwei Wochen vor unserem Gespräch hatten zwei Schmugglerbanden aufeinander geschossen. Mehrere Migranten wurden verletzt, einer mit zwei Schusswunden. Anders als der Minister es darstellt, hatten sie nicht auf ungarische Grenzpolizisten geschossen, sondern aufeinander. Und dies hat sich auch nicht direkt an der Grenze ereignet, sondern etwa zwei oder drei Kilometer entfernt, im serbischen Dorf Horgos, dem letzten vor der Grenze.[8] Schmuggler sollen in dem Dorf mit Waffen gesehen worden sein. Einige Dorfbewohner waren verängstigt und riefen um Hilfe. Laut serbischen Medien soll es dort auch vorher zu Kämpfen zwischen Banden gekommen sein. Die Polizei hatte Waffen sichergestellt. Einen Teil seiner Darstellung kann ich in den englischsprachigen Nachrichten nachvollziehen, einen Angriff auf die ungarischen Grenzbeamten allerdings nicht.[9] Ich bitte das Ministerium, die Vorfälle konkret zu benennen, von denen der Minister im Interview sprach. Als Antwort bekomme ich einen Link auf das Nachrichtenportal *Origo*, das über ein Ereignis aus dem Sommer desselben Jahres berichtet. Migranten hatten aufeinander geschossen.[10] Aufeinander! Eskaliert er verbal? Ungarn würde, so hatte ich den Minister verstanden, in einem solchen Fall nicht zögern zu schießen.

Flucht lässt sich gut ideologisieren, denn die kleine Cousine von Flucht ist die Angst der aufnehmenden Gesellschaft. Szijjártó hat ein anderes Konzept vom Umgang mit Asylsuchenden: Flucht nur ins Nachbarland. Alles andere verstoße gegen internationales Recht. In Polen ist mir diese Auslegung auch begegnet. Ich schaue in der Genfer Flüchtlingskonvention nach. Ein Recht, sich das Land, in das man flüchtet und das einen aufnehmen soll, auszusuchen wie ein Reiseziel, finde ich nicht. Aber genauso wenig steht in diesem «Grundgesetz» des Flüchtlingsschutzes, dass ein Flüchtling im erstmöglichen Staat um Asyl ersuchen muss. Das ist in der Konvention nicht geregelt. Aber ein Staat muss de jure das Gesuch eines Menschen prüfen, wenn er an seiner Grenze um Schutz bittet. Man kann diese Person nicht einfach wieder in das Transitland zurückschicken.[11] Je länger ich lese und suche und mit juristischen Fachleuten spreche, desto klarer wird, dass das Argument mehr der Abwehr als dem Schutz von Menschen dient. Das ist eine Erkenntnis aus dem Gespräch in Budapest.

Ich konfrontiere den luxemburgischen Außenminister mit dieser Auslegung des internationalen Rechts. Asselborn ruft: «So ein Quatsch! Die Genfer Konvention sagt, wenn einer an die Tür klopft und er ist auf der Flucht, dann muss er in ein Asylverfahren kommen. Und dabei gibt es zwei große Prinzipien: Nicht-Zurückweisung und das Recht auf Familiennachzug. Das sind die zwei Grundpfeiler. Da steht nicht drin, dass man nur ins Nachbarland geht.» Wer verfolgt werde, müsse in der Europäischen Union in ein Asylverfahren. Das sei Bestandteil des Lissabonner Vertrages und primäres Recht, an dem man nicht einfach heruminterpretieren könne.

Angelika Nußberger, ehemalige Richterin am Europäischen Gerichtshof für Menschenrechte

Richterinnen und Richter entscheiden über Bleiben und Nicht-Bleiben. Überwiegend an Verwaltungsgerichten, aber viel grundsätzlicher und damit bedeutsamer auch am Europäischen Gerichtshof für Menschenrechte (EGMR). Ihre Perspektive ist mir hier wichtig. Am besten von jemandem, der diesen ungetrübten und konzentrierten Blick auf Menschenrechte hat, mit einem Normen-Kompass. Das könnte helfen, wo doch auf politischer Ebene so gerungen wird, die politischen Pole weit auseinander liegen.

Im Eckzimmer eines akademischen Altbaus der Kölner Universität empfängt mich Professorin Angelika Nußberger. Sie war neun Jahre lang Richterin am Europäischen Gerichtshof für Menschenrechte, davon drei Jahre bis 2019 als Vizepräsidentin. Sie saß in Straßburg und sprach Recht, als viele Flüchtende Europa 2015 um Schutz baten. In ihrem aufgeräumten Kölner Büro arbeitet, unterrichtet, forscht und leitet die Juristin und Slawistin die Akademie für europäischen Menschenrechtsschutz. Hier wohnt also die Gerechtigkeit, denke ich, als ich mir die sortierten Regale anschaue, und so sieht die Denkwerkstatt für den Schutz von Menschenrechten aus. Ich verwechsele regelmäßig die beiden europäischen Gerichtshöfe. Den EuGH, den Gerichtshof der Europäischen Union in Luxemburg, und den EGMR in Straßburg. Letzterer überwacht die Einhaltung der Europäischen Menschenrechtskonvention und urteilt demgemäß. Jeder Unterzeichnerstaat hat einen Richter oder eine Richterin, so dass insgesamt siebenundvierzig beim Gericht arbeiten. Und Angelika Nußberger entschied dann mit ihrer Kammer, also mit sechs weiteren Kolleg:innen über diese Fälle. Als ich zur Orientierung frage, wie viele Asylfälle sie in Straßburg bearbeitet und entschieden hat, rechnet sie nach. Drei bis vier pro Woche, zweiundfünfzig Wochen im Jahr, also ein paar Hundert im Jahr: «Ich war zuständig für Eilfälle. Und die Flüchtlingsfälle sind oft Eilfälle. Da werden Menschen ins Flugzeug gesetzt und dann kommt das Fax bei uns an.»

Angelika Nußberger zählt sicherlich zu den namhaftesten Menschenrechtsexpert:innen in Europa. Außerdem scheint sie zum Team Understatement zu gehören. Was und wo sie überall eingebunden ist, muss man erfragen, sie tischt das nicht selber auf. Gleich am Tag nach unserer Begegnung reist sie nach Berlin, um vor dem Menschenrechtsausschuss des Deutschen Bundestags gehört zu werden. Von dort macht sie sich auf den Weg nach Sarajevo. Seit Anfang 2020 ist sie Richterin am bosnischen Verfassungsgericht in Sarajevo. Im Herbst 2022 war sie mit Russland beschäftigt. Osteuropa ist ihr Fachgebiet.

Nach dem russischen Angriffskrieg auf die Ukraine hat sie im Auftrag der Organisation für Sicherheit und Zusammenarbeit in Europa einen Bericht zur Menschenrechtssituation in Russland vorgelegt. Man habe sie dort, erzählt sie nüchtern und immer in einer leicht gedämpften, angenehmen Lautstärke, nicht ins Land gelassen. In dieser geraden wie unbeirrbaren juristischen Sprache stellt sie in dem Bericht fest: Die Unterdrückung in Russland hat einen neuen Höhepunkt erreicht.[12]

Angelika Nußberger hört mir zunächst aufmerksam zu. Ihre Perspektive auf Flucht und Fliehende ist eine ganz andere:

«Anders als Verwaltungsrichterinnen oder Journalistinnen bekomme ich die Schutzsuchenden ja nicht zu sehen. Ich erhalte die Akten, die Geschichten und das, was die Rechtsanwälte aufschreiben, oftmals durch Übersetzer gefiltert. Als Richterin an einem europäischen Gericht bin ich weit weg. Das ist vielleicht ein Nachteil, vielleicht fördert es aber auch die Gerechtigkeit, weil man sich auf die Rechtsfragen konzentrieren und die Fälle vergleichen kann.»

Welche konstruktiven Gedanken sind ihr in den Jahren mit dieser Erfahrung durch den Kopf gegangen, möchte ich wissen. Ich drücke den Startknopf, und sie antwortet mit einer eher leisen Stimme, das «r» rollt sie leicht bayrisch.

Welche Bedeutung werden Flucht und Migration in den kommenden Jahren haben?

Ich denke, dass Flucht und Migration schon jetzt sehr, sehr wichtig sind und zunehmend wichtiger werden. Aus einer Vielzahl von Gründen. Zum einen, weil die Ungleichheit zwischen den einzelnen Weltregionen und den Lebensmöglichkeiten hier und dort extrem hoch ist. Und zum anderen auch wegen demografischer Probleme. Es gibt Gesellschaften, die besonders viele Leute verlieren, zum Teil, weil sie abwandern, zum Teil aber auch, weil die Gesellschaften selbst altern. Sie sind auf Migration angewiesen – ob sie wollen oder nicht. Diese Probleme werden sich in der Zukunft für osteuropäische und für westeuropäische Gesellschaften noch mehr stellen. Ich glaube auch, dass durch die klimatischen Veränderungen weitere Wanderungsbewegungen notwendig sein werden. Außerdem sind wir wieder mit Eroberungskriegen konfrontiert; dadurch werden ganze Bevölkerungsgruppen vertrieben. Es wäre naiv zu denken, dass wir das Thema Migration irgendwann zu Ende diskutiert und gelöst haben könnten, sondern es wird uns immer weiter beschäftigen und uns prägen. Von zentraler Bedeutung ist, wie wir damit umgehen. Das gilt auch für das Thema Flucht. Das Recht muss deshalb konkret prüfen, was wie geregelt werden kann. Flucht wird wohl leider dominant bleiben. Und Arbeitsmigration auch. Die Frage ist eben immer, wie man mit beidem parallel umgeht und Lösungen findet, die beidem gerecht werden.

Welche Werte sollten uns leiten, wenn wir das regeln?
Sie fragen mich jetzt als Richterin am EGMR. Da ist es fraglos so, dass uns die Menschenrechte leiten. Die Menschenrechte sagen wenig zu Arbeitsmigration, aber viel zu Flucht und Vertreibung. Denn dabei entstehen Notlagen, die aus menschenrechtlicher Sicht gelöst werden müssen. Das betrifft das Recht auf Leben, das bedroht sein kann, so dass Menschen ein Land verlassen müssen. Folter und unmenschliche Behandlung sind auch Fluchtgründe; das betrifft auch den Schutz der Familie, die Religionsfreiheit und auch andere politische Freiheiten, wie die Vereinigungsfreiheit oder die Meinungsfreiheit. Wir sehen, dass in Russland die Unterdrückung jedweder abweichenden Meinung dazu führt, dass sehr viele ins Exil gehen. Oder nehmen wir das Beispiel Iran. Da stellt sich die Frage, ob die Menschen bleiben und kämpfen oder ob sie weggehen, weil sie nicht mehr kämpfen können. Aus dem Blickwinkel der Menschenrechte ist das Thema Flucht deshalb das zentrale Thema.

Werden die jetzt geltenden Rechtsgrundlagen weiter bestehen? Etwa die Genfer Flüchtlingskonvention, die 1952, kurz nach dem Zweiten Weltkrieg verabschiedet wurde? Wird es die in zehn oder fünfzehn Jahren noch geben?
In der Genfer Flüchtlingskonvention hat man viele Lehren aus dem Zweiten Weltkrieg gezogen. Aber moderne Entwicklungen konnte man nicht vorhersehen und aufnehmen. So wird dort nicht das Thema

sexuelle Orientierung berücksichtigt. Oder der Schutz vor Bandenkriminalität. Dieses Vertragswerk stammt aus einer Zeit vor siebzig Jahren. Es ist anders als die Europäische Menschenrechtskonvention, denn diese wurde permanent durch ein Gericht ausgelegt und weiterentwickelt. Dagegen ist die Genfer Flüchtlingskonvention ein Vertrag, für den kein eigenes Gericht zuständig ist. Der EGMR bezieht sich selbstverständlich darauf. Aber die Europäische Menschenrechtskonvention hat sich in gewisser Weise darübergelegt. Sie geht viel weiter in ihren Forderungen als die Genfer Flüchtlingskonvention.

Die Standards sind in Bewegung, und eine der juristischen Grundfragen lautet: Ab wann ist ein Staat für einen Menschen, der flieht, verantwortlich? Das ist die Frage, die wir nicht gut lösen können. Denn im Prinzip kann ein Staat nur menschenrechtliche Verantwortung tragen, wenn er Staatsgewalt ausübt. Wenn also jemand in Österreich ist, kann er sich nicht an Deutschland wenden und sagen: «Hilfst du mir?» Sondern dann muss er sich an Österreich wenden. Das ist der Grund, warum die Leute fliehen und in das Land kommen müssen, in dem sie Asyl beantragen wollen. Sie müssen über den Zaun steigen – bildlich gesprochen –, um in der Herrschaftsgewalt des entsprechenden Staates zu sein. Die Verantwortung aus der Europäischen Menschenrechtskonvention greift in dem Moment, in dem jemand in einem bestimmten Staat ankommt. Nach der Genfer Konventionen darf der Staat die Menschen, die es geschafft haben, über die Grenze zu kommen, nicht wieder hinauswerfen. Das ist das Refoulement-Verbot. Dieses Verbot ist der Grundgedanke. Damit es greift, muss man im Staat sein.

Diese Verantwortungszuordnung macht es, auch in der EU, schwierig, gute Lösungen zu finden. Menschen, die über das Mittelmeer kommen, landen in Italien oder Griechenland. Dann sind Italien und Griechenland für sie verantwortlich, die anderen europäischen Staaten erst dann, wenn die Flüchtenden «umverteilt» werden. Für die Fliehenden wiederum bedeutet dies, dass sie einen gefährlichen Fluchtweg auf sich nehmen müssen. Es gibt keine wirklich gute Lösung, dies zu verhindern. Solange jemand noch in den Bergen im Irak unterwegs ist und auf die türkische Grenze zuläuft, ist niemand in Europa, auch kein Gerichtshof verantwortlich.

Mein Eindruck ist, dass viele Länder versuchen, diese Rechtsnormen aufzuweichen. Liege ich da falsch?

Das Grundgesetz garantiert ein Recht auf Asyl, das ursprünglich ohne Bedingungen war und in den Neunzigerjahren stark eingeschränkt wurde. In der Europäischen Menschenrechtskonvention steht dagegen kein Recht auf Asyl. Dennoch ist aus meiner Sicht der EGMR das oberste Asyl-Gericht Europas geworden. Warum? Weil der Gerichtshof seine Rechtsprechung zu verschiedenen anderen Menschenrechtsgarantien wie Recht auf Leben und Folterverbot in verschiedenen Stufen weiterentwickelt und auf Flüchtende angewandt hat. Erst hat er gesagt, dass ein Mitgliedstaat, der jemanden in ein anderes Land ausweist, dem dort Schreckliches droht, mitverantwortlich ist, wenn sich die Gefahr dann tatsächlich verwirklicht. Das wurde bei einer Auslieferung in einem Mordfall entschieden, wurde aber dann die gedankliche Grundlage für alle Flüchtlingsfälle. Wenn Flüchtlinge nach Deutschland kommen und vortragen, sie würden in ihrem Heimatland misshandelt, dann ist Deutschland verpflichtet zu verhindern, dass es zu einer Misshandlung kommt. Das bedeutet, die Staaten dürfen Flüchtende nicht in ein Land bringen, in dem ihnen die Gefahr droht.

Diese Idee oder, wenn man so will, rechtliche Konstruktion, steht nicht in der Europäischen Menschenrechtskonvention. Das ist eine Auslegung der Konvention, die aus den Urteilen des EGMR der späten Neunzigerjahre stammt. Als allerdings große Mengen von Fällen an den Gerichtshof gebracht wurden, hatte diese Rechtsprechung eine exponentielle Wirkung. Demgegenüber argumentieren kritische Staaten wie Ungarn und Polen, sie seien nicht verpflichtet, einer derartigen Weiterentwicklung der Rechtsprechung zu folgen, das stehe nicht im Vertrag, den sie unterzeichnet haben! Dennoch wird diese Rechtsprechung allgemein akzeptiert. Und sie führt dazu, dass der Gerichtshof wahrscheinlich statistisch mehr Fälle zum Thema Migration hat als alle anderen Gerichte.

Wegen der Jurisdiktionsfrage hat etwa Polen immer versucht, zu verhindern, dass Flüchtlinge aus Belarus auf polnisches Staatsgebiet kommen. Immer gab es Streit, ob sie schon auf polnischem Staatsgebiet waren oder noch nicht. Deshalb wurden Zäune gebaut, um zu verhindern, dass sie ins Land kommen. Wenn Menschen vor den Zäunen stehen, kann man streiten, ob man auch dann schon Verantwortung zu tragen hat. Wie gesagt, die Jurisdiktion ist an die Anwesenheit auf dem Staatsgebiet gebunden. Von daher werden die Außengrenzen wie bei einer Festung ausgebaut.

Glauben Sie, die UN-Menschenrechtserklärung und die Genfer Konvention, die man gemeinhin für sakrosankt hält, sind angezählt?
Nein, ich glaube nicht, dass sie angezählt sind. Ich glaube, dass sie einen sehr großen «Marktwert» haben. Niemand wird sie antasten, insofern sind sie wirklich sakrosankt. Allerdings glaube ich, dass der Streit über die Interpretation dieser Normen noch heftiger wird. Ich sagte Ihnen, dass in der Europäischen Menschenrechtskonvention kein Recht auf Asyl steht. Es wird aber so ausgelegt, als stehe dieses Recht da. So geht es immer um die Frage, wie weit man mit der Auslegung gehen kann. Das Grundgebot, das ausgelegt wird, ist das Recht auf Leben sowie das Verbot der Folter und der unmenschlichen Behandlung. Das wird niemand in der EU angreifen. Das ist sakrosankt.

Vom ungarischen Außenminister Szijjártó habe ich gehört, dass eine Flucht nur ins nächste, sichere Land legitim ist. Also Ukrainerinnen können nach Ungarn fliehen, Afghanen nach Pakistan, aber eben nicht nach Ungarn. Dies sei internationales Recht. Wie sehen Sie das?
Grundsätzlich kann jeder so weit gehen, wie ihn die Füße tragen. Das internationale Recht schreibt den Menschen nichts vor, es richtet sich ausschließlich an die Staaten. Insofern können wir auch nicht davon sprechen, dass nach internationalem Recht eine Form von Flucht legitim, eine andere Form von Flucht illegitim wäre.

Allerdings lassen sich aus dem internationalen Recht, insbesondere aus den Menschenrechtsverträgen, unterschiedliche individuelle Rechte und Pflichten ableiten. Und die Pflichten betreffen die Staaten. Die Frage, die die Staaten klären müssen, ist, ob diejenigen, die zu ihnen kommen, ein Recht auf Asyl haben. Dafür kann es relevant sein, dass man aus einem sicheren Drittstaat kommt. Dieser muss dann aber auch bereit sein, die Person zurückzunehmen. Nach dem Recht der EU kann dies eine Pflicht sein. Anders ist es für Staaten außerhalb der EU. Im Übrigen gilt es dann auch immer zu prüfen, ob eine Ketten-Abschiebung zu befürchten ist, so dass all jene Staaten, durch die der Flüchtende gekommen ist, die Person jeweils wieder ins nächste Land zurückschicken, eventuell bis in die Heimat, wo Verfolgung droht. Im Einzelnen sind das sehr komplexe Fragen, bei denen EU-Recht und Völkerrecht ineinandergreifen. Nach der Europäischen Menschenrechtskonvention muss man prüfen, ob bei einer Abschiebung eine Gefahr für Leib und Leben droht. Und hier ist es ganz gleich, ob der Schutzsuchende aus einem Nachbarstaat oder aus einem entfernteren Staat geflohen ist. Ich würde der Ansicht des ungarischen Außenministers daher widersprechen. Eine Regel des internationalen Rechts, nach der man nur ins Nachbarland fliehen darf, gibt es nicht.

Welche Menschen, die jetzt zu uns kommen und Schutz suchen, lassen wir rein und welche nicht?

Wir haben eine ausgeprägte Rechtsprechung dazu, wem wir Schutz zu gewähren haben. Wenn jemand diese Voraussetzungen erfüllt, weil nachgewiesen wird, dass er oder sie verfolgt wird oder im Heimatland oder in dem Land, in dem er oder sie zuvor war, den schlimmsten Menschenrechtsverletzungen ausgesetzt wäre, dann müssen wir Schutz gewähren. Wir haben ein Recht geschaffen, das wir als absolut ansehen. Das relativieren wir nicht. Wenn jemand die Voraussetzungen erfüllt, dann muss man Schutz gewähren. Da gibt es im Recht eine klare Antwort.

Wen wollen wir nicht?

Diejenigen, die keinen entsprechenden Grund haben zu fliehen, die aber behaupten, sie seien schutzbedürftig. Das sind sehr viele. Das sind die üblichen Fälle, jene, die etwa behaupten, sie seien Christen. Und dann fragt man sie nach der Dreifaltigkeit und sie haben keine Ahnung. So muss man prüfen, ob die Geschichten der Realität entsprechen. Es kann im Einzelfall sehr schwierig sein, die Fluchtgründe wirklich nachzuweisen. Da macht man sicherlich auch Fehler. Es kann passieren, dass man den Falschen Schutz gibt, die dies eigentlich nicht brauchen, und den Richtigen den Schutz nicht gewährt. Interessant erscheint mir noch: In der Genfer Konvention hat man eine Ausnahme für Kriegsverbrecher gemacht, die große Schuld auf sich geladen haben. Man wollte nicht, dass die Nazis – denn um sie ging es damals – unter der Genfer Konvention Anspruch auf Schutz haben. Aber die Rechtsprechung des EGMR ist absolut. Sie sagt: Ganz egal, was du getan hast, wenn du in deinem Heimatland gefoltert wirst, erhältst du Schutz. Viele Menschen finden das inakzeptabel, in konkreten Fällen, etwa bei Terroristen, kann es erbitterten Streit erzeugen.

Was ist, wenn die Proteste oder die revolutionäre Bewegung im Iran Erfolg hat? Bekommen dann all die Mullahs, Milizen und Revolutionsgarden Asyl von Deutschland?
Genau! Wenn sie kommen und behaupten, in dem neuen Regime würden sie ausgepeitscht, dann dürften sie nach unserem Verständnis hierbleiben. Das liegt an diesem absoluten Anspruch. Weil man argumentiert, dass man, ganz gleich, was ein Mensch getan hat, ihn nicht in eine Situation bringen darf, in der er gefoltert oder getötet wird. Da sind wir verantwortlich.

Auf welchem Weg sollen uns die Menschen erreichen, damit sie um Schutz bitten können?
Der ideale Weg wäre, dass sie in ihren Heimatländern alles vorbereiten, sich ankündigen und um Schutz bitten, etwa bei Botschaften. Aber so funktioniert das nicht. Und da bin ich wieder genau an dem Punkt, den ich als das Grundproblem der ganzen Debatte sehe, bei der Verantwortlichkeit, die an die Jurisdiktion geknüpft ist. Es wäre gut, wenn man das regeln könnte. Dann würden die Leute kommen, die schon anerkannt sind. Aber das funktioniert halt nicht so. Denn wer verfolgt wird, der muss meistens schnell und heimlich weglaufen. Damit ein anderer Staat für ihn oder sie verantwortlich ist, muss man bis zur Grenze kommen. Und damit ist die Flucht eben doch eine Notwendigkeit.

Sie meinen so etwas wie das Modell «Resettlement»?
Das sind aus meiner Sicht vernünftige Ansätze. Man versucht zu verhindern, dass die Leute in ein Schlauchboot einsteigen müssen, und gibt ihnen auf einem anderen Weg eine Chance.[13]

Sie meinen, das Bundesamt für Migration und Flüchtlinge müsste eine Außenstelle im Iran oder in Afghanistan haben, und man würde dort seinen Asylantrag stellen?
Staaten wie Afghanistan, Iran oder Russland werden kein solches Amt einrichten und alle Dissidenten ermuntern, sich dort zu melden und dann fröhlich in ihren Wohnungen zu warten, bis die Flugzeuge kommen und sie abholen. Flucht heißt, so schnell wie möglich ein Land verlassen, weil man in einer unmittelbaren Gefahr ist. Ruhig warten zu können, bis man als Flüchtling irgendwo angenommen wird, ist realitätsfern.

Wie sollten wir die Außengrenzen schützen? Wie hoch sollten die Zäune sein, die wir bauen, oder sollte man sie besser nicht bauen?
Das ist der Grundwiderspruch. Jeder Staat darf auf völkerrechtlicher Grundlage Zäune um seine Grenzen herum bauen, jeder Staat darf seine Grenzen sichern. Das ist im Völkerrecht unumstritten. Gleichzeitig müssen die Staaten aber nach der Rechtsprechung des EGMR auch Türen schaffen, durch die man ins Land kommt, um nach Asyl fragen zu können. Es ist ein Widerspruch, sieben Meter hohe Zäune und gleichzeitig auch eine Tür zu bauen. Das Recht kann auf diese Frage keine zufriedenstellende Antwort geben. Wir haben in der Gegenwart sehr viel mehr Zäune als im Kalten Krieg. Wir bauen permanent Zäune und sprechen von Öffnung. In Ungarn, Serbien, Belarus, Polen, Finnland, Russland – wir bauen überall Zäune.

Dann wird es ja vermutlich künftig mehr Grenzanlagen geben, weil die Mobilität nicht nachlassen wird und weil die Menschen versuchen werden hierherzukommen.
Es ist eine Absurdität. Wir schaffen ein Recht auf Asyl und sagen: «Wenn du bei uns bist, geben wir dir Schutz. Aber gleichzeitig tun wir

alles, damit du nicht zu uns kommst.» Ich sehe keine Lösung für diese Probleme.

Vielleicht gibt es nur kleine Lösungen und kleine Scharniere oder Türen, die es für manche etwas erträglicher machen. Haben Sie Vorbilder, Beispiele, etwas, das Sie in den letzten Jahren gesehen haben und bei dem Sie dachten: Oho, das ist etwas Konstruktives?
Was konstruktiv ist und begeistert, ist die Hilfsbereitschaft und Aufnahmebereitschaft der Menschen. Wie die Zivilgesellschaft die Menschen willkommen heißt. Migration ist im Abstrakten und im Konkreten so unterschiedlich. Wenn Sie eine Familie sehen mit ihren drei kleinen Kindern, dann helfen Sie. Aber abstrakt macht die Flucht der vielen, die kommen wollen, Angst. Aber die Hilfsbereitschaft ist der Punkt, der wirklich begeistert und auch Hoffnung macht. Dennoch sind es nur Mikro-Lösungen für einzelne Fälle. Das gesamte Problem lässt sich allein mit individueller Hilfsbereitschaft nicht in den Griff bekommen.

Haben Sie Modelle, Wege, Initiativen hier an der Uni kennengelernt, die Sie interessant finden?
Die Studierenden, die bei uns arbeiten, beraten und helfen kostenlos in der Refugee Law Clinic. Es gibt Netzwerke von Flüchtenden aus den verschiedenen Ländern. Zum Beispiel von Ukrainern und Ukrainerinnen, die viele ihrer Landsleute auffangen. Wir haben an den Universitäten Bonn und Köln eine Cologne Bonn Academy in Exile gegründet, an der wir Leute aus der Ukraine, Belarus und Russland aufnehmen als Wissenschaftlerinnen und Wissenschaftler. Wir wollen sie hier integrieren. Es gibt sehr viele Initiativen für die, die neu hier angekommen sind. Da spielen die menschlichen Begegnungen die größte Rolle. Dann ist es nicht mehr das Abstraktum «Flüchtling», sondern die konkrete Person, die man vor sich hat.

Gibt es Möglichkeiten, dieses Spannungsverhältnis zwischen Konkretem und Abstraktem näher zueinander zu führen?
Das ist die Aufgabe der Journalisten. Wenn Sie an die Fluchtwelle 2015 denken, erinnern Sie sich an das Bild des kleinen Alan Kurdi, der tot an

der türkischen Küste lag. Ein Journalist hat aus der unendlich großen Menge der Flüchtenden ein Schicksal herausgegriffen. Da wurde diese abstrakt große Bewegung, die man sah, konkret und individuell und hat bei den Menschen große Emotionen ausgelöst. Ich glaube, da liegt das Scharnier zwischen Abstraktem und Konkretem. Das ist auch das, was Sie mit ihrem Buch machen: an einzelnen Schicksalen zeigen, was es konkret bedeutet, Flüchtling zu sein.

Sie haben mir jetzt einen schönen Überbau für dieses Buch geschenkt. Vielen Dank. Aber dann kann es natürlich sein, wenn man solche Bilder häufiger sieht und dann abstumpft und sich gewöhnt ...?
Auch dieses Gefühl der Mitmenschlichkeit, wird man – leider – nicht auf Dauer lebendig halten können. Sondern man gewöhnt sich auch an Leid. Wie man sich auch an Ungerechtigkeit zu gewöhnen scheint. Dann ist auch das keine Lösung mehr. Aber Mitmenschlichkeit sollte immer der Ausgangspunkt sein, um eine gute Lösung zu finden.

Ich steige wieder auf mein Fahrrad und werde den Nußberger'schen Gedanken vom Spannungsverhältnis zwischen dem Abstrakten und dem Konkreten nicht los. Juristisch, sagt sie, gebe es keine Lösung für das Dilemma, wie schwer man es Menschen macht, damit sie nicht auf ein bestimmtes Staatsgebiet gelangen, um dann dort um Schutz zu bitten. Denn damit ist der jeweilige Staat für den Menschen zuständig. Dass der Journalismus die Übersetzung in die Lebenswirklichkeit übernehmen soll und damit eine zentrale Rolle spielt, habe ich genau gehört. Während ich viele Grundnormen schwanken oder schwinden sehe, zweifelt sie nicht einen Moment an der normativen Kraft der Rechtsgrundlagen – Verbot der Folter, Schutz der Familie, Meinungs- und Religionsfreiheit etc. Die hatte sie «sakrosankt» genannt. Nur wie man es auslegt, das werde ein Konflikt bleiben. Mauern ja, aber mit Türen, Schutz für jeden, selbst wenn er oder sie selbst gefoltert hat. Es ist der klare, nüchterne Blick der Richterin, die alles auf die Waage der Gerechtigkeit legt.

Jacqueline Bhabha, Menschenrechtsexpertin in Harvard

Jacqueline Bhabha spricht dieses wohltemperierte Oxford-Englisch, dem man allein schon deshalb gerne zuhört, weil es nach Hochkultur klingt, egal um was für profane Dinge es geht, und weil sie es so selbstverständlich vorträgt. Dabei lebt sie schon lange in den USA. Als wir zu diesem Gespräch verabredet sind, sitzt sie hustend in ihrem Arbeitszimmer zu Hause. Sie wollte nicht absagen. Ihr Mann kommt kurz rein – auch ein Harvard-Professor –, stellt ihr geräuschlos ein Warmgetränk hin und verschwindet wieder.

Bhabhas Biografie verbindet eine deutsche Familiengeschichte mit selbstverständlichem Weltbürgertum. Sie stammt aus der jüdischen Familie Strimpel in Pforzheim. Die Eltern flohen vor dem Holocaust, nicht in die USA, nicht nach Großbritannien oder Frankreich, sondern nach Indien, wo Jacqueline 1951 in Mumbai geboren wurde. Über Italien landete sie schließlich in Oxford und London, arbeitete auch als Juristin am Europäischen Gerichtshof für Menschenrechte. Dann wechselte sie den Kontinent. Der Umzug quer über den Atlantik bedeutete für sie auch den Wechsel in die akademische Welt. Bald sollte sie in Harvard lehren. Mittlerweile ist sie Professorin für Gesundheit und Menschenrechte an der Harvard T.H. Chan School of Public Health, sie unterrichtet und forscht außerdem an der Harvard Law School und der Harvard Kennedy School.

Sie arbeitet und veröffentlicht zu Migration, Flüchtlingsschutz, Kinderrechte und stellt die großen Fragen wie in ihrem zuletzt erschienenen Buch: Kann man die Migrationskrise lösen?[14] Dabei fußt ihr Ansatz auf Menschenrechten und der Ethik von Gerechtigkeit.

Jacqueline Bhabha merkt sich Dinge. Sie weiß noch, worüber wir bei unserer ersten Begegnung in Harvard vor etlichen Jahren sprachen. Wir waren zum Frühstück verabredet. Bhabha war auch damals schon eine Harvard-Eminenz, vernetzt mit ihresgleichen, Studierenden und NGOs. An jenem Morgen, als wir uns das erste Mal trafen, sprach sie ungefähr fünf Minuten, ich fünfundfünfzig. Jetzt soll es auf jeden Fall andersherum sein.

Die erste Frage ist also die nach der Bedeutung oder Dimension von Migration, Vertreibung, Flucht in unserer Zukunft, sagen wir in den nächsten fünf oder zehn Jahren?

Man sollte Migration insgesamt von Vertreibung unterscheiden. Migration als Teil von Mobilität ist ein typisch menschliches Phänomen, das immer Teil unserer Geschichte war und sein wird. Eine der größten Herausforderungen, die wir geerbt haben, besteht darin, dass der Zugang zu diesem menschlichen Phänomen falsch verteilt ist. Das ist auch das Resultat historischer Prozesse wie Ausgrenzung, Kolonisierung und der Vorherrschaft einer Rasse. Wir leben auch jetzt in einer Welt, in der dieser sehr zentrale Aspekt des Menschseins einfach falsch verteilt ist.

Manche haben einen ziemlich problemlosen Zugang zu Mobilität. Wissen Sie, wahrscheinlich könnten Sie und ich jetzt ein Visum bekommen oder bräuchten nicht mal eins und innerhalb von 48 Stunden könnten wir in jedem Land der Welt sein. Und dann könnten wir einfach zu einer Konferenz gehen oder ein bisschen recherchieren oder Urlaub machen. Einfach weil wir das tun wollen. Und andere, die wirklich Mobilität ausüben müssen, haben keinen Zugang dazu. Das ist, glaube ich, das erste große Phänomen. Mobilität gehört zu unserem Lebensstil. Die Art und Weise, wie wir Chancen erkunden und Verbindungen zu Familie, Freunden oder zur Arbeit aufbauen.

Der zweite Punkt ist, dass Vertreibung fast immer ein Produkt von mehreren sich überschneidenden Faktoren ist. Vielfältige Faktoren. Wir als politische Entscheidungsträger, Wissenschaftler, Aktivisten neigen dazu, Vertreibung aufzuteilen: in Menschen, die vor Verfolgung, Konflikten, Armut oder dem Klimawandel fliehen, in kriegsgetriebene Exilanten und Wirtschaftsmigranten. Wir haben solche Kategorien, die uns irgendwie beigebracht werden und die sich gegenseitig ausschließen. Aber in der Tat ist Vertreibung immer ein vielschichtiges Phänomen, das durch verschiedene Treiber angetrieben wird. Und irgendwann sind diese Treiber, die die Entscheidung zum Weggehen beschleunigen, stärker als jene, die die Entscheidung zum Bleiben bestärken. Und es ist eben keine so klare Sache. Manche Menschen haben stärkere Gründe zu bleiben als Gründe oder Möglichkeiten, das Land zu verlassen. Das ist ein sehr wichtiger Punkt! Das Verhältnis von menschlicher Entscheidungsfindung und Vertreibung ist nicht deterministisch. Auch wenn Politik anders handelt und Medien sich das zum Teil anders zurechtlegen.

Wenn Ihre Frage also lautet, wie entwickelt sich das in der Zukunft, dann denke ich, dass ein Teil dieser Landschaft konstant bleiben und ein Teil sich stark verändern wird. Konstant bleiben wird die Realität der menschlichen Mobilität und die Tatsache, dass es weiterhin alles geben wird, von sehr kurzfristigen, kleinen Bewegungen bis hin zu permanenten großflächigen Verlagerungen von einem Kontinent auf einen anderen für den Rest eines Menschenlebens. Dabei kann es durchaus einige Faktoren geben, bei denen wir ziemlich dramatische Veränderungen erleben werden, und einige davon sehen wir bereits.

Der ungleiche Zugang zu Mobilität wird wahrscheinlich ungleicher werden. Die freie und problemlose Bewegung wird für diejenigen, die dies wünschen, durch digitale Medien und biometrische Tests zunehmen. Sie müssen nicht einmal einen Reisepass vorzeigen. Sie machen einen Fingerabdruck, einen Iris-Scan und kommen durch. Am anderen Ende des Spektrums jedoch wird sogar lebensrettende Mobilität immer schwerer und gefährlicher. Die Technologie, die das ermöglicht, wird wachsen. Es wird immer klarer werden, dass die Wege und Reisen, die Menschen unternehmen müssen, um Zugang zu Sicherheit zu erhalten, schwerer werden. Die Gruppen, die unerwünscht sind, werden immer mehr zur Zielscheibe. Das ist kein sehr rosiges Bild.

Wir leben also auf der Sonnenseite. Welche Werte sollten uns leiten, wenn wir entscheiden, wer kommen darf, wem wir Schutz gewähren und wem nicht?

Wir sollten unser Augenmerk richten auf das, was wir brauchen, aber auch auf unsere Vergangenheit und auf die Folgen unseres Verhaltens in der Vergangenheit. Wenn man sich zum Beispiel die Geschichte der Kolonisierung anschaut, gibt es bestimmte Schulden gegenüber Gruppen, die über Rohstoffe verfügten. Es geht um Ausbeutung, auch von Arbeitskräften, Kolonisierung durch Siedlungen und so weiter. Deshalb denke ich, dass Geschichte auch ein Wert ist, den wir berücksichtigen sollten. Außerdem brauchen wir Formen von Umverteilungsgerechtigkeit. Es gibt diese radikalen Unterschiede in der Lebenserwartung, beim Zugang zu lebensrettender Gesundheitsversorgung oder wie sehr man Bandengewalt ausgesetzt ist. Einer unserer Werte muss darin bestehen, zu sehen, dass wir im Westen verantwortlich sind für die Folgen von früherem Engagement in Ländern, aus denen Menschen jetzt versuchen zu uns zu kommen. Das muss sich auf unsere Politik auswirken. Wir sind deshalb so reich, weil wir all diese Ressourcen hatten. So viele Länder haben von den Rohstoffen und von den ungleichen Handelsbeziehungen profitiert. Deshalb sind Länder in Asien und Afrika, die all diese Rohstoffe hatten, ausgelaugt. Wir in Europa und Amerika sind reich geworden, entweder durch Arbeit oder durch Rohstoffe.

Und dann sollten wir uns an die Grundsätze der Nichtdiskriminierung halten. Wenn Sie sich die Ziele für nachhaltige Entwicklung ansehen, die *Sustainable Development Goals,* wissen Sie, dass wir eine sichere, geregelte und legale Migration unterstützen und die Anzahl der Zugänge erhöhen sollten. In den USA leben dreizehn Millionen Arbeitnehmer ohne Papiere. Das muss aufhören! Sie verrichten Arbeit, die jeder braucht, und jeder weiß, dass ohne diese Arbeiter Industrien zusammenbrechen würden. Legale Wege würden das regulieren. Menschen erlauben anderen Menschen nicht zu leben. Für den größten Teil ihres Lebens leben sie ohne rechtlichen Status oder ohne eine rechtliche Identität. Das sind grundlegende Nichtdiskriminierungsprinzipien, an die wir uns halten sollten.

Sollte dies durch nationales Recht oder durch internationales Recht geregelt werden? Sollten wir also auf lange Sicht versuchen, uns an internationale Konventionen zu halten, oder ist das etwas, das jedes Land für sich regulieren sollte?

Ich bin mit der Art, wie Sie diese Frage formuliert haben, nicht einverstanden. Es gibt kein Entweder-oder. Wir wissen, dass die Durchsetzung durch nationale Institutionen erfolgt. Die Vereinten Nationen und internationale Gremien sind extrem schwach, wenn es um die Umsetzung geht. Wenn wir also über umstrittene Prinzipien sprechen, braucht man die Muskeln der nationalen Staaten. Sie können sich nicht auf die UN verlassen. Das heißt nicht, dass internationale Normen und internationale Vertragsabschlüsse keine Rolle spielen. Sie sind wichtig beim Kapazitätsaufbau nationaler Akteure, bei der Verbreitung neuer Ideen, um Veränderungen und neues Denken anzuregen und um kulturelle gegenseitige Befruchtung zu fördern. Diese supra-nationalen Aktivitäten können sehr fortschrittlich, inklusiv und ehrgeizig sein. Aber ich denke, das muss mit nationalen Strukturen kombiniert werden. Man braucht beides. Für die Genfer Flüchtlingskonvention aber gibt es kein internationales Gericht, das ihre Umsetzung überwacht. Das liegt immer bei den Staaten. Viele Länder haben die Konvention nicht ratifiziert, weil sie ursprünglich europäisch war, obwohl sie dann erweitert wurde.

Wem sollten wir Schutz gewähren und wem nicht?
Ich denke, wir sollten Schutz gewähren! Ich würde mir die Erklärungen von Cartagena und der Afrikanischen Union ansehen, in denen gesagt wird, dass auch Menschen dazu gehören, die vor allgemeinen Konflikten, Katastrophen, anderen Arten von Umwälzungen und sozialen Unruhen fliehen, die es den Menschen unmöglich machen zu leben.[15] Diese Menschen brauchen auch Schutz. So wie wir es jetzt im Falle der Ukraine erleben. Man könnte sagen, dass sich die Ukrainer wahrscheinlich nicht für die Flüchtlingskonvention qualifizieren würden. Es gibt eine Konfliktsituation, die alle betrifft. Und doch scheinen wir keine Schwierigkeiten damit zu haben zu sagen, dass sie Schutz brauchen. Wir müssen die Genfer Flüchtlingskonvention allgemeiner anwenden. Das Beispiel der Ukraine zeigt, was möglich ist.

Ich denke, die Angst, die die Europäische Union hat, ist, dass sich viel mehr Menschen aus Afrika auf den Weg nach Europa machen könnten wegen Hunger oder Klimawandel. Und das war auch der Hintergrund der Frage, wem sollten wir Schutz gewähren und wem sollten wir keinen Schutz gewähren?
Sie suchen nach einem besseren Leben. Denn ihr Land wurde über

Jahrhunderte durch Kolonisierung und nun Klimawandel und so weiter besiegt und verändert, dadurch konnten Menschen, die zuvor recht glücklich in ihrem Land lebten, nicht mehr ihren Lebensunterhalt verdienen. Und nicht etwa, weil sie es nicht können. Das liegt daran, dass sich die Umstände radikal geändert haben, weil es ein irgendwie abscheuliches Verhältnis zwischen dem gibt, der Macht hat und davon profitiert, und dem, der keine Macht hat und nicht davon profitiert. Ich beschreibe ein Ideal. Deshalb sitze ich auch nicht in einem Regierungsbüro und mache Richtlinien. Aber ich denke, dass es sehr wichtig ist, diese historischen Fehler zu berücksichtigen, sie werden ja jetzt deutlich. Niemand mag es, ewig Hilfsleistungen zu bekommen. Aber da die Situation dieser Länder unerträglich ist, muss man sich damit befassen. All diese Dinge sind miteinander verbunden, und Migration ist kein separates Kästchen. Solange wir Handelsbeziehungen haben, solange wir den Klimawandel und die zunehmende Fragilität aller Systeme der landwirtschaftlichen Versorgung haben, werden diese Probleme nicht verschwinden.

Es gibt Zugänge für qualifizierte Personen, aber die meisten erfüllen die Kriterien nicht. So bleibt die größte Tür: Asyl. Denken Sie, dass dies in Zukunft ein angemessener Prozess ist, oder sollte es einen anderen geben? Welche Türen sollten die Europäische Union oder Deutschland anbieten?

Wie kommen denn die Ukrainer rein? Durch Asyl? Nein, sie kommen durch die EU-Massenzustrom-Richtlinie, weil sie vorübergehenden Schutz benötigen. Diese Einschränkung, dass man nur Asyl gewährt und den Arbeitsmarkt nicht öffnet, das müssen wir radikal überdenken. Denn wir sind auf die billigen Arbeitskräfte von anderswo angewiesen. Sie treiben die Wirtschaft an.

Wen sollten wir versuchen von uns fernzuhalten? Und wie können wir das am besten machen?

Wir sollten unsere Grenzen so verwalten, dass wir unseren menschenrechtlichen Verpflichtungen nachkommen. Das heißt, Menschen, die Angst um ihr Leben haben, nicht zu diskriminieren und sie zu schützen. Wir sollten faire Prozesse haben. Für Menschen, die Arbeit suchen oder die studieren möchten, gibt es eine große Ungerechtigkeit, mit der wir konfrontiert sind. Es gibt wenig reguläre und sichere Mobilität für diejenigen, die nicht reich sind. Kinder aus wohlhabenden Familien können für ein Praktikum in ein anderes Land reisen, in einem Betrieb arbeiten oder in einer Einrichtung von Freunden ihrer Eltern. Sie machen gute Erfahrungen. Und dann bekommen sie vielleicht noch ein gutes Empfehlungsschreiben. So etwas ist enorm wertvoll. Wir alle wissen, dass wir das mit unseren eigenen Kindern gemacht haben. Nichts von dieser legalen Migration gibt es für Menschen, die diese Vorteile nicht haben, die nicht über dieses soziale oder finanzielle Kapital verfügen. Die einzige Strategie, die sie zur Verfügung haben, ist die, wahrscheinlich illegal zu reisen und ausbeuterische Arbeiten zu verrichten, um dann einen Schlepper dafür zu bezahlen, weiterzukommen.

Wir müssen also über die nächste Generation nachdenken. Wir müssen über den Zugang zu Bildungschancen nachdenken, nicht nur Grundschulbildung im Herkunftsland, sondern auch Zugang zu höherer Bildung und zu Ausbildung, Lehrstellen, wo sie nicht wegen ihrer Klasse oder Rasse oder ihres aktuellen sozialen und wirtschaftlichen Hintergrunds diskriminiert werden. Es wäre eine Art Version von Erasmus, aber auf einer viel globaleren Ebene. Und es wäre eine Win-win-Situation, denn man hätte Millionen von motivierten Menschen. Harvard und viele Universitäten bieten solche kleinen Programme für Kinder an, die aus Familien kommen, in denen noch niemand aufs College gegangen ist, und sie sind supermotiviert. Dies sind kleine Nischenprogramme für diejenigen, die besonders talentiert sind. Aber wir brauchen etwas viel Umfassenderes. Das sind die Menschen, die wir über unsere Grenzen lassen sollten.

Und wer sollte draußen bleiben? Ich denke, Menschen, die Völkermord begangen haben, Menschen, die schreckliche Verbrechen gegen die Menschlichkeit verübt haben, verdienen nicht die Solidarität und die Gastfreundschaft eines anderen Landes. Und wenn man hier von «Terrorismus» spricht, muss man sehr vorsichtig sein. Denn das kann sehr diskriminierend mit sehr wenigen Beweisen gegenüber großen religiösen und anderen Gruppen eingesetzt werden. Und noch etwas:

Man sollte Menschen nicht wegen der öffentlichen Gesundheit aus einem Land fernhalten.

Sollten wir Zäune oder Mauern haben, um die Grenzen zu schützen und die Menschen fernzuhalten?
Das Gefühl, dass der andere von Natur aus gefährlich ist, ist etwas, das Politiker und einige Medien in die Welt setzen und gegen das wir uns wehren müssen. Vielleicht haben manche das Gefühl, dass eine große Anzahl von Menschen kommt und ihre Lebensqualität ruinieren wird, weil die ihre Ressourcen wegnehmen. Ich habe einige Sommer auf Lesbos verbracht und an anderen solcher Orte. Die Menschen dort bewegen sich von zunächst viel Solidarität zu Feindseligkeit, weil sie keine Unterstützung erhalten haben. Die EU war nicht da, die griechische Regierung aber schon. Und so mussten diese kleinen Inseln, nachdem sie so viele gerettet hatten, nach einem Jahr Tausende von Menschen ohne Arbeit, ohne Zugang zu Schutz, mit Müll und Verbrechen ertragen. Da hatten die Leute natürlich die Nase voll. Genau das tun wir jetzt für die Ukrainer: sie werden nicht als Bedrohung angesehen.

Wir führen gerade eine Studie durch, die zu diesem Thema passt. Wir befassen uns mit der sogenannten Solidarität gegenüber Migranten. Wir möchten untersuchen, wie die Reaktion der Regierung die Solidarität, die man anfangs oft wahrnimmt, entweder unterstützt, bestärkt oder untergräbt. Und die Hypothese lautet, dass Solidarität mit notleidenden Migranten oder Flüchtlingen nicht unweigerlich von kurzer Dauer sein muss. Es ist auch nicht Teil der menschlichen Natur, dass sich diese Solidarität auflöst. Es ist aber ein vorhersehbares Ergebnis der Regierungspolitik, die einen Bedarf nicht antizipiert, und Institutionen, die unterstützt werden müssen, Schulen, Gesundheitszentren, eben nicht stützt.

Verstehe ich Sie richtig, dass wir keine Zäune oder Mauern oder Grenzmanagement brauchen, solange die Regierung stark genug ist und den Menschen, die kommen, hilft? Und das reicht?
Nein, wir brauchen ein Verfahren zur Überprüfung der rechtlichen Identität von Menschen. Ich denke nicht, dass wir an jeder Grenze ein

regelrechtes Kriegsgebiet brauchen – dahin scheinen wir uns ja zu bewegen. Aber wir brauchen einen Mechanismus, um die Dokumente der Menschen zu überprüfen und herauszufinden, wer Schutz benötigt und wer nicht. Ich bin nicht für eine offene Grenze. Aber ich sehe das nicht als schreckliche Bedrohung an.

Sie haben schon erwähnt, dass es eine Art «Erasmus Worldwide» geben sollte. Oder dass Resettlement Sinn macht. Gibt es etwas, auf das Sie gestoßen sind, von dem Sie sagen würden: Okay, das muss man sich unbedingt genau ansehen, das würde uns helfen?
Da würde ich gern ein paar Dinge sagen. Die Ukraine ist das größte Beispiel für eine offizielle, Rechte achtende, großzügige und ehrgeizige Reaktion auf eine sehr große Zwangsmigration. Und daraus können wir viel lernen. Das ist beispiellos in meiner jahrzehntelangen Arbeit in diesem Bereich. Jahrzehntelang haben viele von uns diese Punkte vorgeschlagen. Uns wurde immer gesagt, das ist nicht möglich! Sie wissen doch, Europa ist zu voll und die Länder sind zu phobisch und es ist zu teuer und so weiter. Und plötzlich sieht man hier eine Gruppe, die die Sprache nicht spricht, kein Polnisch, kein Deutsch, und die all die Probleme hat und, oh Wunder, es gibt einen Weg!

Zweitens würde ich sagen, dass wir viel mehr darüber nachdenken müssen, wie man legale Wege erleichtern kann, insbesondere für junge Menschen. Ich denke dabei an die Anfänge der EU. Als einige von uns jung waren und wir sahen, wie die Freizügigkeit funktioniert. Das war sehr inspirierend, weil das genau im Gegensatz zum Mangel an Freizügigkeit stand, den unsere Väter erlebten.

Und dann natürlich die Art und Weise, wie der Europäische Gerichtshof den Anwendungsbereich der EU-Vorschriften vorangetrieben und erweitert hat. Von einer engen Definition der Kernfamilie – Eltern, Kinder unter achtzehn, die vollständig abhängig sind – zu einer viel umfassenderen Definition von Familie. Das ist eine exzellente Praxis. Wir brauchen das für die ganze Welt. Denn Familien gibt es in allen möglichen Formen und Größen. In vielen Teilen der Welt, die von Migranten und ausländischen Arbeitnehmern abhängig sind, können die Menschen nicht einmal ihre Familien nachholen. Etwa in den

Golfstaaten mit all den südasiatischen Wanderarbeitern. Stellen Sie sich also vor, Sie würden auf diese Arbeitnehmer das EU-Modell anwenden. Was für einen Unterschied wäre das für ihre Lebensqualität! Sie würden sich ganz anders fühlen. Ich denke, das sind einige Ideen.

Während das selbstverständliche Denkmuster «wir» und «die» verbreitet ist, hat Jacqueline Bhabha nur eine Referenzgröße, die für alles gilt: Wir! Und an dieses «wir» legt sie den Maßstab der Gerechtigkeit an. Ich habe unsere westliche Bewegungsfreiheit irgendwie für gottgegeben gehalten. Als gäbe es zwei parallele Universen, wo die einen sich bewegen dürfen und die anderen eben am besten nicht. Für Jacqueline Bhabha gibt es aber nur ein Universum, und deshalb vergleicht sie und stellt Ungerechtigkeiten fest. Dass zu viele Menschen kommen könnten, dass die anderen sich bedroht fühlen, treibt sie nicht um.

Fünf Leben, fünf Antworten

Ursprünglich hatte ich für dieses Buch auch in zwei Universen gedacht: erst die Geschichten von den Menschen aus dem einen Universum in den ausführlich erzählenden Kapiteln, dann die Experten aus meinem westlichen Universum, die sagen, wo die Reise hingehen soll. Mein Sohn Kilian meinte dann, wenn es dir wirklich um Augenhöhe und konstruktive Gedanken geht, warum lässt du hier zum Schluss die fünf, die eine Flucht hinter sich haben, nicht auch zu Wort kommen?

Ich schicke ihnen dieselben fünf Fragen, die ich den Experten und Expertinnen gestellt habe. Es dauert keinen Tag und ich erhalte ihre Antworten. Als hätten sie darauf gewartet. Safi spricht gleich alles am selben Abend ins Handy. Ruhi hat erst etwas nachgedacht und flüstert dann fast zögerlich seine Gedanken in die Sprach-App. Melika tippt am nächsten Abend einen regelrechten Aufsatz. Alles, was sie schreibe, beruhe auf ihren eigenen Erfahrungen. Olena schreibt schnell und ausführlich, Omid schickt mir kurze, prägnante Sätze. Alle haben klare Vorstellungen von Werten und Wegen. Es folgt hier der Wortlaut ihrer Antworten, meist aus dem Persischen ins Deutsche übersetzt. Olena schreibt auf Deutsch. Zuweilen missversteht der eine oder die andere die Fragen, diese Antworten habe ich dann nicht verwendet.

Safi: Wer vor dem Krieg flieht, findet hier Ruhe

Wie wichtig ist das Thema Migration und Flucht in der Zukunft?
Wenn jemand wegen der Religion flieht, dann erwartet ihn hier die Freiheit der Religion. Wenn er wegen des Krieges flieht, findet er hier Ruhe. Wenn er wegen des Klimas flieht, weil es dort schlecht war, dann kann er hier ein besseres Leben haben. Insgesamt heißt das: Wenn jemand hierherkommt, kann er eine bessere Zukunft aufbauen als in

seinem eigenen Land. Hier hat er auch Probleme, aber hier kann er es zumindest versuchen. Wenn er in seinem Land jemand Einfaches war, kann er hier viel mehr werden. Er kann hier ein gutes Leben für sich aufbauen.

Wem sollen wir Schutz geben, wem nicht?

Das hängt davon ab, ob jemand in seinem Land wirklich Probleme hatte oder nicht. Wer hierherkommt, der bringt sein Leben in Ordnung und kriegt viele seiner Probleme irgendwie in den Griff. Er sollte hier kein Verbrechen begehen. Und sollte seine Frau nicht unterdrücken. Wer schlimme Sachen macht, klaut, vergewaltigt, Menschen ärgert, der sollte von hier abgeschoben werden. Aber: Wenn er sich hier entwickelt, soll er bleiben dürfen.

Über welchen Weg sollten die Menschen uns erreichen?

Wenn im eigenen Land Krieg ist, dann sollten im Nachbarland oder auf dem Weg nach Europa Lager sein, die sich die Person mit wenig Geld leisten kann. Dann versteht er bereits: Okay, das wird nicht einfach. In diesem Lager soll er dann schon seinen Fall vorstellen. Man kann so früh herausfinden, ob die Person wirklich Probleme hat. Nur dann sollten sie ihn ins Land holen. Damit er diesen ganzen Weg dahin nicht extra zurücklegen muss. Ein Flüchtling, der vom Iran in die Türkei kommen möchte, muss ungefähr 10 000 Euro bezahlen. Könnte man jedoch in Pakistan, dem Iran oder der Türkei Zentren aufbauen, damit die Leute da mit wenig Geld unterkommen, vielleicht für 1000 oder 800 Euro, dann hätte das Land, in das er will, keinen Druck und die Person auch nicht.

Hast du ein Vorbild, ein Modell gesehen? Etwas, das helfen würde, wenn es davon mehr gäbe?

Ich habe Familien gesehen, die haben ihren Fall schon von Afghanistan aus vorbereitet. Und dann sind sie hierhergekommen. Und bei denen läuft es viel besser.

Ruhi: Wir müssen die Werte achten

Wie wichtig ist das Thema Migration und Flucht in der Zukunft? Welche Werte sind wichtig?
Wir Flüchtlinge müssen wahrhaftig sein. Das ist die wichtigste Eigenschaft für jemanden, der um Schutz bittet und Flüchtling ist. Selbst wenn die Wahrhaftigkeit zu seinem Schaden sein sollte. Er muss ehrlich sein. Und zweitens: Die Menschen, die hierherkommen, müssen dankbar sein. Wir müssen die Werte von den Ländern, die uns helfen, in die wir kommen, achten. Zum Beispiel in Deutschland gibt es viele Gesetze. Wir müssen die rote Ampel achten, das Ticket bezahlen, wir dürfen keine Last sein für die Gesellschaft, die uns geholfen hat. Eine wirtschaftliche Belastung sind wir ohnehin.

Wem sollen wir Schutz geben und wem nicht?
Ich glaube, dass viele kommen, denen es eigentlich gut geht, und nun wollen sie im Ausland leben. Ich habe im Lager viele getroffen, die kein einziges Problem haben. Dann raten ihnen aber irgendwelche Menschen hier in der EU zu etwas, was sie sagen sollen. Und die werden dann anerkannt. Und derjenige, der wirklich Hilfe braucht, wird übergangen. Diese Anhörungen muss man verändern. Es ist schwer zu sagen, ob jemand die Wahrheit sagt oder lügt. Es ist wichtig, dass wir verstehen, welche Personen besser nicht kommen sollten. Viele kommen und sagen: «Im Iran hatten wir alles und wir sind hier, um das Leben hier auszuprobieren.» Die sollten nicht kommen. Es ist wichtig, dass wir diesen Leuten zeigen, was ein Camp ist, wie die Bedingungen sind. Das ist schwer. Und hart. Aber wir müssen ihre Gewissen erreichen. Und ihnen sagen: «Wenn ihr kommt, haben wir für die anderen, die gefoltert wurden, keinen Platz mehr.» Das kann dauern, wird aber auf lange Sicht wirken.

Wie sollen die Leute kommen?
Das Wichtigste ist, dass jemand ihnen Informationen gibt. Und zwar in einem Land, das nah an seiner Heimat ist, wie zum Beispiel die Türkei,

die nicht so eine Diktatur wie die Islamische Republik ist. Dass jemand erklärt, wer und wie man nach Europa kommen darf. Und welche Probleme es gibt. Und dann könnte man einen Podcast machen und erklären, wer als Flüchtling anerkannt wird. Und wer nicht. Die Menschen, die wirklich gefoltert wurden, verstehen dann, ob sie in einem Land wie Deutschland das Recht auf Asyl haben oder nicht. Der Schaden ist, dass viele das vielleicht hören und dann wissen, was für eine Art Lüge sie sagen müssen.

Hast du ein Vorbild, ein Modell gesehen?
Ich bin sicher, dass ich nicht mehr gefoltert werde. Ich dachte nicht, dass es mir eines Tages besser gehen wird, aber ich bin der deutschen Regierung, den großherzigen Menschen dieses Landes, wirklich dankbar.

Omid: Flucht ist nichts für jeden

Wem sollten wir hier in Europa Schutz geben und wem nicht?
Wenn wir Iraner fliehen, auswandern, ändern wir uns völlig. Ich bin jetzt seit fünf Jahren Flüchtling. Ich bin durch siebzehn Länder gekommen. Einen Iraner, dem du richtig vertrauen kannst, konnte ich nicht finden. Ich vertraue niemandem. Ist natürlich Glückssache. Dem einen vertraust du, dem anderen nicht. Wem man vertrauen kann, ist eine schwere Frage.

Wie sollten die Menschen hierher gelangen?
Wenn man legal auswandern kann, ist das natürlich viel schicker und man begibt sich nicht in Lebensgefahr. Wenn man nicht legal einreisen kann, dann sind das ganz andere Bedingungen. Sie müssen über Land und Meer kommen. Das ist richtig schwer, sehr schwer. Sie haben das ja gedreht, Sie wissen doch, wie schwer das ist. Das ist eine Frage, die wirklich schwer zu beantworten ist. Entscheidend ist: Warum will jemand fliehen?

Welche Menschen sollten besser nicht kommen, und wie könnten wir sie fernhalten?

Das ist eine gute Frage. Von der Ferne denken viele, dass Europa, Kanada, Amerika sehr schön ist. So richtig schön. Auf Persisch sagen wir: «Von Weitem klingt die Trommel schön, aber von Nahem nicht.» Manche sagen: Wir haben in unserem eigenen Land ein Haus, Arbeit, aber das Leben in Europa ist viel, viel schöner! Diese Flucht ist falsch. Deine Familie, deinen Besitz, alles lässt du hinter dir, um zu gehen und bei null anzufangen. Da wirst du dann, egal wer du bist, als Ausländer betrachtet. Das ist vielleicht für die gut, die zwischen Iran und Europa pendeln wollen. Für solche Menschen ist das gut. Dann haben sie nämlich beides – Iran und Europa. Ich sage Ihnen: Flucht ist nichts für jeden. Wenn du in deinem Land bleiben kannst, bleib und lebe! Bleib und lebe! Bau dein Leben auf. Denn du hast Arbeit, ein Haus, Familie, dein ganzes Leben ist da. Willst du das alles hinter dir lassen?

Melika: Es sollten einfachere Wege geschaffen werden

Wie wichtig ist das Thema Migration und Flucht in der Zukunft? Welche Werte sollten dabei wichtig sein?

Zu flüchten, auszuwandern oder verbannt zu werden sind sehr schwere Dinge. Der Mensch wird gezwungen alles, was er erreicht hat, hinter sich zu lassen und einen neuen Lebensabschnitt zu beginnen. In diesem Abschnitt zählt für den Flüchtling, für welche Ziele er eigentlich geflohen ist. Um sie zu erreichen, versuchen wir bei null anzufangen. Um diese Ziele in der Zukunft zu erreichen, sind wir gezwungen, einen Teil der vergangenen Werte zu vergessen. Und sie mit neuen Werten zu ersetzen. Das heißt für mich im Moment, die vorgesehenen Trainings zu absolvieren und meine Ziele zu erreichen.

Wem sollten wir Schutz geben und wem nicht?

Die Menschen sind ihrem Wesen nach nicht schlecht, nicht böse. Und auch nicht faul oder ohne Begabung. Viele Menschen möchten einfach ein normales Leben führen. Aber die Umwelt und die Gesellschaft um sie herum lassen das nicht zu. Und das zwingt sie dazu, davon abzuweichen. Deshalb denke ich: Diejenigen, die sich als Ziel gesetzt haben, für andere nützlich zu sein und die der Menschheit dienen wollen, sie verdienen ein Leben in einer guten Umgebung, und die europäischen Länder sollten ihnen Asyl und eine Chance geben. Aber die, deren Ziel nur darin besteht, ein besseres Leben zu führen, und die nicht aus Liebe zur Menschheit dienen wollen, sondern ihr Leben lang nur persönliche Ziele verfolgen, sollten diese Chance nicht bekommen. Oder die, die schlechte Gedanken haben und vielleicht eine falsche Kultur von der einen Gesellschaft auf die andere übertragen wollen, denen sollte man nicht die Möglichkeit geben, die Ordnung einer anderen Gesellschaft zu stören.

Über welchen Weg sollten die Menschen zu uns gelangen?
Diese Frage ist sehr wichtig. Jedes Jahr verlieren viele Menschen ihr Leben auf den illegalen Wegen in europäische Länder. Meiner Meinung nach sollten sichere Wege geschaffen werden. Damit die, die Anspruch darauf haben, in einem europäischen Land zu leben und Asyl zu bekommen, leicht dorthin kommen können. Die gegenwärtige Situation ist leider sehr mies. Sie selbst kennen die Situation auf den griechischen Inseln. Jemand, der zum Beispiel illegal von Afghanistan nach Europa flüchten will, erlebt unterwegs mindestens ein Jahr lang echte Strapazen. Das können Sie in den Nachrichten nachlesen.

Wie halten wir die Leute fern?
Meiner Meinung nach brauchen Menschen, die keine Probleme hatten, in ihrem Herkunftsland zu leben, nicht flüchten. Menschen, die keine Probleme mit der Sicherheit, mit der Gesellschaft oder mit Geld haben, da gibt es keinen Grund, sie aufzunehmen. Die, die eine Bedrohung für die Gesellschaft darstellen könnten, sollten nicht kommen.

Hast du ein Vorbild, ein Modell gesehen, von dem du denkst: Wenn es davon mehr gäbe, wäre das Problem kleiner?
Wir lernten hier in Luxemburg Menschen kennen, die uns respektvoll behandelten und in ihrem Land willkommen hießen. Wie sie mit uns

umgingen, hat uns sehr motiviert und gab uns Hoffnung für das neue Leben. Wir spürten, dass es immer noch Menschen gibt, die sich um das Leben anderer kümmern und sie schätzen, egal woher sie kommen. Diese Menschen sind für mich ein Vorbild für das, was ich mache. Ich hoffe, dass es mehr solche Menschen geben wird, die sich um andere kümmern, damit ihr Leben sich verändert.

Olena: Dankbar bis zum Ende meines Lebens

Wie wichtig wird Flucht, Migration und Vertreibung in Zukunft sein? Welche Werte sollten uns dabei leiten?
Die Geschichte der Menschheit gibt keine Hoffnung, dass wir in der Zukunft Flucht und Migration vermeiden können.

Ich habe einen festen Glauben an mein Volk und an unsere Armee, aber im Moment der direkten Lebensgefahr war mein Kind das einzige, woran ich denken konnte. Am 24. Februar suchte ich nach dem festen Boden und konnte ihn nicht finden. Ich musste mein Kind schützen und habe keinen Platz in der Ukraine gefunden, wo mein Kind weiter eine glückliche Kindheit hätte haben können, deshalb sind wir geflüchtet und ich habe kein schlechtes Gewissen mehr. Der Krieg zwischen der Ukraine und Russland ist ein ideologischer Krieg. Und mein Kind ist ein Teil der ukrainischen Kultur, die die Russen vernichten wollen. Meine Mutter und ich schützen unser kleines Ukrainisch sprechendes und die Ukraine liebendes Engelchen. Unsere Kinder sind die Zukunft der Ukraine.

Wem sollten wir hier im Westen, in Europa Schutz geben? Und wem nicht?
Ich bin keine Bürgerin Westeuropas, deshalb darf ich keine Ratschläge geben, wem sie Schutz geben sollen und wem nicht. Aber ich kann meine Betrachtungen beschreiben. Da ich Deutsch spreche, habe ich fast die ganze Zeit mit Deutschen kommuniziert und war von großer Liebe, Unterstützung, Hilfsbereitschaft und Solidarität umgeben. Meine Familie war willkommen und ich werde bis zum Ende meines

Lebens dankbar dafür sein. Aber andere Geflüchtete, die kein Deutsch können, suchten nach Beratung und Kommunikation bei Russisch sprechenden Menschen. Zum Beispiel eine Frau aus Moldawien, die seit vielen Jahren in Deutschland lebt, nicht arbeitet oder manchmal schwarze Arbeit hat und diese «Idioten» missachtet, die sechs bis acht Stunden auf der Arbeit schuften und nur 200 Euro mehr kriegen.... Jetzt erleben die Ukrainer die Welle der Unzufriedenheit in der Gesellschaft, weil Ukrainer auch nicht mit der Arbeit anfangen, sondern als «Harzer» ihr Nichtstun genießen für das Geld von arbeitenden Bürgern.

Wie sollten Menschen zu uns kommen können?

An der Grenze haben Sie mich gefragt, ob Menschen unterwegs waren, die viel Geld von mir forderten. Nein! Nur die hilfsbereiten Bekannten und Unbekannten. Eine Geflüchtete hat erzählt, wie sie mit ihrer Tochter von fremden Jungen aus Irpin evakuiert wurde, und am nächsten Tag wurden die Jungen bei der nächsten Evakuation von Russen erschossen, mit Frauen und Kindern im Auto. Aber die Möglichkeit, einfach in den nächsten Zug, der nach Westen fährt, ohne Bezahlung einzuspringen, hat viele Menschen gerettet. Leider gibt es immer noch keinen direkten Zug aus der Ukraine nach Deutschland.

Haben Sie etwas Vorbildliches erlebt im Umgang mit Flüchtlingen, von dem Sie sagen, davon sollte es mehr geben?

Ich habe viel Gutes nach der Flucht erlebt, und zwar das Gefühl des Zusammenseins mit anderen Ukrainern in der ukrainischen Kirche, was besonders wichtig für meine Mutter war; die Möglichkeit, die deutschen Feste in der Familie mitzufeiern und die Kultur von innen zu erfahren; Gespräche über die Philosophie und die deutsche Literatur beim Spazieren mit den Muttersprachlern zu führen; die ukrainische Bibliothek im Ukrainischen Verein war für mich eine große Entdeckung. Aber am wichtigsten war für mich die Möglichkeit, gehört zu werden. Meine Worte klingen nicht mehr so radikal, weil wir Diskussionen in der Gesellschaft geführt haben, und allmählich ist die rosa

Brille von der russischen Propaganda von den Augen gefallen. Das echte Interesse von ehrlichen Journalisten finde ich am wichtigsten, und davon sollte es noch mehr geben.

Epilog: Meine Mosaiksteine

Ich habe in diesem Buch versucht, kleine und größere Blitzlichter, Beobachtungen, Erfahrungen zu Flucht und Vertreibung zu sammeln. Nur ein paar Steinchen aus dem riesig großen Mosaik dieses Menschheitsthemas. Journalist:innen können oft besser Fragen stellen als Antworten geben. Am Ende möchte ich ein paar dieser Eindrücke, die Anregungen der Fachleute und von Safi, Ruhi, Melika, Omid und Olena, wie Mosaiksteine auf dem Tisch zusammenlegen. Unvollständig, angedeutet, subjektiv. Ich schiebe sie mal hin, mal her. Wichtig ist zu sagen, dass es umfängliche, wertvolle, nach vorne gerichtete Vorschläge von Expert:innen gibt, wie die der Fachkommission Fluchtursachen, die durch die Bundesregierung eingesetzt wurde.[1] Sie werden hoffentlich eigene Erkenntnisse haben, größere Teile des Mosaiks zusammenfügen. Vielleicht sind meine kleinen, konstruktiven Impulse dann hilfreich für die Diskussionen, die so wichtig sind.

Der *erste* Mosaikstein ist fast so etwas wie ein Geheimtipp. Im Prinzip gibt es nämlich ein halbwegs gerechtes Verfahren, bei dem Menschen nicht eine gefährliche Fluchtroute nehmen müssen, aber trotzdem in einem sicheren Land ankommen können. Es heißt «Resettlement». Übersetzt man vielleicht am besten mit «dauerhafte Umsiedlung.» Ich skizziere es kurz: Wer sich beispielsweise aus dem Iran in Sicherheit bringen muss und es in die Türkei schafft, der kann sich da beim UNHCR melden und erhält auch dort seine Asylanhörung. Dann gibt er oder sie das Wunschland an. Der UNHCR prüft den Asylantrag. Gleichzeitig sagt beispielsweise Kanada zu: Wir nehmen in diesem Jahr zwanzigtausend Menschen auf, vorzugsweise aus dem Iran; der UNHCR möge sie bitte auswählen. Wenn der UNHCR den Fall geprüft hat und Schutzbedürftigkeit feststellt, die nationalen Behörden auch grünes Licht geben, dann darf dieser Mensch von der Türkei nach Kanada einreisen. Und zwar – jetzt kommt's – nicht zur Probe, nicht wieder ins Asylverfahren. Wenn er in Kanada ankommt, bleibt er unbefristet da. Eigentlich ein Happy End!

Die Migrationsexpertin Victoria Rietig hat sich mit Resettlement befasst: «Metaphorisch gesprochen ist Resettlement der Berggorilla der Migrationspolitik: beeindruckend und schützenswert – und doch vom Aussterben bedroht.»[2] In den USA, Kanada, Australien ist das Modell beliebt, in Deutschland nicht.

Es gibt ein praktisches Problem. Das ist auch der Grund, warum viele Schutzsuchende eher einen Bogen darum machen, sofern sie überhaupt etwas von diesem Programm wissen. Die Verfahren dauern teilweise entsetzlich und unzumutbar lange. In Kenia habe ich im Lager Kakuma mit zwei Somalierinnen gesprochen, die seit zehn und siebzehn Jahren darauf warteten, eine Antwort vom UNHCR zu bekommen, um zu erfahren, ob sie noch verteilt werden. Diese Kinder sind im Lager geboren worden. Melika würde zu Recht sagen: «Da ist das Leben des Menschen doch vorbei!» Und ob man dann auch wirklich Schutz bekommt, ist unklar. Denn es gibt viel mehr Menschen, die auf eine neue Heimat hoffen, als freiwillige Angebote von Staaten. Warum dauert es so lange, warum ist der UNHCR an dieser Stelle so unglaublich entschleunigt und warum wird er nicht mehr von den UN-Mitgliedsstaaten unterstützt? Schulterzucken.

Die Premium-Version vom Resettlement ist das Patenschaftsmodell. In Deutschland nennt es sich derzeit «Neustart im Team», kurz «NesT», und ist sehr klein. Hier wählen UNHCR und BAMF besonders schutzbedürftige Menschen aus, die nur kommen dürfen, wenn es eine Gruppe aus mindestens vier Bürger:innen gibt, die sich kümmern und für die ersten zwei Jahre die Kaltmiete einer Wohnung bezahlen. Kann zum Beispiel ein Fußballverein, eine Kirchengemeinde, eine Nachbarschaftsinitiative sein. In Kanada läuft dieses Mentorenprogramm seit Langem erfolgreich, auf diesem Weg kommt jährlich eine fünfstellige Zahl von Menschen ins Land.[3] Resettlement (inklusive Patenschaften) ist ein Modell, das mehr Aufmerksamkeit verdient.

Mein *zweiter* Mosaikstein betrifft die EU und die Ukraine. Das Beispiel Ukraine mit der Möglichkeit der legalen Einreise in die EU zeigt, was gehen kann, wenn sich in der EU ost- und westeuropäische Staaten einig sind. Schneller humanitärer Schutz für eine begrenzte Zeit und weniger bürokratische Hürden. Jacqueline Bhabha aus dem fernen Harvard, die sich seit Jahrzehnten auf Flucht konzentriert, hat diese Situation nachhaltig beeindruckt. Vielleicht neigen wir im Westen der Europäischen Union manchmal auch zu einer gewissen Überheblichkeit gegenüber Osteuropa, was Péter Szijjártó kritisiert hat. Wenn man sich dann aber die Großzügigkeit Polens gegenüber den Ukrainer:innen auf der einen und die hochgesicherten Zäune in Calais auf der anderen Seite ansieht, besteht für diese Überheblichkeit deutlich weniger Anlass.

Noch etwas zeigen die Reaktion der EU und der vorübergehende Schutz für alle Ukrainer:innen, die darum bitten: Die Wahrscheinlichkeit, dass der russische Präsident Putin seit 2022 die Vertreibung von Millionen Menschen gen Westen gezielt als Waffe einsetzt, ist hoch. Dieses Druckmittel hat die EU durch die Grenzöffnung zunächst ins Leere laufen lassen: Es gab kein Chaos an den Grenzen, es gab keine nennenswerten Konflikte mit den Kriegsflüchtlingen. Sollte sich das ändern, würde das vor allem Putin in die Hände spielen, weil er dann durch Flucht, Vertreibung und Migration tatsächlich die EU geschwächt hätte.

Ein ganz entscheidendes Mittel der EU (neben der Massenzustrom-Richtlinie) ist die Solidarität ihrer Bürger:innen. Deshalb ist der *dritte* Mosaikstein die Solidarität, über die Jacqueline Bhabha forscht und die Jean Asselborn so wichtig ist. Klingt fast etwas verstaubt. Wenn man auf 2015 und 2022 blickt, dann muss ein Grund dafür, dass Menschen ihre Häuser und Schränke öffneten, und ihre Herzen gleich mit, das Gefühl von Zusammenhalt, das Gefühl der Verbundenheit, der Mitmenschlichkeit, kurz: der Solidarität sein. Die Bereitschaft, Frauen, Kinder und Männer aus der Ukraine aufzunehmen, wurde davon stark getragen. (Sicherlich auch, weil es vor allem Frauen und Kinder waren.) Klar, dass der Staat das nicht allein schafft. Diese erste Phase der Solidarität kann verlängert werden, ist ihrem Wesen nach aber trotzdem endlich. Damit muss der Staat von Anfang an rechnen und planen, ganz gleich, wie stark seine Zivilgesellschaft ist. Diese hört, wenn man auf Olenas Wünsche schaut, den Neuankömmlingen zu, hilft dabei, die

Sprache des neuen Landes zu lernen und – wichtig – vermittelt die Werte der neuen Gesellschaft. In der Solidarität steckt viel mehr Kraft, als man meint. Deshalb ist es so wichtig, dass Behörden und Politik das Engagement der Helfenden nicht als selbstverständlich mit einpreisen. Anerkennung, Ermutigung und Wahrnehmung sind die Luft, die diese Hilfsbereitschaft mit am Leben hält. 2015 wurde sie immer dünner. Dabei leben diese Helfenden Solidarität. Leise, unaufgeregt, und natürlich ist das anstrengend.

Safi brachte mich auf den *vierten* Mosaikstein. Es geht um die Ungewissheit und um den Faktor Zeit. Je länger die Ungewissheit, ob man bleiben kann oder zurückgewiesen wird, desto zermürbender und zerstörender wirkt sie. Und ein Neuanfang funktioniert schlechter. Es sollte ein zeitliches Limit geben, denn die Lebenszeit verrinnt, während eine Asylsuchende, ein Abgelehnter, der Widerspruch eingelegt hat, oder ein Geduldeter teils monate- und zuweilen jahrelang in deutschen Heimen hockt und auf die Entscheidung des BAMF, eines Verwaltungsgerichts oder der Ausländerbehörde wartet. Irgendwann gewöhnt man sich daran, von staatlicher Hilfe zu leben, obwohl man arbeitsfähig ist. Es wäre so wichtig, er oder sie könnte so schnell wie möglich das tun, was Selbstwert und Alltag ermöglicht: Deutsch lernen, arbeiten, Geld verdienen, beitragen. Und dann auch rasch Steuern zahlen. Dieser Prozess darf nicht Jahre dauern, das schadet denen, die neu hierherkommen, und es schadet der Gesellschaft.

Der *fünfte* Stein betrifft das Hadern, die bewölkte Annahme, verständlich aber irreführend, dass Fluchtkrisen in Europa eine Ausnahme seien. Ergo werden in den Ausländerbehörden zu wenige Stellen vorgesehen oder bleiben unbesetzt. Ergo werden die Notschlafplätze wieder umgewidmet, wird nicht mehr Wohnraum geschaffen, die Gruppen der Helfenden lösen sich auf und man hofft inständig und aufrichtig, das leidige aber notwendige Thema der Abschiebungen werde ein für alle Mal gelöst. Meiner Einschätzung nach wird es in den kommenden Jahren höchstwahrscheinlich so nicht kommen. Denn wo Krieg ist, ist auch Flucht. So wie wir in die Welt reisen, so können wir uns nicht von ihren Krisen abkoppeln. Wir werden weiterhin mit Flucht und mit Abschiebung konfrontiert sein. Menschen werden in der EU Schutz suchen, auch wenn die Staaten versuchen, ihre Grenzen hermetisch abzuriegeln. Solange Behörden und Politik von Ausnahmesituationen ausgehen, solange werden sie immer wieder an den Rand ihrer Kräfte geraten und Schulen, Kindergärten und Ämter werden sich in Krisensituationen wiederfinden.

Beim *sechsten* Mosaikstein mag es wohlfeil erscheinen, ihn als saturierte Westeuropäerin überhaupt zu erwähnen. Ruhi nannte die Ehrlichkeit als wichtigste notwendige Eigenschaft der Schutzsuchenden. Es ist nachvollziehbar und auch menschlich verständlich, dass man in einer existentiellen Notlage von der Wahrheit abweicht – vor allem, wenn es um alles oder nichts geht. Dann kann es passieren, dass die Fluchtgeschichte gar nicht stimmt oder das Alter nicht, oder es werden spontan die Kinder, die daneben sitzen, die eigenen. Oder die Eltern sind angeblich tot, dabei haben sie das Kind selbst nach Europa geschickt und hoffen, dass es sie später nachholt. Völlig klar. Solange es nicht genügend reguläre Möglichkeiten gibt, in ein anderes Land zu gelangen, solange beispielsweise humanitäre Visa so selten erteilt werden und Förderprogramme wie «Erasmus» auf die EU und wenige assoziierte europäische Staaten begrenzt sind, werden mehr Menschen die Ehrlichkeit opfern. Aber die Lüge torpediert das System von innen und schafft eine ganze Maschinerie des Misstrauens, die versucht, die Wahrheit herauszufinden. Und auch einen neuen Lebensabschnitt auf Unwahrheiten aufzubauen ist mehr als unglücklich. Das gilt übrigens genauso für die Schwarzarbeit.

Der *siebte* und letzte Mosaikstein hat mit dem Gedanken von Professorin Nußberger zu tun: Das Konkrete und das Abstrakte liegen Welten voneinander entfernt, doch sie kreisen um dasselbe Thema. Hier der Dreck, die Kälte in Calais und da die Normen der Genfer Flüchtlingskonvention, hier Ruhis verdammte Erinnerungen an seine Folter und dort Debatten in Brüssel, wer die Zäune bezahlt. Was könnte eine Brücke zwischen ihnen sein? Wie kann man diese Kluft zwischen Konkret und Abstrakt etwas schmaler machen, damit europäischer Anspruch und europäische Wirklichkeit nicht so weit auseinanderklaffen? Nußberger sagt, unsere Arbeit als Journalistinnen, Reporter, Fotograf:innen könne helfen, indem wir berichten und Situationen sichtbar machten. Damit der Ausnahmezustand nicht zur Gewohnheit wird und die Verletzung von Recht deutlich. Es könnten auch die Religionen sein, die Abstraktes und Konkretes verbinden. Mit ihrem unbedingten Humanismus, ihrer Moral und ihrem Blick auf den Menschen. Flucht, Vertreibung und Migration sind Teil ihrer DNA. Sie schöpfen aus einem reichen Schatz an Geschichten, die vielen Kulturkreisen vertraut und bekannt sind. Abraham floh vor der Hungersnot nach Ägypten, Prophet Mohammad und seine Leute zogen von Mekka nach Medina, und der Stifter der Bahá'í-Religion, Bahā'ullāh war vierzig Jahre lang verbannt und gefangen. Religionen sind nicht an Verwaltungsvorschriften gekettet und haben für ihre Gläubigen Autorität.

Flucht und Vertreibung sind ein Menschheitsthema, und es bleibt uns gar nichts anderes übrig, als diese Mosaiksteinchen immer wieder zu verschieben, Teile auszutauschen, zu ergänzen – damit das Mosaik, das vor unseren Augen entsteht, zusehends harmonischer aussieht und Menschen Menschen bleiben.

Dank

Safi, Ruhi, Melika, Omid und Olena, die ihr in Wirklichkeit etwas anders heißt, danke ich, dass ihr mich so nah an euren Gedanken und Zweifeln, eurer Freude und eurem Kummer habt teilhaben lassen und geduldig meine tausend Fragen beantwortet habt. Ihr habt euch viele Stunden Zeit genommen, um von eurer Flucht nach Europa zu erzählen. Mit unglaublicher Ehrlichkeit. Ruhi, du hast mir über Jahre großes Vertrauen geschenkt, Gastfreundschaft und so viel Herzlichkeit. Omid, du hast mir geantwortet in Situationen, wo man eigentlich nicht reden möchte. Melika, über dich habe ich so oft gestaunt, es dir aber nie gesagt. Du hast viel Kraft, selbst wenn es drumherum ganz dunkel ist, siehst du das Leuchten. Safi, du Gentlemen, danke, dass du so eine treue Seele bist. Und Olena, dir danke ich für deine Offenheit und Verbundenheit.

Die Minister Asselborn und Szijjártó, die Professorinnen Nußberger und Bhabha, alle vielbeschäftigt, mit übervollen und knauserigen Terminkalendern, haben sich trotzdem darauf eingelassen, die fünf Fragen zu beantworten. Das ist nicht selbstverständlich, aber bereichernd, und deshalb gebührt Ihnen mein besonderer Dank.

Navid Kermani, dir danke ich, weil du mir die Tür in die Welt des gedruckten Wortes geöffnet und mich ermutigt hast. Dank an Ulrich Nolte, einen Lektor, von dem ich dachte, so was gibt es nur im Film oder im Feuilleton, zusammen mit Petra Rehder und Simon Lindner für das genaue und mehr als hilfreiche Redigieren und Lektorieren des Textes.

Bita Kermani, du hast diesen genauen Blick für und auf die Not von Menschen, bis in feinste Silben hinein. Nicola Towfigh, danke für deine genauen Korrekturen. Ebenso Claus-Ulrich Proels, Annette van Edig und Anja Spengler, die ihr mir viel von eurer Zeit und Aufmerksamkeit geschenkt habt. Gerald Knaus für konstruktive Kritik und kluge Fragen, Marie von Manteuffel für neue Ideen und wertvolle Denkanstöße. Ali Samadi und Caroline Schreiber, dass ihr mir ewig zuhört und das Gefühl gebt, was man tut, ist sinnvoll. Bamdad Esmaili, für das großzügige Teilen deiner Recherche von – so nenne ich sie – Omid und Nika. Meinen Kolleg:innen von *WDRforyou* und dem *Weltspiegel*, dass ihr mich in den Schreibphasen in Ruhe gelassen habt und dass wir unermüdlich und beseelt zusammen an diesem großen Thema arbeiten.

Roya, Ralf, Mama und Nuschin, dass ihr mir den Rücken freigehalten habt und immer großzügig seid. Niko, dass du mein Denken auf Vorderfrau bringst, Hannah für die konzentrierte, kluge Schlussrunde und Kilian für das geduldige Mitdenken, Ideenausbrüten und das kundige, juristische Korrekturlesen – ihr drei seid eine Quelle meiner Hoffnung.

Abkürzungen

BAFIA	Bureau for Aliens and Foreign Immigrants/Behörde für Ausländer und Immigranten, Iran
BAMF	Bundesamt für Migration und Flüchtlinge
BMI	Bundesministerium des Inneren und für Heimat
EASO	European Asylum Support Office (heute: EUAA)
EGMR	Europäischer Gerichtshof für Menschenrechte
EODY	Griechischer Gesundheitsdienst
ESI	European Stability Initiative
EUAA	European Union Agency for Asylum
EuGH	Europäischer Gerichtshof
EURODAC	European Dactyloskopy/Europäisches Fingerabdruck-Identifizierungssystem
EVP	Europäische Volkspartei
GFK	Genfer Flüchtlingskonvention
Frontex	Europäische Agentur für die Grenz- und Küstenwache
IOM	International Organization for Migration/Internationale Organisation für Migration
NesT	Neustart im Team
NGO	non-governmental organization, Nichtregierungsorganisation
OSZE	Organisation für Sicherheit und Zusammenarbeit in Europa
OAU	Organisation für Afrikanische Einheit
UNHCR	United Nations High Commissioner for Refugees/ Hoher Flüchtlingskommissar der Vereinten Nationen
UNICEF	United Nations Children's Fund/Kinderhilfswerk der Vereinten Nationen

Anmerkungen

Safi versucht es zu Fuß über die Balkanroute

1 Vgl. IranWire, What Treatment Can Fleeing Afghans Expect from Iran?, 16.8.2021, abrufbar unter iranwire.com. IranWire beruft sich auf das Statistical Center of Iran.
2 Auswärtiges Amt, Bericht über die Lage in Afghanistan, 22.10.2021, abrufbar unter fragdenstaat.de/dokumente.
3 Vgl. UNHCR, Afghanistan Situation: Emergency Preparedness and Response in Iran, 11–31 March 2022, 6.4.2022, abrufbar unter reliefweb.int.
4 Vgl. Henner Fürtig, Großmacht Iran: Der Gottesstaat wird Global Player, Köln 2016, S. 222.
5 Vgl. UNHCR, a. a. O.
6 Vgl. UNHCR, Islamic Republic of Iran, abrufbar unter www.unhcr.org; außerdem: UNHCR, Iran at a Glance, June 2022, abrufbar unter reliefweb.int; sowie: UNHCR, UNHCR and WFP Help Refugee Children Stay in School and Reach for Their Dreams, 10.4.2022, abrufbar unter reliefweb.int. Zuletzt gab es eine Kampagne der Regierung, auch Kinder, die illegal im Land sind, also die Mehrheit, teilweise zur Schule zuzulassen.
7 Norwegian Refugee Council, Humanitarian Needs in Iran Rise as 300,000 Afghans Arrive Since Taliban Takeover, 10.11.2021, abrufbar unter www.nrc.no.
8 https://www.isna.ir/news/1400101107817.
9 http://www.tehranatba.ir/fa/search?q=%D9%85%D9%83%D8%AA%D8%A8.
10 Vgl. UNHCR, Fact Sheet Iran, January – March 2021, abrufbar unter iran.un.org.
11 Vgl. Auswärtiges Amt, Bericht über die asyl- und abschiebungsrelevante Lage in der Islamischen Republik Iran, 26.2.2020, S. 21, abrufbar unter fragdenstaat.de/dokumente.
12 https://www.tehrantimes.com/news/478467/200-000-Afghan-refugees-eligible-to-study-in-Iranian-schools; vgl. außerdem IranWire, Fact Check: Do Afghan Children Enjoy Free Education in Iran?, 16.12.2020, abrufbar unter iranwire.com.
13 Vgl. UNHCR, Afghan Children Learn Side by Side with Iranian Peers, 10.12.2019, abrufbar unter www.unhcr.org. Vgl. auch Norwegian Refugee Council, Humanitarian Needs in Iran Rise as 300,000 Afghans Arrive since Taliban Takeover, 10.11.2021, abrufbar unter www.nrc.no.
14 Reuters, European Union Reaches out to Iran over Afghan Refugees, 26.10.2016, abrufbar unter www.reuters.com.

15 Vgl. Friedrich-Ebert-Stiftung, Afghanische Geflüchtete sind in Iran mit vielfältiger Diskriminierung konfrontiert, 26.8.2021, abrufbar unter www.fes.de.

16 Auswärtiges Amt, Bericht Islamische Republik Iran, a. a. O.

17 Konrad-Adenauer-Stiftung, Assads afghanische Söldner, 4.12.2018, abrufbar unter www.kas.de.

18 The Diplomat, The Fatemiyoun Army: Iran's Afghan Crusaders in Syria, 23.4.2021, abrufbar unter thediplomat.com; Friedrich-Ebert-Stiftung, Afghanische Geflüchtete, a. a. O.

19 Laut IOM wurden 2021 insgesamt über eine Million Menschen vom Iran nach Afghanistan abgeschoben. Vgl. TOLOnews, Iran Has Deported over 1M Afghans this Year: IOM, 15.11.2021, abrufbar unter tolonews.com; sowie: Deutsche Welle, Afghanen fliehen in den Iran, 8.4.2022, a. a. O.

20 Norwegian Refugee Council, Humanitarian Needs in Iran Rise as 300,000 Afghans Arrive since Taliban Takeover, 10.11.2021, abrufbar unter www.nrc.no; Deutsche Welle, Afghanen fliehen in den Iran, 8.4.2022, abrufbar unter www.dw.com.

21 Vgl. UNHCR, Help Türkiye, Registration and RSD with UNHCR, abrufbar unter help.unhcr.org.

22 Vgl. Pro Asyl, Expert Opinion: The Situation of Afghan Refugees in Turkey, 18.3.2021, S. 6, abrufbar unter www.proasyl.de.

23 Ebenda, S. 5.

24 Ebenda, S. 9.

25 UNHCR, Refugees & Migrants Arrivals to Europe in 2018 (Mediterranean), abrufbar unter data.unhcr.org.

26 Eine Migrantin wurde sogar erschossen. Vgl. Zeit Online, Migrantin an EU-Außengrenze erschossen, 17.4.2022, abrufbar unter www.zeit.de.

27 Human Rights Watch, «Their Faces Were Covered»: Greece's Use of Migrants as Police Auxiliaries in Pushbacks, April 2022, abrufbar unter www.hrw.org.

28 Ebenda.

29 Frontex, We Know, Migratory Routes, Western Balkan Route, abrufbar unter frontex.europa.eu.

30 UNHCR, Refugee and Migrant Situation in Bosnia and Herzegovina, Situation Update, 22–28 October 2018. Im Oktober stiegen die Zahlen an.

31 Deutschlandfunk, Iraner in Serbien: Gestrandet an der Außengrenze zur EU, 3.8.2018, abrufbar unter www.deutschlandfunk.de.

32 RadioFreeEurope, Serbia Ends Visa-Free Travel for Iranians Citing «Abuses» by Some, 12.10.2018, abrufbar unter www.rferl.org.

33 Vgl. Tagesschau, Kroatische Polizisten offenbar an gewaltsamen und illegalen «Pushbacks» an der kroatisch-bosnischen Grenze beteiligt, 6.10.2021, abrufbar unter www.tagesschau.de; außerdem: Lighthouse Reports: https://www.lighthousereports.nl/investigation/unmasking-europes-shadow-armies/.

34 WDRforyou, Amir Labaf: Vom Flüchtling zum Rollstuhlfahrer, 3.2.2021, abrufbar unter www1.wdr.de.

35 Council of Europe, Report to the Croatian Government on the Visit to Croatia Carried out by the European Committee for the Prevention of Torture and Inhuman or Degrading Treatment or Punishment (CPT) from 10 to 14 August 2020, CPT/Inf (2021) 29, 3.12.2021, S. 38, abrufbar unter rm.coe.int.

36 Vgl. BFM TV, Paris: Un campement démantelé à la chapelle, 17.11.2022, abrufbar unter www.bfmtv.com.

37 ONU Info, La France doit agir vite pour résoudre la crise du logement et des sans-abris, alerte un experte du l'ONU, 12.4.2019, abrufbar unter news.un.org/fr.

38 Vgl. InfoMigrants, Paris, City of Sanctuary, Struggles to Accommodate Migrants, 2.12.2019, www.infomigrants.net. Selbst Pierre Henry, Chef der großen NGO France Terre d'Asile, die eng mit der Regierung zusammenarbeitet, kritisierte in einem Statement gegenüber der Tageszeitung *La Croix:* «Until France puts in place a durable reception system they will not solve the problem.» Ebenda.

39 Auswärtiges Amt, Bericht über die asyl- und abschiebungsrelevante Lage in der Islamischen Republik Afghanistan, 16.7.2020, S. 12, abrufbar unter fragdenstaat.de/dokumente.

40 Vgl. Human Rights Watch, Afghanistan's Child Sexual Abuse Complicity Problem, 2.8.2017, www.hrw.org.

41 «The 11 incidents include four documented cases for bachah bazi, involving the sexual abuse and enslavement of boys by men in positions of power, man of whom are linked to the Afghan National Defence and Security Forces.» Vgl. United Nations Security Council, Report of the Secretary-General on Conflict-Related Sexual Violence, 15.4.2017, S. 7, abrufbar unter reliefweb.int.

42 Vgl. Michelle Schut/Eva van Baarle, Dancing Boys and Moral Dilemmas of Military Missions, in: Abu Bakarr Bah (Hg.), International Security and Peace-Building: Africa, the Middle East, and Europe, Bloomington 2017, S. 88.

43 Ebenda, S. 82.

44 Vgl. United Nations Security Council, Sexual Violence, a. a. O.

45 Vgl. Eintrag zu «Bacha Bazi», in: Historical Dictionary of Afghanistan, hg. v. Thomas H. Johnson/Ludwig W. Adamec, Lanham/Boulder/New York/London 2021, S. 88.

46 Vgl. Human Rights Watch, Afghanistan: Don't Prosecute Sexually Assaulted Children, 10. Februar 2013: www.unhcr.org/refworld/docid/511a0ac941e.html.

47 Vgl. United Nations Security Council, Sexual Violence, a. a. O.

48 Vgl. Auswärtiges Amt, Bericht Afghanistan, a. a. O., S. 12. Vergewaltigung und Päderastie sind nach Artikel 427, 428 und 429 des afghanischen Strafrechts verboten. Es drohen Haftstrafen bis zu 7 Jahren. Sollte das Opfer sterben, droht die Todesstrafe.

49 Institute for War and Peace Reporting, Boys Sold for Sex in Afghan Province, 2.3.2017, ARR 567, abrufbar unter www.refworld.org.

50 Vgl. Maxine L. Margolis, Women in Fundamentalism: Modesty, Marriage and Motherhood, Lanham 2019, S. 132.

51 Ebenda.

52 Asylgesetz § 24 Absatz 1 Satz 1.

53 Die Rechtslage ist hier restriktiv ausgestaltet. Aufenthaltsgesetz § 60a.

54 Bundesministerium des Innern und Pressemitteilung: Afghanische Asylbewerber erhalten schnelleren Zugang zu Integrationskursen, 6.1.2022, abrufbar unter www.bmi.bund.de.

55 Interessant in diesem Zusammenhang: Anerkennungen durch das BAMF sind je nach Bundesland verschieden. Vgl. Universität Konstanz, Föderale Ungleichheit im gesamten Asylverfahren, 6.3.2019, abrufbar unter www.uni-konstanz.de.

56 Vgl. Deutscher Bundestag, 19. Wahlperiode, Antwort der Bundesregierung auf Kleine Anfrage der Abgeordneten Ulla Jelpke, Dr. André Hahn, Gökay Akbulut, weiterer Abgeordneter und der Fraktion DIE LINKE, Drucksache 19/32678, 14.10.2021, abrufbar unter www.bundestag.de.

Ruhi fliegt von Teheran nach Italien

1 Eintrag zu «Takiya», in: Shorter Encyclopedia of Islam, hg v. H. A. R Gibb und J. H. Kramers, Leiden 1995, S. 561 f.; Moojan Momen, An Introduction to Shi'i Islam: The History and Doctrines of Twelver Shi'ism, New Haven 1985, S. 183; Eintrag zu «taqiyyah», in Britannica, abrufbar unter www.britannica.com.

2 Bahá'u'lláh, Ährenlese, Hofheim-Langenhain 2012, Kapitel 117:1.

3 Vgl. Abdu'l-Bahá, Ansprachen in Paris, Kapitel 43: Religion sollte Liebe und Zuneigung hervorrufen.

4 Deutscher Bundestag, Wissenschaftliche Dienste, Religionsfreiheit und Apostasie im Islam, WD 1 – 076/06, 12.5.2006, abrufbar unter www.bundestag.de; Iran Human Rights Documentation Center, Apostasy in the Islamic Republic of Iran, 25.9.2014, abrufbar unter iranhrdc.org; Eintrag zu «Murtadd», in: Shorter Encyclopedia of Islam, hg v. H. A.R Gibb und J. H. Kramers, Leiden 1995, S 413 f.

5 Vgl. Manfred Hutter, Iranische Religionen: Zoroastrismus, Yezidentum, Bahā'ītum, Berlin 2019, S. 195.

6 Vgl. Situation of Human Rights in the Islamic Republic of Iran, Note by the Secretary-General, United Nations General Assembly, A/76/160, 16.7.2021, abrufbar unter undocs.org/A/76/160.

7 Vgl. Bahá'í International Community, Iranian Government Detains Dozens More Bahá'ís During National Crisis, 18.11.2022, abrufbar unter www.bic.org.

8 Auswärtiges Amt, Bericht über die asyl- und abschiebungsrelevante Lage in der Islamischen Republik Iran, 26.2.2020, S. 13, abrufbar unter fragdenstaat.de/dokumente. Über die Bahá'í heißt es dort weiter: «Javaid Rehman, VN-Sonderberichterstatter für die Menschenrechtslage im Iran, erklärte in seinem Bericht vom 18. Juli 2019, dass die Bahá'í weiterhin systematisch diskriminiert, gezielt verfolgt und ihres Rechts auf eine Existenzgrundlage beraubt würden. Sie sind vom Pensions- und Sozialversicherungssystem ausgeschlossen, Kriminalitätsopfer erhalten

keine staatliche Kompensation, und Gewerbescheine werden unter Hinweis auf die Bahá'í-Zugehörigkeit verweigert. Ebenso ist ihnen der Zugang zu höherer Bildung nicht möglich. Nach Angaben eines Bahá'í-Vertreters werden auf lokaler Ebene Unterrichtseinheiten vom BIHE (Bahá'í Institute of Higher Education, 2011 als illegal erklärt) abgehalten. Damit gehen zum einen erhebliche Risiken für Studenten und Dozenten einher, und zum anderen werden auf diese Weise erlangte Abschlüsse nicht anerkannt. Im November 2019 saßen nach Angaben der International Bahá'í Community 97 Bahá'í aus Glaubensgründen in iranischen Gefängnissen in Haft. Eine weitere Quelle der Diskriminierung von Bahá'í ist das seit Januar 2020 geltende neue iranische Antragsformular für Personalausweise, in dem nur Antragstellung für in der iranischen Verfassung anerkannte Religionen – d. h. Islam, Christentum, Judentum oder Zoroastrismus – angegeben werden kann.» Ebenda.

9 2022 wurden im Iran mehr als 500 Todesstrafen vollstreckt. Vgl. Iran Human Rights, 500+ Executions in 2022 in Iran: 4 Men Executed for «Collaborating with Israel», 4.12.2022, abrufbar unter iranhr.net.

10 Laut GAMAAN, Iranians' Attitudes toward the 2022 Nationwide Protests; Umfrage unter 158 000 Befragten im Iran und 42 000 Iraner:innen im Ausland, veröffentlicht Anfang 2023, abrufbar unter www.gamaan.org.

11 Vgl. Aufenthaltsgesetz, Kapitel 2 Abschnitt 3–7 sowie Kapitel 10 §§ 104a und 104b.

12 Für 2020: Auswärtiges Amt, Erteilte nationale Visa 2020, 25.1.2021; für 2019: Auswärtiges Amt, Erteilte nationale Visa 2019, 20.1.2020, beides abrufbar unter www.auswaertiges-amt.de. «Die Daten beziehen sich nur auf Resettlement-Programme. Einzelaufnahmen nach § 22 AufenthG sind dort nicht erfasst. Die Zukunft zeichnet der Koalitionsvertrag vor: mehr humanitäre Visa & ein Aufnahmeprogramm für Afghanistan.» Auswärtiges Amt auf Twitter, 28.1.2022, abrufbar unter twitter.com/AuswaertigesAmt/status/1487020705925451782.

13 Vgl. Bundesamt für Migration und Flüchtlinge, EASY – HKL-Zuständigkeiten der Erstaufnahmeeinrichtungen, 13.1.2020, abrufbar unter www.nds-fluerat.org.

14 Bundesamt für Migration und Flüchtlinge, EASY, 2.2.2022, abrufbar unter www.bamf.de. Zum Königsteiner Schlüssel: Deutscher Bundestag, Wissenschaftliche Dienste, Verteilungsschlüssel bei Bund-Länder-Finanzierungen, WD 4 – 118/20, 16.11.2020, abrufbar unter www.bundestag.de.

15 Vgl. Dublin-III-Verordnung, Verordnung (EU) Nr. 604/2013 des Europäischen Parlaments und des Rates vom 26. Juni 2013 zur Festlegung der Kriterien und Verfahren zur Bestimmung des Mitgliedstaats, der für die Prüfung eines von einem Drittstaatsangehörigen oder Staatenlosen in einem Mitgliedstaat gestellten Antrags auf internationalen Schutz zuständig ist (Neufassung), Artikel 34.

16 Ebenda, Artikel 3 Absatz 2 und Artikel 12.

17 Vgl. zur Überstellungsfrist: Ebenda, Artikel 29 Absatz 2 Satz 1.

18 Ebenda, Artikel 3 Absatz 2.

19 Siehe dazu die Urteile zu Ungarn: Hessischer VGH, Beschluss vom 24.8.2017, 4 A 2986/16.A; sowie zu Griechenland: OVG Nordrhein-Westfalen, Urteil vom 21.1.2021, 11 A 1564/20.A, beide abrufbar unter openjur.de.

20 Entspricht Asylgesetz § 25 Absatz 8.

21 Gemäß Asylgesetz § 25 Absatz 1 und 2.

22 Süddeutsche Zeitung, Würmer im Kopf, 5./6.10.2019, S. 7.

23 Auswärtiges Amt, Pressemitteilung: Außenministerin Baerbock zur Lage im Iran, 26.10.2022, abrufbar unter www.auswaertiges-amt.de.

24 Schriftliche Antwort des Auswärtigen Amtes an I. S. vom 23. Dezember 2022.

25 Vgl. Asylgesetz § 34a Absatz 2 Satz 1 in Verbindung mit § 74 Absatz 1. Und: § 10 Absatz 1 Asylgesetz: «Der Ausländer hat während der Dauer des Asylverfahrens vorzusorgen, dass ihn Mitteilungen des Bundesamtes, der zuständigen Ausländerbehörde und der angerufenen Gerichte stets erreichen können; insbesondere hat er jeden Wechsel seiner Anschrift den genannten Stellen unverzüglich anzuzeigen.»

26 Es gibt leider unfähige «Asyl-Anwälte», die sich null engagieren. 2015 hat ihnen neue Mandanten beschert. Und es gibt solche, die kundig sind und sehr genau wissen, was machbar und was im Bereich des Illusorischen ist, sie nehmen auch nicht jeden an.

27 Duldung ist die Aussetzung der Abschiebung. In der Hierarchie der Aufenthalte rangiert sie ganz unten.

28 Vgl. Dublin-III-Verordnung, Verordnung (EU) Nr. 604/2013, a. a. O. (Anm. 15), Artikel 17 Absatz 1.

29 Vgl. Informationsverbund Asyl & Migration, BAMF führt Überstellungen nach Italien wieder «uneingeschränkt» durch, 29.3.2019, abrufbar unter www.asyl.net.

30 2021 lag die Anerkennungsquote von iranischen Asylsuchenden in Italien bei 78,9 Prozent, die von Afghan:innen bei 95,2 Prozent. WorldData, Italy, Refugees, Asylum Applications From Foreign Refugees in Italy, abrufbar unter www.worlddata.info.

31 Hannah Arendt, Wir Flüchtlinge, Stuttgart 2016, S. 10 f.

32 Der Anwalt forderte eine Bedarfsprüfung nach EU-Aufnahme-RL, Richtlinie 2013/33/EU des Europäischen Parlaments und des Rates vom 26. Juni 2013 zur Festlegung von Normen für die Aufnahme von Personen, die internationalen Schutz beantragen, Artikel 17 in Verbindung mit Artikel 20.

Omid will im Schlauchboot über den Ärmelkanal

1 Tagesschau, Viele Tote bei Bootsunglück, 25.11.2021, abrufbar unter www.tagesschau.de.

2 Ebenda.

3 Visafreiheit für Iraner galt von 22. August 2017 bis zum 25.10.2018. Siehe Generalkonsulat der Republik Serbien Düsseldorf – Bundesrepublik Deutschland, Einführung von Visa für die Einreise von Bürgern des Iran in die Republik Serbien auf dem Territorium des Iran. www.duesseldorf.mfa.gov.rs/deu/newstext.php.

4 Tagesschau, Reportage aus Calais: Flüchtlinge zwischen Frankreich und England, 10.8.2017, abrufbar unter www.youtube.com.

5 Michel Agier, Der «Dschungel von Calais» – Über das Leben in einem Flüchtlingslager, Bielefeld 2020, S. 16.

6 Vgl. zum Beispiel Zeit Online, Viele Verletzte bei Schlägerei mit Migranten, 2.2.2018, abrufbar unter www.zeit.de.

7 Das Gespräch führte ich im Oktober 2021.

8 House of Commons Library, Irregular Migration: A Timeline of UK-French Co-operation, 16.12.2022, abrufbar unter commonslibrary.parliament.uk.

9 Victoria Rietig, Dreckige Drittstaaten-Deals und saubere Zusammenarbeit: Aus dem Dilemma der Migrationskooperation das Beste machen, in: Beck/Töpfer/Zahrnt (Hg.), Flucht, S. 96–102.

10 Deutsche Welle, UK Home Secretary Complains of Migrant «invasion», 31.10.2022, abrufbar unter www.dw.com; Frankfurter Allgemeine Sonntagszeitung, Hotel England, 20.11.2022.

11 UK Home Office, Policy Paper, Next Phase in Partnership to Tackle Illegal Migration and Small Boat Arrivals, UK France Joint Statement, Enhancing Co-operation against Illegal Migration, 14.11.2022, abrufbar unter www.gov.uk.

12 Sasha Polakow-Suransky, Go Back to Where You Came from: The Backlash against Immigration and the Fate of Western Democracy, New York 2017, S. 133 f.

13 UK Home Office, Enforcement and Detention General Instructions: Irregular or Unlawful Entry and Arrival, Version 2.0, 8.7.2022, S. 5–8; abrufbar unter https://assets.publishing.service.gov.uk/government/uploads/system/uploads/attachment_data/file/1091233/Irregular_or_unlawful_entry_and_arrival.pdf.

14 Mündliche Antwort vom UK Home Office an I. S. vom 14. Dezember 2022.

15 Agier, S. 30.

16 BBC, How Is the UK Stopping Channel Crossings and What Are the Legal Routes to the UK?, 21.12.2022, abrufbar unter www.bbc.com.

17 InfoMigrants, Record Number of Migrant Channel Crossings in 2021, 1.4.2022, abrufbar unter www.infomigrants.net.

18 BBC, Channel Tragedy: French Authorities Identify 26 Victims, 14.12.2021, abrufbar unter www.bbc.com.

19 Beispielsweise BBC, Channel Tragedy: French Authorities Identify 26 Victims, 14.12.2021, abrufbar unter www.bbc.com; The Guardian, France Formally Identifies 26 of the 27 People Who Died in Channel Tragedy, 14.12.2021, abrufbar unter www.guardian.com.

20 UK Home Office, National Statistics, Immigration Statistics, Year Ending December 2021, How Many People Do We Grant Asylum or Protection to?, 3.3.2022, abrufbar unter www.gov.uk. Auch im ersten Halbjahr 2022 blieben Iraner:innen die größte Gruppe an Asylsuchenden in UK. Die Anerkennungsquote stieg auf 85 Prozent, die von Afghan:innen lag bei 97 Prozent.

21 In der Einwanderungsstatistik der britischen Regierung heißt es dazu: «There were 37,562 asylum applications (relating to 44,190 people) in the UK in the year

ending September 2021. This is 18 % more than the previous year and higher than at the peak of the European migration crisis in year ending June 2016 (36,546).» UK Home Office, a. a. O.

22 InfoMigrants, Record Number of Migrant Channel Crossings in 2021, 1.4.2022, abrufbar unter www.infomigrants.net.

Melika sitzt im Gummiboot nach Moria

1 35 Prozent Kinder im Oktober 2019. Vgl. UNHCR, Greece, Aegean Islands, Weekly Snapshot, 06–12 January 2020, 17.1.2020, abrufbar unter reliefweb.int; 33 % Kinder im Juni 2020. Vgl. UNHCR, Greece, Aegean Islands, Weekly Snapshot, 08–14 June 2020, 16.6.2020, abrufbar unter reliefweb.int.

2 Tagesschau, Nach Feuer auf Lesbos: Hunderte Migranten werden verlegt, 1.20.2019, abrufbar unter www.tagesschau.de; siehe außerdem Amnesty International, Greece: Fire in Moria Camp Highlights Abject Failure of Government and EU to Protect Refugees, 30.9.2019, abrufbar unter www.amnesty.org.

3 Zur Situation von afghanischen Flüchtlingen und Migranten im Iran, siehe: Erstes Kapitel, Safi, S. 17 ff.

4 Insgesamt kamen in diesem Jahr 1 032 408 Menschen über das Mittelmeer, 3771 waren ertrunken oder galten als vermisst. Vgl.: UNHCR, Over One Million Sea Arrivals Reach Europe in 2015, 30.12.2015, abrufbar unter www.unhcr.org.

5 Vgl. Bundeszentrale für politische Bildung, Zahlen zu Asyl in Deutschland: Demografie von Asylsuchenden in Deutschland, 10.11.2022, abrufbar unter www.bpb.de.

6 Gerichtshof der Europäischen Union, Urteil des Gerichtshofes (Große Kammer) vom 21. Dezember 2011, Rechtssache C-411/10, abrufbar unter curia.europa.eu; European Court of Human Rights, Grand Chamber, Case of M. S. S. v. Belgium and Greece, Application no. 30696/09, Judgment, 21.1.211, abrufbar unter hudoc.echr.coe.int.

7 Vgl. Gerald Knaus, Welche Grenzen brauchen wir?, S. 169.

8 Bundesministerium des Innern, Pressemitteilung: 890 000 Asylsuchende im Jahr 2015, 30.0.2016, abrufbar unter www.bmi.bund.de/SharedDocs/pressemitteilungen/DE/2016/09/asylsuchende-2015.html. Davon ca. zwei Drittel männlich und ein Drittel weiblich. Vgl. Bundeszentrale für politische Bildung, a. a. O.

9 Asylum Information Database, Country Report: Turkey 2015, S. 8, abrufbar unter asylumineurope.org.

10 Vgl. Gerald Knaus, Welche Grenzen brauchen wir?, S. 184 ff.

11 Für jeden Syrer, der auf diesem Weg in die Türkei zurückgeführt wird, erklärten die EU-Mitgliedsstaaten sich bereit, einen anderen schutzberechtigten Syrer aus der Türkei aufzunehmen (sogenannter 1:1-Mechanismus).

12 Europäischer Rat, Pressemitteilung, Erklärung EU-Türkei, 18. März 2016, 18.3.2016, abrufbar unter www.consilium-europa.eu/de.

13 Zum Beispiel: Amnesty International, The EU-Turkey Deal: Europe's Year of Shame, 20.3.2017, abrufbar unter www.amnesty.org.

14 Médecins Sans Frontières, Why is MSF Closing its Moria Project on Lesbos?, 23.3.2016, abrufbar unter www.msf-me.org.

15 Die Bundesregierung, Fragen und Antworten: Fünf Jahre EU-Türkei-Erklärung, 18.3.2021, abrufbar unter www.bundesregierung.de/breg-de/service/archiv.

16 44 Prozent der Rückkehrer hatten kein Asyl beantragt oder ihren Antrag zurückgezogen. Nur 19 Prozent dieser Gruppe waren Syrer. Davon wurden nur 44 von 404 letztlich abgelehnt. UNHCR, Return From Greece to Turkey (Under EU-Turkey Statement) as of 31 March 2020, 1.4.2020, abrufbar unter data.unhcr.org.

17 UNHCR, Mediterranean Situation, Greece, abrufbar unter data.unhcr.org.

18 Die IOM gibt an, hier umfänglich Zahlen nachzuhalten. Inwieweit sie vollständig sind, kann ich nicht beurteilen. Sicherlich gibt es eine Dunkelziffer. Aus den Statistiken des Missing Migrants Project lässt sich das Verhältnis von Menschen, die ertranken, errechnen: 2015: 1 von 1000, 2016: 1 von knapp 400; 2018: 1 von 186. Missing Migrants Project, Data, Mediterranean, abrufbar unter missingmigrants.iom.int.

19 Bundeszentrale für politische Bildung, Migration und Migrationspolitik in Griechenland, 4.4.2022, abrufbar unter www.bpb.de; sowie Der Freitag, Der Bollwerker, 16.3.2020, abrufbar unter www.Freitag.de/ausgaben/1120.

20 Tagesschau, Mehr Migranten aus der Türkei: Aus Hunderten werden wieder Tausende, 11.9.2019, abrufbar unter www.tagesschau.de.

21 eKathimerini: Erdogan, Tsipras Strike Secret Deal on Migrants, 8.12.2017, abrufbar unter www.ekathimerini.com.

22 Europäische Kommission, Mitteilung an das Europäische Parlament, den Europäischen Rat und den Rat, Bewältigung der Flüchtlingskrise: operative, haushaltspolitische und rechtliche Sofortmaßnahmen im Rahmen der Europäischen Migrationsagenda, COM/2015/0490 final, 23.9.2015, Anhang 2, S. 2, abrufbar unter eur-lex.europa.eu. «The aim of the Hotspot approach is to provide a platform for the agencies to intervene, rapidly and in an integrated manner, in frontline Member States when there is a crisis due to specific and disproportionate migratory pressure at their external borders, consisting of mixed migratory flows and the Member State concerned might request support and assistance to better cope with that pressure.» Explanatory note on the «Hotspots» approach, 7.2015, S. 2, abrufbar unter www.statewatch.org/media/documents/news/2015/jul/eu-com-hotsposts.pdf.

23 European Commission, Migration and Home Affairs, Hotspot Approach, abrufbar unter home-affairs.ec.europa.eu.

24 Vgl. European Center for Constitutional and Human Rights, Fall: Hotspots in Griechenland: Beschwerde gegen das europäische Asyl-Büro EASO, April 2019, abrufbar unter www.ecchr.eu.

25 Vgl. Medico International, Der «Moria-Komplex»: Verantwortungslosigkeit, Unzuständigkeit und Entrechtung fünf Jahre nach dem EU-Türkei-Abkommen und der Einführung des Hotspot-Systems, Eine Studie von Maximilian Pichl im Auftrag von Medico International, März 2021, S. 8, abrufbar unter www.medico.de/moria.

26 European Commission, Managing Migration, EU Financial Support to Greece, January 2022, abrufbar unter home-affairs.ec.europa.eu.

27 A. D. v. Greece, Urteil vom 4. April 2023, Aktenzeichen 55363/19, abrufbar unter https://hudoc.echr.coe.int/eng.

28 Ihr Vorgänger Avramopolous nannte die Lager «kritisch», es müsse dringend etwas geschehen. Reuters, EU-Kommissar nennt Lage im griechischem Flüchtlingscamp Moria kritisch, 13.9.2018, abrufbar unter www.reuters.com.

29 Auf Lesbos managte der UNHCR das kleinere Lager Kara Tepe zusammen mit der Inselverwaltung.

30 «Der UNHCR unterstützt die Regierung Griechenlands, welche die Reaktion auf die Flüchtlinge leitet.» Das war der erste Satz bei der Selbstbeschreibung der Arbeit des UNHCR Griechenland 2018, 2019 und 2020, vgl. zum Beispiel UNHCR, Greece Factsheet July 2018, 13.8.2018, abrufbar unter reliefweb.int.

31 Tagesschau, Migranten in der Türkei: «Die Grenze ist nicht offen», 6.3.2020, abrufbar unter www.tagesschau.de.

32 Süddeutsche Zeitung, Tumulte an der EU-Grenze: «Wir haben die Tore geöffnet», 1.3.2022, abrufbar unter www.sueddeutsche.de.

33 Pro Asyl, Expert Opinion: The Situation of Afghan Refugees in Turkey, März 2021, abrufbar unter www.proasyl.de; Zeit Online, Wenn es in Istanbul nicht für einer Abendessen reicht, 15.2.2020, abrufbar unter www.zeit.de.

34 UNHCR, Greece, Aegean Islands, Weekly Snapshot 09–15 March 2020, 16.3.2020, abrufbar unter data.unhcr.org.

35 Vgl. Beschlüsse des Koalitionsausschuss vom 8. März 2020, abrufbar unter www.spd.de.

36 Bundesministerium des Innern, Pressemitteilung: Deutschland bereit für die Aufnahme von Kindern aus Griechenland, 7.4.2020, abrufbar unter www.bmi.bund.de/SharedDocs/pressemitteilungen/DE/2020/04/griechenland.html.

37 InfoMigrants, Greece Reports at Least 17 Coronavius Cases at Moria Migrant Camp, 8.9.2020, abrufbar unter infomigrants.net.

38 WDRforyou, Corona im Lager Moria, 8.9.2020, abrufbar unter www.facebook.com/WDRforyou/videos/corona-im-lager-moria-deutsch-persisch/326457525435152.

39 Tagesschau, Tausende Menschen obdachlos: Großbrand zerstört Flüchtlingslager Moria, 9.9.2020, abrufbar unter www.tagesschau.de.

40 Oberverwaltungsgericht für das Land Nordrhein-Westfalen, Pressemitteilung: In Griechenland anerkannte Schutzberechtigte dürfen derzeit nicht rücküberstellt werden, 26.1.2021, abrufbar unter www.ovg.nrw.de/behoerde/presse/pressemitteilungen/01_archiv/index.php; Niedersächsisches Oberverwaltungsgericht, In

Griechenland anerkannte Flüchtlinge dürfen derzeit nicht dorthin rücküberstellt werden, 19.4.2021, abrufbar unter www.niedersachsen.de.

41 Schriftliche Antwort des Bundesministeriums des Innern an die Autorin vom 27. Dezember 2022.

42 2015: 804; 2016: 434; 2017: 62; 2018: 174; 2019: 71; 2020: 106; 2021: 111; 2022: 376. Missing Migrants Project, Data, Mediterranean, Migration Route: Eastern Mediterranean, abrufbar unter missingmigrants.iom.int.

43 Tagesschau, Schiffsunglück vor Griechenland: Unterdrückten griechische Ermittler Beweise?, 29.6.2023, abrufbar unter www.tagesschau.de.

Olena schafft es mit Bus und Bahn aus der Ukraine nach Deutschland

1 Tagesschau, Flüchtende als Druckmittel – und Waffe?, 17.10.2022, abrufbar unter www.tagesschau.de.

2 UNHCR, Number of Registered Syrian Refugees Triples to More Than 300,000 in Three Months, 2.10.2012, abrufbar unter www.unhcr.org.

3 UNHCR, Nach elf Jahres des Konflikts stehen viele Syrer am Rande des Abgrunds, 16.3.2022, abrufbar unter www.unhcr.org/dach/de.

4 UNHCR, News Comment: 1 Million Refugees Have Fled Ukraine in a Week, 3.3.2022, abrufbar unter www.unhcr.org.

5 Hannah Arendt, Wir Flüchtlinge, S. 9.

6 Bundeszentrale für Politische Bildung, Migrationspolitik – März 2022, 12.4.2022, abrufbar unter www.bpb.de.

7 Die Visumsfreiheit galt bereits seit 11. Mai 2017. Verordnung (EG) Nr. 539/2001 des Rates vom 15. März 2001 zur Aufstellung der Liste der Drittländer, deren Staatsangehörige beim Überschreiten der Außengrenzen im Besitz eines Visums sein müssen, sowie der Liste der Drittländer, deren Staatsangehörige von dieser Visumpflicht befreit sind, Anhang II Gemeinsame Liste gemäß Artikel 1 Absatz 2.

8 Gemäß Ukraine-Aufenthalts-Übergangsverordnung, § 2 Absatz 1: «Ausländer, die sich am 24. Februar 2022 in der Ukraine aufgehalten haben und die bis zum 31. Mai 2023 in das Bundesgebiet eingereist sind, ohne den für einen langfristigen Aufenthalt im Bundesgebiet erforderlichen Aufenthaltstitel zu besitzen, sind für einen Zeitraum von 90 Tagen ab dem Zeitpunkt der erstmaligen Einreise in das Bundesgebiet vom Erfordernis eines Aufenthaltstitels befreit.»

9 Telefonat zwischen I. S. und Kelly Greenhill, 30.6.2022, Autorin von: Weapons of Mass Migration, Forced Displacement, Coercion and Foreign Policy. Auszug zu sehen in: Vertreibung als Waffe? Wie Flüchtlinge Teil der Kriegsführung werden, in ARD Mediathek: https://www.ardmediathek.de/video/dokus-im-ersten.

10 Durchführungsbeschluss (EU) 2022/382 des Rates vom 4. März 2022 zur Feststellung des Bestehens eines Massenzustroms von Vertriebenen aus der Ukraine im

Sinne des Artikels 5 der Richtlinie 2001/55/EG und zur Einführung eines vorübergehenden Schutzes.

11 Gemäß Richtlinie 2001/55/EG des Rates vom 20. Juli 2001 über Mindestnormen für die Gewährung vorübergehenden Schutzes im Falle eines Massenzustroms von Vertriebenen und Maßnahmen zur Förderung einer ausgewogenen Verteilung der Belastungen, die mit der Aufnahme dieser Personen und den Folgen dieser Aufnahme verbunden sind, auf die Mitgliedstaaten, Artikel 6.

12 «Einem Ausländer, dem auf Grund eines Beschlusses des Rates der Europäischen Union gemäß der Richtlinie 2001/55/EG vorübergehender Schutz gewährt wird und der seine Bereitschaft erklärt hat, im Bundesgebiet aufgenommen zu werden, wird für die nach den Artikeln 4 und 6 der Richtlinie bemessene Dauer des vorübergehenden Schutzes eine Aufenthaltserlaubnis erteilt.» Aufenthaltsgesetz, § 24 Absatz 1.

13 Präsident Lukaschenka im Oktober 2021: «Bevor man irgendwelche Sanktionen gegen uns einführt, sollte man nachdenken. Denn das kann einen umgekehrten Effekt haben. Es kann etwa zu illegaler Migration führen. Wir wollen niemanden erpressen, wir drohen nicht. Aber ihr stellt uns vor Tatsachen, so dass wir reagieren müssen. Und wir reagieren.» Zu sehen in: Wie Putin Flüchtende als Druckmittel benutzt, WDR Doku, https://www.youtube.com/watch?v=JShomqOuMBk.

14 Der Bau soll über 350 Millionen Euro gekostet haben. Vgl. Süddeutsche Zeitung, EU-Außengrenze: Ein Zaun gegen Geflüchtete – mehr als 186 Kilometer lang, 30.6.2022, abrufbar unter www.sueddeutsche.de.

15 Laut Artikel 3 der Europäischen Menschenrechtskonvention gilt das Verbot von Folter, unmenschlicher oder erniedrigender Behandlung. Daraus leitet der Europäische Gerichtshof für Menschenrechte das Refoulement-Verbot ab: Man darf nicht in einen Staat abgeschoben werden, in dem eine solche Behandlung droht. Demnach darf man auch nicht in einen Drittstaat abgeschoben werden, wenn zu erwarten ist, dass dort kein Zugang zum Asylverfahren besteht. Siehe außerdem Europäische Menschenrechtskonvention, Artikel 13 (Recht auf wirksame Beschwerde) sowie das Protokoll Nr. 4 zur Europäischen Menschenrechtskonvention, Artikel 4 (Verbot der Kollektivausweisung ausländischer Personen). Der Europäische Gerichtshof für Menschenrechte kam bereits 2016 im Falle von Pushbacks an der Grenze zwischen Polen und Belarus zu dem Ergebnis, dass die Europäische Menschenrechtskonvention verletzt wurde. Siehe European Court of Human Rights, Case of M. K. and Others v. Poland, Application nos. 40503/17, 42902/17 and 43643/17, Judgment, 14.12.2020, abrufbar unter hudoc.echr.coe.int.

16 Vgl. European Council on Refugees and Exiles, Country Report: Poland, Asylum Procedure, Access to territory and pushbacks, 26.5.2022, abrufbar unter asylumineurope.org; Politico, Polish Parliament Approves Law for Migrant Pushbacks at Belarus Border, 15.10.2021, abrufbar unter www.politico.eu; Human Rights Watch, Belarus/Polen: Misshandlungen und Pushbacks an der Grenze, abrufbar unter www.hrw.org; European Council on Refugees and Exiles, Poland: Parliament Approves ‹Legalisation› of Pushbacks, Council of Ministers Adopt Bill to Con-

struct Border Wall, Another Life is Lost at Border with Belarus, 15.10.2021, abrufbar unter ecre.org.

17 UNHCR, UNHCR Observations on the Draft Law Amending the Act on Foreigners and the Act on Granting Protection to Foreigner in the Territory of the Republic of Poland (UD265), 16.9.2021, abrufbar unter www.refworld.org.

18 UNHCR, UNHCR Urges States to End Stalemate at Belarus-EU Border and Avoid Further Loss of Life, 22.10.2021, abrufbar unter www.unhcr.org.

19 InfoMigrants, EU and UNHCR Raise Alarm over Pushback Methods in Poland, Latvia and Lithuania, 14.1.2022, abrufbar unter www.infomigrants.net. Die Regionaldirektorin für Europa des UNHCR, Pascale Moreau, kritisierte Polen und Belarus: «We urge Belarus and Poland, as signatories to the 1951 Refugee Convention, to abide by their international legal obligations and provide access to asylum for those seeking it at their borders. Pushbacks, that deny access to territory and asylum, violate human rights in breach of international law. People must be able to exercise their rights where they are, be it in Belarus or in Poland or other EU States where they may be located. This must include the possibility to seek asylum, access to legal aid, information and appropriate accommodation.» UNHCR, UNHCR Urges States to End Stalemate at Belarus-EU Border and Avoid Further Loss of Life, 22.10.2021, abrufbar unter www.unhcr.org.

20 Vgl. Jonas Wipfler, Raus aus der Grauzone: Für eine humane Migrationspolitik der EU, in: Blätter für deutsche und internationale Politik, August 2022, S. 21–24, abrufbar unter www.blaetter.de.

21 «There are no time frames set in law other than the maximum total period of asylum seekers' detention, which is 6 months for asylum seekers and 12 to 18 months for persons facing removal.» European Council on Refugees and Exiles, Country Report: Poland, Detention of Asylum Seekers, Duration of Detention, 26.5.2022, abrufbar unter asylumineurope.org.

22 Das war am 8. April 2022.

23 Am Stichtag 17. Mai 2022 waren in Deutschland 760 351 Kriegsflüchtlinge aus der Ukraine erfasst, s. Deutscher Bundestag, Presse, Im AZR erfasste Kriegsflüchtlinge aus der Ukraine, Inneres und Heimat/Antwort, 14.6.2022, abrufbar unter www.bundestag.de. Zum Stichtag 7.3.2023 gab das BMI an, es hielten sich 1 076 573 Personen aus der Ukraine in Deutschland auf. Aktuelle Zahlen abrufbar unter https://www.bmi.bund.de/SharedDocs/kurzmeldungen/DE/2022/10/ukraine-zahlen.html.

24 Zum Beispiel hielt Gerd Landsberg, Hauptgeschäftsführer des Städte- und Gemeindebunds, die Beschreibung «Zweiklassengesellschaft» für «unzutreffend»: «Wenn wir eine Regelung treffen würden: Jeder, der von irgendwo, wo Krieg ist, nach Deutschland kommt, der kommt sofort in das im internationalen Vergleich gut ausgestattete Hartz-IV-System, dann hat das einen Pull Effekt. Und genau den will die Bundesregierung vermeiden, und das halte ich für richtig.» Deutschlandfunk, Städtebund-Chef Landsberg: «Wir brauchen eine gleichmäßige Verteilung der Flüchtlinge aus der Ukraine», 9.4.2022, abrufbar unter www.deutschlandfunk.de.

25 Victoria Rietig: Manche Länder setzen Flüchtlinge einfach in der Wüste aus, in: Südwestpresse, 15.2.2023.

26 Der ungarische Innenminister Szijjártó fordert, das Völkerrecht entsprechend zu ändern. Vgl. Sechstes Kapitel, S. 246 ff.

27 Sendung der Tagesthemen vom 5.8.2022, Timecode 14:50, abrufbar unter www.tagesschau.de.

28 Straż Graniczna (polnischer Grenzschutz) auf Twitter, 17.7.2022, abrufbar unter twitter.com/Straz_Graniczna/status/1548548177653014528.

29 «Werwolf» ist ein Gemeinschaftsspiel, bei dem man herausfinden muss, wer die Werwölfe sind, die nachts Dorfbewohner töten.

Fünf Fragen an vier Akteure

1 Tagesschau, Ungarns Außenminister zu Vorwürfen: «Asselborn ist arrogant und frustriert», 13.9.2016, abrufbar unter www.tagesschau.de.

2 Vgl. Frontex, FRAN Quarterly, Quarter 4, 2016 und Frontex, FRAN Quarterly, Quarter 4, 2017, beides abrufbar unter frontex.europa.eu.

3 Gerichtshof der Europäischen Union, Pressemitteilung Nr. 161/2020: Ungarn hat gegen seine Verpflichtungen aus dem Unionsrecht im Bereich der Verfahren für die Zuerkennung internationalen Schutzes und der Rückführung illegal aufhältiger Drittstaatsangehöriger verstoßen, Urteil in der Rechtssache C-808/18, 17.12.2020, abrufbar unter curia.europa.eu.

4 European Council on Refugees and Exiles, Country Report: Hungary, Detention of Asylum Seekers, Place of Detention, 25.4.2022, abrufbar unter asylumineurope.org.

5 Die Fälle: Shahzad v Hungary, ECHR 220 (2021), vom 8.7.2021; R. R. and Others v. Hungary, ECHR 074 (2021), vom 2.3.2021.

6 Hungarian Helsinki Committee, EU Court: Criminalising Helping Asylum-Seekers Breaches EU Law, 16.11.2021, abrufbar unter helsinki.hu.

7 Nach persönlicher Auskunft des Helsinki Committee vom 8.12.2022 in Budapest. Siehe dazu auch: Hungarian Helsinki Committee: Strasbourg Judgement: Collective Push-Backs Break the Law, vom 8.12.2022, abrufbar unter: https://helsinki.hu/en/strasbourg-judgement-confirms-collective-pushbacks-break-law/.

8 «A person was reported wounded in a conflict between smuggling gangs as shots were fired in Horgos, North Serbia, known as a smuggling hub. According to the police, they found a 20-year-old man shot twice in the chest after responding late Thursday to calls from Horgos residents that groups of migrants were shooting at each other in the town. This was not the first turf war, and a clash between smuggling gangs on the border with Hungary.» Info Park, Special Issue, 30.11.2022, abrufbar unter www.us15.campaign-archive.com.

9 InfoMigrants, Serbia: Man Shot at Border Town Clash Between Migrants and Smugglers, 28.11.2022, abrufbar unter www.infomigrants.net.

10 https://www.origo.hu/itthon/20220702-fegyverrel-tamadtak-egymasra-migranscsoportok-a-magyar-hatar-kozeleben.html?utm_source=link&utm_medium=referral&utm_campaign=sms.

11 Vgl. https://verfassungsblog.de/weshalb-man-asylsuchende-nicht-an-der-grenze-abweisen-kann/.

12 Organization for Security and Co-operation in Europe, Office for Democratic Institutions and Human Rights, Report on Russia's Legal and Administrative Practice in Light of Its OSCE Human Dimension Commitments, 22.9.2022, abrufbar unter www.osce.org.

13 Ausführlicher dazu Epilog S. 291 ff.

14 Jacqueline Bhabha, Can We Solve the Migration Crisis? Cambridge, 2018.

15 Beides sind regionale Abkommen. Erklärung von Cartagena (1984): Bezieht für Lateinamerika auch Menschen ein, die vor Krieg, Gewalt und Unruhen fliehen, rechtlich nicht bindend. Flüchtlingskonvention der OAU (1969): An die Genfer Konvention angelehnt, erweitert den Flüchtlingsbegriff um Bürgerkriege, Naturkatastrophen.

Epilog:
Meine Mosaiksteine

1 Webseite der Fachkommission Fluchtursachen, abrufbar unter www.fachkommission-fluchtursachen.de. Für weitere Vorschläge von Fachleuten siehe zum Beispiel Beck/Töpfer/Zahrnt (Hg.), Flucht; Jacqueline Bhabha, Can We Solve the Migration Crisis?; Gerald Knaus, Welche Grenzen brauchen wir?

2 Gesellschaft für Auswärtige Politik, Publikationen, Flüchtlingsaufnahme, 15.9.2021, abrufbar unter dgap.org.

3 Vgl. Gerald Knaus, Welche Grenzen brauchen wir?, S. 263.

Literatur

Arendt, Hannah, Wir Flüchtlinge. Mit einem Essay von Thomas Meyer, Stuttgart 2016

Bhabha, Jacqueline, Can We Solve the Migration Crisis?, Cambridge 2018

Bhabha, Jacqueline, Child Migration and Human Rights in a Global Age, Princeton 2014

Beck, Ralf-Uwe/Klaus Töpfer/Angelika Zahrnt (Hg.), Flucht: Ursachen bekämpfen, Flüchtlinge schützen. Plädoyer für eine humane Politik, München 2022

Grillmeier, Franziska, Die Insel. Ein Bericht vom Ausnahmezustand an den Rändern Europas, München 2023

Kermani, Navid, Entlang den Gräben. Eine Reise durch das östliche Europa bis nach Isfahan, München 5. Aufl. 2020

Kingsley, Patrick, Die neue Odyssee. Eine Geschichte der europäischen Flüchtlingskrise, München 2016

Knaus, Gerald, Welche Grenzen brauchen wir? Zwischen Empathie und Angst: Flucht, Migration und die Zukunft von Asyl, München 2020

Kohlenberger, Judith, Das Fluchtparadox. Über unseren widersprüchlichen Umgang mit Vertreibung und Vertriebenen, Wien 2022

de Mezière, Thomas, Regieren. Innenansichten der Politik, Freiburg 2019

Nußberger, Angelika, Die Menschenrechte. Geschichte, Philosophie, Konflikte, München 2021

Pool, Hannah, Doing the Game. The Moral Economy of Coming to Europe, Dissertation Universität zu Köln 2021

Rashid, Ahmed, Sturz ins Chaos. Afghanistan, Pakistan und die Rückkehr der Taliban, Berlin 5. Aufl. 2021

Sabet, Mahvash, Keine Grenzen. Gedichte aus dem Gefängnis, Wien 2016

Websites

www.bpb/kurz-knap/lexika/glossar-migration-integration
Knappe Erklärungen zentraler Begriffe zum Thema Flucht und Migration
www.dezim-institut.de
Das Deutsche Zentrum für Integrations- und Migrationsforschung
www.erce.org
Zusammenschluss von europäischen NGOs
www.Fluchtforschung.net
Interdisziplinäres Netzwerk von Wissenschaftler:innen zum Thema Flucht
www.instagram.com/wdrforyou
www.facebook.com/WDRforyou
Für Menschen, die neu in Deutschland sind, auf Persisch, Arabisch und Deutsch
https://www.facebook.com/wdrforyou.fuerukrainerindeutschland
Programm für Menschen aus der Ukraine, die (zurzeit) in Deutschland leben
www.migrationpolicy.org
US-Thinktank zu Migration und Flucht
www.reliefweb.int
Plattform zum Thema humanitäre Hilfe in Kriegs- und Krisengebieten der UN
www.rsc.ox.ac.uk
Refugee Studies Centre Oxford
https://verfassungsblog.de
Akademische und journalistische Diskurse auch zu asylrechtlich relevanten Fragen
https://voelkerrechtsblog.org/de
Wissenschaftlicher Blog zu allen Fragen des Völkerrechts